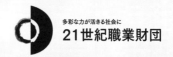
多彩な力が活きる社会に
21世紀職業財団

わかりやすい

職場のハラスメント

新・裁判例集 ＜令和版＞

はじめに

　職場におけるハラスメントの防止は、多様な人材が活き活きと働き、組織の生産性を高めるための重要な職場環境整備の要素です。

　法律の整備は進みました。セクシュアルハラスメントの防止については、2007年4月に男女雇用機会均等法が改正施行され、妊娠・出産・育児休業等に関するハラスメント（いわゆるマタニティハラスメント等）の防止については、2017年1月に男女雇用機会均等法及び育児・介護休業法が改正施行されています。さらに、パワーハラスメントの防止については、2020年6月に労働施策総合推進法が改正施行されました。これらの法律により、事業主がハラスメントを防止するために雇用管理上必要な措置を講ずることが義務化されました。しかし、様々な状況でハラスメントとされる言動が問題となり、訴訟に発展するケースが後を絶ちません。

　また、顧客等からの著しい迷惑行為（いわゆるカスタマーハラスメント）や性的指向・性自認に関するハラスメント（いわゆるSOGIハラスメント）等への対応が、職場で求められるようになっています。

　当財団では、これまでもセクシュアルハラスメントやパワーハラスメントに関する裁判例集を発刊してきましたが、今回、カスタマーハラスメントやSOGIハラスメントに関する裁判例を加えた新しい裁判例の中から、重要と思われるものをピックアップして刊行することとしました。本書が、企業や組織の中でハラスメント防止に携わる方や相談担当者、その他関係者の方々に活用され、職場におけるハラスメント防止対策を進めるための一助となることを切に願っております。

公益財団法人21世紀職業財団

裁判例から学ぶ

※裁判例番号 01 02 03 とあるのは、後出の裁判例番号

Ⅰ　パワーハラスメント裁判例

1　パワーハラスメントとは

　職場のパワーハラスメント（以下「パワハラ」）に関する相談件数は年々増加しており、都道府県労働局等に設置した総合労働相談コーナーに寄せられる相談においても、平成24年度以降は、最も多い相談内容となっている。また、令和２年度厚生労働省委託事業「職場のハラスメントに関する実態調査」（調査実施者：東京海上日動リスクコンサルティング株式会社）では、過去３年間にパワハラを受けた経験があると答えた労働者が31.4％という結果が出ている。

　このような深刻な状況を踏まえ、令和元年改正（令和２年６月より大企業、令和４年４月より中小企業に施行）の労働施策総合推進法において、事業主に対してパワハラ防止措置が義務付けられた。

　労働施策総合推進法30条の２では、パワハラとは、①職場において行われる優越的な関係を背景とした言動であって、②業務上必要かつ相当な範囲を超えたものにより、③その雇用する労働者の就業環境が害されること、この３つを満たしたものをいうと定義されている。ここでいう「優越的な関係を背景とした言動」については、「事業主が職場における優越的な関係を背景とした言動に起因する問題に関して雇用管理上講ずべき措置等についての指針」（令和２年厚生労働省告示第５号。以下「パワハラ指針」）では、「職務上の地位が上位の者による言動」だけでなく、「同僚又は部下による言動で、当該言動を行う者が業務上必要な知識や豊富な経験を有しており、当該者の協力を得なければ業務の円滑な遂行を行うことが困難であるもの」や「同僚又は部下からの集団による行為で、これに抵抗又は拒絶することが困難であるもの」も含むとされている。裁判例においても、18 損害賠償請求事件で、親会社の専務取締役から子会社の代表取締役に対する「死ね」等の発言やキャバクラへの帯同、その経費負担要求につ

いて、優越的な地位に基づいて意に反したことを行わせるものであり、パワハラに当たるとされている。

2　裁判例の分析

（1）パワハラの法的責任

①　加害者

　　パワハラが行われた場合、裁判例では、加害者個人に対しては不法行為責任（民法709条）に基づく損害賠償請求が認容されている（02、07、09、10、14、15、17、18、20、21、22、23、26）。14 A住宅福祉協会理事らほか事件では、加害者Y2と同じ理事という立場であったY3について、Y2によるXへの退職勧奨の席に同席していたことを理由に、幇助により不法行為責任が認容された。

②　使用者

　　職場でパワハラが行われた場合、使用者は使用者責任（民法715条）に基づく損害賠償責任を負う（04、09、10、14、17、20、21、23、24、26）。加害者が代表取締役である場合には、会社法350条に基づく損害賠償責任を負う（07、08、22、24）。

　　また、使用者には職場環境配慮義務（具体的には、パワハラ行為の防止義務、適切な調査義務、加害者に対する指導、配置換え等の人事管理上の適切な措置を講じるべき義務など）があるとして、債務不履行責任（民法415条）による責任を認める事例（10、16、25、30、31）や会社自身の不法行為責任（民法709条）を認める事例（03、10）もある。25 の損害賠償請求事件では、使用者は、安全配慮義務の一環として、良好な職場環境を保持するため、職場におけるパワハラを防止しなければならない義務を負っていると指摘し、義務違反を認めた。また、10 の乙山青果ほか事件では、パワハラを制止ないし改善するように注意・指導すべき義務違反に加えて、業務遂行上の支援を必要とする被害者の業務内容や業務分配の見直し等の対応を行うべき義務違反も認めている。一方、09 のいなげやほか事件では、会社の使用者責任は認められたものの事後対応義務違反は否定されている。15 の関西ケーズデンキ事件でも会社が研修を行い、パワハラ相談窓口を設置していることから、職場環境配慮義務違反は否定された。

なお、加害者が公務員であり、パワハラが職務の執行に当たり行われた場合には、使用者である国や地方公共団体は、国家賠償法１条１項に基づく損害賠償責任を負うことになる（02、11、29、31）。

　したがって、使用者としては、パワハラが職場で行われた場合、使用者として、その責任を問われる可能性があることを十分認識し、日頃から、従業員に対してパワハラに関する教育を行うなど、その予防に努めるとともに、パワハラを認識したり相談があった場合には適切な事後対応を行うことが求められている。

③　経営者など

　会社がパワハラ防止等を怠っていた場合に、代表取締役や役員個人が会社法429条１項に基づく責任を問われることがある。30の池一菜果園ほか事件では、適切な労務管理体制を構築する措置をとってこなかったことを理由に代表取締役と常務取締役の責任が認容されている。一方20のプラネットシーアールほか事件では、役員ではない大株主の創業者は民法715条２項の代理監督者には当たらないとして責任が否定されている。

(2) パワハラの行為類型

　パワハラ指針では、職場のパワハラの行為類型として、以下の６つの分類が示されている。本書に掲載した裁判例をこの６類型に分類した（否定例も含む。また、内容は一部抜粋なので詳細は各裁判例頁を確認されたい）。

①　暴行・傷害（身体的な攻撃）

　17（壁に体ごと押し付け、体を前後に揺さぶる）、22（丸刈り、洗車ブラシで身体を洗う、花火を発射する、投石、数時間土下座させる）、24（胸を突く、背中を叩く）、26（便器掃除用ブラシをなめさせる）

②　脅迫・名誉棄損・侮辱・ひどい暴言（精神的な攻撃）

　01、02、03、05、06、07、08、09、10、11、13、14、16、18、19、20、21、22、23、24、25、26、28、29、30、31

③ 隔離・仲間外し・無視（人間関係からの切り離し）

　　02 （ホワイトボード等を間仕切り状に設置）、12 （他の職員から切り離された小部屋）、20 （ミーティングに参加させず、業務から排除）、25 （隔離、現場出勤から除外）

④ 業務上明らかに不要なことや遂行不可能なことの強制、仕事の妨害（過大な要求）

　　12 （違法行為への加担強要）、15 （価格調査業務）、18 （キャバクラへの帯同、その経費負担強要）、24 （トイレ休憩以外は取らせない）、25 （顛末書の作成、過度な書き直し）

⑤ 業務上の合理性なく、能力や経験とかけ離れた程度の低い仕事を命じることや仕事を与えないこと（過小な要求）

　　01 （認証QC業務：否定）、02 （実験室の使用制限、授業割当ての減少）、03 （ランドリー業務）、04 （質的量的にも少ない事務業務、研修を命じない）、27 （マーシャリング業務：否定）

⑥ 私的なことに過度に立ち入ること（個の侵害）

　　該当なし

(3) 適正な業務指導の限界

① パワハラ指針

　　裁判例では、上司による業務上の注意・指導・叱責などの場面における発言が「業務上の適正な範囲」を超えるか否かが問題となっている事例が多い。

　　パワハラ指針では、「業務上必要かつ相当な範囲を超えた」言動とは、例えば、業務上明らかに必要性のない言動、業務の目的を大きく逸脱した言動、業務を遂行するための手段として不適当な言動、当該行為の回数、行為者の数等、その態様や手段が社会通念に照らして許容される範囲を超える言動などが含まれるとする。そして、その判断に当たっては、様々な要素（当該言動の目的、当該言動を受けた労働者の問題行動の有無や内容・程度を含む当該言動が行われた経緯や状況、業種・業態、業務の内容・性質、当該言動の態様・頻度・継続性、労働者の属性や心身の状況、行為者との関係性等）を総合的に考慮することが適当であるとされている。

② 人格を否定する言動

　　裁判例では、人格を否定する言葉は適正な業務指導の範囲を超えていると認定される傾向がある。例えば、|03|「多くの人がお前をばかにしている」、|05|「殺すぞ」、「何もするな」、|07|「ババア」、|08|「性格が悪い」、「疫病神」、|09|「幼稚園児以下」、「馬鹿でもできる」、|11|「能力がない」、|18|「死ね」、「ばかだ」、「降格させるぞ」、「飛ばすぞ」、|20|「何だその目つきは」、「言い訳するな」、「お前が悪い」、|21|「しばくぞ」、「殺すぞ」、|23|「レベルが低いからE1でもやれるはず」、|24|「女より悪い」、|26|「品がない」、「ばか」、「泥棒さん」、「言語障害」、「学歴がないのに雇ってあげてんのに感謝しなさい」、|28|「あなた何歳のときに日本に来たんだっけ？日本語分かってる？」、|31|「失格者」、「嘘つき」、「精神障害者」、「何様なんだよ」、「言い訳と嘘の塊」、「馬鹿野郎」などが典型的である。

③ 退職や解雇を示唆する脅迫的言動、退職強要

　　また、使用者からの退職勧奨は原則として自由ではあるが、退職や解雇をほのめかす発言が脅迫に当たるような場合や退職を強要する行為は違法となる。|07|のA社長野販売ほか事件では、「人事権も持っている」、「会社としては刑事事件にできる材料があり、訴えることもできるし、その権利を放棄していない」、「裁判所に行きましょうかという話になる」、「高い給料に見合わない」、「辞めてもいいぞ」等の言動が違法な退職強要と認められた。また、|14|「自分の身の振り方を考えて」、|19|「やる気がないなら帰れ」、|20|「今までのミスを俺が明らかにすれば、お前クビぞ」、|21|「お前もほんまにいらんから帰れ。迷惑なんじゃ」、「お前をやめさすために俺はやっとるんや。店もお前を必要としてないんじゃ」、|24|「あなたを解雇することもできる」、|25|「いつ辞めるんだ」、「身の振り方を考えろ」、|29|「いつまでこの職場にいるんだ」、「辞めろ」などの言葉を含む言動が違法とされている。

④ 被害者の立場や心身の状況への配慮

　　被害者の立場や心身の状況に配慮した指導や対応も必要である。新入社員に対する指導の行き過ぎを違法とした例として|10|乙山青果ほか事件、被害者が正規職員として採用される前段階である若年嘱託職員であることに触れた例として|29|損害賠償請求事件がある。|25|の損害賠償

請求事件では、パワハラを受けて休業した職員に対して、職場復帰後のフォローアップを行う等の安全配慮義務違反が認定されている。また、⌷16⌷のゆうちょ銀行（パワハラ自殺）事件では、叱責は業務上の指導の範囲内を逸脱したものとはいえないとされたものの、被害者が人間関係に悩み、体調不良や自殺願望を持つに至っていたことを会社として認識していたのであるから、執務状態を改善し、心身に過度の負担が生じないように、同人の異動をも含めその対応を検討すべきであったと指摘されている。

⑤ 態様・頻度・継続性

　態様、頻度、継続性などを指摘している裁判例は多い（⌷06⌷、⌷07⌷、⌷10⌷、⌷20⌷、⌷21⌷、⌷23⌷、⌷25⌷、⌷28⌷、⌷29⌷、⌷30⌷、⌷31⌷など）。

　⌷06⌷の国立大学法人群馬大学事件では、仕事が遅いこと及び業績がない事実を繰り返し指摘して叱責するだけの発言であり、机を叩くなどの行動を伴っていたことから指導・注意の適正な範囲を超えたパワハラであると認定されている。⌷10⌷の乙山青果ほか事件では、継続的かつ頻回に叱責を行ったことが被害者に対して一方的に威圧感や恐怖心を与えるものであったとして、社会通念上許容される業務上の指導の範囲を超えたものとされている。一方、⌷23⌷の国立大学法人筑波大学ほか事件では、指導が人格非難には及ばず、回数や頻度も限られたものであり、継続的、執拗なものであったともいえないことを理由に、一部の行為についてはパワハラが否定された。

　叱責の態様については、⌷30⌷感情的で激しい口調での叱責や、⌷21⌷罰として1時間立たせたこと、⌷28⌷席の横に立たせて部全体に聞こえる大声での叱責、⌷31⌷ペンで机を叩く動作も交えながら他の管理職が居合わせる会議中での激しい叱責や下の地位の職員が多数存在する中での叱責などが問題とされている。

⑥ 労働者の問題行動

　本人の問題行動や指導の必要性は肯定しつつも、行為の態様等からパワハラであると認めた裁判例は多い（⌷03⌷、⌷04⌷、⌷08⌷、⌷10⌷、⌷29⌷など）。

　⌷04⌷の国立大学法人Ｈ大学事件では、「職員の行為等が原因で事務に支障が生じているのであれば、当該職員に対する注意・指導によって態度を改めさせるべきであり、注意・指導によっても改まらないのであれ

ば懲戒処分あるいは分限処分によって対応するというのが任命権者に求められていることである。当該職員に仕事を与えないことによって事務の円滑化を図ることは、短期間であれば業務上やむをえない措置として許される場合もあると考えられるが、一般には適正な対応とはいえない」として、本人に問題行動があったとしても過小な要求のパワハラが正当化されないことを指摘している。一方、[27]の東芝総合人材開発事件では、「十分な反省と改善がみられるまで、外部との接触のない業務であるマーシャリング作業を行わせることは、誠にやむを得ないものであったというほかはない」として過小な要求のパワハラが否定されている。

(4) 損害額

　慰謝料の金額は、事案によって幅がある。身体的な攻撃を伴う事例では、慰謝料として20万円（[17]）、100万円（[22]）、50万円（[24]）、30万円（[26]）が認容されている。

　被害者が精神疾患に罹患したり、自殺等により死亡した場合には慰謝料は高額化し、休業損害や死亡逸失利益等が認められる場合もある（[10]、[11]、[16]、[20]、[21]、[25]、[29]、[30]、[31]）。[31]の福生病院企業団（旧福生病院組合）事件では、パワハラによる慰謝料80万円と安全配慮義務違反による慰謝料20万円が別個に認容されている。

　損害の発生についてパワハラ等の被害者にも原因があるような場合、損害の公平な負担という理念から、損害の算定に当たり、過失相殺や素因減額がなされることがある。しかし、近年の裁判例は、これらを否定するものが多い（[21]、[29]、[30]）。[21]の松原興産事件は、電通事件最高裁判決（最二小判平12.3.24労判779号13頁）を引用して素因減額は認められないとしている。

(5) 労災認定

　精神障害の労災認定基準では、「同僚等から、暴行又は（ひどい）いじめ・嫌がらせを受けた」あるいは「上司等から、身体的攻撃、精神的攻撃等のパワハラを受けた」という具体的出来事が「業務による心理的負荷評価表」に明記されている。労災を申請したものの、不支給決定を受

けた場合に、その取消を求めて裁判が行われることがある（⎡05⎤、⎡19⎤）。

⎡05⎤の国・神戸西労基署長（阪神高速パトロール）事件は、加害者の言動が連続して行われていることを重視し、単発的に行われた場合よりも心理的負荷が強くなるとして、疾病発生との業務起因性を認めた。

⎡19⎤の国・伊賀労基署長（東罐ロジテック）事件は、上司の言動が業務指導の範囲を逸脱し、執拗に行われたものであり、「（ひどい）嫌がらせ、いじめ、又は暴行を受けた」に該当するとして、疾病発生との業務起因性を認めた。

(6) パワハラ行為を理由とする懲戒処分

パワハラを行ったとして懲戒処分を受けた労働者が処分の有効性を争う事例もある（⎡06⎤、⎡28⎤）。

⎡06⎤の国立大学法人群馬大学事件は、言動の一部がパワハラ、セクハラに該当し、懲戒事由に当たるとの認定がされたものの、最も重い処分である懲戒解雇とすることは均衡を欠き、社会通念上相当性を欠くとして懲戒解雇処分が無効とされた。

一方、⎡28⎤の辻・本郷税理士法人事件では、部下に対する叱責や言動がパワハラに当たるとされ、訓戒の懲戒処分は有効であるとされた。

Ⅱ　セクシュアルハラスメント裁判例

1　セクシュアルハラスメントとは

セクシュアルハラスメント（以下「セクハラ」）とは、「職場」において行われる「労働者」の意に反する「性的な言動」により、労働者が労働条件について不利益を受けたり（対価型セクハラ）、就業環境が害されること（環境型セクハラ）をいう（男女雇用機会均等法《以下「均等法」》11条1項）。

均等法11条は、セクハラ防止のため、労働者からの相談に応じ、適切に対応するために必要な体制の整備をはじめ、その他の雇用管理上必要な措置を講ずることを事業主に義務付けている。とるべき具体的な措置の内容は、「事業主が職場における性的な言動に起因する問題に関して雇用管理上講ずべき措置等についての指針」（平成18年厚生労働省告示第615号。以下「セクハラ指針」）に定められている。

2 裁判例の分析

(1) 加害者

　　経営者、役員、管理職が多い（ 04 、 08 、 11 、 12 、 13 ）。

　　 13 の海外需要開拓支援機構ほか事件では、派遣労働者である女性Xが執行役員であるY3と専務取締役のY2からのセクハラを拒否することは困難であったことが指摘されている。被害者は立場の弱い女性が多く、加害者が地位を利用してセクハラ行為を行っている事案が多いことがうかがわれる。

　　このほか、 01 は先輩職員、 07 は同僚によるセクハラ事案である。また、NPO法人の理事が利用者にセクハラ行為をした事案（ 03 ）や、大学における准教授から学生に対するセクハラ事案（ 09 ）もある。

　　セクハラの加害者は、職場内だけに限られず、外注先のカメラマン（ 05 ）、顧客（ 06 ）、農協の組合員（ 10 ）など、社外の者からの被害もある。これらの事案はカスタマーハラスメントの側面も有していると言えよう。

(2) 被害者

　　本書に掲載した裁判例は、すべて女性が被害者である。特に、契約社員や派遣社員など、非正規雇用の女性労働者が被害者となる事案が多く見られる（ 01 、 02 、 04 、 08 、 11 、 13 ）。 11 の事案では、加害者がセクハラを行う際に、「専任講師にするつもり」、「ボーナスも優遇して支給」などと告げている。非正規雇用労働者は地位が不安定であり立場も弱いことが多いため、強い地位にある加害者が地位を利用してセクハラを行っていると考えられる。

　　また、年齢の若い女性が被害者となる事案も多い。 05 の事案では、被害者は社会人経験が乏しく、10歳以上も年長の加害者との能力及び立場の差は歴然としていることから、強く抵抗できなかった旨の被害者の供述は信用できると判断されている。

(3) セクハラの態様

① 身体的接触等直接的な行動を伴うもの

　　性的な関係の強要、身体への不必要な接触、強制わいせつ行為、強姦

等である（ 01 、 02 、 03 、 05 、 06 、 10 、 11 、 13 、 14 ）。 13 の海外需要開拓支援機構ほか事件では、歓送迎会の駅のホームで肩に手を回したり、電車内で何度も手を握ろうとした行為が不法行為と認められた。

② 性的な内容の言動

性的な冗談、食事やデート等への執拗な誘い、意図的に性的な噂を流布する、性にかかわる個人的な体験などを話したり、聞いたりすること等である（ 04 、 07 、 08 、 09 、 12 、 15 ）。 15 のみずほビジネスパートナー事件では、懇親会後の「無事帰れてますか？」とのメール送信、「素敵なスカートですね」との発言、「速いですね、スポーツされている足ですね」との発言は、性的な言動には該当しないと判断された一方、「可愛い、素敵」との言動や食事への執拗な誘いがセクハラと認められた。この程度の言葉ならと、軽い気持ちで発言する言葉でも、セクハラに該当する場合があることが明らかになっている。また、 13 の海外需要開拓支援機構ほか事件では、懇親会での監査役とのワインディナーが当たりとされたくじ引きが違法なセクハラと判断されている。 10 のJAさが事件では、性的サービスを提供するスーパーコンパニオンが給仕をする懇親会に女性職員を参加させたことが違法であると認められている。

(4) 事実認定

セクハラ事件では、事実認定が重要である。

① セクハラに該当する事実の有無

セクハラ事件は、密室における事件が多いので、当事者の主張が全く違うことも多く、事実の有無について問題になる事件が多い。

裁判例を見ると、第一審と控訴審、あるいは控訴審と最高裁で結論が違う判例がある（ 04 、 06 ）。 04 のイビデン事件は、男女交際解消後のセクハラが問題となった事案であるところ、一審判決はセクハラの存在自体を否定していたが、高裁判決は、過激な表現を含む一方的なメールだけで親密に交際していたと即断することはできないと指摘してセクハラを認めている（ 04 コメント欄参照）。これらの判断の相違には、被害者の心理状況をどのように捉えるかという点も関連していると思わ

れる。

② 被害者の供述の信用性

　加害者はセクハラの事実を否定することが多いため、セクハラの事実認定に当たっては、加害者と被害者のどちらの供述の信用性が高いかが争点となることが多い。

　　[03]のNPO法人Ｂ会ほか事件では、供述の具体性、一貫性（変遷の有無）、虚偽の被害申告を行う動機の有無、他の行動との整合性などを検討し、被害者の供述の信用性を肯定している。また、[12]のＰ社ほか（セクハラ）事件では、被害者の供述と客観証拠であるLINEとの整合性が検討されている。

　　また、被害者の供述の信用性を検討するに当たっては、セクハラ被害者の合理的行動に関する経験則をどのように考えるのかも重要である。[04]のイビデン事件では、被害者の供述の信用性について「例えば心理的監禁状態での慢性ストレス状況下における無意識の防衛反応としての意識狭窄であるとか、嫌なことは忘れ去りたいという抑圧に基づく記憶の欠落（一種のPTSDにおける回避症状）であるなどと説明することもでき（これらの知見は性暴力被害者やDV被害者等の心理として普遍的なものであるといえる）、本件ではそのような可能性も否定できないから、Ｘの供述の個別部分に矛盾があったり記憶の欠落があったりしても、全体としての信用性に影響はない」と判示している（[04]コメント欄参照）。[05]の損害賠償請求事件では、裁判所の尋問における被害者の供述態度が詳細かつ具体的で真摯なものであったことが指摘されているほか、被害者が逃げたり助けを求めたりしなかったことについて、被害者に社会人経験が乏しく、10歳以上も年長の加害者との能力及び立場の差が歴然としていることから、必要以上に抵抗をすれば、加害者の機嫌を損ね、仕事に支障が出ることを恐れたからであるとの被害者の説明は、合理的であると判断されている。

③ セクハラなのか、合意事案なのか

　加害者側から「合意があった」、「恋愛関係だった」という抗弁が出されることがしばしばあるが、この場合にもセクハラ被害者の心理状態や行動に関する経験則に基づく判断が求められる。

　　[05]の損害賠償請求事件では、「セクハラ等の性的被害を受けた女性

11

としては、自分から性的接触があったことに言及したくないとの心理が働くであろうこと、また、加害者が仕事等での関係者である場合には、その後の仕事上の関係を悪化させたくないとの心理が働くであろうことは、いずれも容易に推察されるところである。このような女性側の心理からすれば、女性が、性的接触を受けたこと自体の言及を避け、また、抗議を述べたりしないのはむしろ自然なことというべき」として、被害者の同意が否定されている。

06 の加古川市事件では、控訴審では店員である被害者が客からの身体的接触について渋々ながらも同意していたとの認定がされていたのに対し、最高裁は、被害者が終始笑顔で行動し、加害者による身体的接触に抵抗を示さなかったとしても、それは、客との間のトラブルを避けるためのものであったとみる余地があり、身体的接触についての同意があったとして、これを加害者に有利に評価することは相当でないと指摘した。

11 の損害賠償請求事件でも、「性的被害を受けた場合、逃げたり直接的な抵抗をしたりできるのは被害者のごく一部で、身体的・心理的まひ状態に陥るなどする被害者が多いこと、性的被害を受けている被害者が、笑っていたり全くの無表情で抵抗をしていないように見えたりする場合があることが認められる。このような事実からすれば、被害者が、自責の念に駆られたり、その他合理的でない行動を執ったとしても、不自然であるとはいえない。また、性的な被害を受けた場合、羞恥心等から、交際相手や夫に対してであっても被害を申告できないことは、格別不自然とまではいえない。被害者の態度が、加害者からみて同意を表すようにみえても、実はそうでないということが、十分あり得る」として被害者の同意を否定した。

セクハラの被害者心理については、令和2年に改訂された均等法施行通達（平成18年10月11日雇児発第1011002号改正令和2年2月10日雇均発0210第2号）においても、「相談者が行為者に対して迎合的な言動を行っていたとしても、その事実が必ずしもセクハラを受けたことを単純に否定する理由にはならないことに留意すること」と指摘されている。

(5) 加害者の法的責任

　　加害者本人は、民法709条の不法行為責任に基づき民事上の損害賠償責任を負う（03、04、05、11、13）。

(6) 使用者の法的責任

　　使用者の民事上の責任については、主に次の2つの法理論構成が考えられる。

① 民法715条の使用者責任によるもの

　　民法715条の事業執行行為を根拠に使用者の不法行為責任を認めた裁判例は、（03、11、12）である。

② 民法415条の債務不履行責任によるもの

　　民法415条の債務不履行を根拠に、使用者の責任を認めた裁判例は、（03、04、10、12）である。03のNPO法人B会ほか事件は、理事による利用者に対するセクハラの事案であったため、サービス利用契約上の債務不履行責任として法人の損害賠償責任が肯定されている。また、10のJAさが事件は、使用者が就業環境に関して、相談に適切に対応し、防止措置をとるべき義務に違反したとして、債務不履行責任が認められている。

③ 国家賠償責任

　　使用者が国や地方公共団体であった場合には、国家賠償法1条に基づく責任が問われる（01、08）。国家賠償責任が認められた場合には、原則として加害者である公務員個人は責任を負わない（08）。

(7) 使用者の事後対応における職場環境配慮義務違反

　　近年、セクハラ被害そのものについての使用者の責任に加え、被害を相談した後の使用者の事後対応措置に職場環境配慮義務違反があったかどうかが問題となる事案が増加している（責任を肯定した例として01、04、12、否定された例として07、08、13）。

　　04のイビデン事件では、相談を受けた課長らが、事実確認や事後の措置を行うなどの対応をしなかったとして債務不履行に基づく損害賠償責任が認容されている（04事案の概要参照）。なお、同事件では、グループ企業の親会社がグループ会社でのハラスメント被害に関する相談窓口

を設置していた場合、相談申出の具体的状況いかんによっては、当該申出をした者に対し、当該申出を受け、体制として整備された仕組みの内容、当該申出に係る相談の内容等に応じて適切に対応すべき信義則上の義務を負う場合があると指摘されている。

　12のP社ほか（セクハラ）事件では、セクハラ被害申告に対し、使用者としてとるべき事実関係の調査や出社確保のための方策を怠ったとして、職場環境整備義務に違反したと認定されている。

　このような責任が肯定された場合には、慰謝料や逸失利益の損害が別途認定されたり、慰謝料の増額事由となる。

（8）損害
　①　慰謝料
　　身体的接触を伴うセクハラは、非接触のセクハラに比べて慰謝料が高額になる傾向である。05損害賠償請求事件は、性交渉を求められた事案であり、120万円という慰謝料が認容されている。03のNPO法人B会ほか事件も身体的接触を伴う事案であり、被害者1名は30万円、もう1名は50万円の慰謝料が認容されている。手や腰に触れ、液体コンドームの写真を見せるなどした事案（08損害賠償請求事件）では、30万円の慰謝料が認容されている。一方、身体接触を伴うものの肩に手を回す行為についての慰謝料は5万円とされている（13の海外需要開拓支援機構ほか事件、くじ引きについても5万円）。

　　身体的接触を伴わない事案の場合でも、スーパーコンパニオン同席の懇親会への参加について50万円が認容されている（10JAさが事件）。

　　セクハラ被害の結果、PTSDなどの精神疾患に罹患した場合には慰謝料が高額となる。11の損害賠償請求事件は、性交渉を強要されPTSDの後遺症が認容された事案であるため、通院慰謝料として166万円、後遺障害慰謝料として640万円という高額が認容されている（ただし、4割の素因減額がなされている）。

　　また、使用者の事後対応に問題があった場合には、慰謝料が増額される傾向がある。01損害賠償請求事件は、胸に触れるセクハラ被害に加え、校長の事後対応の不作為に職場環境配慮義務違反が認められ、慰謝料は60万円であった。04のイビデン事件も職場環境配慮義務違反が認

められており、慰謝料は200万円が認容されている。12のＰ社ほか（セクハラ）事件では、ホテルを同室にされるセクハラ行為に加えて被害者が退職に至っていることから慰謝料が50万円とされている。

なお判決で認容された慰謝料額は、和解による慰謝料額よりも低額の場合が多い。和解、特に裁判になる前の和解では、事件について「口外」しないという条件を付けることも多く、和解金額は裁判の場合よりも高額なことが多いようである。

② 逸失利益

11の損害賠償請求事件は、性交渉を強要されPTSDの後遺症が認容された事案であり、後遺症による逸失利益10年分約833万円が認容された（ただし、４割の素因減額がなされている）。

また、セクハラ被害により退職を余儀なくされた場合にも逸失利益が認められることがある。12のＰ社ほか（セクハラ）事件では、セクハラ被害によって不就労となった期間の賃金に加えて、職場環境整備義務違反によって退職を余儀なくされたことによる逸失利益として賃金３か月分90万円が認容されている。

(9) セクハラに対する懲戒処分の妥当性

セクハラ事件は、原告が被害者という事件ばかりではなく、加害者が、使用者により受けた懲戒処分が無効であるとして、使用者に対し裁判を行う事件もある（02、06、09）。

懲戒処分が有効となるためには、就業規則に懲戒の定めがあり、客観的に合理的な懲戒事由があることに加えて、当該処分内容が社会通念上相当でなければならない。02の地位確認等請求事件では、大学教授の女性事務職員に対する言動がセクハラに該当すると認められたものの、セクハラの程度が著しく重大・悪質な態様、程度のものであるとはいえないこと、謝罪や反省の意思が認められること、再犯のおそれが認められないこと、加害者と被害者との人間関係等の事情から、懲戒免職は社会通念上相当とはいえないと判断された。

一方、公務員によるコンビニ店員に対するセクハラ事案である06の加古川市事件では停職６か月の懲戒処分が、大学の准教授による女子学生に対するセクハラ事案である09学校法人Ｚ大学事件では減給処分が、そ

れぞれ有効と判断されている。

　なお、懲戒処分の事案ではないが、15のみずほビジネスパートナー事件では、業務上のミスとセクハラを理由とした普通解雇が無効とされている。

（10）セクハラを理由とする労災

　セクハラ被害を理由として精神疾患を発症した場合、労災認定がなされる場合がある。労災の認定基準を定めた「心理的負荷による精神障害の認定基準」には、精神障害の発症前おおむね６か月の間にセクハラにより強い心理的負荷を受けた場合には、労災が認定されうるとして具体的な基準が定められている。

　労働基準監督署による労災不支給処分に不服がある場合には、処分取消を求めた裁判が行われる。14の国・札幌東労基署長（紀文フレッシュシステム）事件では、被害者が受けた被害は「胸や腰等への身体接触を含むセクハラ」と評価できるとした上で、会社が適切かつ迅速に対応し発病前に解決したとは言えないと判断し、労災であることを認めた。

Ⅲ　妊娠・出産・育児休業等に関するハラスメント裁判例

1　妊娠・出産・育児休業等に関するハラスメントとは

（1）妊娠・出産・育児休業等に関するハラスメントの定義

　職場における妊娠・出産・育児休業等に関するハラスメントとは、労働者の妊娠・出産・育児休業等について、上司が、解雇その他の不利益な取扱いを示唆したり、上司・同僚が制度等の利用を阻害したり、妊娠・出産したことや制度等の利用を理由に嫌がらせをしたりして、就業環境を害するものをいう。その中でも、働く女性が妊娠・出産をきっかけにこれらのハラスメントを受けることをマタニティハラスメント（以下「マタハラ」）と呼ぶ。近年は、男性が育児を契機としてこれらのハラスメントを受けるパタニティハラスメント（以下「パタハラ」）も問題となっている。

　また、法的には、育児・介護休業法において育児と介護は同様の権利・制度構成がとられているため、介護ハラスメント（通称ケアハラ）も同様の問題としてとらえることができる。

(2) 妊娠・出産・育児休業等に関するハラスメントの実態

　　令和２年10月に実施された厚生労働省委託事業「職場のハラスメントに関する実態調査」では、過去５年間に妊娠・出産・育児休業等ハラスメントを経験した労働者の割合は 26.3%であった。受けたハラスメントの内容としては、「上司による、制度等の利用の請求や制度等の利用を阻害する言動」(24.3%) の割合が最も高く、次いで「嫌がらせ的な言動、業務に従事させない等の繰り返しまたは継続的な嫌がらせ」(24.0%) が高かった。

　　妊娠・出産・育児休業等に関するハラスメントの行為者としては、「上司（役員以外）」(62.7%) の割合が最も高く、次いで「会社の幹部（役員）」(30.4%)、「同僚」(20.5%) となった。

　　日本の法律では、妊娠・出産・育児についての権利制度が充実している反面、それらの利用に反感を抱いたり無理解である上司が多いことが、ハラスメントが起きる原因になっていることがうかがわれる。

2　妊娠・出産・育児休業等に関するハラスメントや不利益取扱いを規制する法律

(1) 男女雇用機会均等法（以下「均等法」）

　　均等法９条３項は、時期のいかんを問わず、女性労働者の妊娠、出産、産前産後休業等の権利を行使したこと等を理由とする解雇その他の不利益取扱いを禁止している。同条の「その他の妊娠又は出産に関する事由であって厚生労働省令で定めるもの」とは、均等法施行規則２条の２に列挙されている。また、「解雇その他不利益な取扱い」とは、「労働者に対する性別を理由とする差別の禁止等に関する規定に定める事項に関し、事業主が適切に対処するための指針（均等指針）」（平成18年厚生労働省告示第614号）に例示列挙されている。

　　また、均等法９条４項は、妊娠中及び出産後１年を経過しない女性労働者の解雇は、事業主が他の正当な理由を証明しない限り、民事上無効であると定め、立証責任を転換している。

　　加えて、マタハラ問題の社会的認知の広がりを受けて、平成29年１月１日施行の改正均等法に、事業主に対してマタハラ防止措置を義務付ける規定が新設された（均等法11条の３）。具体的には、妊娠・出産等に関

する言動により、当該女性労働者の就業環境が害されることのないよう、事業主は、当該女性労働者からの相談に応じ、適切に対応するために必要な体制の整備その他の雇用管理上必要な措置を講じなければならないとされる。

　同規定に基づく指針「事業主が職場における妊娠、出産等に関する言動に起因する問題に関して雇用管理上講ずべき措置等についての指針」（平成28年厚生労働省告示第312号）は、「職場における妊娠、出産等に関するハラスメント」には、「制度等の利用への嫌がらせ型」と「状態への嫌がらせ型」があるとしている。

(2) 育児・介護休業法（以下「育介法」）
　育介法10条は、労働者（女性・男性問わず）が育児休業の申出・取得をしたことを理由とする解雇その他の不利益取扱いを禁止している。また、同条は、育児・介護に関する様々な制度利用を理由とする不利益取扱い禁止として、育介法の多くの条文で準用されている。

　また、同条の「解雇その他不利益な取扱い」とは、「子の養育又は家族の介護を行い、又は行うこととなる労働者の職業生活と家庭生活との両立が図られるようにするために事業主が講ずべき措置等に関する指針」（平成21年厚生労働省告示第509号。以下「育介指針」）に例示列挙されている。

　加えて、平成29年1月1日施行の改正育介法に、事業主に対して育児・介護に関するハラスメント防止措置を義務付ける規定が新設された（育介法25条）。具体的には、育児休業、介護休業等の制度利用に関する言動により、当該労働者の就業環境が害されることのないよう、事業主は、当該労働者からの相談に応じ、適切に対応するために必要な体制の整備その他の雇用管理上必要な措置を講じなければならないとされる。

　同法に基づく育介指針は、「職場における育児休業等に関するハラスメント」とは、「上司又は同僚から行われる、その雇用する労働者に対する制度等の利用に関する言動により就業環境が害されるもの」であるとしている。

3 裁判例の分析

(1) 妊娠・出産・育児休業等を理由とする不利益取扱いの禁止に関する裁判例

① ノーワーク・ノーペイを超える不利益取扱いが違法とされた裁判例

02 の医療法人社団充友会事件は、賞与の支給額の算定に際し、産前産後休業の取得などに係る就労しなかった、又は就労できなかった期間を超えて、休業したものとして扱うことは、産前産後休業による労務不提供を超える不利益を及ぼすものであるから、均等法9条3項が禁じる「不利益な取扱い」に該当し、強行規定違反として違法になるとの考えを示している。そして、同事件では、産前休業期間は査定期間の約22パーセントにとどまるにもかかわらず、それを超えて賞与を減額・不支給としたことは「不利益な取扱い」に該当し、違法とされた。

同様に、05 学校法人近畿大学（講師・昇給等）事件では、在籍年数に基づき一律に実施される定期昇給において、昇給基準日前の1年間のうち一部でも育児休業をした職員に対し、残りの期間の就労状況いかんにかかわらず当該年度に係る昇給の機会を一切与えないことは、育児休業をしたことを理由に、当該休業期間に不就労であったことによる効果以上の不利益を与えるものであって、育介法10条の「不利益な取扱い」に該当するとされた。

これらの裁判例は、産休、育休等について、ノーワーク・ノーペイの原則を超えた不利益を与えることを禁じたものと言えよう。

② 労働者の同意の有無が問題となった裁判例

妊娠・出産、育児休業等を理由とする不利益取扱いに関する重要判例として、広島中央保健生協（C生協病院）事件（上告審）最高裁判決（最一小判平26.10.23、『わかりやすいセクシュアルハラスメント 妊娠・出産、育児休業等に関するハラスメント 新・裁判例集（21世紀職業財団発行）』540頁 No 07-1 参照）がある。同判決は、女性労働者につき妊娠中の軽易業務への転換を契機として降格させる事業主の措置は、原則として均等法9条3項の禁止する不利益取扱いに当たるとした上で、①当該労働者が軽易業務への転換及び上記措置により受ける有利な影響並びに上記措置により受ける不利な影響の内容や程度、上記措置に係る事業主による説明の内容その他の経緯や当該労働者の意向等に照らし

て、当該労働者につき自由な意思に基づいて降格を承諾したものと認めるに足りる合理的な理由が客観的に存在するとき、又は②事業主において当該労働者につき降格の措置をとることなく軽易業務への転換をさせることに円滑な業務運営や人員の適正配置の確保などの業務上の必要性から支障がある場合であって、その業務上の必要性の内容や程度及び上記の有利又は不利な影響の内容や程度に照らして、上記措置につき同項の趣旨及び目的に実質的に反しないものと認められる特段の事情が存在するときは、同項の禁止する取扱いに当たらないものと解するのが相当であると判示している。

　この例外①の「承諾」については、「自由な意思」に基づくものでなければならないことに留意が必要である。「自由な意思」による承諾とは、賃金債権の放棄に対する承諾についてのシンガー・ソーイング・メシーン事件（最二小判昭48.1.19）や就業規則に定められた賃金や退職金に関する労働条件の変更に対する承諾についての山梨県民信用組合事件（最二小判平28.2.19）などで用いられている概念であり、客観的に合理的な理由が存在するか否かによって同意の有効性を判断するため、形式的な承諾が存在しても無効となる可能性がある。

　この最高裁の枠組みに基づき、不利益取扱いの同意の有効性が争われる裁判例が増えている。 02 医療法人社団充友会事件は、労働者の表面上の同意があっても、真意に基づかない勧奨退職は退職の強要に該当するため、退職の意思表示が労働者の真意（自由な意思）に基づくことの認定は慎重に行うべきであると指摘している。また、 04 フーズシステムほか事件は、時短勤務の申出を契機として締結されたパート契約について、自由な意思に基づいて締結されたものとは認められないとして無効であると判示した。一方、 07 ジャパンビジネスラボ事件では、育児休業明けに子どもが通える保育園が見つかっていなかったことにより、退職を回避するために週３日勤務の契約社員を選択したことが、労働者の自由な意思に基づく合意であると認められた。

③　不利益取扱いに当たらないとされた裁判例

　 06 アメックス（降格等）事件では、育児休業中や復職後に行われた人事異動について、そもそも不利益取扱いには当たらない、あるいは、育児休業等の取得を理由としてされた措置であるとはいえないとされ

た。

　また、11三菱UFJモルガン・スタンレー証券事件は、男性がパタハ
ラを訴えた事件として注目されたが、育児休業の妨害や育児休業を理由
とする不利益取扱いの事実は認められないと判断された。

(2) 損害賠償請求の裁判例

　使用者が行った妊娠・出産・育児等を理由とする不利益取扱いや措置
に対して不法行為（民法709条）ないし債務不履行（民法415条）に基づ
く損害賠償が認容される場合がある。また、上司や同僚等の言動が、妊
産婦労働者としての人格権を否定するものである場合には、加害者に対
して不法行為（民法709条）に基づく損害賠償請求、使用者に対して使用
者責任（民法715条）ないし職場環境配慮義務違反による債務不履行責任
（民法415条）に基づく損害賠償請求が可能である。

　02医療法人社団充友会事件では、退職扱い（事実上の解雇）が無効と
され地位確認が認められたことに加えて、慰謝料として222万5000円が認
容された。このように高額の慰謝料を認容した理由について、判決は、
マタハラが社会問題となり根絶すべき社会的要請も年々高まっているこ
とを挙げている。また、03コメット歯科クリニック事件では、使用者が
行った退職扱いの慰謝料として100万円、上司らが有給休暇の取得を拒絶
したことや技工指示書を交付しない嫌がらせ等を行ったことに対する慰
謝料として50万円が認容された。

(3) 解雇の有効性が争われた裁判例

　妊娠等に近接した時期の解雇ではあるものの、能力不足や協調性欠如
など妊娠等以外の事由が表向きの解雇理由とされていることがある。01
シュプリンガー・ジャパン事件は、妊娠等に近接した時期になされる解
雇については、使用者は形式的に妊娠等以外の理由を示しさえすればよ
いというわけではなく、客観的に合理的な理由を欠き、社会通念上相当
であると認められないことを事業主が認識しているか、あるいは当然に
認識すべき場合には、均等法9条3項及び育介法10条に違反するという
判断基準を示し、解雇を無効と判断している。

　また、均等法9条4項は、妊娠中の女性労働者及び出産後1年を経過

しない女性労働者に対する解雇を無効としつつ、事業主が、当該解雇が妊娠等を理由とする解雇でないことを証明したときはこの限りでない、と規定している。09社会福祉法人緑友会事件は、妊娠等を理由とする解雇でないことを証明したといえるためには、単に妊娠・出産等を理由とする解雇ではないことを主張立証するだけでは足りず、妊娠・出産等以外の客観的に合理的な解雇理由があることを主張立証する必要があると指摘し、解雇を無効と判断した。

08アニマルホールド事件も、妊娠中の解雇を客観的合理性・社会的相当性を欠き権利濫用として無効であるとした上で、地位確認に加えて慰謝料50万円を認容している。一方、10ドリームスタイラー事件では、妊娠し時短勤務を希望した労働者の退職が、実質的に解雇に該当するかが争われたが、解雇であるとは認められなかった。

IV　その他のハラスメント裁判例

1　SOGI（ソジ）ハラスメント

（1）SOGIハラスメントとは

　　SOGIハラスメントの「SOGI」とは、Sexual Orientation（性的指向）と、Gender Identity（性自認）の頭文字を取った言葉である。「LGBT」が、レズビアン、ゲイ、バイセクシュアル、トランスジェンダーの頭文字を取ったもので、性的少数者を表す総称であるのに対し、SOGIは、すべての人が有している性的指向・性自認という属性であり、より普遍的で多様性を表す言葉として使われている。SOGIハラスメントとは、法律上の定義は存在しないが、職場における性的指向及び性自認についてのハラスメントと解されている。

　　労働施策総合推進法で事業主にパワーハラスメント（以下「パワハラ」）防止措置が義務付けられているが、同法に基づく「事業主が職場における優越的な関係を背景とした言動に起因する問題に関して雇用管理上講ずべき措置等についての指針」（令和2年厚生労働省告示第5号。以下「パワハラ指針」）の中に、SOGIハラスメントに関する事項が盛り込まれている。パワハラ指針が挙げるパワハラの行為類型のうち、「精神的な攻撃」に該当する例として、「人格を否定するような言動を行うこと。相手の性的指向・性自認に関する侮辱的な言動を行うことを含む」と記載

され、「個の侵害」に該当する例においても「労働者の性的指向・性自認や病歴、不妊治療等の機微な個人情報について、当該労働者の了解を得ずに他の労働者に暴露すること」と記載されているのである。また、セクハラ指針においても、相手方の性的指向又は性自認にかかわらず、当該者に対する行為がセクハラに当たりうる旨明記されており、事業主はSOGIハラスメントの防止措置も含めた対策を講じなければならないことが義務付けられている。

（2）裁判例の分析

　裁判例では、トランスジェンダーの職場環境に関するものが多い。01 S社（性同一性障害者解雇）事件では、性同一性障害（MtF※）の労働者に対し、会社が女性の容姿での出社禁止命令を出し、それに従わなかった労働者を懲戒解雇としたことが違法無効とされている。また、03 淀川交通（仮処分）事件においても、性同一性障害（MtF）のタクシー乗務員に対し、会社が化粧を禁止し乗務をさせない扱いをしたことが違法とされた。トランスジェンダーの労働者が、職場においても性自認上の性別に一致した外見で過ごすことは、人格的利益として、できる限り尊重されなければならないことを示している。

　また、02-1 02-2 国・人事院（経産省職員）事件では、性同一性障害（MtF）の労働者に対する「もう男に戻ってはどうか」との上司の発言が違法とされ、損害賠償が認容されている。一方、女性用トイレの使用制限については、02-1 東京地裁判決は違法と認めたが、02-2 東京高裁判決は合法としている。トランスジェンダーの労働者の男女別施設の利用に関しては、他の利用者にも配慮しつつ、当該労働者の要望を実現できるよう尽力することが求められている。

　※MtF（Male to Female）：出生時に男性という性を割り当てられたが女性として生きることを望む人

2　カスタマーハラスメント
（1）カスタマーハラスメントとは

　カスタマーハラスメントの法律上の定義は存在しないが、厚生労働省が作成した「カスタマーハラスメント対策企業マニュアル」では、「顧客

等からのクレーム・言動のうち、当該クレーム・言動の要求の内容の妥当性に照らして、当該要求を実現するための手段・態様が社会通念上不相当なものであって、当該手段・態様により、労働者の就業環境が害されるもの」と定義されている。企業の提供する商品・サービスに瑕疵・過失が認められない場合や、要求の内容が、企業の提供する商品・サービスの内容とは関係ない場合など、そもそも顧客の要求の内容が著しく妥当性を欠く場合には、カスタマーハラスメントに当たる。また、要求内容は妥当であっても、身体的な攻撃、精神的な攻撃、威圧的な言動、土下座要求、継続的・執拗な言動、拘束的な言動、差別的・性的な言動、従業員個人への攻撃・要求、妥当性を欠く商品交換・金銭補償の要求を伴うなど、要求実現のための手段・態様の悪質性が高い場合も、カスタマーハラスメントに当たる。

　パワハラ指針においては、企業がカスタマーハラスメントの防止対策を行うことについて、法的義務ではないものの、「望ましい取組」として、相談体制の整備や、被害者への配慮、マニュアル作成などの予防策を行うことが推奨されている。

(2) 裁判例の分析

　カスタマーハラスメントは不法行為（民法709条）に該当する可能性があり、被害を受けた労働者や企業は行為者である顧客等に対して損害賠償等を請求することができる。また、カスタマーハラスメントにより、受忍限度を超える不快や業務に具体的な支障が生じており、事後的な損害賠償を認めるだけでは回復困難な重大な損害が発生する恐れがある場合には、ハラスメント行為の差止めを請求することができる。 04 面談強要行為等差止等請求事件は、市民が市の職員に対し、電話での対応や面談を要求して質問に対する回答を強要したり、大声を出したり、罵声を浴びせたりする行為について、損害賠償とともに面談等の差止めを認容した。

　また、管理職や事業主は、カスタマーハラスメントに対する適切な対応が求められる。 05 甲府市・山梨県（市立小学校教諭）事件では、小学校教諭に対する児童親からの理不尽なクレームについて、校長が教諭に謝罪を強要するなどしたことがパワハラであるとされた。管理職がカス

タマーハラスメントに対する対応を誤ると、当該管理職及び企業の法的責任となることが示されたといえる。

　労働者が、業務の執行に当たりカスタマーハラスメントを行った場合には、人事措置や懲戒処分の対象となりうる。06 ヤマダコーポレーション事件では、取引先の担当者に対して協調性や配慮を欠く言動を行った（取引先から見ればカスタマーハラスメントを受けたことになる）労働者に対する試用期間満了による解雇が有効とされた。

パワーハラスメントに関する裁判例一覧

2023年3月現在

番号	事件名	判決（決定）和解年月日	判決・事例のポイント	出典	参照頁
01	ＳＧＳジャパン事件	東京地判平29・1・26	労働者が上司から無意味な業務を命じられた、不当に注意された等を訴えたものの、パワハラや嫌がらせであるとは評価できないとされた。	労経速2306号3頁	P39
02	国立大学法人金沢大学元教授ほか事件	金沢地判平29・3・30	国立大学法人がハラスメントの有無等の事実関係を調査し具体的対応をすべき義務を尽くさなかったことについて債務不履行責任を負うとした。	労判1165号21頁	P47
03	ホンダ開発事件	東京高判平29・4・26	新卒入社3年目の労働者に対する異動命令は配慮に欠けるものの違法とまではいえない一方、上司の言動はパワハラに当たるとした。	労判1170号53頁	P61
04	国立大学法人H大学事件	神戸地判平29・8・9	上司等に対する問題行動があることを理由に、約13年間ほとんど仕事を与えず研修も受けさせなかったことがパワハラに当たるとされた。	労経速2328号23頁	P66
05	国・神戸西労基署長（阪神高速パトロール）事件	大阪高判平29・9・29	うつ病で自殺した労働者について上司からひどい嫌がらせ・いじめを受けた場合に当たるとして、業務起因性を肯定した。	労判1174号43頁 裁判所ウェブサイト	P74
06	国立大学法人群馬大学事件	前橋地判平29・10・4	学校法人の教授が行ったパワハラ、セクハラ行為は懲戒事由に該当するものの、懲戒解雇は社会通念上相当性を欠くとされた。	労判1175号71頁 労経速2329号9頁	P80
07	A社長野販売ほか事件	東京高判平29・10・18	原告2名に対する懲戒処分、賞与減額を正当な理由なく無効であるとした上で、同原告ら及び同時に退職した原告2名についても退職を強要したと認めた。	労判1179号47頁	P92

番号	事件名	判決（決定）和解年月日	判決・事例のポイント	出典	参照頁
08	損害賠償等請求事件	東京地判 平29・11・15	上司が、改善すべき職務事項を具体的に指摘せず、性格が悪いことを指摘したり、感情的かつ威圧的な言動をしていたことがパワハラに当たるとされた。	D1-Law.com判例体系	P98
09	いなげやほか事件	東京地判 平29・11・30	知的障害をもつ労働者が先輩から継続的に暴言等を受けたことについて、先輩従業員に不法行為責任、会社に使用者責任を認めたが、会社の事後対応義務違反は否定した。	労判1192号67頁	P102
10	乙山青果ほか事件	名古屋高判 平29・11・30	職場の先輩2名による行き過ぎた指導がパワハラであるとされ、会社の債務不履行責任が容認された。	労判1175号26頁	P113
11	国家賠償請求事件	那覇地判 平30・1・30	市立中学校の校長から教頭に対する叱責がパワハラと認められ、市に対して損害賠償が命じられた。	D1-Law.com判例体系	P119
12	慰謝料等請求事件	東京地判 平30・3・26	労働者に対して賞与を減額し、他の職員から切り離して1人小部屋で記録整理を命じ、手当を一方的に減額したこと、人格を否定するメールを送信したことが違法なパワハラに当たるとして、会社の不法行為責任を認めた。	D1-Law.com判例体系	P124
13	ビー・ピー・カストロールほか事件	大阪地判 平30・3・29	上司が部下に対して行った厳しい発言、休日出勤を示唆するメール等が、不法行為を構成するとまでは認められないとされた。	労判1189号118頁	P128
14	A住宅福祉協会理事らほか事件	東京地判 平30・3・29	上司の発言が侮辱的で威圧的な言辞を繰り返して退職を強要するものとされた。	労判1184号5頁	P133

番号	事件名	判決（決定）和解年月日	判決・事例のポイント	出典	参照頁
15	関西ケーズデンキ事件	大津地判平30・5・24	従業員が上司から価格調査業務への配置の指示を受けた数日後に自死したことについて、配置換えは業務の適正な範囲を超えた過重なものであり不法行為とされた。会社の安全配慮義務違反については否定した。	労経速2354号18頁	P139
16	ゆうちょ銀行（パワハラ自殺）事件	徳島地判平30・7・9	上司がした叱責は、業務上の指導の範囲を逸脱し、社会通念上違法なものであったとまでは認められないものの、雇用者は、業務遂行に伴う疲労や心理的負荷が過度に蓄積してその心身の健康を損なうことのないように注意する義務を尽くさなかったとして、安全配慮義務違反が認められた。	労判1194号49頁	P145
17	共立メンテナンス事件	東京地判平30・7・30	上司が部下に仕事ぶりを非難しながら暴行を加えたことが、業務指導の範囲を逸脱しており、不法行為を構成するとされたが、労働者が発症した適応障害の業務起因性は否定した。	労経速2364号6頁	P151
18	損害賠償請求事件	東京地判平30・8・31	上司から部下に対する「死ね」「ばかだ」「降格させるぞ」「飛ばすぞ」という発言等について、パワハラに当たるとされた。	D1-Law.com判例体系	P156
19	国・伊賀労基署長（東罐ロジテック）事件	大阪地判平30・10・24	毎日のように行われていた上司からの叱責や業務指示がひどい嫌がらせ、いじめに当たるとして、業務起因性が肯定された。	労判1207号72頁	P159

番号	事件名	判決（決定）和解年月日	判決・事例のポイント	出典	参照頁
20	プラネットシーアールほか事件	長崎地判 平30・12・7	部下に対して上司が厳しく注意・叱責を繰り返した行為が、業務上の指導を逸脱したいじめ行為と評価できるとして、被害者の人格権を違法に侵害する不法行為に当たるとされた。	労判1195号5頁	P165
21	松原興産事件	大阪高判 平31・1・31	パチンコ店の元従業員に対する上司からの暴言や懲罰がパワハラに該当するとして、会社の使用者責任を肯定するとともに、素因減額を否定した。	労判1210号32頁	P170
22	大島産業事件	福岡高判 平31・3・26	事実上の代表取締役に当たる人物から従業員に対するパワハラについて、会社法350条類推適用により会社の損害賠償責任が認められた。	労経速2393号24頁	P174
23	国立大学法人筑波大学ほか事件	宇都宮地裁栃木支判 平31・3・28	上司による業務上の指導・叱責の中で、人格非難に類する発言や、威圧的で不穏当な態様の発言があり、パワハラと認められ、大学は使用者責任を負うとされた。	労判1212号49頁	P180
24	キムラフーズ事件	福岡地判 平31・4・15	会社代表者による、従業員のミスを怒鳴って肘で胸を突いた行為などの暴行行為や名誉感情を害する侮辱的な言動を繰り返した行為は不法行為に当たるとして、従業員が受けた身体的及び精神的苦痛につき会社法350条に基づく会社の責任が認められた。	労判1205号5頁 労経速2385号18頁	P191
25	損害賠償請求事件	さいたま地判 令元・6・28	消防職員に対する上司らからのパワハラが認容され、市に対して債務不履行責任に基づく損害賠償が命じられた。	D1-Law.com判例体系	P197

番号	事件名	判決（決定）和解年月日	判決・事例のポイント	出典	参照頁
26	社会福祉法人千草会事件	福岡地判令元・9・10	特別養護老人ホームの施設長の職員らに対する言動が職務における叱責、指導の範ちゅうに収まるものではなく、名誉感情を害し、人格をおとしめる発言や行動であるとしてパワハラと認められた。	労経速2402号12頁	P202
27	東芝総合人材開発事件	東京高判令元・10・2	原告が会社内部の企画・運営についての自分の意見や不満をぶちまける内容のメールを業務関係者に送信したため、会社は直ちに従前の担当を停止し、難易度が著しく低い単純作業（部品仕訳作業）を担当させる業務指示をしたものであり、やむを得ない措置であるとされた。	労判1219号21頁	P207
28	辻・本郷税理士法人事件	東京地判令元・11・7	原告の言動をパワハラと認め、原告に対するパワハラを理由とする懲戒処分（訓戒）は有効であるとして、無効を求めた原告の請求を棄却した。	労経速2412号3頁	P213
29	損害賠償請求事件	名古屋地判令2・2・17	市交通局職員が、上司からの人格を否定する発言等のいじめによりうつ病を発症し自殺したと認め、市に対して国家賠償法上の責任を認めた。	裁判所ウェブサイト	P219
30	池一菜果園ほか事件	高知地判令2・2・28	上司が部下の休暇取得に関して怒鳴りつけたこと、不相当な指導を行ったことによる心理的負荷が「中」とされ、恒常的な長時間労働と併せて精神疾患を発症し自殺したと認めた。	労判1225号25頁	P225
31	福生病院企業団（旧福生病院組合）事件	東京地裁立川支判令2・7・1	上司らによる厳しい叱責や侮辱的な発言がパワハラと認められ、国家国賠法上の違法な行為とされた。	労判1230号5頁	P237

セクシュアルハラスメントに関する裁判例一覧

2023年3月現在

番号	事件名	判決（決定）和解年月日	判決・事例のポイント	出典	参照頁
01	損害賠償請求事件	東京地判 平29・9・22	区立中学校の非常勤事務職員が、同僚から胸の大きさを話題にするセクハラ等を受けたことについて、区の職場環境配慮義務違反が認容された。	裁判所ウェブサイト D1-Law.com判例体系	P249
02	地位確認等請求事件	東京地判 平30・1・12	私立大学教授の言動がセクハラに該当するとされたもの、懲戒免職は社会通念上相当なものとはいえないとして無効とされた。	判タ1462号160頁 D1-Law.com判例体系	P257
03	ＮＰＯ法人Ｂ会ほか事件	福岡高判 平30・1・19	ＮＰＯ法人と契約を締結し就労支援を受けていた利用者が、法人理事から受けたセクハラについて、法人の安全配慮義務違反が認容された。	労判1178号21頁	P266
04	イビデン事件	最一小判 平30・2・15	グループ会社の法令遵守に関する相談窓口を設けていた親会社が、子会社の従業員からのセクハラ相談について事実確認等を行わなかったことについて、義務違反は認められないとされた。	労判1181号5頁 裁判所ウェブサイト	P274
05	損害賠償請求事件	東京地判 平30・8・30	女性労働者が、勤務する会社の外注先のカメラマンからキスや胸を触られる行為を受けたことについて、同意のないセクハラであるとされ、加害者に対する損害賠償が認容された。	D1-Law.com判例体系	P280
06	加古川市事件	最三小判 平30・11・6	地方公共団体の男性職員が勤務時間中に訪れた店舗で従業員にセクハラをしたことを理由とする停職6か月の懲戒処分が有効とされた。	労判1227号21頁 労経速2372号3頁 裁判所ウェブサイト	P286

番号	事件名	判決（決定） 和解年月日	判決・事例のポイント	出典	参照頁
07	Ｎ商会事件	東京地判 平31・4・19	会社の従業員が同僚からセクハラを受けたが、会社は事実確認や厳重注意、業務内容等につき合理的範囲における措置をとっていたとして、安全配慮義務違反が否定された。	労経速2394号3頁 D1-Law.com判例体系	P290
08	損害賠償請求事件	高松地判 令元・5・10	市の非常勤嘱託職員の女性が上司からセクハラを受けたことについて市の国家賠償法上の責任が認められた。	D1-Law.com判例体系	P296
09	学校法人Ｚ大学事件	東京地判 令元・5・29	学生2名に対するセクハラを理由とする大学の教授になされた減給の懲戒処分が有効とされた。	労経速2399号22頁 D1-Law.com判例体系	P306
10	ＪＡさが事件	福岡高判 令元・6・19	女性労働者が、研修旅行中に足を触られる、抱きつかれる、懇親会でのコンパニオンに対するセクハラを目にしたこと等について、会社の安全配慮義務違反が認められた。	労旬1954号55頁 D1-Law.com判例体系	P312
11	損害賠償請求事件	京都地判 令元・6・28	私立高校の常勤講師の女性が上司からキスや性交渉を求められる等のセクハラを受けたことについて、学校法人の使用者責任が認容された。	裁判所ウェブサイト D1-Law.com判例体系	P319
12	Ｐ社ほか（セクハラ）事件	大阪地判 令2・2・21	女性従業員が上司から愛人になるよう求める発言等のセクハラを受けたことについて、加害者に不法行為責任、会社に債務不履行責任が認容された。	労判1233号66頁	P329
13	海外需要開拓支援機構ほか事件	東京地判 令2・3・3	派遣労働者の女性が派遣先の執行役員と取締役から、肩に手を回そうとされたり、業務に関係のないいくじ引きに参加させられたりしたことについて役員らの損害賠償責任が認容され、会社の責任は否定された。	労判1242号72頁	P339

番号	事件名	判決（決定）和解年月日	判決・事例のポイント	出典	参照頁
14	国・札幌東労基署長（紀文フレッシュシステム）事件	札幌地判令2・3・13	胸や腰等への身体接触を含むセクハラが行われ、行為は継続していないが、会社に相談しても適切な対応がない場合に該当するとして、業務起因性が肯定された。	労判1221号29頁	P347
15	みずほビジネスパートナー事件	東京地判令2・9・16	過去に2回の懲戒処分歴（うち1回はセクハラ）のある原告に対する、複数の業務上のミスとセクハラを理由になされた普通解雇の有効性が否定された。	労判1238号56頁	P357

妊娠・出産・育児休業等に関する
ハラスメント裁判例一覧

番号	事件名	判決（決定）和解年月日	判決・事例のポイント	出典	参照頁
01	シュプリンガー・ジャパン事件	東京地判 平29・7・3	育休明けの女性労働者に対する解雇について、使用者は協調性欠如等の理由を主張したが、男女雇用機会均等法9条3項及び育児・介護休業法10条に違反し無効とされた。	労判1178号70頁 労経速2332号3頁	P363
02	医療法人社団充友会事件	東京地判 平29・12・22	労働者が会社に送信したLINEメッセージについて、退職の意思表示とはいえず、会社の退職扱いは違法とされた。	労判1188号56頁	P370
03	コメット歯科クリニック事件	岐阜地判 平30・1・26	第1子の育休復帰後に労働条件を不利益に変更され、第2子の妊娠発覚後に仕事外しや根拠のない懲戒処分等の嫌がらせが違法とされ、それを原因として精神疾患を発症したとして、退職扱いも無効とされた。	労経速2344号3頁 裁判所ウェブサイト	P379
04	フーズシステムほか事件	東京地判 平30・7・5	育休復職時に締結された正社員からパートへ労働条件を変更する契約について、労働者の自由な意思によるものではなく育児・介護休業法23条の2に違反し無効とされ、解雇も無効とされた。	労判1200号48頁	P389
05	学校法人近畿大学（講師・昇給等）事件	大阪地判 平31・4・24	1年のうち一部でも育休を取得した場合には定期昇給の機会を一切与えない取扱いは、育児・介護休業法10条に違反するとされた。	労判1202号39頁 労経速2387号3頁	P399

番号	事件名	判決（決定）和解年月日	判決・事例のポイント	出典	参照頁
06	アメックス（降格等）事件	東京地判令元・11・13	産休・育休中の組織変更に伴う復職後の配置や、復職後の人事評価について、男女雇用機会均等法9条3項、育児・介護休業法10条の不利益取扱いには該当しないとされた。	労判1224号72頁労経速2413号3頁	P407
07	ジャパンビジネスラボ事件	東京高判令元・11・28※最高裁で上告棄却により確定	育休復職時に締結された契約社員となる契約について、有効であるとされ、労働者が会社との信頼関係を破壊する行為に終始しているとして雇止めも有効とした。	労判1215号5頁	P414
08	アニマルホールド事件	名古屋地判令2・2・28	売上金窃取等を理由とする妊娠中の普通解雇が，確たる証拠に基づかないものであるとして，無効と判断された。	労判1231号157頁	P424
09	社会福祉法人緑友会事件	東京地判令2・3・4	出産後1年を経過していない保育士に対する解雇について、男女雇用機会均等法9条4項に違反し無効とされた。	労判1225号5頁	P429
10	ドリームスタイラー事件	東京地判令2・3・23	妊娠中の労働者の退職について、実質的に見て会社による解雇に該当すると認めることはできないとされた。	労判1239号63頁労経速2423号27頁	P436
11	三菱UFJモルガン・スタンレー証券事件	東京地判令2・4・3	会社が男性従業員の育休取得を妨害したとはいえず、育休取得を理由として仕事外しが行われた事実は認められないとされた。	労経速2426号3頁	P440

その他のハラスメントに関する裁判例一覧

番号	事件名	判決（決定）和解年月日	判決・事例のポイント	出典	参照頁
01	S社（性同一性障害者解雇）事件	東京地決平14・6・20	性同一性障害（MtF）の労働者に対し、会社が女性の容姿での出社禁止命令を出し、これに違反した労働者を懲戒解雇したことが違法無効とされた。	労判830号13頁	P451
02-1	国・人事院（経産省職員）事件（第一審）	東京地判令元・12・12	性同一性障害（MtF）の労働者に対する女子トイレ利用制限、及び上司による「もう男に戻ってはどうか」との発言が違法とされた。	労判1223号52頁	P459
02-2	国・人事院（経産省職員）事件（控訴審）	東京高判令3・5・27	東京高裁は、女子トイレの利用制限は合法とした。	労判1254号5頁	P469
03	淀川交通(仮処分)事件	大阪地決令2・7・20	性同一性障害（MtF）のタクシー乗務員に対し、会社が化粧を禁じるとともに、乗務させられないとして就労拒否したことが違法とされた。	労判1236号79頁労経速2431号9頁	P475
04	面談強要行為等差止等請求事件	大阪地判平28・6・15	市民からの市職員に対する受忍限度を超える電話や訪問等について、差止が認められた。	判時2324号84頁	P482
05	甲府市・山梨県（市立小学校教諭）事件	甲府地判平30・11・13	小学校教諭に対する児童親からの理不尽なクレームについて、校長が教諭に謝罪を強要するなどしたことがパワハラに当たるとされた。	労判1202号95頁	P487
06	ヤマダコーポレーション事件	東京地判令元・9・18	協調性や配慮を欠く言動により、社内関係者や取引先を困惑させ、軋轢を生じさせたとして、試用期間満了による解雇が有効とされた。	労経速2405号3頁	P493

【注意】

　以下紹介する裁判例の解説は下記のような構成となっている。

・［事案の概要］

　　当事者の主張は、［事案の概要］［判旨］に記述しているので、特に別項目を挙げていない。

　　当事者の指示は、Xが原告、Yが被告である。複数にわたる場合には、X1、X2、Y1、Y2会社等の表示とした。

・［結果］

　　裁判の結果。認容された慰謝料額等を記載。なお、遅延損害金は特に記載していない。

・［コメント］

　　事件のポイント等について簡潔に記述した。

・［判旨］

　　判決原文の重要部分をできるだけそのまま引用したが、紙面の都合上、要約や割愛をした部分もある。判旨のうちポイントとなる部分については下線を付した。

出典の記載は下記の略称で記載している。

　　労経速：労働経済判例速報

　　労判：労働判例

　　判タ：判例タイムズ

　　労旬：労働法律旬報

　　判時：判例時報

　　民集：最高裁判所民事判例集

SGSジャパン事件

東京地判平29・1・26
（労経速2306号3頁）

事案の概要

　Y1社は、電子製品、食品等の鑑定、検査、検量及び査定を目的とする株式会社である。Y1社は、国際認定機関フォーラムに属する認定機関から認定を受けた第三者認証機関として認証サービスを行っている。

　Xは、平成21年4月1日にY1社に雇用され、食品事業部の審査チームに配属され、顧客である企業や団体の工場等に赴いて審査業務に従事していた。

　XがY1社で勤務していた当時（平成21年から平成24年頃まで）、Y2は、Y1社の食品事業部のテクニカルマネージャーであった。Xが休職中であった平成23年及び平成24年頃、Y3は、Y1社の食品事業部長、Y4は人事部長であった。

　Xは、平成23年5月頃から不眠症状を訴え、うつ病（以下「本件疾病」）を発症した。Xは、同年8月20日、心療内科において、本件疾病により向後1か月の自宅休養を要する旨の診断を受け、その後、Y1社に対し、休職届及び診断書を提出して、1か月の休職を申請した。Y1社は、Xに対し、平成23年9月6日からの休職を承認した。

　Xは、同年10月末頃から度々復職の希望をY1社に伝えたが、Y1社はXの復職を認めず、平成24年9月5日をもって休職期間満了により自然退職となる旨告知した。

　本件は、Xが、本件疾病は過重な業務等に起因するものであった上、平成23年11月（遅くとも平成24年8月末）には就労が可能であったため、自然退職の告知は違法、無効であるとして、Y1社に対し、労働契約上の権利を有する地位確認及び賃金支払いを求めるとともに、Y2、Y3及びY4のパワーハラスメント（以下「パワハラ」）によって精神的苦痛を受けたことを理由に、被告らとY1社に対し、慰謝料300万円及び弁護士費用30万円を請求した事案である。

　なお、Xは、Y1社に対し、休職前の時間外労働に対する割増賃金を請求

し、Y1社は、反訴として、Xに対し、社会保険料等の立替分の不当利得返還請求を行っている。

結　果

　一部認容。

　割増賃金18万3339円。

　パワハラ、復職妨害等に関する訴えはすべて棄却。

　被告の反訴一部認容。

　不当利得64万4820円。

コメント

　本判決は、Xの、上司から無意味な業務を命じられたり、不当に叱責をされた等の主張は、事実として認められないか、事実として認められる出来事についてもいずれもパワハラや嫌がらせであると評価することはできないとして排斥した。そして、それを前提とすると、Y2とXとの間には、意見の相違や軋轢、業務指導としての叱責などの「上司とのトラブル」があったにすぎないとして、精神障害の労災認定基準に基づく心理的負荷の強度は「中」にとどまるものと判断した。

　また、Xの復職可能性及びY3及びY4による復職妨害も否定した。

　Xの割増賃金請求が一部認容されたものの、Y1社の不当利得返還請求の反訴が認容されたため、結論的にはXの敗訴といえよう（割増賃金、不当利得返還請求についての判旨は、ハラスメントと関連性がないため省略）。

判　旨

1　Y2とXとの間の出来事について

　（1）Xは、Y2が平成21年4月頃にXが受験したHACCP審査員資格試験のテ

ト採点において恣意的な扱いをしてＸを不合格にし、同テストの答案用紙の開示を拒否したと述べるが、Y2はHACCPのテストの採点等を担当しておらず、認められない。

(2) Ｘは、Y2と食品衛生法の解釈適用について論争をしたと主張するが、単に見解を異にし、論争したに過ぎないからパワハラや嫌がらせであると評価することはできない。

(3) Y2が平成21年6月、報告書でＸの見解であるＨ株式会社の審査が不適合であったとの指摘をしなかったとしても、Y2がＸの考えとは異なる見解をとったにすぎず、パワハラや嫌がらせであると評価することはできない。

(4) Ｘは、Y2が、「認証QC」という無意味な業務をＸに担当させたと述べるが、Y1社における認証QC業務の必要性は認められるから、パワハラや嫌がらせであると評価することはできない。

(5) 店舗衛生検査トレーニングは必要であり、審査員全員が受けていたものであるから、Y2がＸに同トレーニングを受けさせたことが、パワハラや嫌がらせであると評価するということはできない。

(6) Ｘは、平成21年9月に香港の関連会社でのMCトレーニングをY1社がキャンセルしたにもかかわらず、Y2はそれをＸに知らせず、Y2は連絡不足の責任をＸに転嫁し、さらにＸを叱責したと主張する。しかし、Y2は、Ｘにキャンセルについて連絡を行っていたのであり、Ｘの供述は採用できない。

(7) Ｘは、平成21年10月、Y2がＸのHACCP審査トレーニング試験に合格していないことを問題視したためＩ株式会社の審査を延期せざるを得なくなったと主張するが、認めるに足りる証拠はない。

(8) Ｘは、平成21年11月にY2が資料の送付をせずにＸが審査員資格を取得するためのOJTを受ける機会を消滅させたと主張するが、ＸはOJTを受けて、その後の検査で不合格と判断されているから、Ｘの供述は採用できない。

(9) Ｘは、Y2作成の審査報告書についてレビューしたＸの指摘をY2が無視し、Ｘが間違っているかのように表現したと主張するが、Ｘの主張を認めるに足りる証拠はない。

(10) Ｘは、Y2が、平成22年9月以降、Ｘの審査報告書の作成等における誤

りをアドミニストレーターや営業担当者にメールで知らせ、Xのミスを暴露し嘲笑したりする行為を繰り返したと主張するが、Xの主張事実を認めるに足りる証拠はない。

(11) Xは、Y2が、平成22年10月、Xが指摘したロゴ使用規定違反について、Xが詳細な説明をせずに唐突に指摘したと顧客に説明したと主張するが、Y2の回答の内容は、客観的にみて、Xに対するパワハラや嫌がらせであると認めることはできない。また、X本人の陳述部分は、具体性を欠く上、裏付ける証拠もないから、にわかに採用することができず、他にXの主張事実を認めるに足りる証拠はない。

(12) Xは、Y2が平成22年12月頃、不要不急のウェビナートレーニングを指示したと主張するが、同トレーニングは、グループ本社からの要請でSQF審査員全員が受講するよう求められていたものであるから、Xに対するパワハラや嫌がらせであると評価するということはできない。

(13) Y2がXに対し、平成23年2月9日付のメールでXの新人審査員K（女性）に対する指導について「Kさんから私宛に厳重クレームが来ています」、「プライベートな部分（特に在宅時間等）まで個人的な介入しないようにして下さい」等と注意したことが認められる。しかし、Xは、業務多忙を理由に日曜日に会社外でKを指導しようとしており、Y2は、KからXの指導内容についてクレームがあったことや、Xが休日にKを呼び出そうとしていたことから、注意したのであって、業務上の指導として合理的な理由がある。よって、不当な叱責ということはできず、Xに対するパワハラや嫌がらせであると評価することはできない。

(14) Xは、Y2が、平成23年5月、自ら行うべきであった農場審査を実施せず、Xの間違いとして社内的に処理したと主張するが、Xの主張事実を認めるに足りる証拠はない。

(15) Xは、Y2が、平成23年5月、SQF審査で製品カテゴリーを誤って報告したことを、Xの間違いとして社内的に処理したと主張する。

　　しかし、同審査においてはXとY2との間で解釈の相違があり、Y1社は、Xの意に反して分類することで顧客の同意をとった事実が認められるが、Y2の解釈が誤りであることを示す的確な証拠はない。よって、Xに対するパワハラや嫌がらせであると評価することはできない。

(16) 以上のとおり、Xの述べる事実を検討しても、Y2がXに対し、パワハ

ラや嫌がらせであると評価することができるような行為を行ったとは認められない。

2 本件疾病の業務起因性

本件疾病発症前6か月間のXの労働時間を独立して評価した場合でも、その心理的負荷は「弱」にとどまる。また、Y2とXとの間には周囲からも認識可能な程度の業務上の意見の相違があり、それに基づく軋轢があったことや、業務指導としての叱責があったことは認められるが、認定基準上、上司とのトラブルがあった場合の平均的な心理的負荷の強度は「中」である。

したがって、Xには、複数の心理的負荷を生じさせる業務上の出来事があるが、認定基準に照らして評価した場合、その心理的負荷は、いずれも「弱」又は「中」であり、かつ、それらは互いに関連するものではないから、総合評価は「中」であり、本件疾病の業務起因性を認めることはできない。

3 Y3及びY4による復職妨害の有無について

（1）アクションプランについて

Xは、平成23年9月6日、うつ病の発症により休職の申請をし、翌7日、Y3及びY4と面談し、「Xさんに対するアクションプラン」（以下「本件アクションプラン」）に署名した。上記面談にはY2も同席していた。本件アクションプランは、Xが休職することを前提に、休職明けの1か月の間にXが注意する点をまとめたものである。

本件アクションプランには、「問題点及び改善点」として、Xに対し、報告・連絡・相談について説明しても観点の差があり、Xの意図が他の社員に伝わっていないことが多々見受けられること、Xは会社・上司からの要求をパワハラやいじめと解釈しているが、他の社員に確認してもXを擁護する社員はいないこと、審査報告書の基本的な間違いが多いことや、それに対するレスポンスの遅さがあったこと等が記載された上で、休職明けの1か月間をアクション期間とし、「アクション内容」としては、「報告・連絡・相談は必ず行うこと」、「問題・案件は、内容を簡潔にまとめた上で直ぐに上司までエスカレーションし指示を仰ぐこと」、「審査報告書は期限内に完成形を提出すること」、「メールなどで問合せがあった場合は必ず返信すること」等が記載されていた。

本件アクションプランは、休職前までのXの仕事方法の改善を促すためのものであり、Xが当時うつ病を患っていたことを考慮しても、その表現や内容に照らし、むしろXの復職を前提とした業務上の指示や注意として相当な範囲内のことであるということができるから、本件アクションプランをもって、復職妨害行為ということはできない。

(2) Xの休職から退職通知までの経過について

Y3及びY4は、Xに対し、十分に休養をとるよう指示しつつ、Xとも面談を重ね、Xが復帰するに当たっての条件について面談結果の確認を求めるなどして、誠実に対応していた。Y4がXに対し、平成24年1月10日に連絡した同月6日の面談結果の確認内容や、同年2月1日に連絡した内容（復帰後すぐにXを審査員職にすることは考えておらず、当面（1〜3か月）は内勤職として勤務してもらい、問題がないようであれば、休職前のポジションである審査員とすることを考えていること等）は、客観的にみて合理的なものである。

他方、Xは、自分が審査員として高い能力があり顧客からも評価されているとの自己評価に固執し、この点に関するY3及びY4との間の考え方の相違を受け入れようとはせず、Y1社からXを休職前のポジションに復帰させない方針である旨の連絡を受けるや、体調悪化を理由に、復帰の時期を確定することができない等として休職を続け、さらに、Y1社がXを復帰させるに当たり、事前に面談を求めることは当然のことであるにもかかわらず、過去のメールの送信を受けていない等と不合理な理由で面談を拒絶するなどの態度をとっていたものである。また、Xは、平成24年6月のY4とのやりとりの中で、Xが復帰日を明らかにすれば、Y1社において復職の詳細を知らせる約束であったのに、面談を求めるのは論点のすり替えである等と主張しているが、Y1社が面談を求めるのは当然のことであり、Xの主張は、相手方の立場や責任を考慮しない自己中心的なものである。Y3及びY4が、このようなXの意図に沿った行動をしなかったからといって、復職妨害行為になるわけではない。

なお、Y4は、Xが要望した過去のメールのプリントアウトは送付しているから、データの送信をしなかったことが、復職妨害行為であるということはできない。Xが休職中に業務に関するメールの配信を受けなくなったとしても、Y1社としては、休職中の労働者に業務上のメールを配

信すべき理由はなく、復職後の配置等が定まらなかったことも、Y1社として復職時のXの状況を面談等を通じて確認しない限りXの復職後のポジション等を決定することはできないと考えられるから、これらのことをもって復職妨害行為と捉えることは、主張自体失当である。

(3) 以上によれば、Y3及びY4による復職妨害の事実は認められない。

4 Xの復職可能性の有無について

(1) 平成23年11月の復職可能性

Xは、平成23年11月には復職可能であったと主張するが、Xは、平成23年10月25日付で主治医から向後1か月の休養を要する旨の診断を受けており、その後、同年11月から平成24年4月までの間に作成された診断書においても同様の診断がされ、現にXが休職を続けていたことに照らせば、平成23年11月の時点で債務の本旨に従った労務の提供ができる程度に病状が回復していたとは認めることはできない。

(2) 平成24年7月1日の復職可能性

Xは、平成24年7月1日から復職可能であったと主張し、同日付の復職可能であるとの診断書が存在する。しかしながら、主治医が同診断書に係る診断をするに当たり、復職後求められる労働能力や職場の状況についてY1社と情報を共有していたことを認めるに足りる証拠はなく、その後、Xは、再び向後1か月の自宅休養を要すると診断されていること、その後、XはY4に対し同年8月1日復帰を予定している旨告げたものの、産業医と面談するよう求められるや、面談には過去メールが必要であるとして、その送信を執拗に求めるとともに、「そんなに追い詰めて、自殺を誘発しているのですか」と記載したメールを送信していることなどに照らすと、Xが同年7月1日の時点で復職可能であったことを認めるに足りず、他にこれを認めるに足りる証拠はない。

(3) 平成24年8月頃の復職可能性

平成24年8月23日付診断書には、同日の時点で復職可能である旨の記載がある。しかしながら、Xが同月6日、出社が大きなストレスであり、出社途中に自殺をしてしまう可能性があるとして出社を拒否するメールを送信していること、Xと同月24日面談した産業医は、Xについて、9月4日までには職場復帰できないと考えられる旨診断していること、Xが同月27日に予定されていたY1社役員との面談を当日になって体

調不良を理由にキャンセルしていること、に照らすと、Xが平成24年8月23日の時点で債務の本旨に従った労務の提供ができる程度に回復していたことを認めるに足りず、他にこれを認めるに足りる的確な証拠はない。

(4) 以上によれば、Xが休職期間満了（平成24年9月4日）までに本件業務等について債務の本旨に従った労務の提供ができる程度に病状が回復したとは認められない。

5　結論

　　以上によれば、退職の効果が発生していないことを前提とするXのY1社に対する地位確認請求及び退職後の期間に係る未払賃金請求は、いずれも理由がない。また、Y2によるパワハラの事実もY3及びY4による復職妨害の事実も認めることができないので、損害賠償請求には理由がない。

国立大学法人金沢大学元教授ほか事件

金沢地判平29・3・30
（労判1165号21頁）

事案の概要

Y2大学（以下「Y2法人」）は、Y2大学及びY2大学院を設置する国立大学法人である。

Xは、平成17年10月1日、Y2大学院及びY2大学B教室の助教授（平成19年4月以降は准教授）に着任し、勤務している。

Y1は、Y2法人の教授で、B教室の主任であり、Xの実質的な上司であった。

本件では、3つの事件が併合審理されている。

甲事件は、XがY1に対し、Y1から度重なるハラスメント行為を受けたとして、不法行為に基づき損害賠償を請求するとともに、人格権及び准教授の学校教育法上の地位に基づき、Y2大学及びY2大学院で行う研究、学生に対する教授、研究指導活動についての妨害行為及び名誉毀損行為の差止めを請求した事件である。

乙事件は、Y1が、Xによる甲事件の提訴は、存在しないハラスメント行為について損害賠償及び差止めを求めるものであり、訴えの提起自体が違法である、Y1はXの暴行により顔面打撲等の傷害を負ったと主張して損害賠償を請求した事件である。

丙事件は、Xが、Y2法人に対して、Y2法人がY1のハラスメント行為に加担し、放置したとして、労働契約上の内部告発者の保護義務ないし職場環境の整備義務違反の債務不履行に基づき、又は、Y1の行為について民法715条ないし国家賠償法1条1項に基づき損害賠償を求めるとともに、XがY2大学及びY2大学院で行う研究、学生に対する教授、研究指導活動について、Y1が妨害行為及び名誉毀損行為をすることをY2法人において防止すること、及びY2法人がこれらに加担しないことを求めた事件である。

結　果

一部認容。

甲事件：Y1に対し165万円（慰謝料150万円、弁護士費用15万円）。

丙事件：Y2法人に対し220万円（慰謝料200万円、弁護士費用20万円）。

コメント

　本件では、Y1のXに対する多数の言動がハラスメントに当たるか問題となったが、判決は、①Xの使用する機器室とセミナー室との間に間仕切り状のホワイトボード等を設置させた行為、②Xに共同実験室等の鍵を貸与しなかった行為、③授業の割当てを大きく減らした行為、④Xが実験室の鍵を隠匿しているかのような発言、⑤事務部長に「Xの勤務実績について（報告）」と題する書面を提出したこと、⑥Xから暴行を受け、負傷したという虚偽の事実をY2法人に報告し、また、警察署に虚偽の事実を申告する内容の被害届を提出した行為を違法行為であると認めた。

　その上で、①〜⑤については、国家賠償法の適用を認めて、Y1の責任は否定し、Y2法人の責任を認め、⑥については、「職務の執行について」に当たらない上、「事業の執行について」にも当たらないため、Y2法人の責任を否定し、Y1の責任を認めた。

　また、Y2法人が、ハラスメント行為の有無等の事実関係を調査した上で、具体的な対応をすべき義務（Xの職場環境改善に向けた対応義務）に違反したと判断した点も参考になる。

判　旨

1　Y1のハラスメント行為の違法性

（1）B教室の経費の管理について

　　B教室の共通経費の管理執行の方法は、原則としてY1の裁量により決定すべき事項であるから、Y1が共通経費の使用方法、ID及びパスワード

を変更し、変更後のID及びパスワードをXに知らせなかった行為、X固有の研究費を執行するためのID及びパスワードを変更した行為が、B教室の主任としての裁量を逸脱又は濫用したものであり、違法な行為であるということはできない。

(2) Xによる共用プリンターの使用を妨害したという主張について

　　Xは、平成18年３月17日以降、B教室の共用プリンターにパスワードが設定されたが、Xにはパスワードが知らされなかったため、B教室の共用プリンターを使用することができなくなった旨主張する。

　　しかし、Xが、Y2大学の事務部会計課職員であるCに印刷を依頼していたとしても、その原因が、プリンターにパスワードが設定されたことにあるかどうかについては明らかではなく、Xの供述を裏付ける的確な証拠はない。

(3) 共同研究についての指示について

　　Y1は、B教室において行われる共同研究の指導担当者を決定する権限があった。Y1は、Xを共同研究の指導担当から外したが、Y1がこのような判断をするに当たって考慮し得る事情は多岐にわたり、Xを孤立化させる目的で行われたものであるとまでは認められないから、Y1の行為が違法であると評価することはできない。

(4) 始末書の提出の指示について

　　Xは、Y1が、懲戒処分を受けていないXに対して、「始末書」を提出するよう指示した行為は、違法である旨主張する。

　　しかし、Y1が、年次有給休暇簿の提出が遅れた理由についてXに説明を求めることはB教室の主任として相当な行為であり、「始末書」という表現は適切さを欠くものの、事の顛末を報告してほしいという趣旨で「始末書」という語を使用した旨供述しており、Xに懲戒処分を与える目的であったと認めることはできない。

　　よって、Y1がB教室の主任としての裁量を逸脱又は濫用した違法な行為であるとはいえない。

(5) 研究室の割当て及び鍵の貸与について

　ア　Xは、Y1が、Xが使用する執務机として天板が固定されていない壊れた机を割り当てた旨供述するが、証拠がなく認定できない。

　　　また、Y1が、仮研究室の実験室のある建物の２階ではなく、１階の

機器室にＸの執務机を設置させたこと、室内に多くの段ボールを置いた行為が教室の主任としての裁量を逸脱又は濫用したものであり、違法な行為であると断定することはできない。

イ　一方、Y1が、Ｘの使用する機器室とセミナー室との間に、ホワイトボード、パーテーションやキャビネットなど高さのある器具等を隙間なく、視界を遮るよう、間仕切り状に設置させているところ、このような器具等の並べ方は、殊更ＸをＢ教室の所属員から隔離する印象を植え付けるものというほかなく、Y1においてこのような器具等を設置する必要があったことをうかがわせる事情は証拠上認められないことからすると、かかるY1の行為は、Ｘに対する嫌がらせを目的としたものと評価せざるを得ない。したがってY1の上記行為はＢ教室の主任としての裁量を濫用した違法な行為であると認めることができる。

ウ　Y1が、移転後の研究室においてＸに与えた個室が准教授が使用する個室として特別に狭隘であると認めるに足りる的確な証拠はないため、Y1がＸの個室を割り当てた行為が、Ｂ教室の主任としての裁量を逸脱又は濫用した違法な行為であると認めることはできない。

エ　共同実験室等の鍵の管理方法は、原則としてY1の裁量により決定すべき事項である。しかし、①准教授であり、研究者であるＸにとって実験及び研究を行うことは職務行為そのものであり、極めて重要な事柄であったこと、②Ｘが鍵の管理を任されていた部屋には、蒸留水製造装置など実験に必要な機器がそろっておらず、十分な実験及び研究を行うことはできないため、実験に必要な共通機器の設置された本件共同実験室等に自由に出入りできることが職務行為を行うために必要不可欠な行為である。ところが、Y1は、共同研究室等の鍵をY1及びＸ以外の所属員に管理させ、Ｘに共同実験室等の鍵を貸与しなかったため、Ｘは、約９年間という長期間にわたって、共同実験室等の使用が制限された。また、Ｘが本件訴訟を提起して職務上の不利益を主張したにもかかわらず、その後も、Y1は、Ｘから、共同実験室等を使用していない理由について聴取したり、Ｘに鍵を貸与するなどの具体的な措置を何らとっていない。よって、Y1の行為は、Ｂ教室の主任としての裁量を逸脱した違法なものである。

(6) 平成18年度後期の授業の引継ぎについて

　　Y1が、平成18年度後期の「B学」の授業をXに引き継ぐよう指示した際、授業の内容や進め方について具体的な説明をせず、また、同授業科目のコマ数が前年度から半減しており、授業の担当者も変更していたにもかかわらず、授業の主題等の内容を前年度から変更することなくシラバスに記載していたからといって、B教室の主任としての裁量を逸脱又は濫用した違法な行為であるとまではいえない。

(7) 平成18年度前期及び平成19年度前期の授業の評価について

　　Xは、平成18年度前期及び平成19年度前期の「○○治療の基礎」の中間試験のいずれについても、採点結果をY1に提出していなかった。そうすると、Y1が、Xが採点を担当した部分を考慮せずに学生の成績評価を行ったとしても、Xに対するハラスメント行為とはいえない。

(8) 平成20年度後期の講義日程表の記載について

　　平成20年度後期の講義日程表に「○○治療の基礎」の授業の担当者の欄に、Xの氏名は記載されていなかったことは事実であるが、これは各回の授業の担当者の決定が遅れたことに起因しており、Y1の科目責任者ないしB教室の主任としての裁量を逸脱又は濫用した違法なものとはいえない。

(9) 平成24年度以降の授業の割当てについて

　　Y1は、Xに担当させる授業のコマ数を平成23年度の約42コマから平成24年度には3コマに減らし、さらに平成26年度にはXに授業を担当させなかった。

　　Y1は、その理由は、授業の日程調整もできなくなるほどY1とXとの意思疎通ができなくなったこと、Xが学生に対してハラスメントをしたこと、Xの授業の評判が悪く、学生からの苦情も多かったためであると述べる。しかし、学生授業アンケートによれば、Xが担当する授業の学生の評価は高く、出席カードにも否定的な感想はほぼ記載されていないことからすると、Xが担当する授業の評判が悪く、苦情が多かった旨のY1の上記供述を採用することはできない。また、Xが学生に対して嫌がらせをしたという事実も認められない。さらに、Y1が日程調整のため、Xに積極的に接触を試みた事実は認められない。

　　よって、Y1の行為には、合理的な理由が認められず、Xに対する嫌が

らせを目的として行われたものと評価するのが相当である。

(10) B教室のホームページの掲載内容について

　　Y1がXの研究業績を貶める目的で本件ホームページにXの研究業績等を掲載しなかったとまでは認めることはできない。

(11) 鍵の事件について

　　Y1は、Xに対し、「（実験室の鍵を）出して。」、「盗んだとは言いませんけど、（実験室の鍵を）持っている。」、「彼（X）が持ってるしかないんです。」などと、単に実験室の鍵の所在を確認するにとどまらず、それを超えて、Xが鍵を所持していると決めつけ、さらに、故意に鍵を隠匿しているかのような発言をしたばかりか、第三者のいない別室に移動した上でXから事情を聞くなどXの立場や心情に配慮することなく、N助手や仮移転作業を行う業者などがいる前で公然と行われたものであること、その内容には、「楽しい。警察来たら。警察、来ますか。」などとXに対して鍵の所在を追及することを面白がるような発言も含まれていたことからすると、Y1の発言は、全体として、殊更Xを貶める目的で、悪意をもって行われたものと評価せざるを得ない。

　　したがって、Y1の発言は、教室の主任としての権限を逸脱又は濫用したものであって、違法な行為である。

(12) 勤務実績及び鍵の紛失についての報告書の提出について

　ア　勤務実績についての報告書の提出について

　　平成18年7月18日、Y1は、D事務部長に対して、Xの欠勤の状況やXが欠勤した際の休暇簿の提出状況を強く非難し、これに対する懲罰的な措置を行うべきであるとする内容の「X助教授の勤務実績について（報告）」と題する書面を提出した。

　　しかしながら、休暇簿の提出が遅れたことについては、殊更Xに大きな落ち度があったとはいえないにもかかわらず、Y1が遅れた原因について容易になしうる調査も行わないまま、これを強く非難し、懲罰的な措置を行うべきであるとする内容の報告を行うことは、恣意的であるとの評価を免れず、不相当である。

　　また、同書面にXが無断欠勤したと記載されている報告内容も、事実と異なる。

　　以上のとおり、同書面は、容易になしうる調査も行わないままXを強

く非難する恣意的な内容が含まれている上、その強い非難の基礎となる事実にも存在しないものが含まれていることからすると、Y1が同書面を提出した行為は、Xに対する嫌がらせを目的としたものであると認めるほかない。

　したがって、かかるY1の行為は、B教室の主任としての権限を逸脱又は濫用した違法な行為である。

イ　鍵の紛失についての報告書の提出について

　Y1は本件実験室の鍵を管理する責任があることからすると、Y1が本件大学の事務部長に対して、本件実験室の鍵が紛失したこと及び紛失に至る経緯等についてY1の認識を報告することは、B教室の主任としての権限を逸脱ないし濫用した不相当な行為であるということはできない。

　そして、「B学の実験室の鍵紛失について（報告）」と題する書面には、事実経過を報告し、Y1が、他の鍵について厳重に管理し、今後このような事態が生じないよう十分に注意するという内容が記載されており、その内容がXを殊更非難するようなものではないことからすると、Y1が、嫌がらせを目的として同書面を提出したと認めるに足りず、B教室の主任としての権限を逸脱又は濫用した違法な行為であるということはできない。

(13)　採点についての報告書の提出

　Y1は、R学部長、S事務部長及びT係長に対して、Xが平成19年度前期及び同年度後期の「○○治療の基礎」について試験の採点を放棄している旨「A科３年生『○○治療の基礎』の成績について」と題する書面を提出した。

　しかし、Xは、Y1から平成19年度前期及び同年度後期の「○○治療の基礎」の試験のうちXが採点を担当した部分の採点結果を提出するよう求められたにもかかわらず提出していないのであって、Y1が、これをXによる職務放棄と考えてもやむを得ない。

　したがって、Y1が、同書面を提出し、報告した行為が嫌がらせ目的であると認めるには足りず、科目責任者ないしB教室の主任としての権限を逸脱又は濫用した違法な行為であるということはできない。

（14）暴行傷害を受けたという虚偽申告等について

　　Y1が、Xから暴行を受け、負傷したという虚偽の事実をY2法人に対して報告し、また、警察署に対して、上記虚偽の事実を申告する内容の被害届を提出した行為は、Xの名誉を不当に毀損するものであり、違法な行為であると認められる。

　　Y1は、Xから暴行を受け傷害を負った旨供述するが、暴行の状況に関するY1の供述内容は極めて不合理であり、暴行の態様として不自然である。

　　加えて、暴行の直後においては、Y1が上記暴行を明らかに目撃し得ないF技術職員に対し、上記暴行を目撃したことを確認し、これに対してF技術職員が同調するという不自然なやりとりが認められるところ、このようなY1及びF技術職員の言動からは、Y1が虚偽の事実に基づいてXを陥れようとする意図がうかがえるものであり、かかる事情は、実際には上記暴行が存在しなかったことを推認させる事情といえる。他方で、XがY1に対して暴行を加えたのであれば、その状況を確認していることが明らかであるはずの事務補佐員に対しては、Y1は、暴行を加える場面を見たかどうか確認しておらず、このことも明らかに不自然といえる。

　　さらに、Y1は、暴行を受けたとする平成20年３月13日から約10日間の加療を要する顔面打撲、頸椎捻挫の傷害を負った旨の同日付の医師の診断書を提出するが、Y1が、Xに殴られた旨の申告をしたことこそが上記診断の根拠となっていると認められる。また、Y1が平成20年４月１日に受診した病院の診療録には、医師が外傷性頸部症と診断をした旨記載されているが、これについても、検査では明らかな異常は指摘されておらず、Y1が殴られた旨申告したことが診断の根拠となっていると認められる。そうすると、暴行に関するY1の供述に信用性がない以上、Y1の申告に依拠して作成された上記診断内容も信用性に乏しいといわざるを得ないのであって、本件診断書のみから、Y1が、Xから暴行を受けた結果、約10日間の加療を要する顔面打撲、頸椎捻挫の傷害を負ったことを認めることはできない。

　　以上によれば、Y1は、殊更Xを陥れる目的で、Xから暴行を受けた事実が実際には存在しないにもかかわらず、これを受けたとして、Y2法人に対してその旨の虚偽の事実を申告した上、警察署に対してもその旨の

虚偽の内容の被害届を提出したものと認められるのであり、かかるY1の行為が不法行為法上違法と評価されるものであることは明らかである。

2　甲事件について

（1）XのY1に対する請求が訴権の濫用に当たるか否かについて

ア　法的紛争の解決を求めて訴えを提起することは原則として正当な行為であり、訴えの提起が相手方に対する違法な行為といえるのは、当該訴訟において提訴者の主張した権利又は法律関係が事実的、法律的根拠を欠くものである上、提訴者が、そのことを知りながら又は通常人であれば容易にそのことを知り得たといえるのにあえて訴えを提起したときなど、訴えの提起が裁判制度の趣旨目的に照らして著しく相当性を欠くと認められるときに限られる（最三小判昭63.1.26民集42巻1号1頁）。

これを本件についてみるに、Xは、Y1から度重なる違法なハラスメント行為を受けたと主張して甲事件を提起したものである。そして、Y1の行為には違法と認められるものが含まれていることからすると、Xが甲事件を提起したことが、裁判制度の趣旨目的に照らし、著しく相当性を欠くということはできない。

イ　また、Y1は、大学内で発生したハラスメント事案については、まずは学内の担当部署に訴えるなどして解決を図るべきであり、Xが、Y2法人のハラスメント防止委員会等による事情聴取に一切応じず、甲事件を提起したことは訴権の濫用に当たると主張する。

しかしながら、大学内に大学内で発生したハラスメント事案の担当部署が存在し、ハラスメントの被害者において同部署を利用することが可能であるからといって、訴訟による解決を希望して、同部署を利用することなく訴えを提起することが制約されると解すべき根拠はないことからすると、Xが、Y2法人のハラスメント防止委員会等による解決ではなく、訴訟による解決を希望して、甲事件を提起したことが信義則に反し、訴権の濫用に当たるということはできない。

ウ　したがって、XのY1に対する請求が信義則に反し、訴権の濫用に当たる違法な行為であるということはできず、Y1の主張を採用することはできない。

（2）　人格権及び准教授の学校教育法上の地位に基づく差止め請求について

　　　XがY1に対して差止めを求める「XがY2大学及びY2大学院で行う研究、学生に対する教授、研究指導活動についてのいかなる妨害活動及び名誉毀損行為」及び「XがY2大学で学生に対して行う『○○治療の基礎』の授業をする権利を不当に侵害する行為」は、必ずしも一義的に明確な用語ではなく、差止めの対象たる将来の行為を具体的に特定する機能を有しているとは言い難い。

　　　したがって、XのY1に対する請求のうち、人格権及び准教授の学校教育法上の地位に基づく差止請求は、請求が特定されているということはできず、不適法である。

（3）　不法行為に基づく損害賠償請求について

　ア　国家賠償法1条1項の適用の有無について

　　　国家賠償法1条1項は、国又は公共団体の公権力の行使に当たる公務員が、その職務を行うについて、故意又は過失によって違法に他人に損害を与えた場合には、国又は公共団体がその被害者に対して賠償の責めに任ずることとし、公務員個人は民事上の損害賠償責任を負わないこととしたものと解される（最三小判昭30.4.19民集9巻5号534頁、最三小判昭47.3.21裁判集民事105号309頁等参照）。

　　　国立大学法人は、国家賠償法1条1項にいう「公共団体」に当たり、国立大学法人の教員は「公務員」に当たるというべきである。したがって、Y1は「公務員」に当たる。

　　　次に、「公権力の行使」とは、国又は公共団体の作用のうち、純然たる私経済作用及び同法2条の営造物の設置管理作用を除くすべての作用をいい、権力的作用のほか非権力的作用も含むと解される（最二小判昭62.2.6裁判集民事150号75頁参照）。そして、「職務の執行」とは、その公務員が、その所為に出づる意図目的はともあれ、行為の外形において、職務執行と認め得べきものをいうと解される（最二小判昭31.11.30民集10巻11号1502頁参照）。

　　　上記1（5）、（9）、（11）、（12）記載のY1の行為は、Y1の本件大学における授業科目の科目責任者ないし本件教室の主任としての権限に基づく行為であり、純然たる私経済作用又は国家賠償法2条の営造物の設置管理作用に当たるものではないことは明らかであるので、「公権力の行

使」に当たる。また、これらのY1の行為は、行為の外形においては、Y1の職務行為そのものというべきであることからすると、「職務の執行について」に当たる。

他方で、上記1（14）記載のY1の行為は、暴行を受けたとされる場所及びY2法人に対する報告が行われた場所自体は本件大学内であると認められるものの、その余の行為は本件大学外で行われており、また、これら一連の行為は、Y1が、本件教室の主任としての地位とは関係なく、Xから暴行を受けたという一被害者の立場として行ったものであり、Y1の「公務員」としての立場を背景とすることなく行われた私的な行為というべきである。したがって、1（14）記載の一連の行為は、Y1の事業執行行為と密接な関連を有する行為とは認められないから、「職務の執行について」に当たるとは認められない。

よって、上記1（5）、（9）、（11）、（12）記載の行為については、国家賠償法1条1項の適用があるため、Y1個人は、Xに対して不法行為に基づく損害賠償責任を負わない。

他方で、上記1（14）記載のY1の行為は、「職務の執行について」に当たらず、国家賠償法1条1項の適用がないため、Y1は、これによって生じた損害について、Xに対して不法行為に基づく損害賠償責任を負う。

イ　損害について

慰謝料150万円、弁護士費用15万円と認めるのが相当である。

3　乙事件について

Xが甲事件を提起したことが訴権の濫用に当たるというY1の主張には理由がない。

また、XがY1に対して暴行を加えたという事実を認めることはできないため、Y1のXに対する不法行為に基づく損害賠償請求にも理由がない。

4　丙事件について

(1)　労働契約上の職場環境整備請求権に基づく作為等の請求について

XのY2法人に対する労働契約上の職場環境整備請求権に基づく作為等の請求は、請求が特定されているということができず、不適法である。

(2) 債務不履行に基づく損害賠償請求について

ア　Y1によるハラスメント行為に対する対応について

　使用者は、被用者に対し、労働契約上の付随義務として信義則上被用者にとって働きやすい職場環境を保つように配慮すべき義務を負っており、被用者から、内部告発を原因とするハラスメント行為が行われているという申告があった場合などハラスメント行為が行われていることが疑われる場合には、ハラスメント行為の有無等の事実関係を調査した上で、具体的な対応をすべき義務があるというべきである。

　Xが、平成18年8月16日、Y2法人に対して、Xの職場環境の改善等を求める調停を提起したところ、同事件の申立書には、Xが、Y1の預け金行為を巡ってXとY1との間で対立が生じていることなどが記載されており、Xが、同申立書において、Y1の行為により、本件教室におけるXの職場環境に複数の問題が生じていることを訴えていたこと、ハラスメント調査委員会の設置に向けた調査（予備調査）及びハラスメント調査委員会の調査により、Y2法人が、平成19年1月12日までに、N助手やL事務補佐員ら本件教室の所属員から、Y1がXに対してハラスメントを行っていることが強く疑われるような事情を聴取していたことからすると、Y2法人は、同日頃までに、Y1がXに対してハラスメントを行っていることが強く疑われる状況にあることを認識していたと認めることができる。

　しかし、ハラスメント調査委員会がXが面談に応じないことを理由に調査を休止するなど、Y2法人の職員は、Y1のXに対する行為の具体的内容やその原因について十分な調査を行っておらず、ひいては具体的な対応もしていないのであるから、Y2法人が、ハラスメント行為の有無等の事実関係を調査した上で、具体的な対応をすべき義務（Xの職場環境改善に向けた対応義務）を尽くしたということはできない。これに加え、B教室の分割を含めた措置がK研究科長時代から検討されていたものであり、ハラスメント対策として一つの有力な方策であったと評価できるところ、その実現に向けた具体的な取組みが行われたとも評価し難い。

　したがって、Y2法人は、平成19年1月12日以降、Y1が退職した平成27年7月31日までの間、Xの職場環境改善に向けた対応義務を尽くさな

かったことについて、Xに対して、債務不履行責任を負う。

なお、Y1のXに対する行為の具体的内容やその原因について調査するための方法は、Y1がXに対してハラスメント行為を行った旨のXの主張を裏付ける証拠の提出を求めるなどの方法が考えられ、Xと面談した上でXから事情を聴取するという方法に限られるものではなく、本件において、Xと面談しなければ調査をすることができなかったというべき事情を認めるに足りる証拠はない。また、Y2法人が定めた指針には、「ハラスメント調査委員会は、ハラスメント被害を申し出た者とその相手方の双方から事情を聴取しなければならない。」旨規定されているが、この方法で調査を行うことができないからといって、Y2法人がハラスメント行為の有無等の調査・対応義務を免れ得る理由にはならない。むしろ、<u>本件では、Y1がXに対してハラスメント行為を行っていることが強く疑われる状況にあったこと、XがY2法人の職員からの面談の求めに一貫して応じていないといった事情が存在していたことを前提にすると、Y2法人としては、Xと面談した上でXから事情を聴取するという方法以外の方法により、Y1のXに対する行為の具体的内容やその原因について調査を行うことが求められていたというべきである。</u>

イ　Y2法人によるハラスメント行為への加担の有無について

Y2法人が、Xの職場環境の破壊に組織的、積極的に加担したというXの主張を採用することはできない。

ウ　損害について

Xが、Y2法人の上記義務違反により受けた精神的苦痛を慰謝するための慰謝料の額は50万円、弁護士費用の額は5万円と認めるのが相当である。

(3) 国家賠償法1条1項ないし民法715条に基づく請求

ア　Y2法人の責任について

Y1が行った上記1（5）、（9）、（11）、（12）記載の行為については、国家賠償法1条1項の適用があるため、Y2法人は、Xに対し、国家賠償法1条1項に基づく損害賠償責任を負う。

他方で、Y1の行った上記1（14）記載の行為は、「職務の執行について」に当たらない上、「事業の執行について」にも当たらないため、Y2法人は、国家賠償法1条1項ないし民法715条に基づく損害賠償責任を

負わない。

イ　損害について

　　研究は、かけた時間や労力等に見合った成果が必ずしも出るとは限らない性質のものであることからすると、Y2法人がハラスメント行為の有無等の事実関係を調査をした上で、具体的な対応をすべき義務を履行していれば、Xが、自身が主張する程度に研究発表及び論文発表等の実績を挙げ、収入を得ることができた蓋然性があったと認めるには至らない。

　　慰謝料の額は、150万円、弁護士費用の額は、15万円と認めるのが相当である。

ホンダ開発事件

東京高判平29・4・26
（労判1170号53頁）

事案の概要

　Y社は、本田技研工業（株）の子会社であり、Hondaグループ各社の不動産
に関わる業務のサポート等を業とする株式会社である。

　Xは、大学院で心理学を専攻し、平成23年3月の卒業後、Y社に期間の定
めのない正社員として採用され、本社での研修・実習を経て、同年7月より
A5総務に配属された。A5総務では当初はC係長の指示により食堂での実習を
行い、同年8月中旬頃からA5総務の業務（文書等集配作業である常便業務、
慶弔対応、車両管理、消耗品の手配等）に従事し、同年9月頃から出張精算業
務を担うようになったが、ミスが続き、平成24年7月から担当を外された。C
は、平成23年12月のXとの面談で、「同期との飲み会は何より優先すべきだ
よ。そうしないとXさんの周りから誰もいなくなるよ」となどと述べた（発言
①）。また、平成24年8月頃の個人面談では、Cは、「Xさんのやっていること
は仕事ではなく、考えなくとも出来る作業だ」と発言した（発言②）。同年10
月、E部長の指示を受けて、Cは、Xに販売部門の自販機の在庫集計作業を担
当させるようになり、総務の島にあったXの席を販売部門に近い経理担当の島
に移動させた。

　Cに代わり平成25年2月に赴任したD係長は、同年4月頃、Xなどに対し
OJTプログラムによる診断を行ったが、Xの自己申告でもT2レベル（大卒程
度）に達していないという診断結果であった。

　平成25年7月頃、新入社員の実習後の送別会の二次会において、DはXに
対し、「多くの人がお前をばかにしている」と発言した（発言③）。同年8月か
ら、DはXに再び出張精算業務を担当させるようにしたが、計算ミスや、処理
の遅れが生じることがあり、他部門からDがクレームを受けることが複数回
あった。

平成25年10月11日、E部長はXに対し、A3事業部ケータリングサービス課ランドリー班（以下「A3ランドリー班」）への異動内示を行った（以下「本件異動命令」）。同月14日に、E部長とDは、Xに対し、異動に伴う手続を説明した。その際、Xから異動理由について説明を求められ、E部長及びDは、出張精算業務等でミスが繰り返されていること、仕事が終わっても連絡・報告がないなど、コミュニケーションが足りないこと、OJTプログラムの達成度がT2に満たないことなどを指摘し、総務として続けていくのは難しい旨を述べた。

　同年11月１日より、XはA3ランドリー班に所属した。業務内容は、正社員も契約社員や派遣社員と同じく、クリーニング機械の操作や洗濯物の運搬、事務的な業務等であった。その後、Xは平成28年９月末日付でY社を退職した。

　本件は、Xが、Y社に対し、A3ランドリー班において勤務する労働契約上の義務を負わないことの確認を求めるとともに、不法行為に基づく損害賠償を求めた事案である。

　一審では「本件異動に合理的な理由がなかったということはできない」としてXの主張を退けた。そして、Xが平成28年９月末日付でY社を退職したことから、A3ランドリー班において勤務する労働契約上の義務を負わないことの確認請求を却下し、損害賠償請求については棄却した。

　これに対しXが控訴したが、Xは、損害賠償請求に関する部分について控訴し、Y社は控訴しなかったことから、二審では、A3ランドリー班で勤務する労働契約上の義務を負わないことの確認請求にかかる部分は審理対象とはならなかった。

▍結　果

　一部認容。
　原判決一部変更、慰謝料100万円。一部棄却。

▍コメント

　第一審（さいたま地判平28.10.27労判1170号63頁）は、CとDの言動につい

て、Xに対する指導・助言のためやA5総務における事務分配上の必要からしたものとして特に不自然なものがあるとは認められず、Xに対する悪意や害意によるものとは認められないとしてパワーハラスメント（以下「パワハラ」）の成立を否定し、本件異動命令についても合理的な理由がなかったとはいえないとしてXの請求を棄却した。

　これに対し、本判決は、C及びDの言動並びに本件異動命令を一体として考えれば、Xに通常甘受すべき程度を著しく超える不利益を課すものと評価すべきとして、不法行為の成立を認めた。注目すべきは、本件異動命令自体は、無効であるとまで認めることはできないとしつつ、不法行為の成立を認めた点である。これまでの裁判例では、過大な要求・過小な要求のパワハラに該当するような配置転換については、その有効性のみが争われることが多かったが一連の対応をとらえて、広い視点から違法性を論じることが重要であることを示唆する裁判例である。

判　旨

1　本件異動命令の有効性について

　使用者は業務上の必要に応じ、その裁量により労働者の勤務場所を決定することができるものというべきであるが、転勤、特に転居を伴う転勤は、一般に、労働者の生活関係に少なからぬ影響を与えずにはおかないから、使用者の転勤命令権は無制約に行使することができるものではなく、これを濫用することの許されないことはいうまでもないところ、当該転勤命令につき業務上の必要性が存しない場合又は業務上の必要性が存する場合であっても、当該転勤命令が他の不当な動機・目的をもってなされたものであるとき若しくは労働者に対し通常甘受すべき程度を著しく超える不利益を負わせるものであるとき等、特段の事情の存する場合でない限りは、当該転勤命令は権利の濫用になるものではないというべきである。業務上の必要性についても、当該転勤先への異動が余人をもっては容易に替え難いといった高度の必要性に限定することは相当でなく、労働力の適正配置、業務の能率増進、労働者の能力開発、勤務意欲の高揚、業務運営の円滑化など企業の合理的運営に寄与する点が認められる限りは、業務上の

必要性の存在を肯定すべきである。（東亜ペイント事件　最二小判昭61.7.14
労判447号6頁）

　この観点から本件をみるに、Y社の労働協約及び就業規則には、業務上
の都合により、配置転換等を命ずることがある旨が規定されており、Y社
には社員の配置転換等について、裁量が認められるところ、Xも出張精算
業務や常便業務等の一定の総務業務は担当していたが、担当する業務にお
いてミスが多く見受けられたこと、A5総務では総務係の人数等から総務業
務以外の業務も内部で手分けして担当する必要があった反面、A3ランド
リー班では洗濯物の数量が増加し、人員の補強が求められており、本件異
動命令が不当な動機・目的をもってなされたとまでは認めるに足りる証拠
がないことからすれば、C及びDがしたXへの業務分担のあり方や本件異
動を命ずることなどは、新卒社員に対する対応としては配慮に欠ける部分
が多くみられるものの、これを違法と評価し、本件異動命令が無効である
とまで認めることはできない。

2　不法行為の成否について

　しかしながら、Xが、大学院卒の新入社員でありながら、配属直後に、
X以外誰も経験していない配属先の部署とは異なる部署（食堂）で約1か
月半もの間の研修を命じられたこと、その後も2年以上にわたって、配属
先の部署の業務に専念し、同業務を修得する十分な機会を与えられないま
まの状態にありながら、本来達するべきレベルに達していないとの評価を
された上、それまでの業務とは関係がなく、周囲から問題がある人とみら
れるような部署（A3ランドリー班）に異動させられたことが認められる。

　また、Xは、総務係の仕事を担当することを希望しながら、実際には、
C又はDの指示により、販売部門の所管する自販機の在庫集計作業やOJT
プログラムには記載がない社員寮の契約社員の面接事務を担当した上、自
販機の在庫集計作業では、自らの提案が認められなかったのに、同僚Jの
同様の提案は採用され、Cから、Jを見習うように指導されたことが認め
られる。そして、Cの平成23年12月の面談の際の発言①は、Xの内向的な
性格に加え、同期会が関東地区で行われたことに鑑みると、Y社における
上司で、先輩社員であることからの助言であるとしても、配慮を欠いたも
のというべきである。

　また、Cの平成24年8月の面談の際の発言②についても、ミスは重 adne

がらも、ケアレスミスをなくし、少しずつではあるができる役割を増やそうとしているXに対し、配慮を欠いた言動であり、これを聞いたXが悔しい気持ちを抱いたことは十分に理解できる。さらに、平成25年7月の新入社員の実習終了後の送別会の二次会でのDの「多くの人がお前をばかにしている」との発言③に至っては、Xに対する配慮が感じられない発言であり、内向的な性格のXが「多くの人って誰ですか」と問いただしたことからも、Xの屈辱感には深いものがあったというべきである。

　以上のC及びDの言動並びに本件異動は、一体として考えれば、Xに対し、労働者として通常甘受すべき程度を著しく越える不利益を課すものと評価すべきであり、かつ、前記のC及びDの言動はY社の業務の執行として行われたものであることから、全体としてY社の不法行為に該当する。

3　損害

　Xが被った苦痛を慰謝するには100万円を下ることはないと認められる。

国立大学法人H大学事件

神戸地判平29・8・9
（労経速2328号23頁）

事案の概要

　Yは平成16年4月1日に成立した国立大学法人であり、H大学を設置している。

　Xは昭和40年生まれの男性であり、平成元年4月に文部事務官（国家公務員）として採用されて大学の教務部教務課に配属されたが、国立大学法人法の施行に伴い国家公務員としての身分を失い、Yの職員となった。

　Xは、平成9年3月に、複数の職員に対する暴行・暴言を理由として減給の懲戒処分を受けた。Xは、同年11月5日から自律神経失調症等を理由として病気休暇・休職を取得し、平成10年4月22日に復職した。

　Yは、同僚に対する暴言等を理由に、平成24年2月23日にXを懲戒解雇した。

　本件は、Xが、平成7年10月から退職までまともな仕事が与えられず、差別的な扱いを受けるなどの嫌がらせをされて精神的苦痛を受けたと主張して、Yに対し、不法行為又は債務不履行に基づき550万円の損害賠償を請求した事案である。

結　果

　一部認容。
　慰謝料40万円、弁護士費用10万円。

コメント

　本判決は、厚生労働省の「職場のいじめ・嫌がらせ問題に関する円卓会議ワーキンググループ」の平成24年1月30日付報告書に記載された職場のパワーハラスメント（以下「パワハラ」）の概念とその行為類型を適切なものとして採用している点が特徴的である。なお、本判決以後に、労働施策総合推進法と同法に基づいて作成された指針において、パワハラの概念と行為類型が改めて整理されている。

　本件のXは、複数の職員への暴行・暴言を行い、その後も指導に対し反省の態度を示さず、最終的には強要事件により逮捕されるに至った、いわゆる問題社員であったと思われる。しかし、本判決は、そのような問題があったのであれば、懲戒処分や解雇等の対応をとるべきであり、故意に仕事を与えず他の職員と関わらせないという対応を長期間続けることは正当化できず、過小な要求のパワハラに当たると断じた。

判　旨

1　Xに与えられていた事務についての検討
　(1) 学生係における事務（平成6年10月〜平成14年9月）
　　ア　休職前
　　　　Xは平成7年10月頃に学生係長と意見の対立が生じるようになって以降、仕事を与えられなくなったと主張する。

　　　　しかし本件訴えを提起する前はそのようには主張しておらず、主張は変遷しているし、平成10年4月よりも前から仕事を与えてほしいと口頭や文書で申し入れをしていた裏付けとなる証拠はない。また、同期間は、十分な量の仕事を与えられていた。

　　　　よって、休職前においてXに仕事が与えられていなかったとは認めることはできない。

　　イ　復職後
　　　　病気休職から復職した平成10年4月以降、大学は病状等に関する医師の意見とそれまでの勤務態度を踏まえて担当事務の一部をXに担当さ

せ、勤務態度が改善するのであればそれに従ってさらに別の事務を担当させる予定であったとYは主張しているから、復職当時にXが担当していた事務の量が少なかったことはY自身が認めている。実際、Xの担当事務は、年に数回の講演録の反訳、備品へのシール貼付、修繕依頼の取次ぎ、学割証の発行に関する月次統計、講堂の使用許可関係、週2回のグラウンド等の見回りであり、客観的にみて質的にも量的にも少ない仕事であった。しかもXの勤務態度は改まらなかったとYは主張しているし、復職してから企画係に異動するまでの約4年間、担当事務は変更されていないから、実際には事務分担を増やすことはなかった。これらの事情に加え、減給処分の理由となった事実関係や減給処分に対するXの態度をも考慮すると、復職当時に少ない仕事量しか与えなかったのは、病状に配慮した一時的な軽減措置という側面があったことは否定できないものの、むしろ、勤務態度が悪く上司を上司とも思わないような不適切な態度をとり続けていたXにできるだけ事務を担当させないことにより、上司や同僚との間に軋轢が生じる機会をなるべく減らそうという配慮に基づく措置であったとみることができる。

　当時、Xのたび重なる加害行為によって学生課の事務遂行には著しい支障が生じていたとYは主張する。しかし職員の行為等が原因で事務に支障が生じているのであれば、当該職員に対する注意・指導によって態度を改めさせるべきであり、注意・指導によっても改まらないのであれば懲戒処分あるいは分限処分によって対応するというのが任命権者に求められていることである。当該職員に仕事を与えないことによって事務の円滑化を図ることは、短期間であれば業務上やむをえない措置として許される場合もあると考えられるが、一般には適正な対応とはいえない。そして復職後、Xが学生係に所属していた期間は約4年にも及び、その間、Xに対して新たな注意・指導や懲戒処分、分限処分が行われたことはないのであるから、Xに仕事上過小な要求をしたことについて業務上の合理性があったということはできない。

(2) 企画係における事務（平成14年10月～平成20年1月）

　企画係の分掌事務のうちXに与えられたのは申請書の書式集をデータ化する事務のみであった。申請書は数百頁にわたるものであったが、Xは企画係に5年以上所属していたのであるから、この事務のみでは過小

な要求であったことは明らかである。

　そうすると、企画係においても、それまでのＸの勤務態度を踏まえ、上司や同僚との間で軋轢が生じる機会をできるだけ減らそうという配慮に基づき、大学はＸに対しほとんど仕事を与えなかったのであると認められる。

（3）学術情報チームにおける事務（平成20年２月～平成24年２月）

　Ｘは平成20年２月から大学の紀要検索データベースの登録を担当していたが、大学の研究紀要の発行は年に２回だけであり、同年２月と９月に発行された紀要に掲載された論文は合計32本にすぎなかった。Ｘは同年10月までこの事務だけを担当していたから、仕事上の過小な要求であったといわざるをえない。

　同年11月からは所蔵目録データベースの登録を担当しているが、他の職員２人も担当していたし、Ｘが当時記録していたというメモによれば、引き受けた作業が終わらないうちに次の作業が追加されるとか、時間的な間隔をあけずに作業が続くといった状況になったのは平成23年３月下旬以降である。同年４月から追加で除籍図書の処理を担当するようになったことも、同年３月までの業務が十分な量ではなかったことを示すものといえる。

　さらに、平成23年４月に課長が交代するまでは、他の職員に割りあてられていた作業がＸに対してのみ割りあてられないという状態が続いていたのであり、大学はＸになるべく仕事をさせないようにしていたのであるといわざるをえない。

（4）パワハラ該当性

　上記のとおり、Ｘは病気休職から復職した後の平成10年４月から平成23年３月下旬頃までの約13年の長期間にわたり、意味のある仕事をほとんど与えられない状況にあった。そのためＸは勤務時間中に時間をもてあまし、職場のパソコンでネットサーフィンをするなどしてすごすことを強いられた。Ｘはくり返し仕事を与えてほしいと訴えたにもかかわらず、大学はこれに応じなかった。これは業務上の合理性なく仕事を与えないこと（過小な要求）にほかならない。少なくともＸが所属していた課（学生課、施設課、学術情報課）の各課長は、このように仕事上の過小な要求をすることにより、職制上の地位を利用して業務の適正な範囲

を超えてXに精神的苦痛を与え続けたのであり、パワハラに当たる。

2　Xのいう差別的扱いについての検討

(1)　机の位置について

　　Xは、執務机が本来の場所ではない位置に他の職員の机と隔離されて置かれていたと供述するが、机の位置についての主張は一貫しておらず、当時撮影したという写真も撮影に当たり一時的に移動させたことが疑われる。よって、Xの供述を信用することはできない。

(2)　窓口業務等について

　　Xは学生係所属時と学術情報チーム所属時、窓口対応と電話対応を禁じられていたと供述する。

　　しかし、Xが主張する当時の業務自体、窓口業務や電話対応を伴う事務であるから、これらが禁止されていたとは認められない。

(3)　親睦行事、全学行事について

　　親睦行事に関する連絡がXに対しては行われなかったことや、Xが全学行事に従事しないよう指示・命令されたことを示す的確な証拠はない。

(4)　ロッカーの貸与について

　　Xは学術情報チーム所属時、再三要望したがロッカーの貸与を受けられなかったと供述するが、貸与を求めていたことを認めるだけの証拠はない。

(5)　通用口の暗証番号の通知について

　　学術情報チーム所属時に通用口の暗証番号を教えてもらえなかったとXは供述する。しかし、約3年もの間まったく通用口を利用できなかったことによる不都合が生じていたとはうかがわれないし、誰かに暗証番号を尋ねた様子もない。そうすると、仮に通用口に暗証番号が存在したとしても、Xがこれを知る必要はなかったと理解するのが自然であるから、Xにこれを知らせなかったことが不当な扱いであるとは認められない。

(6)　開館業務、書架の整理について

　　学術情報チームに異動した平成20年2月から平成23年4月までの間、学術情報課長の判断により、同課の職員であれば割りあてられるはずの開館準備作業、書架整理作業がXには割りあてられなかった。そのこと

について正当な理由があったとは認められず、差別的扱いということもできるし、仕事を与えないというパワハラの一環とみることもできる。

(7) コミュニケーションについて

Xは学生係に異動してからずっと、無視されたり避けられたりしていたと供述する。たしかに上司や他の職員がXに対し積極的にあいさつや会話をしなかったことは認められる。しかしその点はXも同様であったし、複数回にわたり指導を受けてもこれを改めることはなかった。また上司や他の職員がXとのコミュニケーションに消極的であったのは、粗暴な言動、態度がみられたXとトラブルになることを恐れたためと認められるのであり、これが差別的な扱いであるとも、職場内の優位性を背景にした嫌がらせであるとも認められない。

(8) 研修の受講について

病気休職からの復職後、Xに対し研修が命じられることがなかったことは当事者間に争いがない。大学（直接にはXの上司の課長）はXに対してまともな仕事を与えていなかったのであるから、Xが知識、技能等を修得し、その能力、資質等を向上させていくことも期待していなかったと推認され、Xに対して研修を命じなかったのはそのためであると認められる。業務上の合理性なく仕事を与えないことがパワハラとして違法とされる以上、仕事を与えないことを前提として研修を命じないことも、大学の裁量の範囲を超える違法な扱いになるというべきである。これも、差別的扱いということもできるし、仕事を与えないというパワハラの一環とみることもできる。

(9) 職員証の発行について

平成20年4月1日にXに職員証が発行されていないことは事実であるが、その理由についてYは、再三催促したにもかかわらず貼付用の写真をXが提出しなかったからであると主張しており、Xはこれに反論しない。またXは、発行を求めた様子はなく、発行されないことを問題にした様子もないから、職員証の不発行が差別的扱いであり違法であるとは認められない。

3 不法行為に基づく損害賠償請求について

(1) Yの損害賠償義務

業務上の合理性がないのに、大学がXに対し長年にわたって仕事をほ

とんど与えず、研修も受けさせなかったこと、学術情報チーム所属当時に輪番制の事務を割りあてなかったことは、パワハラに当たる。これはXの公務員としての雇用関係上の人格的利益（平成16年3月まで）ないし労働者としての人格的利益（同年4月以降）を侵害する不法行為を構成する。Yが成立した後のこの責任は、XとYの関係が労働契約関係であることに鑑みると、国家賠償責任ではなく民法上の不法行為責任と解すべきであり、また、大学の管理職のうちどの範囲の者が関与していたのかは明らかでないから、Xの直属の上司である課長（施設課長と学術情報課長）の行った不法行為についての使用者責任（民法715条）が成立するというべきである。したがって平成16年3月までの大学の措置については国が国家賠償責任を負い、それ以後の大学の措置についてはYが使用者責任を負う。そして国の損害賠償義務はYが承継したから、同年3月以前に関するものも含め、XはYに対し損害賠償を請求することができる。

　これに対しYは、Xの仕事の量が少なかったとすれば、Xがみずから事務分担を困難にさせる状況を作り出していたからであると主張する。しかし割りあてられた特定の業務を行わない、職務命令に違反したり拒否したりする、上司等に対する暴力、暴言、誹謗中傷をくり返す、協調性に欠け、他の職員とたびたびトラブルを起こすなどの問題がある国家公務員は、勤務実績がよくない、あるいはその官職に必要な適格性を欠くなどとして免職することができるし、Yの就業規則でもこれらは解雇事由とされている。職員の側の対応によっては懲戒処分等も選択肢となる。しかし平成23年8月に強要等の事件を起こすまで、Xについてこれらの規定の適用が検討された様子はない。Xは勤務時間中にネットサーフィンをするなどして無為にすごしていたにもかかわらず、注意されたり仕事を命じられたりしてはいないから、大学はそのような状況を容認した上で故意に仕事を与えていなかったとみるほかない。このような対応は、大学において、仕事を満足に与えず極力他の職員と関わらせないという方法によってXが上司や同僚とトラブルを起こすことを回避しようとしたからであると認められ、短期間であれば、そのような対応をとることも業務上許される場合があると考えられる。しかしこのような対応を長期間続けることは職員に対して大きな精神的打撃を与えることに

ほかならず、正当化することは困難である。また、Yが成立する前の大学は国の行政機関であったし、Yも政府からの出資を資本金とし、税金等でまかなわれる政府からの交付金を財源としている。給与は職務の対価であるから、特定の職員に対し長期間にわたりほとんど仕事をさせないでおきながら給与を支給し続けることは、国民に対する背信行為であり、許されるはずもない。

(2) 損害額

　　Xは、平成16年にうつ状態、平成17年に自律神経失調症、平成22年に混合性不安抑うつ反応と診断されており、約13年間にわたるパワハラがXの精神状態に与えた影響は小さくない。

　　他方、Xは平成9年の減給処分直後から複数回職務遂行上の指導を受けたにもかかわらず、職務に精励し他の職員との人間関係を改善するための努力を十分にしなかった。そして、平成23年春頃以降、Xへの対応は改善されたにもかかわらず、同年8月には学術情報課長に土下座や長時間の正座をさせるなどの強要等の事件を起こしている。Xの粗暴な言動や職場における不届きなふるまいは平成9年の減給処分の理由となった出来事においてすでに顕著に現れており、その後も上司に対して不穏当な発言をするなどしているから、Xが扱いにくい職員であったことはまちがいない。Xに仕事を与えることをXの上司に躊躇させた原因がX自身にあるのは否定できない。トラブル防止のために職員に仕事を与えないという措置を長期間にわたってとることが許されないことはすでに述べたとおりであるが、慰謝料額の算定においてはこのような事情も十分に考慮すべきである。

　　よって、本件に現れたすべての事情を総合的に考慮し、40万円の慰謝料を認定する。

precedent 05	国・神戸西労基署長（阪神高速パトロール）事件
	大阪高判平29・9・29 （労判1174号43頁、裁判所ウェブサイト）

事案の概要

　Ｋは、死亡時24歳の男性であり、婚姻歴はなく、自宅においてＸ及び姉と暮らしていた。Ｋは、5、6歳頃から空手を始め、高校時代にはインターハイに出場し、大学も空手の推薦で入学し、空手部に所属していた。Ｋは、大学在学中の平成22年3月15日、契約社員としてＡ高速パトロール（以下「本件会社」）に入社し、平成24年3月に正社員として登用された。Ｋは、入社当初から、一貫して2名1組でＡ高速道路の巡回パトロール業務である道路上の落下物の回収や事故車両の処理等を行う交通管理業務に従事していた。

　Ｋは、平成23年3月27日からＡ3交通管理課に勤務していた。同課に所属する主任のＤ（当時46歳）は、20歳頃から空手を始め、競技生活を終えた後は、指導者として空手に携わっていた。

　Ｋは、平成24年5月、夜勤でＤとペアとなり3回の巡回パトロールを行った（以下「本件夜勤」）。その数日後、Ｋは自宅で自殺した。

　本件は、Ｋの父であるＸが、Ｋの自殺について労働者災害補償保険法（以下「労災保険法」）に基づく遺族補償給付及び葬祭料の支給を請求したところ、神戸西労働基準監督署長から、Ｋの死亡は業務上の死亡に当たらないとして、これらを支給しない旨の処分を受けたため、その取消を求めた事案である。

結　果

認容。

原判決取消、労災不支給決定の取消。

コメント

　一審判決（大阪地判平29.1.30労判1174号65頁）は、一連の出来事の中で最も心理的負荷が強いのは、Ｄの「何もするな言うたやろ。殺すぞ。」という発言であり、その心理的負荷は「中」であると評価し、これに続くハラスメントの「道場へ来い。」、「何もするな、全て俺がやる。」等のＤの発言についても、心理的負荷はいずれも「弱」から「中」程度に止まるものであって、全体としての心理的負荷の強度を「中」と評価し、業務起因性を否定した。

　これに対し、本判決は、Ｄの言動が連続して行われていることを重視し、単発的に行われた場合よりも心理的負荷が強くなるとして、結論として疾病発生との業務起因性を認めた。

判　旨

1　労災保険法にいう業務起因性について

　労災保険法７条１項１号にいう「労働者の業務上の死亡」とは、労働者が業務に基づく負傷又は疾病に起因して死亡した場合をいい、業務とその疾病等との間には相当因果関係のあることが必要であり、その疾病等が原因となって死亡の結果が発生した場合でなければならないと解すべきである（熊本地裁八代支部事件　最二小判昭51.11.12労判272号41頁）。

　そして、訴訟上の因果関係の立証は、一点の疑義も許されない自然科学的証明ではなく、経験則に照らして全証拠を総合検討し、特定の事実が特定の結果発生を招来した関係を是認し得る高度の蓋然性を証明することであり、その判定は、通常人が疑いを差し挟まない程度に真実性の確信を持ち得るものであることを必要とし、かつ、それで足りるものと解すべきである（最二小判昭50.10.24民集29巻９号1417頁、最三小判平9.2.25民集51巻２号502頁、横浜市立保育園保母事件　最三小判平9.11.28労判727号14頁、最二小判平18.6.16民集60巻５号1997頁）。

　また、精神障害の業務起因性の判断について、厚生労働省は認定基準を策定しているところ、これは行政処分の迅速かつ画一的な処理を目的として定められたもので、裁判所を法的に拘束するものではないが、精神医

学、心理学及び法律学等の専門家により作成された平成23年報告書に基づき、医学的専門的知見を踏まえて策定されたものであり、その作成経緯及び内容等に照らして合理性を有するといえるから、精神障害に係る業務起因性を判断するに当たっても、これを参考にして行うのが相当である。

2　Kに業務による強い心理的負荷が掛かっていたか

(1)　Kがしていた空手に関する発言

　　Dは、平成24年4月ないし5月頃、Kに対し、複数回、Kのしていた伝統空手を実践に使えない空手であるとして否定し、ばかにする発言をした。Kは、Dの発言により落ち込み苦悩していると同僚らに打ち明けて相談し、Dとのペア巡回を極力外してほしいと頼んでおり、Kには、一定の心理的負荷が掛かっていたというべきである。

(2)　「道場へ来い。」などの発言

　　Dは、平成24年4月中旬頃ないし5月中旬頃、Kに対し、複数回、「道場へ来い。」と言って、空手道場に誘った。

　　KがDの発言を辛いと感じ悩んでいたこと、道場に行ったら組手でボコボコにされると怖がっている様子であったことなどに照らせばKには、業務による相当程度の心理的負荷が掛かっていたというべきである。

(3)　第2回巡回前の言動

　　Dは、本件夜勤における第2回巡回に出発する間際、KがDに相談することなく個人目標をC班長に提出したことに立腹し、「それやったら、俺と仕事の話は一切せんでええ。」とKを怒鳴りつけ、さらに、Kが歩いているのを見て、Kに対し、「歩き方が気に入らない。」、「道場へ来い。道場やったら殴りやすいから。」と大声で言った。

　　この言動は、自らの怒りの感情を爆発させ、Kを怒鳴りつけ、その内容も仕事の話を一切しないように言うなど理不尽なものである上、加害の意図を有することをも示している。

　　Dが一方的にKを怒鳴りつけている間、Kは黙って聞いているだけであったが、これは、DがKの上司で怖い存在であったことから、反論、反発のできるような心理状態でなかったことによると考えるのが合理的である。

　　よって、Dの言動によって、Kには、業務による相当程度の心理的負

荷が掛かったというべきである。

(4) 第2回巡回時の言動

　Dは、本件夜勤における第2回巡回時、Kに対し、「何もするな。」と怒鳴りつけ、Kに同巡回の際に何も仕事をさせなかった。

　Dは、やり甲斐のある仕事と思って本件会社における仕事に前向きに取り組んでいたKに対し、自らの怒りの感情を爆発させ、「何もするな。」と怒鳴りつけ仕事をさせなかったものであり、それは、極めて理不尽な言動であり、Kの労働者としての職業上の人格を踏みにじり、否定する行為といっても過言ではなく、これが、嫌がらせ、いじめに当たることは明らかである。

　Dの言動は、単発的に行われたものではなく、Dの第2回巡回前の言動があった直後、連続的に行われたものであり、その時のKには、Dの第2回巡回前の言動により掛かった心理的負荷による影響が減少することなく残存していたと考えられる。このことからすれば、Kに掛かった心理的負荷は、それが単発的に行われた場合より強いものとなり、業務による相当程度の心理的負荷が掛かったものと認められる。

(5) 第2回巡回後の言動

　Dは、本件夜勤中の第2回巡回後、事務所において、巡回終了後にすべき書類整理を始めていたKの様子を認め、激怒し、「何もするな言うたやろ。殺すぞ。」と大声で怒鳴りつけた。

　Dの言動は、自らの怒りの感情を爆発させ、Kを怒鳴りつけたものであり、極めて理不尽な言動である。のみならず、「殺すぞ。」と怒鳴りつけた行為は、KとDの従前の人間関係、本件夜勤におけるそれまでの出来事を含む具体的状況に照らせば、殴る蹴るなどの危害が加えられるかもしれないという畏怖の念ないし不安感をKに抱かせるに足りる行為であったということができる。

　そして、Dの言動は、単発的に行われたものではなく、Dの第2回巡回前の言動、第2回巡回時の言動があった直後、連続的に行われたものであり、Kに掛かった心理的負荷は、それが単発的に行われた場合より強いものとなり、業務による強い心理的負荷が掛かったものと認められる。

（6）第3回巡回時及び第3回巡回後、本件夜勤終了までの各言動

　Dは、第3回巡回の際、「パーキングエリアでの不審車対応」及び「落下物の処理」の関係で、Kに対し、厳しい注意指導をした。また、Dは、第3回巡回後、Kに対し、第3回巡回中に起こった出来事について、文書にまとめるように指示し、Kに文書を作成させたところ、Kから作成した文書の提出を受けた際、周りに他の隊員らがいる前で、Kに対し、「小学生の文書みたいやな。」と大声で言った。

　Dが第3回巡回の際にした注意指導は、正当な指導の範囲を超えるものであったとはいえない。また、Kに文書を作成させたことも、その年の4月から導入されたOJTの一環としてなされたものであり、業務指導の範囲を逸脱するものということはできない。

　しかしながら、①Dの言動は、それぞれ単発的に行われたものではなく、第2回巡回前の言動、第2回巡回時の言動、第2回巡回後の言動があった直後、連続的に行われたものであること、そのため、その時のKには、Dの各言動により掛かった心理的負荷による影響が減少することなく残存していたと考えられ、Kに掛かった心理的負荷は、それが単発的に行われた場合より強いものとなったと考えられること、②Kは、第3回巡回中、トイレで過呼吸になりしばらくしゃがみこんでいたこと、③Kは、第3回巡回を終えて事務所に戻った時、かなり落ち込んでいる様子であり、一人で下を向いて座っており、Eから声をかけられたが、「駄目です。もう無理です。」の一点張りであり、精神的に追い込まれた状態にあったと考えられること、④Kは、第3回巡回後、背後に立ったDから訂正指示を受けながら、文書を作成したところ、その時のKは、落ち込んだ様子で顔色が青ざめていたこと、⑤Dは、Kがそのようにして作成した文書の提出を受けるや、周りに他の隊員らがいる前で、Kに対し、「小学生の文書みたいやな。」と大声で言ったものであり、そのような人格の否定につながるような侮蔑的な言辞で侮辱されたKが強い屈辱感等を抱き、惨めな気持ちであったことは容易に推察されること、⑥Kは、本件夜勤終了後、事務所において行われたミーティングの時、ひどく落ち込んでいる様子であり、C班長に対し、「きついです。何をやっても否定されて何をやっていいか分からない。」と言って、28日以降しばらく休みたい旨の申出をしたこと、以上の諸点を指摘することができ

る。

　これらによれば、Dの言動によって、Kには、業務による、相当強度の心理的負荷が掛かったものと認められる。

(7) 心理的負荷の程度

　以上によれば、Kには、4月から本件夜勤前までの約2か月間に、本件夜勤前の出来事によって、業務による相当程度の心理的負荷が掛かったところ、さらに、5月25日から26日までの間に、本件夜勤時の出来事によって、業務による強い心理的負荷が掛かったものというべきである。

3　結論

　Kは、本件の各出来事による心理的負荷によって、自殺の直前頃、うつ病を発症したことを推認することができる。

　したがって、Kの死亡は、業務に起因するものであり、労災保険法にいう業務上の死亡に当たるというべきである。

国立大学法人群馬大学事件

前橋地判平29・10・4
（労判1175号71頁、労経速2329号9頁）

事案の概要

　Ｙ大学は、群馬県前橋市内に主たる事務所を置く国立大学法人である。Ｘは、平成24年１月１日付でＹ大学との間で労働契約を締結し、同日付でＹ大学の大学院Ａ学系研究科（Ｂ講座Ｃ学分野）の教授として着任した。

　Ｘが着任した平成24年１月１日当時のＢ講座Ｃ学分野の教室（以下「本件教室」）の構成員（非常勤講師および学生を除く）は、Ｘのほか、Ｄ講師、Ｅ講師、Ｆ助教、Ｇ研究員ら９名であった。その後、退職、Ｌ助教とＭ助教の採用、学内異動を経て、平成25年８月19日以降の本件教室の構成員は、ＸとＧ研究員の２名であった。

　Ｙ大学は、平成26年９月18日、Ｘが、本件教室の構成員であったＤ講師、Ｅ講師、Ｆ助教、Ｌ助教及びＭ助教（合わせて以下「Ｄ講師ら５名」）に対してパワーハラスメント（以下「パワハラ」）及びセクシュアルハラスメント（以下「セクハラ」）を行ったこと、並びにＡ学系Ｎ研究科長との面談において同科長から法令遵守及び本件教室の運営を改善するよう指導を受けたにもかかわらず、従おうとしなかったことを非違事由として、Ｘを諭旨解雇とする旨の審査説明書を交付することを決定し、同月25日、Ｘに交付した。

　Ｘは、懲戒処分をしないよう、又はより緩やかな懲戒処分とするよう求めたが、Ｙ大学は、平成26年11月20日午前９時30分頃、Ｙ大学の大学本部を訪れたＸに対し、諭旨解雇処分をする旨を告げて、懲戒処分書及び処分説明書を交付し、諭旨解雇の応諾書または応諾拒否書のいずれか一方にサインをするように求めた（以下「本件諭旨解雇」）。Ｘは、文書をいったん持ち帰った上で、応諾するか否かを検討したいと述べたが、Ｙ大学は、Ｘがこのまま帰宅した場合、諭旨解雇に応諾しなかったものとして懲戒解雇することになる旨を告げた。Ｙ大学は、同日午前10時30分頃、Ｘが諭旨解雇の応諾書にサインすること

なく帰宅する意向を示したため、Ｘが諭旨解雇の応諾を拒否したものと判断して、懲戒解雇処分とする旨を告げて、懲戒処分書及び処分説明書を交付した（以下「本件懲戒解雇」）。

　Ｙ大学が懲戒事由として主張するＸの行為は、業務の適正な範囲を超えた勤務時間に関する不適切な発言、業務の適正な範囲を超えた指導・叱責あるいは侮辱・ひどい暴言のパワハラ、女性を蔑視したセクハラ発言、私的なことに対する過度な立入り、他の者を不快にさせるセクハラ、他大学公募への応募や留学の強要などであった。

　本件は、Ｘが懲戒解雇は無効であるとして、Ｙ大学に対し、労働契約上の権利を有する地位の確認、賃金の支払を求めるとともに、諭旨解雇を強行的に懲戒解雇に切り替えた行為により意思決定の機会を奪われ精神的損害を被ったとして損害賠償を請求した事案である。

▌　結　果

　一部認容。
　地位確認、賃金支払、慰謝料15万円。

▌　コメント

　本件では、Ｘの言動の一部がパワハラ、セクハラに該当し、懲戒事由に当たるとの認定がされたものの、最も重い処分である懲戒解雇とすることは均衡を欠き、社会通念上相当性を欠くとして懲戒解雇処分が無効と判断された。懲戒処分は、懲戒事由に該当する事実が存在することに加え、処分が社会通念上相当であることが求められる。特に、懲戒解雇は、即時に労働者としての地位を失い、大きな経済的及び社会的損失を伴うものであるから、相当性が厳しく判断される傾向がある。使用者は、懲戒事由に応じて、相当な処分を慎重に選択する必要がある。

　また、本件では、諭旨解雇から懲戒解雇に転換する時間的余裕が短すぎたことが違法であると判断されている。使用者は、諭旨解雇とする場合には、労

働者にその諾否について十分に検討の時間を与えることが必要である。

┃ 判　旨

1　懲戒解雇手続の適法性

　　本件懲戒解雇は、その時点では、Ｘが退職願の提出の「勧告に応じない」と断定できないにもかかわらず行われたものであり、解雇手続が就業規則に違反した違法な処分である。

　　もっとも、本件では、そもそも全く懲戒事由が存在しないのに懲戒解雇したというような場合ではなく、諭旨解雇から懲戒解雇への切替えが不相当であったにとどまる。諭旨解雇か懲戒解雇かにより、退職金の支給の有無などの経済的待遇の違いが生じる余地はあっても、いずれにしても、Ｙ大学の教職員としての地位を喪失させる処分という点では異なるところはない。したがって、本件懲戒解雇における手続的瑕疵は軽微なものにとどまり、これにより懲戒解雇が無効とはいえない。

2　本件懲戒解雇が時機を失しているか

　　Ｘによるハラスメント被害の申告及び関係人が多数に及ぶものであったことからすれば、調査等に一定の時間を要することはやむを得ないというべきであるし、また、Ｙ大学が被害の申告があった早期の段階からＸと面談をし、注意を促していたことからすれば、本件懲戒解雇がＸの不意打ちとなるものであったとも言い難い。

　　したがって、本件懲戒解雇に係る非違行為が解雇の日から３年も前の事実に係るものであるからといって、そのことから直ちに懲戒処分をすべき時機が遅きにすぎ、時機を逸しているということはできない。

3　パワハラ、セクハラの有無について

(1)　訴訟における懲戒事由の追加について

　　　使用者が労働者に対して行う懲戒は、労働者の企業秩序違反行為を理由として、一種の秩序罰を課するものであるから、具体的な懲戒の適否は、その理由とされた非違行為との関係において判断されるべきものである。したがって、懲戒当時に使用者が認識していなかった非違行為は、特段の事情のない限り、当該懲戒の理由とされたものでないことが

明らかであるから、その存在をもって当該懲戒の有効性を根拠付けることはできない（山口観光事件　最一小判平8.9.26労判708号31頁）。もっとも、懲戒当時に使用者が認識していた非違行為については、それが、たとえ懲戒解雇の際の処分説明書に記載されていなかったとしても、処分説明書に記載された非違行為と実質的に同一性を有し、あるいは同種若しくは同じ類型に属すると認められるもの又は密接な関連性を有するものである場合には、それをもって当該懲戒の有効性を根拠付けることができる。

　Y大学が主張するXのハラスメント行為は、いずれもY大学が聞き取り調査等により認識するに至った行為であるということができ、処分説明書に記載された非違行為と実質的に同一性を有し、あるいは同種若しくは同じ類型に属すると認められるもの又は密接な関連性を有するものであるから、本件懲戒解雇の有効性を根拠付けることができる。

(2) D講師に対するハラスメントについて

　ア　ハラスメント発言について

　　XのD講師へのハラスメント発言等があったとすれば、D講師がXの助力に対する感謝を述べるメールを送信するとは考え難い。また、調査でも発言の裏付けはなく、Y大学の主張は採用できない。

　イ　教員公募への応募の強要の有無について

　　Xが、D講師に対し、Z大学及びW大学の教員公募に応募するよう勧めたことが認められるものの、このことから直ちにXが、D講師に対し、教員公募への応募を強要していたということはできない。

(3) E講師に対するハラスメントについて

　ア　体調不良で病気中のハラスメント

　　Xが、休養中のE講師に代わって実験を行うため、サンプルの保管場所等について問い合わせることはやむを得ないことであり、直ちに業務の適正な範囲を超えるということはできない。また、Xが、E講師に対し、「急に休まれたら困る」、「明日は来れるのか」などと述べたことが直ちに必要以上の精神的な負担をかけ、相当性を欠くということもできない。

　イ　遂行不可能なことの強制及び休日出勤の強要

　　Xは、平成24年4月27日、本件教室内のホワイトボード上に「すべて

ASAP！」（「すべてAs Soon As Possible」の略であり、できるだけ早くという意味）と記載し、E講師に宛てた実験等の作業の指示を出した。

しかし、ホワイトボードには実験等の作業をすべき期限は記載されていない上、E講師は、ゴールデンウィーク期間中、実際には出勤していないことから、Xの指示内容が、実験等の作業をゴールデンウィーク明けまでに行うことを求めるものであったということはできない。また、Xの指示した実験等の作業が正規の出勤日である2日間のみでは遂行不可能であったことを裏付ける証拠もない。そうすると、Xが、E講師に対し、遂行不可能なことを強制し、業務の適正な範囲を超えて休日出勤を強要したと認めることはできない。

ウ　業務の適正な範囲を超えた勤務時間に関する不適切な発言

Xは、平成24年4月27日の朝の打合せの際に、昼食休憩時に自宅に帰って昼食をとることが多かったE講師に対し、「12時から1時までキッチリ休んでコミュニケーションとれないのも、それも当たり前だっていう、そういう姿勢はおかしいんではないか。」と発言した。

しかし、本件教室内の構成員間のコミュニケーションを図る時間を確保するため、昼食休憩時間の取り方について一定の要請をすることが直ちに業務の適正な範囲を超えるものということはできない。

エ　業務の適正な範囲を超えた時間外勤務の強要

Xは、平成24年4月27日頃、E講師に対し、「夜早く帰りたいのだったら、朝6時から仕事をはじめるのはどうか、自分も6時に来るから」などと発言した。

しかし、E講師は、フレックスタイム制を適用する教職員であったため、始業時刻を早めるよう要請されても、その分終業時刻を早めることもできるから直ちに時間外労働の命令に該当するものではない。また、E講師の担当する業務は、実験を継続する必要性があるなどして遅くまで勤務する必要があることもあれば、早く出勤しなければならないこともあるため、命令が直ちに業務上の必要性を欠くということもできない。Xの上記発言の態様が強制的な言辞を伴っていないことにも鑑みれば、Xの発言が業務の適正な範囲を超えた時間外勤務の強要に当たるということはできない。

オ　業務の適正な範囲を超えた指導あるいは侮辱・ひどい暴言

　　Xは、E講師に対し、①平成24年2月15日頃、科研費を当ててくれな
いと困る、実験のペースを上げて科研費を当ててくれと述べたこと、②
同月28日頃、免疫染色と一緒に他の仕事ができるだろうと述べてE講師
がXに提示した実験データの数が少ないことを指摘したこと、③同年4
月頃、E講師はポストを埋めている、E講師のポストが空いて、独立准
教授がきたら1500万円入る、E講師は科研がとれていないのだからその
分働いてもらう、E講師は最近の業績が少ないし、科研もとれていない
との趣旨の発言をしたこと、④同月26日頃、前日の帰宅時間を確認した
上、前日の朝の打ち合わせは10時半まであったので、その時間を差し引
くと実質8時間も働いていないと述べたことが認められる。

　　Xの発言等は、E講師の仕事が遅いこと及び業績がない事実を繰り返
し指摘して叱責するだけのものであり、Xが、E講師をして業績を上げ
られるように、相談に乗ったり、アドバイスをしたような事情はうかが
われない。Xの発言等は机を叩くなどの行動を伴っていたことが認めら
れ、その発言内容及び態様に鑑みれば、Xの発言等は、E講師に対する
指導、注意の適正な範囲を超えた侮辱、暴言等というべきであり、パワ
ハラに当たる。

カ　私的なことに対する過度な立入り

　　Xは、平成24年1月以降、E講師に対し、「どうして、家を建てたの
か。」、「研究者は家を建ててはいけない。自分もQセンターの時に部長
から言われた。」などと発言した。

　　しかし、Xの発言は、自分の意見を伝えるものにすぎず、直ちにE講
師の私生活に介入したとまでいうことはできない。

(4)　F助教に対するハラスメントについて

ア　休日出勤の強要

　　Xは、平成24年1月以降、F助教に対し、「土日にも月曜に仕事がで
きるように準備してください。」などと発言した。

　　しかし、F助教の担当する業務は、実験を継続する場合など遅くまで
勤務する必要があることもあれば、早く出勤しなければならないことも
あるから、直ちに同命令が業務上の必要性を欠くということはできな
い。

イ　留学の強要

　　Xが、平成24年１月、Ｆ助教に対し、「留学に行け。」と述べたことは
　事実であるが、留学を勧めたにとどまり、業務の適正な範囲を超える留
　学の強要をしたと認めることはできない。

ウ　研究に関する制限

　　Xは、平成24年４月下旬から同年５月上旬頃、Ｆ助教が自分の厚生労
　働省科研費で購入し、保管していた試薬をＦ助教に無断で片付けるなど
　した。

　　しかし、Ｆ助教が保管していた試薬は、一部は他の構成員が使える試
　薬もあり、大学の所有物であるから、Xが、本件教室の構成員全員で試
　薬を使用できるよう試薬を片付けたとしても直ちに正当な理由がないと
　いうことはできない。

エ　実験ノートをめぐる叱責

　　Xは、平成24年２月22日、Ｆ助教が実験ノートを取っていなかったこ
　とについて、机を大きな音がするほど叩きながら叱責した。

　　しかし、教授が、所掌する研究室の研究員等に対し、実験ノートの適
　切な記載方法を指導することも相当の理由があり、実験ノートを取って
　いなかったＦ助教を叱責したことが直ちに指導として正当な範囲を超え
　たものであったということはできない。そうすると、Xが机を大きな音
　がするほど叩きながら叱責するなど指導として不適切な面があることは
　否定できないものの、業務の適正な範囲を超えた精神的な攻撃であると
　まで認めることはできない。

オ　セクハラ

　　Xは、平成24年２月上旬、Ｆ助教が、論文を書かせてくれないことを
　理由に前任の教授をハラスメントで訴えたとして、「そんなの男として
　いやらしいじゃないか。」、「大の男がそんなことをやって、ちっとは恥
　ずかしいと思え。」などと発言した。

　　しかし、Xは、Ｆ助教がまずは自力で論文を書くことに挑戦するよう
　指導するため上記発言をしたとみるのが相当であり、業務の適正な範囲
　を超えたパワハラ又はセクハラに当たり、違法であると認めることはで
　きない。

(5) L助教に対するハラスメント

ア　業務の妨害

　　XはL助教が着任した平成24年11月１日以降はほぼ毎日夕方からL助教が帰宅するまでずっとL助教の席のすぐ近くにべったり張りつくように立つなどした。しかし、Xはすぐに結果を知りたいという異常にせっかちな性格の持ち主であるため、相手が不快に感じるのは無視して、L助教に実験結果を確認しに行くことがあった。この行動は、L助教の実験結果をいち早く確認したいがための行動であり、業務を妨害したとまではいえない。

イ　女性を蔑視したセクハラ発言

　　Xが、L助教に対し、大学院生と年齢が近いことを指摘して、恋愛問題を起こしそうだなどと発言した行為は、L助教に対する性的なからかいというべきものであり、一般の女性労働者の感じ方に照らし、発言を聞いた女性労働者に対して強い不快感を与えるものといえる。

　　また、Xが、「女性研究者は出産とかで何年も空くと、やっぱりなかなか戻りづらい」などと発言した行為は、たとえ女性研究者を取り巻く厳しい現実を認識させる意図のもとでなされた発言であったとしても、L助教が結婚又は出産で休職する予定がないかを着任早々複数回にわたり尋ねられていたことをも併せ考慮すると、女性研究者は出産等をすべきでないとの意味で受け取られてもやむを得ないものであり、一般の女性労働者の感じ方に照らし、発言を聞いた女性労働者に対して強い不快感を与えるものといわざるを得ない。

　　したがって、Xの発言等はセクハラに当たる。

ウ　私的なことに対する過度な立入り

　　Xが、L助教の婚姻予定という私的な事項に関する質問をした行為も「サイエンスにプライベートは必要ない。」という発言も、それだけでは、必ずしもプライベートな事柄を公にすることを強制する言辞とは認め難い。しかし、サイエンスに携わる本件教室に勤務するL助教に対し、上記質問の後で上記発言をした場合には、プライベートを公にするよう強いられていると受け取られるのが通常であるといえるから、L助教のライフプランに応じた仕事の配分を行う目的でなされた発言とは考え難く、業務の適正な範囲を超えたプライバシーの侵害といえる。

また、ＸがＹ大学を転出する場合には一緒についてきて欲しいなどと発言した行為は、結婚をせずにＸに伴って転出する旨の指示と受け取ることができるものであり、業務上の適正な範囲を超えた要求といえ、また、一般の女性労働者の感じ方に照らし、発言を聞いた女性労働者に対して強い不快感を与えるものといわざるを得ない。

　　したがって、Ｘの発言は、私的なことに対する過度な立入り又は業務上の必要性を超えた過大な要求若しくはセクハラに該当する。

エ　休日出勤の強要

　　Ｘは、平成24年12月10日、Ｌ助教に対し、①「日曜に働かなかった場合は、月曜の朝は８時30分に出勤して掃除をしろ。」と発言したこと、②同月24日頃、研究者が一般的に土日に全く出勤しないというのはおかしい旨の発言をしたこと、③平成25年３月21日、前日である同月20日日曜日に出勤しなかったことを叱責した上で、「今までのように日曜日に出勤しなかったり、チンタラした研究スタイルではダメだ」との趣旨の発言をして叱責したことが認められる。

　　しかし、Ｌ助教は土日に出勤する業務上の必要性があったことは認めているのであるから、Ｘが土日出勤を指示していたとしても、直ちに業務の適正な範囲を超えるものであったとはいえない。

　　また、叱責の態様について、Ｌ助教は、証人尋問において、時間は20分から30分であり、大声で怒鳴る口調ではあるが、機械や机を叩いたりすることはなかったこと、Ｌ助教も激しい口調で言い返したことを供述しており、叱責の内容及び態様からみて、直ちに業務の適正な範囲を超えた叱責に当たるということはできない。

オ　遂行不可能なことの強要

　　Ｘが、Ｌ助教に対し自ら指示した学会をキャンセルして実験を指示したことが適切な指示であったとはいえないにしても、直ちに業務上の必要性を欠き、実質的な懲戒事由というだけの違法性を認めることはできない。

カ　プライバシーの侵害

　　Ｘが、平成24年12月10日頃からＬ助教のパソコンや机の上に置いていた実験ノートを無断でチェックしたことが認められる。しかし、所属長であるＸが本件教室の構成員の実験ノートが適切に記載、管理されてい

るかを確認することが直ちに違法とは断じ難いし、Xは記載に関して叱責などはなかったこと等からすれば、L助教のプライバシーを違法に侵害するということはできない。

キ　他の者を不快にさせるセクハラ

　　Xは、平成24年12月26日、L助教が過労により風邪をこじらせ、内科受診後に出勤することとなった際に、G研究員に対し、「L助教は妊娠したんじゃないか。様子を見てこい。」と発言した。

　　Xの行為は、L助教に向けて直接なされたものではないが、過労により風邪をこじらせたと言っているL助教を性的にからかうものと評価でき、その発言内容も性的に露骨なものであることからすれば、一般の女性労働者の感じ方に照らし、発言を聞いた女性労働者に対し強い不快感を与える発言であるといえるから、セクハラに当たる。

ク　セクハラ

　　Y大学は、XがL助教に一緒に帰ることを強要し、電車内で「Lさんが結婚したら別の人と組んで研究することになるだろう。自分は女性にすぐにとびかかるタイプだが、Lさんに対してはその気持ちを抑えることにする。」と発言したと主張するが、裏付ける証拠がないため認められない。

ケ　業務の適正な範囲を超える叱責

　　Xは、平成25年3月1日頃、L助教に対し、「実験しながらでもAdobe illustratorでのFigureの作成は1日で終わるのが当然だ。」と述べて叱責し、L助教が作成したFigureについて、1時間に5、6回にも及ぶ頻度で変更点を指示した。

　　しかし、Xの叱責はL助教の実験に関するものであり、言辞も直ちに不適切なものであるとは言い難いし、Xは叱責するときに机や機械を叩いたりすることはなかったことからすれば、Xの叱責が直ちに業務の適正な範囲を超えるものであったとはいえない。

(6)　M助教に対するハラスメントについて

ア　採用日前からの着任の強要

　　Xは、平成25年4月1日付で採用予定であったM助教に対して、「4月1日に決まるときに4月1日に来る人はいないよ」などと述べて、同日以前に着任するよう求めた。

しかし、M助教は最終的には自らの意思で早期着任を決めたのであり、Xが採用日前からの着任を強要したとまでは認められない。

　イ　業務の適正な範囲を超える叱責、侮辱、ひどい暴言

　　Xは、M助教に対し、①平成25年４月24日午後９時頃、実験の失敗を理由に、研究者失格である、研究者としては大学院生以下であるなどと述べたり、説教したりするなどして、翌25日の午前１時頃まで叱責したこと、②同月25日、「基礎棟１階の掲示板にポスドク、大学院生向けの就職説明会の掲示があったから一度受けてみたらどうだ。」などと述べて転職活動を勧めたこと、③同年５月10日頃、実験の失敗を理由に約２時間から３時間にわたって叱責したことが認められ、また、④同月９日午後５時頃、真実はXが参照していた遺伝子配列のファイルが間違っていただけであったにもかかわらず、M助教が確認した遺伝子配列と目的の遺伝子配列のホモロジーが一致しなかったとして、「あんた、実験やったことあんのか。」、「ようそんなんでやってきたな。」、「今すぐ目の前でもう一度配列の確認作業をしろ。」などと発言して叱責した。

　　Xの叱責は、短期間に、連日にわたって行われており、その時間も相当程度長時間に及ぶものであり、廊下を隔てた別の部屋にまで聞こえるくらい大声の時もあったことが認められる。また、Xは、研究者失格である、研究者としては大学院生以下であるなどと強く非難したり、転職活動を勧めたりする一方で、Xが、M助教が実験を失敗した原因を掘り下げて究明し、失敗しないようにするためにはどうすればよいかを指導したような様子は全くうかがわれない。そうすると、Xの言動は、その発言内容及び態様からみて、M助教に対する指導の手段として著しく相当性を欠くものであり、業務上の必要性を超えて精神的苦痛を加えたものといわざるを得ず、パワハラに当たる。

４　業務命令違反の有無

　　Y大学は、XがN研究科長から平成24年１月27日、同年２月20日及び同年３月14日の３回にわたって問題がある行為を控え、D講師ら５人に対して土日に出勤を義務付けることをしない旨の業務命令を受けたにもかかわらず、これに違反した懲戒事由があると主張する。しかし、N研究科長の指導は、未だXに対しハラスメントに対する注意にすぎず、具体的な業務命令が発せられたことを認めるに足りる証拠はない。

よって、Xに業務命令に違反した懲戒事由があるとはいえない。

5　本件懲戒解雇の相当性

　　Xのこれらのパワハラ、セクハラ行為は、Xの教授としての職務上の義務に違反し、Y大学内の秩序又は風紀を乱し、セクハラの防止を定めるY大学就業規則に違反する行為であり、懲戒事由に該当する。

　　しかし、Y大学が主張する非違事由のほとんどが懲戒事由に該当するものとは認められないものであり、Xの懲戒事由に該当するハラスメントの内容及び回数は限定的である。その上、Xのパワハラはいずれも業務の適正な範囲を超えるものであるものの業務上の必要性を全く欠くものとは言い難いし、また、Xのセクハラが殊更に嫌がらせをする目的に基づいてなされたものとはいえないことからすれば、Xのハラスメント等の悪質性が高いとは言い難い。

　　また、Xは、過去に懲戒処分を受けたことがあることをうかがわせる事情はないし、ハラスメントの一部を認め、反省の意思を示していたことも認められる。

　　そうすると、教職員に対する懲戒処分として最も重い処分であり、即時に労働者としての地位を失い、大きな経済的及び社会的損失を伴う懲戒解雇とすることは、上記懲戒事由との関係では均衡を欠き、社会通念上相当性を欠くといわざるを得ない。

6　本件諭旨解雇から本件懲戒解雇への切替えについて

　　Xの諭旨解雇の勧告に応じる機会は法律上の保護に値する利益であるから、Y大学が本件諭旨解雇を本件懲戒解雇に切り替えた行為は、不法行為を構成する。慰謝料は15万円が相当である。

事案の概要

　Y1社は、A社（以下「本社」）の100％子会社であり、医療機器の販売を主な業務としており、本社は販売子会社を全国各地に有していた。Y1社は従業員30数名で、営業部門はB1〜B3の営業所に分かれ、管理部門は本店所在地（C市内）に置かれ、代表者の直轄として、経理・総務担当者、営業関連の事務担当者らがいた。

　平成25年4月1日にY2が、それまで22年間にわたりY1社の代表者の地位にあったI（以下「前代表者」）の後任として代表取締役（Y1社の社内では常務と呼ばれていた）に就任した。その当時、Y1社の本店所在地で常勤する女性従業員はXら4名のみで、X2（57歳）は経理・総務係長、X1（50歳代後半）は営業統括事務係長、X3（58歳）はB1営業所2課の事務担当、X4（48歳）はB1営業所の技術という部署で事務を担当していた。X4は、過去にY2とともにA1長野（株）に勤務していたが、Y2からハラスメントを受けていると感じて退職し、平成23年4月にY1社に入社していた。

　Y2は、平成25年4月1日のY1社の代表取締役就任時の朝礼において、「係長もいますね。女性の方もいらっしゃいます。そういう方も含めてですね、これは私がしている人事ではありませんから、私ができないと思ったら降格もしてもらいます」などと述べた。なお係長の肩書に該当するのはX1とX2のみであった。また、Y2は、同月8日にX2に対し「人間、歳をとると性格も考え方も変わらない」と述べ、同日、X4に対し「俺が辞めさせた奴がなんでここにいるんだ。何の挨拶もないじゃないか」などと述べた。Y2は、同月15日の朝礼で「自分の改革に抵抗する抵抗勢力は異動願いを出せ。50代はもう性格も考え方も変わらない」と述べた。

　Y2は、同月19日の朝礼で、「社員の入替えが必要」、「50代は転勤願を出せ」

などと述べ、同日、X1には「4人の給料で若い従業員を雇ってこき使った方がどれだけ会社のためになると思っているのか」と述べた。また、Y2は、同月上旬、Y1社統括営業部長のJに対し、Xらを「ババア」よばわりした上で、「こいつらの給料で派遣社員なら何人でも雇える。若いのを入れてこき使った方がいい」と述べ、XらはJ部長からそのことを伝えられた。

平成25年7月3日、Y2は、X2に対し、経理業務に関して不正行為や業務懈怠、不誠実な対応、情報漏えい等の非違行為があるとする「X2係長の懲戒について」と題する書面の交付をした。また、同月9日に、Y2はX2を呼び出し、不正経理について質したがX2は否定した。その際、Y2は「泥棒しなさいと言われたら、泥棒するのか」、「気分が悪い」、「前任者が言ったことを何でもするのか。子供の使いじゃない」、「前任者が怖いとしても殺されるのか」、「やくざみたいな会社だ」、「いない人のせいにして、自分たちの責任が逃れられると思っている」などと長時間にわたって一方的に話し続けた。同日、X2は賞罰委員会の事情聴取を受け、その後開催された懲罰委員会では、X2には経理職を任せることができないとして「格下げ」との結論を出し、同委員会はY1社に上申書を提出した。

Y2は、平成25年7月12日、評価期間を平成24年10月から翌年3月までとする夏季賞与について、X1をC評価として所定の算定額から20％減額し、X2をD評価として30％減額して支給した。Y2は、常務室でX1に対し賞与について説明する際に、「意識のレベルが低い」、「新しいことをやろうとすると反発する」、「倉庫に行ってもらう」、「代表者が殺して来いと指示をしたら、殺すのか」、「査定は、事務員が自分たちに都合よくなっていた」、「夫の給料と自分を比べてどうなのか」、「今までみたいに事務員を優遇しないし、全員がそれほど仕事ができると思っていない」、「内部統括の責任者としてきちんとしていなかったことがカットした理由」、「悪いけど、反撃をする」、「人事権も持っている」、「会社としては刑事事件にできる材料があり、訴えることもできるし、その権利を放棄していない」、「裁判所に行きましょうかという話になる」、「高い給料に見合わない」、「辞めてもいいぞ」などと言った。

X2、X1及びX3は平成25年7月12日に話し合い、定年まで数年を残しているけれども退職することを決め、同月16日午前中にJ部長に一身上の都合により退職する旨の退職願を提出し、同年9月30日をもって退職した。同日、Y1社は「懲戒処分通知書」をX2に交付し、そこには同日付で降格処分とすると記

載されていた（以下「本件降格処分」）。X4も、Y2が代表に就任以来、体調を崩して通院していたし、一人で勤務を継続することは困難と思い、X2らの1日後の平成25年7月17日に退職願を提出し、同年8月31日をもって退職した。

Y1社は、X2、X1、X3には自己都合退職の係数によって算定した退職金を支給したが、X4は在職要件を満たしていないとして退職金を支給しなかった。

本件は、Xらが、Y2の言動がパワーハラスメント（以下「パワハラ」）に当たるとしてY2及びY1社に対し損害賠償を請求するとともに、賞与の減額分、会社都合による退職金差額、X2の懲戒処分の無効と当該処分により減額された賃金を請求した事案である。

結　果

一部認容。

X1について慰謝料70万円、弁護士費用7万円、賞与差額、退職金差額。

X2について慰謝料100万円、弁護士費用10万円、賞与差額、退職金差額、賃金減額分。

X3とX4について慰謝料40万円、弁護士費用4万円、退職金差額。

コメント

一審判決（長野地裁松本支判平29.5.17労判1179号63頁）は、Y2の言動が不法行為に当たるとしてXらの慰謝料請求を認容し、X1・X2の賞与差額請求、X2の本件降格処分の無効と当該処分による賃金減額分請求と退職金差額請求は認容したものの、X1・X3・X4の退職金差額請求は棄却した。

本判決は、一審判決を一部変更し、慰謝料の認容額を増額するとともに、X1・X3・X4の退職金差額請求についても認めた。

本件の特徴は、Y2から違法な懲戒処分や直接的な退職強要を受けていたX1・X2だけでなく、それらを見聞きしていたX3・X4についても「今後自分たちにも同じような対応があると受け止めることは当然である」として、間接

的な退職強要行為があったことを認めた点である。ハラスメントは、それを直接受けている者だけでなく、見聞きしている者に対する間接的な違法行為になり得ることを明らかにした判決として意義がある。

判　旨

1　本件降格処分の有効性について

　　懲戒処分としてされた本件降格処分は、実体面において、処分の前提事実を欠き、就業規則の懲戒事由該当性の判断を誤るものであるとともに、手続面においても、就業規則及びこれに基づく賞罰規程に違反するもので著しく不公正であるから、無効である。

2　X1及びX2の賞与減額について

　　賞与の支給基準、減額の根拠、各従業員の評定が明らかでなく、Y2は恣意的に減額の査定をしたものと言わざるを得ず、減額の査定部分は裁量権の逸脱濫用により無効である。

3　Y2によるパワハラについて

　(1)　X2について

　　　X2に懲戒事由はなく本件降格処分は無効であり、平成25年7月の賞与を減額する理由もなく、Y2がX2に懲戒や賞与減額の責任があると認識したことがやむを得ないといえる事情も見当たらない。

　　　そうすると、Y2は、平成25年4月にY1社の代表取締役に就任して以来、X2に対し、正当な理由なく批判ないし非難を続け、Y1社において同年7月の賞与を正当な理由なしに減額し、懲戒処分の手続を進めて同年7月に無効な本件降格処分を行うなどし、その結果、X2は、Y1社に長年勤務して50歳代後半であり、定年まで勤務するつもりでいたのに、勤務の継続を断念して同年7月16日に退職願を出して退職するに至ったのである。

　　　これらの事情を総合勘案すると、Y2の一連の行為はX2に退職を強要するものにほかならないのであって、違法な行為に当たる。

　(2)　X1について

　　　Y1社の本店所在地には常勤の事務職としてXら4名のみが業務に従事

していたのであり、Y2の平成25年4月以降のX2に対する言動は当然にX1にも伝わっていた。そうすると、X1は、同年7月当時、X2が正当な理由がないのに懲戒処分を受けるのが確実であることを認識していたと認められる。

しかも、X1自身も同年7月の賞与を正当な理由なく減額された。Y2は、同年7月12日にX1に対し賞与を減額した理由を説明した際、要旨、「X2の責任もあるが、X1にも責任がある。会社としては刑事事件にできる材料があり、訴えることもできるし、その権利を放棄していない。このままましていれば、裁判所に行きましょうかという話になるし、必ずX2も同罪で引っ張られる」、「X1の給与が高額に過ぎる。50歳代の社員は会社にとって有用でない」と述べたところ、これは今後の会社の経営にとってX1が不要である旨を伝えたことにほかならない。

その結果、X1は、Y1社に長年勤務して50歳代後半であり、定年まで勤務するつもりでいたのに、X2らと相談して、勤務の継続を断念して同年7月16日に退職願を出し退職するに至ったのである。

これらの事情を総合勘案すると、Y2のX1に対する一連の行為は、X1に退職を強要するものであって、違法な行為に当たる。

（3）X3・X4について

X3とX4は、X2やX1と同じ職場で働いており、Y2のX2やX1に対する言動を見聞きしており、Y2が正当な理由なくX2やX1に対し懲戒処分を科したり賞与の減額をしたりするとともに、会社の経営に不要であると伝えていることを認識していた。そうすると、X3とX4が今後自分たちにも同じような対応があると受け止めることは当然である。

その結果、X3はY1社に再就職して勤務して50歳代後半であり、X4はY1社に転職して勤務しており、いずれも定年まで勤務するつもりでいたのに、X2やX1に対する正当な理由のない懲戒処分や賞与減額を見聞きし、いずれ自分たちも同じような対応を受け、退職を強いられるであろうと考え、X3は同年7月16日に、X4は同年7月17日にそれぞれ退職願を提出し退職するに至ったのである。

これらの事情を総合勘案すると、Y2のX2及びX1に対する一連の退職強要行為は、X3及びX4にも間接的に退職を強いるものがあるから、X3及びX4との関係においても違法な行為に当たる。

(4) 法的責任

　　Y2による一連の退職強要行為は違法であり、これによりXらは精神的
　損害を被ったから、Y2につき不法行為が成立し、Y1社は会社法350条の
　責任を負う。

(5) 損害

　　Y2による退職強要行為の内容及び程度その他本件に現れた一切の事情
　を考慮すると、精神的損害の慰謝料と弁護士費用は、それぞれ、X1が70
　万円と7万円、X2が100万円と10万円、X3が40万円と4万円、X4が40万
　円と4万円が相当である。

4　退職金について

　　Xらの退職は、Y2の退職強要行為により退職を余儀なくされたものであ
　るから、会社都合退職と同視でき、退職金規程の会社都合退職の支給係数
　により計算されるべきである。

東京地判平29・11・15
（D1-Law.com判例体系）

事案の概要

　Y社は、化学繊維等の製造、加工、輸出入、販売及びその仲立業等を目的とする株式会社である。Y社の従業員の約半数は、中華人民共和国の国籍を有する者である。A株式会社は、Y社のグループ会社であり、Y社が所有するビル（以下「Y社社屋」）の5階にその事務所がある。

　Xは、昭和62年生まれの中華人民共和国の国籍を有する女性であり、平成21年頃から日本において生活している。Xは、平成27年6月17日、Y社との間で、期限の定めのない雇用契約を締結し、同月23日からY社において事務等の業務に従事していたが、同年12月1日付でA株式会社への出向を命じられた。

　Xは、平成27年12月4日、Y社社屋の5階において、文書の翻訳作業をしていたところ、Y社代表者Gより、Y社社屋の1階に来るよう命じられた。Gは、Xに対し、「お前って性格が悪いよな、自分を誰だと思ってるんだ？」などと大きな声で述べ、今日から毎日受付に座っていろと命じた。Gは、発言の途中で、書類を机に叩き付けることもあった。

　また、同月8日、Xは、Gからカレンダーの袋詰め作業を行うよう命じられた。Xが座った状態で作業を行っていたところ、カレンダーを移動させようとした際に床に落としてしまった。Gは、立って作業を行うよう大声で叱責するとともに、叱責を受けて涙を流していたXに対し、大声で、「何、泣くふりをしてるんだお前、病気なら病院へ行ってこい。」、「なにやってんだよ。疫病神を雇ったな。」などと述べた。

　Xは、同月9日に体調不良により早退し、翌10日にクリニックを受診しうつ病と診断され、以後Y社に出勤していない。

　本件は、Xが、職務中に、Gから大声で恫喝され、業務上の必要性が認められない受付業務への配置転換を命じられるといった、Xの人格権を侵害する

違法な言動を受けたことにより、うつ病を発症し、長期にわたる休職を余儀なくされたなどと主張して、Ｙ社に対し損害賠償を請求するとともに、ＧによるＸに対するパワーハラスメント行為の差止め、休職開始後の賃金の支払を求めた事案である。

結　果

一部認容。
医療費6680円、慰謝料30万円、弁護士費用相当額３万0668円。

コメント

Ｘは、平成27年12月４日、同月８日のＧとの会話を録音していたため、発言の内容についてはほぼ争いがない。Ｙ社は、Ｇの発言について教育的指導の範囲内であると主張したが、本判決は、社会通念上指導として許容される範囲を超えた違法な言動であると判断した。

本判決は、Ｘのうつ病発症についても、Ｇの違法な言動との因果関係を認めているが、損害については約１か月間のみに限定している。

判　旨

1　Ｇによる不法行為の有無

Ｙ社は、Ｇの言動について、従業員に対する教育的指導の範囲内の言動であると主張する。

確かに、平成27年12月４日のやりとりについては、Ｘの上司からの求めがあり、また、同月８日のやりとりについても、Ｘの作業態様にやや横着な点があり、いずれもＧにおいてＸを指導するきっかけがあったものである。

しかし、Ｇは、両日のやりとりにおいて、Ｘに対し、改善すべき職務事

項を具体的に指摘することなく、Xの性格が悪いことを指摘し、何様のつもりなのかと述べ、直ちに業務上の必要性があるとも認められない受付での電話番を命じたり、軽蔑の呼称に使用される言葉を用いて、Xを雇用したことに悪態をついたりしたものであって、その口調も相当に厳しく、いつも以上に大きな声を出し、発言の途中で書類を机に叩き付けるなど、およそ従業員への教育的指導とはいえない、感情的かつ威圧的な言動をしていたものである。そうすると、Xにおいて、Gから「自分を誰だと思っているんだ」等と尋ねられたことに対しその名前を聞かれているのではないことが明らかであるにもかかわらず、自身の名前を何度も述べるなど、Gをより苛立たせるような対応をしていたことや、やりとりを録音していたことといったY社が指摘する諸点を考慮しても、両日のGの言動は、社会通念上、従業員に対する指導として許容される範囲を超え、その相当性を著しく欠くものであり、Xの人格権を侵害する違法な行為であるといわざるを得ない。

2　うつ病発症との因果関係の有無

　　Xは、うつ病を発症したものと認められるところ、Xは、それまで直接話をする機会も限られていたY社の代表取締役であるGから、およそ従業員への教育的指導とはいえない、感情的かつ威圧的な言動をされ、その中にはXの人格や人間性を否定するような発言が含まれていたほか、その後、Gの命令に従い、受付の場所や当時の季候からしても寒い中で、直ちに業務上の必要性があるとも認められない受付業務を行ったものであり、これらにより、Xにはうつ病を発症するに足りる程度の心理的負荷が掛かっていたということができる。

　　よって、Gの不法行為とXのうつ病発症との間には相当因果関係があるものと認められる。

　　もっとも、Gの言動は、両日の限られた時間にとどまるものであり、Xにおいても、Gをより苛立たせるような対応をしていたことや、Xが受付業務を担当したのも2日間にとどまることからすると、そもそも、Gの不法行為が、長期間の休職、治療を要するほどの重度のうつ病を発症させるものであったとは認め難い。よって、Gの不法行為と相当因果関係が認められるのは、平成28年1月9日の再診時までのうつ病の症状やこれに対する治療によって生じた損害に限られるというべきである。

3　損害と法的責任

　　Y社は、Xに対し、会社法350条に基づき、同損害を賠償すべき義務を負う。損害額は、医療費6680円、慰謝料30万円、弁護士費用相当額3万0668円が相当である。

4　人格権に基づく差止めの可否について

　　生命や身体といった人格的利益（人格権）は重要な基本的権利であって、人格権が違法に侵害され、又はその侵害が現実化していなくてもその危険の蓋然性が高い場合には、加害者に対し、現に行われている侵害行為を排除し、又は生ずべき侵害を予防するため侵害行為の禁止を求めることができると解される。

　　これを本件についてみるに、両日のGの言動はXの人格権を侵害する違法な行為であるが、現在、Xの人格権が違法に侵害されているとはいえない。また、Gの言動は両日の限られた時間にされたにとどまるものであり、G自身も感情的になり言い過ぎてしまったことを反省していることからすると、Xの人格権が侵害される危険の蓋然性が高いともいえない。

　　よって、Xの差止め請求には理由がない。

5　Xの欠勤がY社の責めに帰すべき事由に基づくものか否かについて

　　平成27年12月10日から平成28年1月9日までの1か月間のXの欠勤については、Y社の責めに帰すべき事由による就労債務の履行不能であるといえ、Xは、この間の賃金請求権を失わない（民法536条2項）。

いなげやほか事件

東京地判平29・11・30
（労判1192号67頁）

事案の概要

　Y1社は、生鮮食品・一般食品・家庭用品・衣料品等の販売を行う小売業を営む株式会社である。

　Y2は、Y1社の本件店舗で勤務する従業員である。パートナー従業員（いわゆるパートタイマー）のなかでも勤続年数が長かったことから、他のパートナー従業員の事実上のまとめ役として、希望や意向の取りまとめや、店長への伝達をすることがあった。Y2は、少なくとも平成20年9月以降、Xの指導を主に担っていた。

　Xは、平成2年生まれで、3歳の時に細菌性髄膜炎等に罹患し、後遺症として知的障害を負い、東京都の愛の手帳交付要綱に基づく判定基準により4度（軽度）と判定されている者である。Xは、Y1社と雇用契約を締結し、所属はA店、職種は雇用契約上ベーカリー部門とされていた。

　本件は、Xが、平成21年頃から平成25年頃までの間、Y2から継続的に暴言・暴行等の虐待行為を受けたとして、Y2に対し、民法709条に基づき、Y1社に対し、（1）主位的に、①Y2の虐待行為はY1社の業務の執行についてされたとして、使用者責任（民法715条）に基づき、また、②Y1社は、障害者を雇用する事業主として、障害者の安定した雇用継続を図るべく障害者に対する虐待を防止するべき安全配慮義務（以下「虐待防止義務」）を負っていたのにこれを怠ったとして、債務不履行に基づき、かつ、③Y1社は、Y2による虐待の事実を認識又は認識し得たので、事実関係の調査及び再発防止策を講じる安全配慮義務（以下「事後対応義務」）を負っていたにもかかわらずこれを怠ったとして、債務不履行に基づき、（2）予備的に、仮にY2による虐待行為がなかったとしても、Y1社は、障害者の安定した雇用継続を図るべくXの職場環境の整備を尽くす安全配慮義務を負っていたにもかかわらずこれを怠ったとし

て、債務不履行に基づき、逸失利益、精神的損害等の合計585万1800円等の支払いを求めた事案である。

結　果

一部認容。
Y1社とY2に対して連帯して慰謝料20万円、弁護士費用2万円。

コメント

本件は、ハラスメント被害を主張するXが知的障害者であるという点に事例としての特徴がある。判決は、Y2の「幼稚園児以下」、「馬鹿でもできる」という発言のみを事実として認定し、その他のXの主張は認定されなかった。その理由として、判決は、XがY2に不利になるように供述をする傾向が認められるためXの供述が信用できないこと、母の陳述も伝聞にすぎないことなどを指摘している。連絡ノートの記載やY1社へ相談があるにもかかわらず、事実として認定されなかった点についても、知的障害者であるという特質から慎重な判断となっていることがうかがわれる。

判　旨

1　Y2の暴行・暴言等の有無について
（1）平成21年1月の暴言について
　　　Xは、平成21年1月、Y2から「馬鹿じゃないの」と言われたと主張する。
　　　しかし、Xは、Y2の言動を否定的に受け止め、叱られるのを回避するために嘘と思われる言い訳をしたり、Y2に不利になるように供述をする傾向が認められるため、Y2に不利な内容のXの供述は直ちに採用することができず、他に的確な証拠がない以上、Xの主張は採用できない。

(2) 平成21年6月の暴行・暴言等について

　　Xは、Y2が平成21年6月頃「もう2年目なのにこんな間違いをして、小学生じゃあるまいし」と言っておしりをたたいたと主張しており、当時、X母が障害者就労・生活支援センター（以下「C所」）にY2の暴行について相談していたことが認められる。

　　しかし、X母の相談内容は、Xからの伝聞にすぎず、それ以外に裏付ける証拠はないため、Xの上記主張は採用することができない。

(3) 平成21年10月の暴言について

　　Xは、Y2が平成21年10月「他のパート従業員に風邪をうつした」と言ったなどと主張し、連絡ノートの記載からY2がXに対しマスクの着用を注意・指導したことが認められる。

　　しかし、Xの主張を前提としても、その発言の内容は他のパート従業員に風邪をうつしたといった程度のものにすぎず、食料品を扱う店舗として求められる業務上の注意・指導を超えて、暴言として違法性を帯びる行為があったことを認めるに足りる証拠はない。

(4) 平成23年6月及び同年9月の暴言について

　　Xは、Y2が平成23年6月、スイミングについて「いつまでやるの？」「まだやめないの？」と休日の申請などについて嫌みを言い、平成23年9月には「ふざけるな、調子に乗るな、なんでこんな長い間休むんだ」と言ったなどと主張する。これに沿うX母の陳述書があるほか、Xの連絡ノートには、Xによる手書き文字で、「2／13日　9：00　しあいにいくなら仕事してから行ってほしいわよと話される。」との記載がある。

　　しかし、X母の陳述書はXからの伝聞にすぎないこと、XがY2の言動を否定的に受け止め、Y2に不利な供述や記載をする傾向があることが否定できないこと、Xの主張を前提にしても上記発言に至る経緯は必ずしも明らかではないことに照らすと、X主張の暴言があったと認めることはできない。

(5) 平成24年4月頃の暴行・暴言等について

　　ア　Xは、Y2は、平成24年4月頃Xの作業中に「20パーセントの値引札を直しなさい」と言いながら、無理矢理腕をつかんだと主張し、これに沿う記載のあるX母の陳述書があるほか、C所が同月18日にX母から上記暴行等について相談を受けたことが認められる。

しかし、Ｘ母の相談内容は、Ｘからの伝聞を基にしたものにすぎず、これ以外に上記暴行等があったことを裏付ける証拠はなく、ＸにはY2の言動等を否定的に受け止め、Y2に不利な供述をする傾向があることが否定できない。そして、Ｘの主張によってもY2が腕をつかむ強さが必要以上に強かったことを認めるに足りる証拠はない。そうすると、Ｘ母の陳述書の記載を直ちに採用することができないし、Ｘ主張のような腕を掴む行為があったとしても、これが業務上の注意・指導の範囲を越える暴行ということはできない。

イ　Ｘは、Y2から「ちゃんとやらないと蹴る」と言われたと主張し、Ｃ所のＸの担当者Ｏは同月18日、Ｘ母から上記暴言につき相談を受けたことが認められる。

　　しかし、Ｘ母の相談はＸからの伝聞を基にしたものにすぎず、ＸはY2の言動を否定的に受け止め、Y2に不利な供述をする傾向があることが否定できないことからすれば、これを直ちに採用することはできず、Ｘ主張の上記暴言があったと認めることはできない。

ウ　Ｘは、ＸがY2の言動についてＣ所に相談した後、Y2から「告げ口したの？」「店長にちくったな」と言われたと主張し、これに沿う記載のあるＸ母の陳述書があるほか、Ｘ母は、平成23年９月Ｃ所に対し、何かを店長に伝えるとY2から「店長にちくったな」と言われるようであること、同月以前、ＸがY2から店長に告げ口したのかという旨を言われるようだと述べたことが認められる。

　　しかし、Ｘ母の上記相談内容は、Ｘからの伝聞を基にしたものにすぎず、これ以外にＸ主張の行為を裏付ける証拠はなく、Ｘについては、Y2の言動を否定的に受け止め、Y2に不利な供述をする傾向があることが否定できないこと、Y2はＸ主張の行為を否認していること等からすれば、Ｘの供述は直ちに採用することができず、Y2がＸ主張のような発言をしたことを認めることはできない。

エ　Ｘは、Y2は、平成24年４月、Ｘに対し、Ｘがタイムカードを押してからパン箱の片付けなどの作業を指示したなどと主張し、Ｘ母は、同月18日、Ｃ所に対し、タイムカードを押してからパン箱を片付けるように言われたことがあり、Ｘ母としても心配である旨述べたこと、Ｘは、同年９月Ｘ母にメールを送り、帰って良いと言われたのにY2から

在庫を持ってこいと言われたことを報告したこと、Xは、連絡ノート5の後ろの方の頁に「8／26日11時15分ユニフォームをひっぱられた。9時1分バカでも出来るでしょうといわれた。13時32分パン箱おいてからスキャンしなさいといわれた。8時30分おくってもらったでしょうといわれた。あいさつをしただけでおこられた。」などと記載したことが認められる。

しかし、Y2がXに対してパン箱を片付けてからスキャンしなさいと指示することは、業務を終えてから退勤の記録をしなさいということであるから、何ら違法なことではない。また、X母の上記相談内容は、Xからの伝聞を基にしたものにすぎず、Xからの伝聞以外にはX主張の行為があったことを裏付ける証拠はなく、Xにつき、Y2の言動を否定的に受け止め、Y2に不利な供述をする傾向があることが否定できない。また、Xは、失敗した作業についても成功したことにして次の手順に進むことがあったことが認められ、A店においても自分が指示された業務を終了していないのに終了したことにして退勤の記録をつけてしまった可能性が否定できないから、Xの供述を直ちに採用することはできず、X主張の行為があったと認めることはできない。

(6) 平成24年8月頃の暴行・暴言等について

ア　Xは、Y2が手のひらで腕をたたいたほか、Xがパン詰めをしていたときに、Xの腕を引っ張り胸ぐらをつかんだと主張し、これに沿う記載のあるX母の陳述書があるほか、C所が同月20日にX母からX主張の暴行について相談を受けたことが認められる。

しかし、X母の上記相談内容は、Xからの伝聞を基にしたものにすぎず、これ以外にX主張の暴行等があったことを裏付ける証拠はなく、XはY2の言動等を否定的に受け止め、Y2に不利な供述をする傾向があることが否定できないこと、Y2は暴行の事実を否認しているところ、Xの主張によっても、X主張の暴行に至る経緯については何ら明らかではなく、Y2においてXの胸ぐらをつかむまでの行動に及ぶ動機があったとはうかがわれないこと、X及びX母が同月20日にC所に来所した際の申告内容も「手のひらで腕をぽんとたたかれる」といったもので、胸ぐらをつかまれたとまでは述べておらず、その程度も「強くはない」というものであることからすれば、X母の陳述書の記載は直ちに採用するこ

とはできず、X主張の暴行があったと認めることはできない。また、仮にX主張のような行為があったとしても、業務上の注意・指導の範囲を越えた違法な行為があったことを認めるに足りる証拠はない。

　したがって、Xの上記主張は採用することができない。

イ　Xは、Y2がXに対し「あんたの仕事は幼稚園児以下なんじゃないの」と言ったと主張する。

　そこで検討するに、事実経過等によれば、Xは、平成24年8月21日Oに対しては電話で、X母に対してはメールで、同月29日にはX母に対して電話でY2に幼稚園児以下なのではないかと言われたことを報告したことが認められるほか、I店長においても、同月29日にXから相談を受けた際、Y2ほか従業員1名に事実確認を行い、同人らに対し、Xを他の人と比べるような発言をしてはいけない旨注意したほか、同年9月14日のOとの面談に際しても、Oに対し幼稚園児以下という発言には頑張ってほしいという気持ちが込められている旨発言したことが認められる。

　これらの事実からすれば、Y2は同年8月Xに対し、複数回にわたり幼稚園児以下という趣旨の発言をしたと認めることができる。

　この点、I店長及びY2は尋問においてこれを否定する供述をするが、I店長自身がY2ほか従業員1名に事実確認を行ったこと、同人らに対しXと他人と比べるような発言をしてはいけない旨注意したことを自認しており、同注意は、同人らが幼稚園児以下という発言のようにXと他人を比べるような発言をしたことを認めたことを前提としていると考えるのが自然であり、むしろ同人らが同発言を否定したのに同注意をすることは不自然であるといえることから、この点に関するI店長及びY2の各供述はいずれも信用することができない。

ウ　Xは、Y2がXに対し「馬鹿でも出来るでしょ」と言ったと主張する。

　そこで検討するに、Xは、平成24年8月26日C所の留守番電話に馬鹿でもできるでしょと言われた旨の伝言を残したこと、Y2は平成21年以降連絡ノートにXに集中力がないこと、教えた仕事をいつまで記憶できるのか疑問に思っていることなどを記載し、C所担当者にもXの仕事ぶりについて不満をもらしていたこと、X及びX母は平成22年1月27日に

もC所にY2から「馬鹿じゃないの」と言われることを相談したこと、Y1社の人財開発部課長代理Mも、平成24年10月の時点ではY2の言動は何とかしなければならないと認識しており、まず店長からY2に注意をさせると述べていたことが認められる。また、Y2は、平成21年10月14日C所のGが職場訪問をした際、Xに対し1分でできることを5時間かけてやると発言したことが認められる。かかる事実及び平成24年8月にはY2はXに対して複数回にわたりXが幼稚園児以下との趣旨の発言をしていることからすれば、<u>Y2は、同月にはXの仕事ぶりに不満が募っており、Xの仕事ぶりについて否定的な発言をしていたことがうかがわれるのであり、Xに対し「馬鹿でも出来るでしょ」とも発言したと推認することができる。</u>

　　Y2は同発言をしたことを否定するが、XはC所の留守番電話に「馬鹿でもできるでしょ」と言われたことを残しており、そのような発言はXが曲解して理解したと考える余地のない発言である上、Y2がXに対して否定的発言をしていなかったのならば、MにおいてもY2の言動を問題に思っていることをC所に対して述べないと考えられるから、この点に関するY2の供述を信用することはできない。

(7)　平成24年10月の暴行について

　　Xは、Xが主に洗い物の作業をしていたときY2がXの上肢に肘鉄をしたなどと主張しており、これに沿う記載のあるX母の陳述書があるほか、C所が同月19日にX母からX主張の暴行について相談を受けたことが認められる。

　　しかし、上記相談内容はXからの伝聞を基にしたものにすぎず、それ以外にX主張の暴行等があったことを裏付ける証拠はなく、XにはY2の言動を否定的に受け止め、Y2に不利な供述をする傾向があることが否定できないこと、Xが洗い物を行っていた二槽シンクの後ろにはリターダー（製パンに使用される冷蔵庫）があり、その間はそれほど広くなく、洗い物をする人の後ろに誰かが立つ余裕はなく、Y2が通りがけに故意に肘鉄を行ったとは考えにくいことからすれば、Xの供述及びX母の陳述書の記載は採用することはできず、X主張の暴行があったということはできない。

(8) 平成24年12月の暴行・暴言等について

ア　Xは、Xが鉄板を洗う作業をしているとき、Y2がXのエプロンの襟元をぐいっと引っ張り、Xがよろめき、思わず「痛い」と言うとにらんだと主張しており、これに沿う記載のあるX母の陳述書があるほか、同月23日X母に対し、Xが勤務中鉄板を洗っていた際Y2に後ろからエプロンを引っ張られたとメールで報告したことが認められる。

しかし、Xからのメール及びX本人の供述以外には、X主張の暴行等があったことを裏付ける証拠はなく、XにはY2の言動等を否定的に受け止め、Y2に不利な供述をする傾向があることが否定できないこと、Y2は、X主張の暴行等を否認していることからすれば、上記メール及びXの供述は直ちに採用することはできず、X主張の暴行等があったと認めることはできない。

イ　Xは、Y2が買物客の面前で「日付をちゃんと見ているのか」と怒鳴ったなどと主張しており、これに沿うX本人の供述がある。

しかし、Xの供述以外に同事実を認めるに足りる証拠はなく、Xの上記主張は採用できない。

ウ　Xは、Y2が休憩なしで仕事をさせたなどと主張しており、Xは平成21年以降残業することが複数回あったこと、C所がI店長に対し残業するときには5分か10分でも休憩を入れることを提案したこと、I店長はY1社の就業規則では6時間勤務につき30分の休憩であり、Xもそれに従ってほしい旨述べたことがあることが認められる。

しかし、これらの事実からすれば、Y1社の就業規則では6時間勤務につき30分の休憩をとることが決まっていたのであるから、Y2が基本的に4時間の就労時間となっているXに対し、休憩をとらせる義務はなく、残業時間があったとしても、就労時間が6時間を超えない場合にはXに休憩をとらせる義務はないというべきである。

そして、Xが残業により就労時間が6時間を超える日があったことを認めるに足りる証拠はないことから、Xの上記主張を採用することはできない。

(9) 平成25年2月の暴言について

Xは、Y2の指示にXが返事をしたのにY2が「返事は？」と言い、大きな声で再度返答すると「うるさいわよ」と言い、そのためXは周囲にい

た他の従業員から嘲笑されたなどと主張しており、これに沿う記載のあるX母の陳述書があるほか、連絡ノート5の後ろの方の頁には、Xによる手書き文字で、「2／17へんじしたにもかかわらずへんじはへんじはとしかられた。」などとの記載があり、C所が、同月、X母からX主張の上記暴言につき相談を受けたことが認められる。

　　　しかし、X母の上記相談内容はXからの伝聞を基にしたものにすぎず、Xの当時の供述以外にこれを裏付ける証拠はないところ、Y2に不利な発言をする傾向があることが否定できない。また、Y2が、Xに何か注意をした際に返事をしなかったため返事を求めることがあったことも否定できないことからすれば、X母の陳述書の記載や相談の基となったXの供述は直ちに採用することができず、上記各証拠によってもX主張の上記暴言があったと認めることはできない。

(10) 時期不明の暴行・暴言等について

　ア　Xは、Y2が、ひげが伸びていることを指摘するために、指でXのあごをぐいっと押したなどと主張し、Y2は答弁書において、Xがひげを剃っていないことを注意する際にXのあごに触れたことがあることを自認している。

　　　しかし、Y2がXのあごを押した態様や程度についてはXの主張によっても必ずしも明らかではなく、その行為が業務上の注意・指導の範囲を超えて、暴行として違法性を帯びるものであったとは認められないから、Xの上記主張は採用することができない。

　イ　Xは、Y2がXに対し、Xがスイミング大会に行った際に購入したお土産について「そんなもの持ってくるな」と嫌みを言ったと主張し、Xは、平成24年7月18日X母にメールを送り、Y2からお土産なんて買ってくるな、私たちは大変だったと叱られたと報告したことが認められる。

　　　しかしながら、XはY2に不利な供述をする傾向があり、Y2からの発言の受け止め方も否定的なものになっていたことが否めないことからすれば、XからX母に対するメールの内容は採用できないし、それ以外にXの主張を認めるに足りる証拠はない。

(11) 小括

　　　以上によれば、Y2は、平成24年8月以降Xに対し、複数回にわたって

仕事ぶりが幼稚園児以下であるとの発言や、「馬鹿でもできるでしょ」と発言をしたことが認められる（以下「本件不法行為」）。

　　したがって、Y2は、Xに対し、民法709条に基づき、本件不法行為の限度で不法行為責任を負う。

2　Y1社の使用者責任の有無について

　　前提事実及び事実経過等によれば、Y2は、Y1社の従業員であるところ、Y2による本件不法行為がA店におけるベーカリー部門のY1社の事業の執行につき行われたことは明らかであるから、Y1社は、本件不法行為につき、民法715条に基づき、使用者責任を負う。

3　Y1社の虐待防止義務違反の有無について

　　Y1社は、Y2が不法行為責任を負う本件不法行為すべてにつき使用者責任を負う以上、Y1社の虐待防止義務違反については、その義務違反の成否にかかわらず、Y1社は、Y2による本件不法行為につき使用者責任に基づいて負う損害額を超えては責任を負わない。Xが主張する虐待防止義務違反がY1社が負担すべき慰謝料の増額理由に位置付けられるという点は、Y1社が義務違反したためにY2がやむなくXに対し行った行為によりXに精神的損害が生じた等、特段の事情が認められないから、使用者責任とは別に独自の損害を観念することはできない。

4　Y1社の事後対応義務違反の有無について

　　事業主は、障害者に限らず被用者が職場において他の従業員等から暴行・暴言等を受けている疑いのある状況が存在する場合、雇用契約に基づいて、事実関係を調査し適正に対処をする義務を負うというべきではあるが、どのように事実関係を調査しどのように対処すべきかは、各企業の置かれている人的、物的設備の現状等により異なり得るから、そのような状況を踏まえて各企業において判断すべきものである。そうすると、企業は、その人的、物的設備の現状等を踏まえた事実関係の調査及び対処を合理的範囲で行う安全配慮義務を負うというべきである。

　　Xは、平成24年8月以降、複数回にわたりY2から仕事ぶりが幼稚園児以下と言われ、同事実はC所を通じてI店長に報告されていたにもかかわらず、I店長はこれを人財開発部には報告しなかったのであり、これは店長として不適切な対応であったと言わざるを得ないが、I店長としては、Y2及び他のベーカリー部門の従業員1名に対して事実関係を確認し、Xと他

人を比べるような発言をしてはいけない旨注意をしているのであるから、人財開発部に報告しなかったことをもって、かかる事後対応が合理的な範囲の対処を尽くしていないということはできない。

　　また、Mは、その後もC所を通じてXがY2から肘鉄されたなどの相談があったのに、これを人財開発部のリーダーであり上司であるSに報告しなかったことが認められ、これらの事実に照らすと、Y1社は連絡体制が十分ではなかったと言わざるを得ないが、Mにおいても、P店長（I店長の後任）からY2に注意をした上それでも事態が変わらない場合は、Xの配置転換やベーカリー部門の業務を切り分けるなどの対応を検討しており、実際に平成24年11月にはXはY2から特に何もされていないから、P店長からY2に注意がされたことが推認されるので、このような事後対応が合理的な範囲の対処を尽くしていない事後対応だったということはできない。

　　以上によれば、Y1社は一応の事後対応を果たしているから、事後対応義務違反は認められず、Xの上記主張は採用することはできない。

5　Xの損害について

(1) 逸失利益（退職後新たな就職先で就業を始めるまでの賃金相当額）

　　Xは、Y2による一連の不法行為により、Y1社から退職することを余儀なくされたと主張し、Y1社退職日の翌日（平成25年4月1日）から新たな就職先で就業を開始した日（平成25年6月10日）までの賃金相当額の支払を求める。

　　しかし、Y2の不法行為によりXが精神的苦痛を受けたとは認められるものの、これに起因してY1社を退職するに至ることまでが通常生ずべき結果であるとまではいえず、X主張の賃金相当額につき、本件不法行為との間の相当因果関係を認めることはできない。

　　したがって、逸失利益に関するXの請求は理由がない。

(2) 慰謝料

　　20万円が相当である。

(3) 弁護士費用

　　2万円と認めるのが相当である。

乙山青果ほか事件

名古屋高判平29・11・30
（労判1175号26頁）

事案の概要

　Y1社は、青果物の仲卸業を目的とする株式会社である。

　Y2は、平成13年4月にY1社に入社し、経理事務を担当し、女性従業員の指導を任されていた。

　Y3は、平成8年4月にY1社に入社し、営業事務と経理事務のすべてを把握している人物であった。

　Kは、高等学校を卒業した後、平成21年4月に正社員としてY1社に入社し、まずは経理事務に従事することとなったが、業務上多くの入力ミス（支払日等の入力の誤り）をしていた。Y2は、平成23年秋以降、Kに対し、「てめえ」、「あんた、同じミスばかりして」などと厳しい口調で叱責し、Kの母からY1社に対してKのことで相談の電話があった後もKのミスがなくならなかったことから、Kに対し、「親に出てきてもらうくらいなら、社会人としての自覚を持って自分自身もミスのないようにしっかりしてほしい」と述べた。

　平成24年4月以降、Kは2階で果物の営業事務に従事することになった（以下「本件配置転換」）。営業事務は、主としてY1社の販売先への売上げ内容をY1社のシステムへ入力することであったが、Kはミスをすることが多かった。Kの指導担当者として直接指導するようになったY3は、事実確認や注意のためにKを呼び出すことも多く、その際には、Kに対し（Y2在席時には同人とともに）「何度言ったらわかるの」などと強い口調で注意・叱責をするなどしており、同じ注意・叱責を何回も繰り返し、相応に長い時間にわたることもあった。

　Y2は、本件配置転換後には、上記のとおりY3とともにKを叱責していたほか、自身でも別途Kを呼び出して叱責していた（以下「本件叱責行為」）。

　Kは、平成24年6月に自殺した。本件は、Kの父母が、Y2とY3がKに対し

て長期間にわたりいじめ・パワーハラスメント（以下「パワハラ」）を繰り返し行い、Y1社はその事態を放置し、本件配置転換によりKに過重な業務を担当させ、その結果Kが自殺に至ったとして、Yらに対して損害賠償を請求した事案である。

結　果

一部認容。

逸失利益3550万7566円、慰謝料2000万円、葬祭料150万円。

コメント

一審判決（名古屋地判平29.1.27労判1175号46頁）は、Y2とY3の叱責が業務上の適正な指導の範囲を超えた不法行為であることを認め、Y1社の使用者責任も認めたものの、Kが生前にうつ病を発病していたものと認めず、Y2・Y3の行為や本件配置転換後業務の負担がKの自殺の原因であったとは認めることができないとして、相当因果関係のある損害をKが被った精神的苦痛に対する慰謝料150万円と弁護士費用15万円のみに限定した。

これに対し、本件判決は、Y2・Y3の不法行為、Y1社の使用者責任を認めたことに加え、Y1社がパワハラを制止ないし改善するように注意・指導すべき義務に違反したとして債務不履行責任を認めた。さらに、本判決は、業務遂行上の支援を必要とするKの業務内容や業務分配の見直し等の対応を行うべき義務違反を認めている。また、一審とは異なり、Y1社の不法行為と自殺との間に相当因果関係を認めた。

なお、本判決は、最高裁の平成30年11月13日上告不受理決定により確定した。

判　旨

1　Y2の行為の不法行為該当性

　Y2は、Kに対し、経理事務について業務上の指導を行う立場にあった。

　ところが、Y2は、Kが誤入力等の不注意によるミスを何度も繰り返した
ことから、その都度、大声を出して、強い口調で厳しく叱責し、本件配置
転換後も、Y2の席までKを呼び出すなどして、営業事務におけるKの仕事
上のミスについて、引き続き頻回に叱責し、Kは、Y2の指導に従い、
「チェックは集中してやる」等と記載した付箋を電卓に貼るなどしていたに
もかかわらず、仕事上のミスが減ることはなかったというのである。その
原因については、K自身の注意不足のみならず、Y2が感情的にKに対する
叱責を繰り返したことによりKの心理的負荷が蓄積されたことも相当程度
影響しているものとみるのが相当である。

　また、Y2は、平成23年10月頃、G取締役から、Kのミスが減らないのは
Y2がKに対して注意する際に徐々にきつい口調になることも原因ではない
かと指摘されるとともに、Kに対して注意をする際にはもう少し優しい口
調で行うよう注意を受けたことがあり、しかも、Y2の叱責を目撃していた
同僚のPからも「あんまり言うとパワハラで訴えられるよ」と指摘された
ことがあった。よって、Y2は、Kに対して強い口調で注意することがKに
対し威圧感や恐怖心を与えることはあっても、必ずしもミスの防止に繋が
らないことや、社会問題化しているパワハラに該当する可能性があること
を認識していたものと認められる。

　ところが、Y2は、繰り返し注意をしてもKのミスが減らないことに怒り
を覚えて一層感情的にKを叱責するようになり、また、Kの母がG取締役
に対し、Y2の言動について注意するよう申し入れたことについても好まし
く思っていなかったというのである。

　Y2のKに対する叱責の態様及び叱責の際のY2の心理状態に加え、Kが高
等学校卒業直後の平成21年４月にY1社へ入社したこと及び平成24年４月以
降、Kが同月に引き継いで間もない新しい業務に従事していたことに鑑み
ると、平成23年秋頃以降、Y2がKに対して、継続的かつ頻回に、叱責等を
行ったことは、Kに対し、一方的に威圧感や恐怖心を与えるものであった
といえるから、社会通念上許容される業務上の指導の範囲を超えて、Kに

精神的苦痛を与えるものであると認められる。よって、Y2の本件叱責行為は、不法行為に該当する。

これに対し、Y2はKに対する指導はKの仕事上のミスの頻発に起因するものであり、人格的非難を伴うものやKの属人性を理由とするものではないから、正当な指導の範囲内であり、不法行為を構成するものではない旨主張する。しかし、Y2はKに強い口調で注意・叱責し、威圧感や恐怖心を与えており、かかる行為が社会通念上許容される業務上の指導の範囲を超えることは明らかである。

2　Y3の行為の不法行為該当性

Y3は従業員の配属の決定権や仕事の分量の変更権限は有していなかったのであるから、Y3がKの業務量について配慮を行わなかったことが直ちに不法行為に該当するとはいえない。また、Kの業務内容や業務分配の見直し等をG取締役に上申しなかったことが、不法行為に該当するということもできない。

もっとも、Y3は、Kがミスをすることが多かったことから、事実確認や注意のためにKをEDP室に呼び出すことも多く、その際には、Kに対し、（Y2在席時には同人とともに）「何度言ったらわかるの」などと強い口調で注意・叱責をするなどしており、同じ注意・叱責を何回も繰り返し、相応に長い時間にわたることもあったことが認められる。かかるY3のKに対する叱責行為は、その態様、頻度等に照らして、Y2の場合と同様に、業務上の適正な指導の範囲を超えて、Kに精神的苦痛を与えるものであったと認められるから、不法行為に該当するというべきである。そして、かかる叱責の態様に照らせば、Y3において、これが社会通念上許容される業務上の適正な指導の範囲を超えて不法行為に該当するものであることを認識することは容易であったと認められる。したがって、Y3は、上記行為について不法行為責任を負う。

3　Y1社の損害賠償責任の有無

使用者は、その雇用する労働者に従事させる業務を定めてこれを管理するに際し、業務の遂行に伴う疲労や心理的負荷等が過度に蓄積して労働者の心身の健康を損なうことがないように注意する義務（雇用契約上の安全配慮義務及び不法行為上の注意義務）を負う（電通事件　最二小判平12.3.24労判779号13頁）。

本件で、Y1社としては、Y2の社会通念上許容される業務上の指導の範囲を超える叱責行為について、これを制止ないし改善するように注意・指導すべき義務があった。

　そして、G取締役は、遅くとも平成23年10月頃には、Y2の口調についてKが心理的負担を感じているものと認識し、その頃、Kを指導する際の口調について注意したことが認められる。しかしながら、G取締役は、Y2の叱責行為を認識していながら、制止ないし改善するように指導・注意をしたことはうかがえないから、Y1社は、上記義務を怠ったといえる。

　また、Y1社としては、Y3の上記指導・叱責についても、これを制止ないし改善するように注意・指導するなどすべき義務があったところ、G取締役はY3の上記指導・叱責を認識しながら、これを制止・改善させることなく、そのまま放置していたといわざるを得ないから、上記義務を怠ったと認められる。

　さらに、Y1社は、Kの本件配置転換前の業務は高等学校卒業後に入社する新入社員が担当することが比較的多く、その負担も比較的軽いものであったこと、及びKが本件配置転換前業務においても入力ミスが多かったことを認識しながら本件配置転換を決定し、しかも、G取締役は、本件配置転換に当たり、その時点では前任者からの引継ぎが十分でなかったとして、Kの指導担当者と定めたY3に対し、Kを支援するよう指示していたことが認められる。したがって、Y1社としては、本件配置転換後業務におけるKの業務の負担や遂行状況を把握し、場合によっては、Kの業務内容や業務分配の見直しや増員を実施すべき義務がある。

　Kは、本件配置転換後の平成24年4月下旬以降、数字や日付の誤入力が徐々に増えていき、時間外労働時間も増加していた。また、Kは、Y3及びY2から頻繁に注意・叱責を受けていたものの、入力ミスが減らず、Y3に対し、担当者の交替の必要性を示唆する営業担当者もいた。このような実情に鑑みると、Kは平成24年5月中には業務遂行上の支援を必要とする状況にあったといえるから、Y1社としては、Kの業務内容や業務分配の見直し等を検討し、必要な対応をとるべき義務があった。

　しかし、Y1社は、Y3からKのミスが少し多い旨の報告を受けるにとどまり、それ以上、Kの業務の実情の把握に努めたことはうかがえない。Y1社は、タイムカードや従業員らからの事情聴取により、Kが支援を必要とす

る状況にあるということを認識することは十分可能であったから、Y1社が
これを怠ったことは、上記義務違反に該当する。

　以上のとおり、Y1社が、Y2の本件叱責行為及びY3の指導・叱責につい
て、制止・改善を求めず、また、Kの業務内容や業務分配の見直し等を
怠ったことは、Y1社の義務違反に該当し、これらはY1社の不法行為及び債
務不履行（安全配慮義務違反）に該当する。

　また、Y2の本件叱責行為及びY3の指導・叱責は、いずれも不法行為に該
当するところ、Y1社は、これらについて、使用者責任を負う。

4　Yらの不法行為とKの死亡（自殺）との間の相当因果関係の有無について
　Kは、遅くとも平成24年6月中旬には、軽症エピソードもしくは中等症
エピソードの患者と診断できる状態にあったと認められるから、Kは遅く
ともこの頃には、うつ病を発症していたと認めるのが相当である。

　そして、Y3及びY2から注意・叱責を受け、かつ、Y1社が、Y3及びY2の
注意・叱責を制止ないし改善を求めず、Kの業務内容や業務分配の見直し
を検討しなかったことにより、Kが受けた心理的負荷の程度は、全体とし
て大きなものであったと認めるのが相当である。

　したがって、Y1社の不法行為（使用者責任を含む）とKの自殺との間に
は、相当因果関係があると認めるのが相当である。

　一方、Y2の不法行為及びY3の不法行為については、それのみでうつ病を
発症させる程度に過重なものであったと評価することはできず、したがっ
て、Kの自殺との間に相当因果関係があると認めることもできないし、Y2
及びY3において、Kの自殺について予見可能性があったということもでき
ない。

国家賠償請求事件

那覇地判平30・1・30
（D1-Law.com判例体系）

事案の概要

　X（昭和32年生）は、昭和57年4月1日にO県教育委員会から中学校教諭として採用され、平成20年7月1日に教頭に任命され、平成23年4月1日にY市立A中学への勤務を命ぜられた。

　C校長は、平成23年4月1日にA中学の校長として転任した。

　C校長は、平成23年10月20日頃、同年11月の臨時校長会において平成24年度の年間指導計画及び評価規準作成の進捗状況の報告が求められていたことから、教頭であるXに対し、同年10月27日までに、各教科主任の年間指導計画及び評価規準の作成状況を取りまとめるように指示した。

　C校長が、平成23年10月27日、Xに対して年間指導計画及び評価規準作成の進捗状況の報告を求めたところ、まだ何もやっていないとのことであったため、C校長は、Xに対し、すぐに各教科主任に確認するよう指示した。その約30分後、C校長は、事務室前の廊下において、Xに対して再度の報告を求めた。Xが、C校長に対し、まだ作成している教科主任はいないのではないかとの教務主任に確認した内容を報告しようとしたところ、C校長は、「いいわけばかりするな」などと言ってXに対して大声で叱責し始めた。C校長は、その後、Xに校長室へ入るよう指示し、扉を閉め、部屋に二人しかいない状況で、「こんな教頭はいない」、「教頭としてこんなこともできないのか」、「仕事が遅い」、「教頭は能力がない」などと言って、Xを大声で叱責した（以下「本件言動」）。

　Xは、同日の午後3時間及び同月28日から同年11月11日までの間、年次休暇を取得した。Xは、平成23年11月1日、G病院において心因反応との診断を受け、同月14日から平成24年2月11日までの病気休暇及び同月12日から平成24年3月31日までの病気休職を取得した。

Xは、平成23年12月13日、C校長に対し、O県教育委員会宛ての教諭への降任希望願を提出し、平成24年4月1日から、中学校教諭に降任され（以下「本件降格」）、E中学での勤務を開始した。

　Xは、平成24年8月21日、Iクリニックを受診し、作業能力の低下、自信の低下などの症状が認められたため、うつ病と診断され、同年9月3日から同年11月30日までの間、病気休暇を取得し、同年12月2日から平成25年3月31日までの間、病気休職を取得し、同日、教諭を辞職した（以下「本件退職」）。

　Xは、平成25年8月頃から幻覚、健忘症状が現れ、同年11月19日、Iクリニックでアルツハイマー型認知症と診断された。

　本件は、Xが、C校長からパワーハラスメント（以下「パワハラ」）に当たる言動をされたことによりうつ病に罹患し、その後教諭を退職せざるを得なくなったなどとして、Y市に対し、Xが定年まで教頭として稼働した場合の得べかりし給与額の一部、慰謝料500万円、弁護士費用等の損害賠償を請求した事案である。

結　果

　一部認容。

　アルツハイマー型認知症発症までの逸失利益466万0861円、慰謝料100万円、弁護士費用56万6000円。

コメント

　本件では、C校長の本件言動がXに対する一方的で行き過ぎた指導であったこと、本件言動によりXが心因反応を発症したことについては当事者に争いはなく、その後のうつ病とアルツハイマー型認知症の発症、本件降格、本件退職が本件言動と相当因果関係が認められるかが主な争点であった。本判決は、C校長の本件言動がパワハラに当たることを認めた上で、Xの心因反応、うつ病の発症、本件降格、本件退職との相当因果関係は認めたものの、アルツハイマー型認知症の発症については相当因果関係を否定した。

また、本件言動に間近い時期にXが作成したメモの信用性を認めて、C校長の「能力がない」との発言を認定した点も参考になる。

判　旨

1　本件言動とY市の責任について

　C校長は、「能力がない」と言ったことはない旨供述をする。しかし、Xが本件言動に間近い平成23年11月2日にY市教育委員会に対して提出したメモには、C校長が「能力がない」と繰り返し叱責したことが明記されており、その記載の信用性は相当程度高いと認められる。また、C校長も、同日に行われたY市教育委員会からの事情聴取において、能力がないと言ったことは否定したものの、こんな教頭はいない、教頭としてこんなこともできないのかと言ったことは認めており、かかる言動を前提としても、その趣旨がXの教頭としての能力不足を非難する内容であったことは明らかである。そうすると、C校長がXに対して能力がないと発言したとしても何ら不自然ではないのであるから、C校長の供述を採用することはできない。

　また、C校長は、本件言動は一方的で行き過ぎた指導（いわゆるパワハラ）ではないと供述する。しかしながら、C校長は、本件言動が一方的で行き過ぎたものであったという指摘に対して合理的な反論をすることができないので、C校長の供述は単なる不平不満の域を出るものではない。C校長は、Y市教育委員会から口頭での厳重注意を受けながらも、その後も指導方法を改めることがなかったと供述するので、本件言動に問題があったということ自体を全く理解しておらず、むしろ確信犯的に本件言動に至ったものと認められる。

　C校長は、校長としてA中学の教職員を適切に監督すべき立場にあるにもかかわらず、その地位や権限を利用して直接の部下であるXに対して一方的かつ行き過ぎた本件言動を行い、Xの人格を傷つけ、強い精神的苦痛を与えたのであるから、これが国家賠償法上違法な公権力の行使に当たることは明らかである。また、本件言動の態様からすれば、C校長には、少なくとも過失が認められるというべきである。

したがって、Ｙ市は、Ｘに対し、国家賠償法１条１項に基づく責任を負うと認められる。

２　損害の範囲について

（1）うつ病とアルツハイマー型認知症について

　　　Ｘが本件言動により平成23年11月１日に心因反応を生じたとの限度では当事者間に争いがないところ、Ｘは、これに加え、Ｘは本件言動によりうつ病及びアルツハイマー型認知症となった旨主張する。

　　　Ｘは、Ｅ中学復職後においても、帰宅後は疲弊し、夜にうなされたりするなどしており、心身の不調を押してＥ中学で勤務していたことがうかがわれる。そうすると、平成24年３月10日に心因反応が完全に治癒したとまでは認められない。Ｉクリニックにおいても、うつ病について本件言動によるものと考えられる旨の診断がされているのであるから、Ｘのうつ病は、本件言動による心因反応が悪化して発症したものと認めるのが相当である。

　　　一方、うつ病とアルツハイマー型認知症との間の関連性について確立した医学的知見があるとは認められず、Ｉクリニックにおいても、うつ病がアルツハイマー型認知症の直接の原因である旨の診断はされていない。さらに、Ｘはアルツハイマー型認知症に加えてレビー小体型認知症及び言語障害型前頭側頭葉変性症が認められるとの診断がされており、これらの発症とうつ病との間の関連性は認められないことからすれば、Ｘのアルツハイマー型認知症の発症は、うつ病ではなく、レビー小体型認知症及び言語障害型前頭側頭葉変性症の発症に伴うものであるとも考えられるのであるから、うつ病とアルツハイマー型認知症との間の相当因果関係は認められないというべきである。

（2）本件降格について

　　　Ｘは、病気休暇取得中に後任の教頭を配置してもらうためには、自ら降格するほかないという理解の下で、降格を希望する旨記載した調査書を提出し、その後、降任希望願を提出して、正式に教頭からの降格を願い出たものと認められる。そして、職場であるＡ中学に迷惑を掛けたくないとの思いから、早期に後任の教頭が配置されることを希望することが不合理とはいえない。仮に、Ｘが病気休暇取得中に後任の教頭を配置してもらうために自ら降格するしかないと理解したことが、法的には

誤ったものであったとしても、Ｘないし夫のＦがそのような理解を得るに至ったこと、これが適切に正されることがなかったことには、やむを得ない事情があったというべきであり、この点においてＸやその夫のＦには責に帰すべき事情はない。そもそも、本件言動がなければＸが病気休暇を取得することはなかったことは明らかであるから、Ｘは、本件言動により、やむなく本件降格を願い出るに至ったということができる。

　したがって、本件言動と本件降格との間の相当因果関係が認められるというべきである。

(3) 本件退職について

　本件言動により生じたうつ病の結果、ＸがＥ中学において病気休暇及び病気休職を取得せざるを得なくなったことは明らかであり、Ｘのうつ病と本件退職との間の相当因果関係が認められるというべきである。

慰謝料等請求事件

東京地判平30・3・26
（D1-Law.com判例体系）

事案の概要

　Ｙは、東京都でＢ法律事務所を経営する弁護士である。Ｘは、平成24年2月3日、秘書・事務員としてＹと雇用契約を締結した。

　平成26年12月4日、経理担当者が依頼者から受領した弁護士報酬全額をＹの銀行預金口座に入金したところ、Ｙは、課税を免れるため、上記弁護士報酬の一部を口座に入金せず現金で所持しておこうと考えていたので、激怒し、上記経理担当者に入金を指示したＸに対し、課税を免れる方法の策定を命じた。Ｙは、Ｘから妙案が出ないとして、「2時間これに専念して、こんなくだらない答えしかないのか。」、「俺のいったこと以外を考えて。」、「トラブルを回避するまでは他の仕事はしないでいいので、真剣に考えてください。このままだとボーナスは給料の2か月分という最低額になると思って真剣に取り組んでください。12月10日のボーナス支給は遅らせます。」などという内容のメールを送信した。

　そして、Ｙは、Ｘに対し、平成24年冬期賞与から平成26年夏期賞与まで、それぞれ手取りで100万円（平成25年特別賞与を除く）を支給していたにもかかわらず、平成26年冬期賞与の支給額は53万5304円とした。

　Ｘが、平成26年12月中旬頃から年末まで有給休暇を取得したところ、Ｙは、Ｘの有給休暇の請求に対し、時季変更権を行使することなく、これを承認したにもかかわらず、そのままＸが退職するなどと勝手に思い込み、執務体制の再構築に着手したり、Ｘが使用していたパソコンのパスワードを変更してＸが使用できない状態にするなどした。

　Ｙは、Ｘが平成27年の年始休業明けに出勤してきたことから、Ｘを他の職員から切り離して、1人で「小室部屋」と称される小部屋で終了記録の整理をするよう命じ、不要書類の廃棄についてはシュレッダーではなく手で破って行

うよう指示した。

　また、Ｙは、平成27年３月頃まで、Ｘに対し、業務に関して嘘をつく、信頼ができないなどといった内容のメールを送信したり、ファクシミリによる受信書面の報告に関して、「自分の非を認めないでさー。そんなくだらないことばっかりやってるの。」などと叱責したり、勝手に訴状を提出したとして、「やっていることが、狂ってる。」、「ミスとくだらない言い訳は、もうたくさんです。」、「もう、君のせいで無駄な時間を使わされるのはうんざりだから、小室部屋で、パソコンは使わず、電話応答と……掃除や外回りと雑用に専念して。」などといった内容のメールを送信したりするなどした。

　さらに、Ｙは、平成27年１月以降、Ｘに対する月額１万円の秘書長手当の支給を止めた。

　このようなＹからの扱いにより、ＸはＢ法律事務所に居づらくなり、平成27年３月25日付で退職した。

　本件は、Ｘが、Ｙから違法なパワーハラスメント（以下「パワハラ」）を受けたとして、不法行為に基づき、慰謝料200万円を請求するとともに、賞与、秘書長手当、退職金の減額分の支払を請求した事案である。

結　果

　一部認容。

　慰謝料70万円、未払賞与46万4696円、未払秘書長手当３万円、弁護士費用７万円。

コメント

　本判決は、Ｙが脱税方法をＸに提案させたことが違法行為への加担強要であるとした上で、ＹのＸに対する言動が業務指導の範囲を逸脱した叱責や人格を否定する嫌がらせであると認めた。また、Ｘを他の職員から切り離された小部屋で記録の整理等のみを１人で行う旨の命令は、違法なパワハラに当たるとした。パワハラ６類型に当てはめると、違法行為への加担強要は「過大な要

求」、業務指導の範囲を逸脱した叱責や人格を否定するメールは「精神的な攻撃」、小部屋での業務命令は「人間関係からの切り離し」に当たるといえよう。

判　旨

1　違法なパワハラの有無及び慰謝料請求について

　　Yの行為は、被用者であるXに対し、違法行為への加担を強要した上、その後の対応や有給休暇取得を嫌悪し、業務指導の範囲を逸脱した叱責をしたり、一方的に労働条件を変更したり、業務上の必要性に基づかない業務命令を発したり、人格を否定するようなメールを送信するという嫌がらせを行ったものであり、違法なパワハラに当たる。YがXに対して終了記録の整理を命ずることや不要書類の廃棄をシュレッダーではなく手で破って行うよう指示すること自体は業務命令の範囲内といえるが、上記のような経緯の下、かかる業務だけを1人で他の職員から切り離された小部屋で行うという態様で命ずることは、業務命令の範囲を逸脱した違法なパワハラに当たる。

　　Xは、Yの上記パワハラにより、B法律事務所に居づらくなり、平成27年3月25日付で退職したものであり、多大な精神的苦痛を被ったところ、上記パワハラが行われた期間、態様等の諸事情に照らすと、慰謝料額は70万円が相当である。

2　賞与請求について

　　Yは、B法律事務所において賞与に関する規定を定めていないものの、正社員である秘書・事務員に対し、原則として年2回、給与の2か月分以上、全支給額の目安を100万円として賞与を支給しており、Xに対しても、平成24年冬期賞与から平成26年夏期賞与まで、正社員が1人であったことから、それぞれ手取りで100万円（平成25年特別賞与を除く）を支給していたこと、冬期賞与については毎年12月10日に支給していたことが認められる。また、Yは、Xに対し、課税を免れる妙案が出なければ賞与の額が給料の2か月分という最低額になるとか、同年12月10日の賞与の支給を遅らせるなどといった内容のメールを送信していること、B法律事務所におけ

る同年の売上は前年と比べて増加しており、Y自身、Xが年末に有給休暇を取得しなければ、特別手当として50万円程度を支給する考えであったことを認めていることからすれば、XY間においては、平成26年冬期賞与として、少なくとも100万円を同年12月10日に支給するとの合意があったものと認められる。

　よって、Yは、Xに対し、上記合意に基づき、平成26年冬期賞与の未払分として、46万4696円及びこれに対する遅延損害金の支払義務を負う。

3　秘書長手当の請求について

　XY間においては、平成24年4月以降、任意的恩恵的給付としてではなく、賃金として秘書長手当1か月1万円を支給するとの合意がされていたものと認められる。

　したがって、Yは、Xに対し、平成27年1月ないし3月分の未払秘書長手当（各月1万円）の合計3万円及びこれに対する遅延損害金の支払義務を負う。

4　退職金の請求について

　Yが過去に退職した事務員に支払った退職金と比べると、Xの退職金額は低額であるかのようにもみえる。

　しかし、Yは、B法律事務所において退職金に関する規定を定めておらず、支給基準となるような労使慣行の存在も認め難く、YがB法律事務所の従業員に対して支給した退職金は、任意的恩恵的給付にすぎないものといえる。また、XY間において退職金の支給条件に係る合意があったとも認め難い。

　そうすると、Yが上記のとおりXの退職金額を定めたことは、その動機如何に関わらず違法とはいえない。したがって、XのYに対する退職金請求には理由がない。

ビーピー・カストロールほか事件

大阪地判平30・3・29
（労判1189号118頁）

事案の概要

　Y1社は、自動車用潤滑油の輸入、販売等を目的とする会社である。

　Xは、平成22年3月にY1社と労働契約を締結した。Y1社の営業部には、自動車用品店を顧客とするコンシューマー事業部とカーディーラーを顧客とするプロフェッショナル事業部があり、このうちコンシューマー事業部は、傘下にA支店など7つの支店を有している。A支店には、XとY2を含め4名の従業員が配転されており、本件当時、Y2は、A支店の支店長を務めておりXの上司であった。

　Xは、平成26年7月頃から、Y2からパワーハラスメント（以下「パワハラ」）を受けているとして、Y1社の人事部に相談をするようになり、同年9月1日、B1クリニックのB医師を受診し、うつ病との診断を受け、その後療養休暇を取得した。

　Xは、平成27年1月14日から、復職のためのリハビリ勤務を開始し、同年2月1日にA支店に復職したが、同年4月14日に再びうつ病との診断を受け、休職となった。

　Y1社は、Xに対し、平成28年5月23日からの復職を許可する旨通知し、同月17日に復職のための協議が行われた。しかし、Xは、Y1社に対し、Y1社が復職のための環境整備を整えていない等と主張して、有給の自宅待機扱いとするよう求め、同月23日以降もY1社に復職しなかった。

　Y1社は、Xに対し、その後も出勤を求めたが、XはY1社が復職のための環境整備を整えない等と主張して、Y1社に出勤しなかったため、無断欠勤を理由として平成29年2月28日付でXを解雇した。

　本件は、Xが、①Y1社に在籍中、Y1社の従業員でXの上司であるY2からパワハラの被害を受けたとして、Yらに対し、不法行為に基づき、慰謝料及び弁

護士費用を請求、②Y2のパワハラによってうつ病を発症し、Y1社を休職しており、その後に復職できる状況となったが、Y1社が職場環境調整義務を怠ったため、復職をすることができず賃金相当額の損害が毎月発生しているとして、不法行為に基づき、賃金相当損害金を請求、③解雇は無効であるとして、労働契約上の権利を有する地位にあることの確認を請求した事案である。

▌ 結　果

請求棄却。

▌ コメント

本件では、会議の席上で1時間以上の注意・指導が行われており、発言にいささか厳しい内容のものが含まれていたとしても、月1度の月例会議であり忌憚のない議論を行う性質から、違法なパワハラには当たらないと判断された。また、休日出勤を示唆するメールについても、適切とまでは言い難いとしても、それをもってパワハラとして不法行為を構成するとまでは認め難いとされている。

このようにXに対するパワハラの成立が否定されたことが、復職に当たってのY1社による職場環境調整義務違反はないとされ、Xに対する解雇も有効であるとする判断に影響していると思われる。

▌ 判　旨

1　Y2によるパワハラの存否について

①Y2が月に1度の月例会議におけるXのプレゼンテーションに対して、問題点を指摘したり改善を求め、時として1時間以上の時間を掛けて注意や指導をすることがあったこと、②平成26年5月23日にXに対し、「…今週の土日はそれを踏まえたうえで行動してください。」と記載したメールを送

信したこと、③平成26年6月18日の接待ゴルフについて、XとEに経費精算を求め、2つに分けて処理するよう指示したこと、④平成27年1月15日に不慮の事故の防止のため、運転を控えるよう命じたこと、⑤平成28年5月17日の面談において、担当者が販売先に同行しての引継は考えていない等と発言したことが認められる。

　しかし、このうちの①については、営業部署内の月例会議であって、それぞれが資料を用意してプレゼンテーションをするという方式が取られていたことに照らせば、単に営業報告をするというにとどまらず、営業方針の適否等も含めて、出席者全員の忌憚のない議論の対象とする趣旨であったと考えられ、このような会議において、報告者に対する批判的な言辞や問題提起があったとしても、以上のような会議の性質に照らせば、これをもって不当ということはできない。

　そして、このような場が月に1度の月例会議にとどまることや、Y1社では営業担当従業員の日常業務における制約は乏しく、基本的にA支店への出勤を要せず、直行直帰も自由であったから、月に1度のこのような機会において、営業担当従業員の業務遂行状況の監督や確認も含め、密な意見交換が求められることも総合すれば、その場における発言にいささか厳しい内容のものが含まれていたとしても、それをもって不法行為を構成するとまでは認め難い。

　また、②についても、休日出勤を示唆するメールであると認められるが、休日出勤そのものを命じている文言とまではいえないこと、XのみでなくA支店の他の営業担当従業員にも送信されていること、直近の営業成績が不良であることを受けてのものであり、激励的な趣旨も含むものと解されることを総合すれば、このようなメールを送ることが適切とまでは言い難いとしても、それをもってパワハラとして不法行為を構成するとまでは認め難い。

　③についても、Y1社の内規は、参加者の最上位者以外の者が経費精算をする例外も条件付きで許容している上、2つに分けての処理もそれが内規に違反するとか違法なものとまで認めるに足りる証拠はない。

　そして、実際に経費処理の段階でこれが問題となったわけではないこと、Xが経費処理に問題があるとY1社に申告したのは、約2年が経過した後であることも総合すれば、このような処理を指示したことがパワハラと

して不法行為を構成するとは認められない。

④についても、当時Xはリハビリ出勤中であったことや、服薬による眠気等の影響が懸念されないではないことに照らせば、不当な注意とまではいえない。

⑤についても、Xが従前担当していた会社であること、Y1社では前任者も同行しての引継が常に行われているとまではいえないこと、その時点におけるやり取りの内容からすれば、Xが同行しての引継を求めれば、Y2も対応する余地があったと考えられるが、Xからはこのような希望があったわけではないことも総合すれば、これをもってパワハラとして不法行為を構成するとは認められない。

2　Y1社に職場環境調整義務違反があるかについて

休職期間中であった従業員が復職するに際しては、使用者においても、復職のための環境整備等の適切な対応を取ることが求められる。もっとも、その個別具体的な内容については、法令等で明確に定められているものではなく、使用者が事業場の実情等に応じて、個別に対応していくべきものといえる。

Xは、復職に当たり、Y1社に対し、復帰プログラムの実施や、業務遂行時においてXとY2が接触しないようY2の配転等の配慮をすることを求めたが、Y1社が対応しなかったことをもって、職場環境調整義務違反があると主張する。

しかし、休職中の労働者の復帰時における配慮には、様々な形態が想定でき、特定の内容の復帰プログラムに沿って行わなければならないというものではない。本件の事情に照らせば、復帰プログラムという形態での支援がなかったとしても、それをもってY1社が環境整備等の義務を怠ったとまではいえない。

また、XとY2の関係が良好とは言い難いことは認められるが、Y2のパワハラがあったとまでは認定できないことは上記のとおりである上、XとY2が顔を合わせる機会が相当程度に限定されていることや人事権の行使は使用者の合理的な判断に委ねられるべきものであることも総合すれば、Y1社において、XかY2のいずれかを他に配転するような義務があるとまでは認められない。

また、Y1社において、レポートの提出先をEに変更する旨を回答してい

ること、Xの要望如何によっては、Dが月例会議に同席したと想定できたことも総合すれば、Y1社においては、配転以外の方法によって、XとY2の関係の緩衝に配慮したということができ、Y1社の対応が不適切とまではいえない。

そうすると、Y1社が法的義務に違反したとまでは認められない。

3 解雇の有効性について

労務の提供は、労働契約における労働者の中核をなす債務であるところ、Xは自らの意思でそれを行わず、しかもその期間が半年以上の長期にわたっていること等の本件の事情を総合すれば、本件においてY1社がした解雇が解雇権を濫用したものとは認められない。本件解雇は有効である。

A住宅福祉協会理事らほか事件

東京地判平30・3・29
（労判1184号5頁）

事案の概要

　Ｘは、昭和61年、Ｙ1協会との間で、期間の定めのない雇用契約を締結し、平成21年４月から、本所管理課の調査役として、住宅ローン債権の保全、管理、回収及び整理並びに団体信用生命保険の保険金請求等の業務に従事していた。Ｙ2、Ｙ3（以下「Ｙ2ら」）は、平成24年７月１日、Ｙ1協会の理事に就任した。Ｙ2とＸは、少なくとも、平成17年４月から平成18年10月までの間及び平成22年11月から平成25年３月までの間、上司、部下の関係にあった。Ｙ3は、Ｙ1協会において、総務、経理等の業務を担当していた。

　Ｘは、平成17年３月から平成18年３月にかけて、Ｙ2からたびたび「辞めろ」、「俺はお前を認めていない」などと言われ、ＸがＹ2の言動をＹ3に相談してもＹ3は「お前の態度も悪い」などと言って対応をしなかった。

　Ｙ2は、平成22年４月から同年６月にかけてＸが起案した稟議書を１か月以上承認しないことがあった。また、平成24年５月から、Ｙ2はＸの電話対応について、「そんなんで仕事になってんな、よく」、「100件のうち１件だけ文句言われたら、ずっと全件に対して対応するのか、馬鹿」などと言った。同年８月、Ｙ1協会の管理課長であったＢはＹ2の指示を受けて、Ｘに業務マニュアルの作成を命じ、同年10月には、住宅ローン申込書の整理、処分を指示した。

　Ｙ1協会は、平成24年12月20日、監督官庁である厚生労働省から、Ｙ1協会が配当金を調整するために団体信用生命保険の請求時期の調整を行っているとの通報があったとして回答を求められ、請求時期の調整を行っていない旨の回答書を提出した。

　平成25年１月中旬頃、Ｘは、厚生労働省に対し、上記回答書の内容が事実に反する旨を通報し、同月22日に、同省がＹ1協会に対して実施したヒアリング（以下「本件ヒアリング」）において同省の職員に対し、請求時期調整の事

実があった旨を述べて、その概要について記載したメモと一覧表を提示した。

　Y2は、本件ヒアリング直後、Y3も同席する中で、Xに対し、本件ヒアリングにおいてY1協会に不利益になる内容を告げて、独自に作成した資料を提示したことを理由に、「身の振り方を考えてください」、「返事がないの、業務命令違反になっちゃうよ」、「それじゃなかったら、また、入場禁止を出すよ」、「悪いけど、首だよ」等の発言をし、平成25年1月23日にも、「働けないという前提で、どうしますか」、「処罰を考えますから、いいですか」等の発言をした。

　平成25年2月28日、Y1協会の代表理事のJとY3は、Xと面談し、「協会から見たらあなたへの職員としての信頼関係も……いまなくなっている」、「解雇予告通知書をここで出します」、「これやらないと、今度、懲戒解雇になるよ」、「心身若しくは身体に著しい障害」、「おかしくなっているんだろう、そういう行動をとるということは」等とXの業務上の能力が低い旨の発言をした。

　そして、Y1協会は、Xに対し、同年3月31日付の懲戒解雇の意思表示（以下「本件解雇」）をした。Xは、本件解雇が無効であるとして、労働契約上の権利を有する地位にあることの確認等を求める訴え（前訴）を提起し、Xの請求を認める判決が出され、確定している。

　Xは、平成27年5月16日、XがY1協会に雇用されてからの一連のパワーハラスメント（以下「パワハラ」）に当たる行為による不法行為に基づく損害賠償を求め、Y2らに対する訴えを同年11月13日に、Y1協会に対する訴えを平成28年3月30日に提起したのが本件である。

結　果

　一部認容。
　慰謝料50万円。

コメント

　本判決は、懲戒解雇に至る経緯の中でのY2らからXへの発言について、出来事ごとに業務上の必要性の有無や社会通念上許容される限度を超えた人格的利益の侵害の有無を検討している。その結果、平成24年5月のY2の発言については、侮辱的な言辞を含むことが認められつつも繰り返されていないことから不法行為には当たらないとされた。一方、平成25年1月と2月のXに退職勧奨をしながら侮辱的言辞が繰り返されたY2の発言については不法行為性を認めている。Y2と同じ理事という立場であったY3について、Y2によるXへの退職勧奨の席に同席していたことを理由に、幇助により不法行為が認められた点も注目される。

判　　旨

1　平成17年3月から平成18年3月までの行為について

　　Xが主張する平成17年3月から平成18年3月までの行為によるYらの不法行為及びY1協会の使用者責任に基づく損害賠償請求権については、Xが損害及び加害者を知ったこの行為の各時点から3年が経過し、上記行為によるY1協会の債務不履行に基づく損害賠償請求権については各時点から10年が経過し、いずれも消滅時効が完成している。

2　Y2らの発言等による不法行為について

（1）平成22年4月から平成24年2月までの行為について

　　Y2が平成22年4月ないし同年6月頃にXが起案した稟議書を1か月以上の間承認しなかったことは、Xに対する嫌がらせ等としてされたなどの事情も認められないから、社会通念上許される限度を超え、Xの人格的利益を侵害するものとはいえない。

（2）平成24年5月から同年10月までの行為について

　ア　平成24年5月の行為について

　　Y2がXの電話対応について「100件のうち1件だけ文句言われたら、ずっと全件に対して対応するのか、馬鹿」と発言した行為は、侮辱的な言辞を含むものであるが、業務上の必要がないのにこれがされたり、侮

辱的な言辞が繰り返し用いられたりしたなどの事情も認められないから、直ちに、社会通念上許される限度を超え、Xの人格的利益を侵害するものとはいえない。

　　また、Y2が、Xに対し、平成24年5月24日、Xが起案した稟議書の理由の記載について、「これが理由って読めるの」などと発言し、叱責した行為は、業務上の必要がないのにこれがされたなどの事情も認められないから、社会通念上許される限度を超え、Xの人格的利益を侵害するものとはいえない。

　イ　平成24年6月の行為について

　　BからXに対する業務マニュアル作成の指示はY2からの指示を受け遅くとも同年8月頃にされているが、業務上の必要がないのにこれがされたなどの事情も認められないから、社会通念上許される限度を超え、Xの人格的利益を侵害するものとはいえない。

　ウ　平成24年10月の行為について

　　BからXに対する住宅ローン申込書の整理、処分の指示は、業務上の必要がないのにこれがされたなどの事情も認められないから、社会通念上許される限度を超え、Xの人格的利益を侵害するものとはいえない。

(3)　平成25年1月から同年3月までの行為について

　ア　平成25年1月22日及び同月23日の行為について

　　平成25年1月22日に、Y2がY3も同席する中でXに対して述べた一連の発言は、「自分の身の振り方を考えてください」、「返事してくださいよ、ほら。返事してくださいよ、ほら」、「これ、業務命令ですよ」、「ほら、返事がないの、業務命令違反になっちゃうよ、また」、「働けないという前提で、どうしますか」といった侮辱的な言辞や威圧的な言辞を繰り返し用いて退職を強要しようとする内容のものといわざるを得ず、いずれも、少なくとも名誉感情を侵害するものであって、職場における部下に対する発言として、社会通念上許される限度を超える侮辱行為であるというべきであるから、Xの人格的利益を侵害する不法行為に当たる。

　　上記各発言は、Xが本件ヒアリングにおいてY1協会の回答方針に反してY1協会に不利益になる内容を告げ、独自に作成した資料を提示したことを理由にされたものであるが、そうであるからといって、上記の

ような侮辱的な言辞や威圧的な言辞が繰り返し用いられる理由にはならないから、上記結論が左右されるものではない。

そうすると、Y2は、上記各発言による不法行為責任を負い、Y3も、平成25年１月22日の上記発言の際に同席し、少なくとも幇助をしたと認められるから、不法行為責任を負い、また、Y1協会も、少なくともその使用者責任を負う。

イ　平成25年２月28日の行為について

Y3は、Xとの平成25年２月28日の約３時間に及ぶ面談の際に、Xが自主的な退職や普通解雇に抵抗したことを受けて、「これやらないと、今度、懲戒解雇になるよ。これは、あの、あれだよ、退職金出ないよ」、「どっち取るの。どっち取るの」といった言辞が用いられたり、XがY2のパワハラによって精神状態がおかしくなっている旨弁解したことを受けて、「それはお前、もっと、就業規則のさ、就業規則の……」、「なーに言ってんだ、お前。規則の、これが追加されるぞ。懲戒の」、「いいか、心身若しくは身体に著しい障害。これ、著しい障害だよな」、「著しい障害だろう。おかしくなってるんだろう、そういう行動をとるということは」などと述べた。Y3の上記発言は、侮辱的な言辞や威圧的な言辞を繰り返し用いて退職を強要しようとする内容のものといわざるを得ず、少なくとも名誉感情を侵害するものであって、社会通念上許される限度を超える侮辱行為であるというべきであるから、Xの人格的利益を侵害する不法行為に当たる。

この発言が、Xに本件解雇に係る通知書に記載されている懲戒解雇事由がある旨の判断に基づいてされたものであったとしても、上記のような侮辱的な言辞や威圧的な言辞が繰り返し用いられる理由にはならないから、上記結論が左右されるものではない。

そうすると、Y3は、上記発言による不法行為責任を負い、Y1協会も、少なくともその使用者責任を負う。

ウ　平成25年３月５日の行為について

Y2は、Xに対し、平成25年３月５日、Xが同日午後分の休暇届に承認印を求めた際、Ｊや他の職員がいる前で、しばらく無視した後、「半日ではなくて、３月31日までずっと休暇届を出せ。そうすれば印鑑を押してやる。十分有給休暇が残っているだろう。もう来なくていい」と何

度も大声で繰り返した。

　この発言は、侮辱的な言辞を用いて職場から排除しようとする内容のものといわざるを得ず、少なくとも名誉感情を侵害するものであって、職場における部下に対する発言として、社会通念上許される限度を超える侮辱行為であるというべきであるから、Xの人格的利益を侵害する不法行為に当たる。

　そうすると、Y2は、上記発言による不法行為責任を負い、Y1協会も、少なくともその使用者責任を負うものというべきであるが、Y3が上記発言に関与したと認めるに足りる証処がないから、Y3は、不法行為責任を負うものということはできない。

　エ　平成25年3月27日の行為について

　平成25年3月27日、Y2はXに対し、「50以上の人がやることじゃないって、こういうことは。小学生と同じだって」、「おい、ふざけんなよ。お前」、「勘弁してくれよ、お前。どこまで変なんだよ」などと述べて団体信用生命保険の資料を見ないように命じた。この発言は、侮辱的な言辞や威圧的な言辞を用いる部分を含むものであるが、これは、Xが当時は担当していなかった団体信用生命保険の資料を印刷するなどし、Y2がその理由を尋ねてもXが回答しようとしなかったため、Xが上記のような資料を私的に持ち出すことを防止する必要があってされたものであるから、直ちに、社会通念上許される限度を超え、Xの人格的利益を侵害するものとはいえない。

3　Xの損害

　平成25年1月22日及び同月23日の行為による慰謝料として30万円、同年2月28日の行為による慰謝料として10万円、同年3月5日の行為による慰謝料として10万円の各支払を命ずるのが相当である。

関西ケーズデンキ事件

大津地判平30・5・24
（労経速2354号18頁）

事案の概要

　Y1社は、電機製品の販売等を目的とする株式会社であり、関西各地で家電量販店を経営している。B（昭和40年生まれ）は、平成24年11月1日にY1社に入社し、同年12月6日の開店時からA店において勤務していたLong Partner（略称LP。フルタイムで勤務する時給制の非正規雇用労働者）であった。

　Y2は、平成8年3月27日に入社したY1社の従業員であるが、平成24年12月6日に開店したA店の最高責任者である店長に就任し、Bの上司であった。

　Bは、平成27年4月7日及び同月11日、Y1社の値引きサービス「あんしんパスポート」の対象外である取寄せ部品を値引きして販売した。また、Bは、平成27年5月5日、クリーナーを購入した顧客には下取りの対象となるリサイクル商品がなかったにもかかわらず、リサイクル商品がある場合に使用するクリーナー買換え下取りのコミッション割引コードを利用して値引きをした上、顧客に小型家電リサイクルの受取用紙である回収確認書にサインをさせた。さらに、Bは、平成27年6月21日、顧客から修理を依頼されたクリーナーを自らA店に持ち込み、修理代金を立て替えた上、修理を終えたクリーナーを自ら顧客方まで持ち帰って配達しようとした。Y1社ではこのような立替えや配達は禁止されている。

　Y2は、Bのこれら行為が不適正なものであるとして、Bに対し、行為別に計3通の注意書を作成させた。

　Bは、平成27年8月12日、自身がA店で販売したテレビを顧客方に配送した配送委託業者の担当者から、テレビのリサイクル料金の金額を間違えている旨の連絡があったところ、同担当者に対し、伝票を切り替えて対応するから顧客には言わなくてもよいと伝えて、販売したテレビの商品代金を減額してリサイクル料金の埋め合わせをすることを試みた。Y2が注意したところ、Bが

「売ってるからいいやん」と述べたため、声を荒げて大声で叱責した。

　Bは、A店で勤務を始めてから平成27年9月頃までの間、自身の夫であるX1が勤務するC商店に対し、クリーナーを値引きして販売することを繰り返しており、C商店は、Y1社から購入したクリーナーを自社の顧客に対して転売していた。Y2は、BによるC商店へのクリーナーの販売が、禁止されている卸販売に該当するのではないかと考え、Y1社本部のN内部監査室部長代理に報告したところ、同月22日、J部長から、Bを一旦、販売やレジ業務に直接携わらない部署に配置換えするようにとの指示を受けた。

　Y2は、Bに競合店舗の価格調査業務及びプライス票の作成業務を担当させることとし（以下「本件配置換え」）、同月23日にBに意向打診したところ、Bからは、「今回の配置換えは私を辞めさせるためですか」という旨の発言があった。その後、Bは、労働組合のF書記長に対し、本件配置換えなどについて相談をし、F書記長は、J部長に対して、Y2のBへの指示は行き過ぎた指導であると考えられるため、本件配置換えを止めるようJ部長からY2に指示されたい旨のメールを送信した。

　Bは、平成27年9月29日、同僚とのグループLINEにおいて、組合の出方によっては辞めることを決めた旨のメッセージなどを送った後、自死した。

　本件は、Bの夫であるX1、Bの長男であるX2が、Y2がBにパワーハラスメント（以下「パワハラ」）を行ったことにより自死したとしてY1社とY2に対して損害賠償を請求した事案である。

┃ 結　果

　一部認容。
　慰謝料100万円、弁護士費用10万円。

┃ コメント

　本件は、Bに対する価格調査業務への配置換えが、業務の適正な範囲を超えた過重なものであると認められた。過大な要求型のパワハラの一例といえよ

う。

　Bには、本件配置換え以外には、自死の原因となるような問題はなく、本判決も自死との間に結果的に条件関係があることは認めたが、予見可能性を否定した。そのため、認められた賠償額は、本件配置換えによる慰謝料に限定されている。

▌判　旨

1　Y2のBに対するパワハラの存否について
　(1) 注意書の徴求について
　　　Y2が、Bから3通の注意書を徴求したことについては、社内の規定や取扱いに反する不適正な処理を行っていたBに対し、かかる行為が不適正なものであることの自覚を促し、今後の改善を図る必要があったことから、業務上の必要性及び相当性が認められる行為であり、パワハラ（業務の適正な範囲を超えて、精神的・身体的苦痛を与える行為）の一環であると評価することはできない。
　(2) シフト変更について
　　　Y2は、Bの勤務シフトについて、Bの希望に反して日曜日を休日とするものに変更したことが認められる。
　　　しかし、シフトの編成に当たっては、人員の適正配置の観点から、各勤務日・時間帯毎の業務量の軽重に加え、各従業員の能力・経験を考慮し、労働関係法令の規定を踏まえつつ、各従業員の希望を調整する必要があるのであって、一定の裁量が認められるべき行為である。
　　　そして、当時、Y1社は、Bが販売やレジ業務で不適切な処理を繰り返していたため、Bをこれらの業務に直接携わることのない部署に配置換えする方針で動いており、シフト変更は、Bを配置換えすることに伴うA店の従業員全体の担当業務の調整という業務上の必要性から行われたものと考えられる。よって、それ自体がY2によるBに対するパワハラの一環であったと評価することはできない。
　(3) 業務の適正な範囲を超えた叱責について
　　　Y2が、Bに対して、声を荒げて大声で叱責することがあり、その態様

はある程度強いものであったといえるが、あくまで、何度も不適切な処理を繰り返したＢに十分な反省が見られず、「売ってるからいいやん」と反論されたため、一時的に感情を抑制できずにされた叱責にすぎないというべきである。

また、叱責の内容自体が根拠のない不合理なものであったというわけでもなく、大声での叱責が反復継続して繰り返し行われていたとか、他の従業員の面前で見せしめとして行われていたなど、業務の適正な範囲を超えた叱責があったことをうかがわせる事情を認めるに足りる証拠はない。

よって、Y2によるＢに対するパワハラの一環であったと評価することはできない。

(4) 価格調査業務への配置換えについて

Y2がＢに意向打診した際に説明した価格調査業務の内容は、ほぼ毎日競合店舗に赴き、電池１個から4Kテレビまで全ての商品についての価格調査を、５ないし６時間ほどかけて行うとの態様のものであった。これは、Y1社の親会社が編成するマーケットリサーチプロジェクトチームの業務内容に匹敵する業務量であり、しかも、これを地域で競合する１店舗のみにLP１人が専従するという極めて特異な内容のものであった。そして、形式的には本件配置換えの意向打診という形をとってはいたものの、実質的には本件配置換えの指示であった。

たとえ、Y2に、Ｂに対して積極的に嫌がらせをし、あるいは、Ａ店を辞めさせる意図まではなかったとしても、本件配置換えの結果、Ｂに対して過重な内容の業務を強いることになり、この業務に強い忌避感を示すＢに強い精神的苦痛を与えることになるとの認識に欠けるところはなかったというべきである。したがって、Y2による本件配置換え指示は、Ｂに対し、業務の適正な範囲を超えた過重なものであって、強い精神的苦痛を与える業務に従事することを求める行為であるという意味で、不法行為に該当すると評価するのが相当であるというべきである。

2 Y1社におけるパワハラ防止体制の存否について

労働契約法５条が、「使用者は、労働契約に伴い、労働者がその生命、身体等の安全を確保しつつ労働することができるよう、必要な配慮をするものとする。」と規定しているとおり、使用者は、労働者が職場において行わ

れるパワハラ等によって不利益を受け、又は就業環境が害されることのないよう、労働者からの相談に応じ、適切に対応するために必要な体制の整備その他の雇用管理上必要な措置を講じる義務（職場環境配慮義務。男女雇用機会均等法11条1項参照）を負っており、同義務に違反して、パワハラを放置することは許されない。

Y1社においては、店長等の管理職従業員に対してパワハラの防止についての研修を行っていること、パワハラに関する相談窓口を人事部及び労働組合に設置した上でこれを周知するなど、パワハラ防止の啓蒙活動、注意喚起を行っていることが認められる。

よって、Y1社の職場環境配慮義務違反を認めることはできない。

3　Y2の行為とBの自死との因果関係について

自死の原因となり得るような精神上ないし生活上の問題は見受けられないことからすれば、本件配置換えがBの自死の動機であったというほかなく、本件配置換え指示と自死との間に、事後的に振り返ってみる限りにおいて、結果として、条件関係があったことは否定しがたい。しかし、本件配置換え指示は、あくまで指示の段階にあり、Bが現実に当該業務に就いていなかった以上、現実に価格調査業務に従事することによる精神的な苦痛が実際に生じていたわけではなかった。

実際に価格調査業務に就くことにより心身の健康状態が悪化していくというプロセスを経ずに自死に至るという本件の経緯は、通常想定可能なものとは言い難いのであって、Bが従事することを指示された価格調査業務が過重な負担を伴い、Y2がBとの話合いを通して、Bが価格調査業務に対して強い忌避感を抱いていたことを認識していたことを踏まえても、Y2において、本件配置換え指示の時点で、この指示によって、Bが自死に至るほどに心身の健康を損なうことを具体的に予見していたことを認めるに足りる証拠はない。

したがって、本件配置換え指示とBの自死との間には相当因果関係を認めることはできない。

4　損害の有無及び額について

本件配置換え指示によるBの精神的苦痛を慰謝するための金額としては、かかる行為とBの自死との間に結果として条件関係があることを否定し難いことなど、本件に現れた一切の事情を考慮すれば、100万円が相当で

ある。

　また、弁護士費用のうち10万円は、被告が負担すべきである。

ゆうちょ銀行（パワハラ自殺）事件

徳島地判平成30・7・9
（労判1194号49頁）

事案の概要

　Bは、大学卒業後の平成9年4月、郵政省（当時）に採用され、郵政民営化に伴い、郵便局株式会社（当時）の従業員となり、平成23年4月1日付で転籍によりY社の従業員となり、A地域センターお客さまサービス課で勤務していた。

　Bは、平成25年7月1日付でC貯蓄センターに異動となり、平成25年8月1日以降、貯金申込課主任となり、運行担当の業務に従事していた。同課の課長は、Bの配属後から平成27年3月まではF、同年4月以降はGであった。また、貯金申込課の運行担当には、係長のH、主査のI、Jその他Kら数名が所属していた。

　Bは、業務の形式的事項についてミスをすることが多かった。I及びJは、Bの処理した書類の審査をする業務を担当しており、Bの処理した書類にミスがあると、社内ルールに従い、Bに書類作成のやり直しを指示していたが、その際、Iは、強い口調でBに対し「ここのとこって前も注意したでえな。確認せんかったん。どこを見たん」などと言って叱責し、やり直しの進捗状況を確認する際にも「どこまでできとん。何ができてないん。どこが原因なん」などと言って叱責し、Jも、同様に、強い口調でBに対し「何回も言ようよな。マニュアルをきちんと見ながらしたら、こんなミスは起こるわけがない。きちんとマニュアルを見ながら、時間かかってもいいからするようにしてください。あと、作成した書類については、蛍光ペンで自分でセルフチェックを必ずしてください。見たつもりにならないように、きちんと見たところを一文字一文字マーカーでチェックしてから出してな」などと言ってBを叱責していた。

　また、事務処理上のミスを発生させた従業員は、ミスの内容やその原因、

改善点等を記載した「ありがとうシート」と題する報告書を作成し、翌日の朝のミーティングで報告することになっていたところ、Bは頻繁にミスを発生させていたため、「ありがとうシート」を作成して、報告する割合も他の社員よりも多かった。

Bは、従前から事務室内で小走りにバタバタ動き回ることが多く、IやJからしばしば大声で「うるさい」などと言って注意されていた。

IはB等の部下の指導に悩み、ストレス障害・自律神経失調症を発症し、Bのせいで毎日眠れない、体調が悪いといった発言をしていた。

I及びJは、Hに対し、Bを引き合いにして、大学を出ているとか頭がいいとかで、仕事ができるという判断はできないなどという内容の会話をしていた。

Bは、赴任後わずか数か月後には、Hに対し、運行担当の仕事が向いていないので、元のA地域センターへ異動させて欲しいと訴え、その後も継続的に異動を希望し続けていたが異動は実現せず、同僚や家族に「死にたい」と言うようになった。Bは、Cに赴任後の2年間で体重が約15kgも減少し、Hも体調不良を気に掛けていた。

平成27年6月、実家に帰省したBは、妹に対し、7月の異動もなく一生職場から出られないと嘆き、同月22日、自殺した。

本件は、Bの母であるXが、Y社に対し、Bが従業員からパワーハラスメント（以下「パワハラ」）を受けて自殺したとして、使用者責任又は債務不履行責任に基づき損害賠償を請求した事案である。

▌ 結　果

一部認容。

逸失利益3582万5774円、慰謝料2000万円、弁護士費用560万円。

コメント

　本件では、Ｉ及びＪのＢに対する叱責については、業務上の指導の範囲を逸脱し、社会通念上違法なものとまでは認められないとされた。一方で、ＢがＩやＪとの人間関係に悩み、体調不良や自殺願望を持つに至っていたことをＹ社として認識していたのであるから、執務状態を改善し、Ｂの心身に過度の負担が生じないように、同人の異動をも含めその対応を検討すべきであったとしてＹ社の債務不履行責任を認めた。事業主が労働者の健康状態に配慮して職場環境を整備しなければならないことを示す事案といえる。

判　旨

1　認定事実

　　Ｘは、Ｉ及びＪがＢに対し、継続的に150頁一覧表の「ハラスメント行為」欄記載のハラスメントを加えたと主張し、Ｙ社は、一覧表「被告の主張」欄記載のとおり主張している。

　　しかし、一覧表番号2、7、8、9の各事実については、裏付けとなる的確な証拠がなく認めることはできない。

2　使用者責任の有無

　　Ｉ及びＪは、日常的にＢに対し強い口調の叱責を繰り返し、その際、Ｂのことを「Ｂ」と呼び捨てにするなどもしており、部下に対する指導としての相当性には疑問があるといわざるを得ない。しかし、部下の書類作成のミスを指摘しその改善を求めることは、Ｙ社における社内ルールであり、主査としての上記両名の業務である上、Ｂに対する叱責が日常的に継続したのは、Ｂが頻繁に書類作成上のミスを発生させたことによるものであって、証拠上、ＩやＪが何ら理由なくＢを叱責していたというような事情は認められない。そして、Ｉ及びＪのＢに対する具体的な発言内容はＢの人格的非難に及ぶものとまではいえないことや、他の者の業務に支障が出ないように静かにすることを求めること自体は業務上相当な指導の範囲内であるといえることからすれば、ＩやＪのＢに対する一連の叱責が、業務上の指導の範囲を逸脱し、社会通念上違法なものであったとまでは認め

られない。

　また、自身の体調不良の原因がBにあるなどとするIの発言や、IやJのBの事務処理能力を揶揄するような発言は、いずれも直接Bに対しなされたものではなく、IやJの上記の発言をBが知っていたことを認めるに足りる的確な証拠はないから、これらについて、I及びJがBに対し何らかの不法行為責任を負うものとまでは認められない。

　したがって、Y社の使用者責任を求めるXの請求は、その前提を欠き理由がない。

3　債務不履行責任の有無

　雇用者には、労働契約上の付随義務として、労働者が、その生命、身体等の安全を確保しつつ、労働することができるよう必要な配慮をする義務があるから（労働契約法5条参照）、雇用者であるY社は、従業員であるBの業務を管理するに際し、業務遂行に伴う疲労や心理的負荷が過度に蓄積してその心身の健康を損なうことのないように注意する義務があるところ、雇用者の補助者としてBに対し業務上の指揮監督を行うHやFには、上記の雇用者の注意義務に従いその権限を行使する義務があるものと解するのが相当である。

　Bは、I及びJから日常的に厳しい叱責を受け続けるとともに、他の社員よりも多くの「ありがとうシート」を作成していたが、I、J及びBの近くの席で仕事をしていたF及びHは、上記のようなBの状況を十分に認識していた。また、「ありがとうシート」の作成について運行担当の上司の部下に対する対応に問題がある旨の投書がなされただけでなく、Hは、IやJがBに対する不満を述べていることも現に知っていた。そして、Bは、Cに赴任後わずか数か月で、A地域センターへの異動を希望し、その後も継続的に異動を希望し続けていたが、Cに赴任後の2年間で体重が約15kgも減少するなどHが気に掛けるほどBが体調不良の状態であることは明らかであった上、平成27年3月には、HはKからBが死にたがっているなどと知らされてもいた。

　そうすると、少なくともHにおいては、Bの体調不良や自殺願望の原因がIやJとの人間関係に起因するものであることを容易に想定できたものといえるから、Bの上司であるFやHとしては、上記のようなBの執務状態を改善し、Bの心身に過度の負担が生じないように、同人の異動をも含

めその対応を検討すべきであったといえるところ、FやHは、一時期、B
の担当業務を軽減したのみで、その他にはなんらの対応もしなかったので
あるから、Y社には、Bに対する安全配慮義務違反があったというべきで
ある。

　BやKら他の従業員から、運行担当においてI及びJによるパワハラが
ある旨の外部通報がなされたり、内部告発がなされたことはない。しか
し、Bが、IやJとの人間関係等に関して、何らかのトラブルを抱えてい
ることは、Y社においても容易にわかりうるから、外部通報や内部告発が
なされていないからといって、Bについて何ら配慮が不要であったという
ことはできない。

4　Bの損害

　Y社の安全配慮義務違反によって、Bは自殺しているところ、Bの上司
であるHはBに自殺願望があることを知らされていたのであるから、Y社
においてBの死亡を予期し得たものといえる。したがって、Y社の債務不
履行により、Bは、逸失利益3582万5774円、慰謝料2000万円、弁護士費用
560万円の合計6142万5774円の損害を被ったものと認められる。

ゆうちょ銀行（パワハラ自殺）事件

一覧表

番号	ハラスメント行為	被告の主張
1	I及びJは、Bのことを「Bさん」ではなく、日常的に「B」と呼び捨てにし、見下す態度が露骨であった。	他の従業員がBのことを「B」のニックネームで呼んでいたため、I及びJは、他の従業員と話をする際に、Bについて「B」との呼称を用いたことがあるが、日常的にBのことを「B」と呼び捨てにして見下していたことはない。
2	I及びJは、Bに大量の仕事を押し付け、日常的に「こんな仕事もできんのか」などと暴言を浴びせ続けるとともに、原則的にBに残業を認めていなかった。	運行担当では、毎日午後2時頃のミーティングにおいて、進捗状況に応じて仕事が振り分けられており、I及びJが、Bに対し、大量の仕事を押し付けたことはない。また、必要に応じて残業は認められており、Bも、月平均約10.4時間残業していた。
3	多忙のためBが職場のフロアを動き回っていると、Iは、Bに対し、大声で「バタバタうるさい」と複数回怒鳴った。	Iが、挨拶状を書いているときに、隣席のBの動きによって机が揺れることから、Bに対し、机を揺らさないように注意したことはあるが、ハラスメントには当たらない。
4	Iは、自分が私語をしていることを棚に上げ、Bが同僚と仕事の相談をしていると、「うるさい」と複数回怒鳴りつけた。	Iは、Bが業務時間中に同僚と大きな声で笑いながら話をし、仕事の話をしているようには見えなかったため、私語を慎むように注意したことはあるが、ハラスメントには当たらない。
5	Iは、毎日眠れない、気分が優れない、頭が痛い、体調が悪いなどと日常的に言っていたが、その原因はBであり、Bのせいで薬を飲まなければならないと言い掛かりを付け、「Bが隣におるだけで嫌」「精神的に体が受け付けん」などと暴言を吐いた。	Iが、眠れない、体調が悪いなどと日常的に言っていた事実は認める。Iは、Bを含む部下の仕事ぶりや指導の仕方について悩んでおり、HやJに対して愚痴をこぼすことはあったが、Bに対して直接述べたことはない。
6	I及びJは、昼休みのB不在の間に、他の従業員に聞こえるように、Bのことを「あれで○○大学出とんじゃ、どうせ私らは高卒やけんど。いっちょも仕事できんのにぁ、仕事できるんと頭がええんとは違うでぇな」などと陰口を言い、Bのことを無能よばわりしていた。	Jは、短大卒であり、高卒であることを前提とする発言をするはずがない。Iは、HやJに対し、上記5の愚痴の延長で仕事と学歴は違う旨の発言をしたことはあるが、他の従業員に聞こえるように言ったものではないし、Bに対し直接述べたわけでもない。
7	I及びJは、かねて他の部署への異動を希望していたが、Bに対し、自身が異動できない原因がBが未熟なためと決め込む発言をした。	否認する。I及びJは、むしろ運行担当の業務に引き続き従事することを希望していた。
8	I及びJは、Bに対し、ありがとうシートを事あるごとに大量に書かせた。	I及びJが、必要もないのにありがとうシートを書かせたことはない。また、Bがありがとうシートを書いたのは、平成27年4月及び5月は1枚、6月は2枚にとどまり、他の従業員と比較しても特段多いわけではない。
9	平成27年3月頃、同僚がHに「Bさんが死にたいと言っているんですけど」と伝えた際、IとJは、「死ね」「勝手に死ね」などと述べた。	Bが死にたいと言っていると、HがBの同僚から聞いた事実は認めるが、その余は否認する。Hは、Bが「首をつる道具を買う」などと言っていた旨聞いたが、その同僚の口ぶりは冗談めかしたものであった。

事案の概要

　Y1社は、学生寮、社員寮の運営、ホテル、飲食店等の経営及び請負等を業とする会社であり、「K」の屋号でホテルを経営している。

　Xは、もともとアメリカ合衆国国籍の外国人であったが、平成18年頃帰化して日本国籍を取得した。Xは、平成20年4月1日にY1社と期間の定めのない雇用契約を締結した。Xは、ホテルのフロント業務、レストラン業務等を経て、平成27年5月に新たにできた清掃スーパーバイザーチームに加わり、ホテル内の清掃業務に従事していた。

　Y2は、Y1社の従業員であり、平成27年5月当時、清掃スーパーバイザーチームのチームリーダー（責任者）の地位にあった者である。

　平成27年7月11日、XがKホテルに出勤し作業を開始し、7階の客室にいたところ、Y2が、Xに対し「7階での作業をやっていないではないか」などと述べてXを強く非難し、Xの両腕を掴んで前後に揺さぶる暴行を加えた。その後、Y2は、Xが作業をしていた7階の客室に来て、Xに対し、明らかに恫喝するような口調で、非常用ポリタンクの置き場について昨日自分が指示した場所と違う場所に置いてある旨を指摘し、仕事をちゃんとやっているのかと何度も詰問し、Xが反論せずにいるにもかかわらず、Xを客室の壁に押し付けつつ、「（自分の言ったことを）やれよ」、「分かったか」などと繰り返しXに迫り、壁にXの体ごと押し付け、体を前後に揺さぶる暴行を加え、この暴行から逃れようとしたXが壁に頭部をぶつけるなどした（以下この日の出来事を「本件事件」）。

　Xは、同月15日、Aクリニックを受診し、適応障害と診断された。Xは、7月15日以降、適応障害を理由にY1社での業務を休業し、Y1社は、Xに対し、同年10月7日、同年7月12日に遡って平成28年1月11日まで休職を命じ

た。Y1社は、休職期間満了時点でXが治癒に至らず復職できないことが確定したとして同月12日をもってXを退職とした。

Xは、平成27年9月にY2の暴行による傷害について労災申請を行い、平成28年1月にはY2の暴行により適応障害を発症したとして労災申請を行い、いずれも認められた。

本件は、Xが、適応障害は業務上の傷病であるから、労働基準法19条1項により退職は無効であると主張して労働契約上の地位確認を求めるとともに、Y2の暴行につき、Y2に対しては民法709条に基づき、Y1社に対しては民法715条に基づいて、連帯して200万円の損害賠償（慰謝料）等の支払を請求した事案である。

結　果

一部認容。
慰謝料20万円。

コメント

判決は、本件事件におけるY2の暴行について、Y2の不法行為責任とY1社の使用者責任を認めた。

一方で、Xが本件事件後に発症した適応障害については、Y2による暴行との相当因果関係を認めず、Y1社によるXの退職措置は有効であると判断した。適応障害について、労働基準監督署長の判断では「ひどいいじめ・嫌がらせ」であるとして業務起因性が認められ、労災支給決定がなされているにもかかわらず、その判断とは異なる結論を導き、労働基準法19条1項の適用を排除する判決は極めて珍しい。

判　旨

1　上司等によるハラスメントについて

　　Xは、Y2による暴行以前の時期に上司等から継続的にパワーハラスメント（以下「パワハラ」）を受けていると主張する。

　　しかし、X主張に係る事実については、いずれも、これを認めるに足りないか、そのような事実があったとしても適法な業務指示の範囲内に止まるものであって、嫌がらせ等のパワハラに当たると認めることはできない。したがって、上司等による不法行為があったとするXの主張については、理由がない。

2　本件事件に関するY2のXに対する不法行為の成否について

　　Y2は、平成27年7月11日午前、Xに対し、Xの仕事ぶりを非難して、Xの腕を掴んで前後に揺さぶる暴行を加えた上、別の客室で、再度、恫喝口調で原告を詰問し、「やれよ」、「分かったか」などと繰り返し述べて迫り、壁にXの身体を押し付け、身体を前後に揺さぶる暴行を加え、逃れようとしたXが壁に頭部をぶつけるなどし、Xに頭部打撲、頚椎捻挫の傷害を負わせたものであって、このようなY2の行為が、Xに対する不法行為を構成することは明らかである。

3　退職の有効性～Xに発病した適応障害の業務起因性の有無について

　　労働基準法19条1項が業務上の負傷及び疾病により療養している労働者に対する解雇を制限する趣旨は、業務上の負傷及び疾病による労働者の療養を安心して行うことができるようにする点にあるところ、かかる趣旨からすると、ここにいう業務上の負傷及び疾病とは、労働基準法75条、76条及び労働者災害補償保険法7条1項1号における業務上の負傷及び傷病と基本的に同義であると解される。労働者災害補償保険法における業務上の疾病とは、業務と相当因果関係のある疾病であると解されるところ、相当因果関係を認めるためには、当該疾病が、当該業務に内在する危険の現実化と評価することができることが必要であると解される（地公災基金東京都支部長［町田高校］事件　最三小判平8.1.23労判687号16頁、地公災基金愛知県支部長［瑞鳳小学校教員］事件　最三小判平8.3.5労判689号16頁）。

　　そして、精神障害の発病原因について環境由来の心理的負荷と個体側の反応性、脆弱性との関係で決まるという「ストレス－脆弱性理論」による

と、業務と精神障害発病との相当因果関係を認める上では、平均的な労働者を基準として、業務上の心理的負荷が、客観的に精神障害を発病させるに足りる程度に強度であるか否かという観点から検討する必要があると解される。

　Y2の暴行によってXが受けた心理的負荷についてみるに、身体的な傷害結果もさることながら、Y2の行為態様からすると、Xに相当な恐怖感を与えたであろうことは想像に難くなく、ある程度の心理的負荷を与えたことは否定することはできない。

　しかしながら、傷害の程度は、経過観察7日間を要する程度に止まっている上、Y2の行為態様としても、Xが主張するような頭部を壁に打ち付けるようなものではなく強度なものであったとまでは言い難いことや、本件事件時の1日のみに止まっていることからすると、かかるY2の暴行が、客観的にみて、それ単体で精神障害を発病するほどの強度の心理的負荷をもたらす程度のものと認めることには、躊躇を覚えざるを得ない。

　そして、Xが、医師に対し錯乱状態や不眠症といった症状を訴えていることからすると、Xの適応障害の原因が本件事件以外の業務外の要因にもあるとの合理的な疑いを容れる余地がある。

　確かに、中央労基署長がXの適応障害につき業務上の疾病である旨の判断をしており、Y2の暴行が認定基準上の「(ひどい)嫌がらせ、いじめ、又は暴行を受けた」に該当するとして、その心理的負荷の強度を「強」であるとの意見を述べていることは軽視できるものではない。しかしながら、行政庁の上記判断が裁判所の判断を拘束する性質のものでないことはいうまでもないところであるし、労災医員の意見を過度に重視することは相当でない。

　よって、Xに発病した適応障害が業務上の傷病に当たると認めることはできないから、退職が労働基準法19条1項により効力を生じないとするXの主張は、その前提を欠くものである。したがって、Xについては、平成28年1月12日の休職期間満了によりY1社を退職したと認められ、これによりXとY1社との間の本件雇用契約関係は終了したものであるから、Xの労働契約上の地位確認請求は、理由がない。

4　Yらの責任原因及び損害について

　Y2のXに対する暴行行為は、Xに対する不法行為を構成するところ、同

不法行為は、Y2及びXがY1社の業務に従事する中で、Y1社のKホテルの中で行われたものであって、事業の執行について行われたものであることは明らかである。したがって、Y1社は、Y2の上記暴行について、使用者責任（民法715条）に基づき、Xの被った損害につき、Y2と連帯して損害賠償責任を負うというべきである。

　そして、Xの精神的苦痛に対する慰謝料としては、Y2の不法行為によりXが受けた傷害の程度（適応障害については、予見可能性を認めるに足りる的確な証拠はなく、同不法行為との間の相当因果関係を認めるには足りない。）や、通院期間、Y2の行為態様等を考慮すると、20万円と認めるのが相当である。

事案の概要

A社は、アウトソーシング事業、人材派遣業等を目的とする株式会社である。B社は、A社の完全子会社であり国内製造系アウトソーシング事業を行う株式会社であり、B社の議決権はA社が保有している。

Xは、A社の社員であり、かつ、B社の代表取締役である。

Yは、平成18年8月にA社に入社して昇進を重ね、平成28年3月には専務取締役製造統括本部長及び戦略事業統括本部長に就任し、平成26年9月には、B社の取締役にも就任した。Yは、A社では、B社が行っている国内アウトソーシング・人材紹介事業を管掌する専務取締役という地位にあり、B社においても、業務執行を監督するためにA社から派遣された取締役という地位にあった。

Yは、B社の会議では、「死ね」、「ばかだ」、「降格させるぞ」、「飛ばすぞ」という発言をすることもあり、Xを含む部下に対して、電話をかけて、仕事上の打合せと称して、Yの個人的な遊興としてキャバクラ等の飲食への帯同を求めたり、キャバクラ等においてその経費負担を求めたりし、部下がそれを断ると不機嫌になり畏怖させたり、配置転換や降格、減給等の不利益が及ぶことを示唆したりした。キャバクラ等ではYがXに遊興費を負担させるために、カラオケの点数が低い者が飲食代金を負担するというルールを言い出して、Xに負担させていた。

Yは、平成28年8月4日、クラブにおいて、Xがトイレに行っている際に、Xの財布から現金10万円を抜き取り、Yの部下のJに目撃され、Xから返還を求められると、窃取したことを否定し、返還には応じなかった。

A社は、平成28年10月11日付で社内調査委員会を設置し、Yの部下に対するパワーハラスメント（以下「パワハラ」）に係る調査を行い、Yほか関係の

ある19名に対するヒアリングを実施した。Yは、平成28年11月29日、A社及び
B社をいずれも退職した。

　本件は、Xが、Yに対し、Yが飲食代精算の強要、キャバクラ等への夜間
の呼出し、得意先接待のキャンセルの強要、キャバクラ嬢誕生日会の参加強
制、現金窃取等により損害を受けたと主張して、不法行為に基づく損害の賠償
として、窃取された現金10万円、支出させられた金員342万2386円、慰謝料100
万円、弁護士費用等の支払を求めた事案である。

結　果

　一部認容。
　窃取された現金分10万円、慰謝料100万円、弁護士費用11万円。

コメント

　本件は、A社の社員であり、かつ、B社の代表取締役であるXが、A社の
専務取締役製造統括本部長及び戦略事業統括本部長であり、かつ、B社の取締
役であるYを訴えた事案である。本判決は、XとYとの人的関係性に照らせ
ば、Yが優越的な地位にあったことを認め、Yの言動はパワハラに当たると判
断した。

判　旨

1　パワハラについて

　Yは「死ね」、「ばかだ」、「降格させるぞ」、「飛ばすぞ」という発言を
し、Xを含む部下に対して、Yの個人的な遊興としてキャバクラ等の飲食
への帯同と、その経費負担を求めて、部下がそれを断ると不機嫌になり畏
怖させたり、配置転換や降格、減給等の不利益が及ぶことを示唆したりし
ており、これらの行為は、XとYとの人的関係性に照らせば、Yの優越的

な地位に基づいてＸの意に反したことを行わせるというものであって、パワハラに当たるものというべきである。

2　損害について

　　ＹのＸに対するパワハラを慰謝するには100万円が相当である。また、Ｙは、Ｘの財布から10万円を窃取しており、これらのＸの損害は110万円であり、これと相当因果関係のある弁護士費用相当額は11万円であると認められる。

　　したがって、Ｘの損害額は121万円であるというべきである。

　　Ｘは、飲食代金精算の送金分もＹのパワハラによる損害であると主張する。しかし、Ｘは、Ｂ社の経費として処理することができると考えて、Ｙの求めに応じたにすぎず、結果的に経費処理ができなかったことをもって、Ｙのパワハラとの間の相当因果関係が認められるものではない。

　　また、Ｘは、キャバクラでの飲食代金の支出が、Ｙのパワハラによるものであると主張する。しかし、これらの飲食代金は、Ｘが負担したものであるが、Ｘも参加した飲食に係る代金であって、しかもその飲食は取引先を接待するというものではないからＢ社の経費として処理することができるものではなく、Ｘがその領収書の宛先を「白紙」、「上様」、「Ｂ社」としておりＸ個人としているものではないことに照らすとＸがＢ社の経費として処理する予定であったことがうかがえるが、これが事情によりＢ社の経費として処理されなかったとしても、Ｙのパワハラとの間の相当因果関係が認められるものではない。

　　さらに、Ｘは、ゴルフコンペやキャバクラ嬢の誕生日会への参加をＹに強要されたとして、その参加費等を請求するものの、これらもＸは自己の判断で参加していたにすぎず、Ｙのパワハラとの間の相当因果関係が認められるものではない。

事案の概要

　S社は、Tグループホールディングス株式会社のグループ会社であり、貨物自動車運送業や倉庫業等を目的とする株式会社である。A出張所は、同じグループ会社のA工場の物流事務所内に設置されていた。X（昭和61年生まれ、男性）は、平成22年7月16日、S社と雇用契約を締結し、A出張所に配属された。B（昭和40年生まれ、男性）は、平成18年4月1日、S社と雇用契約を締結し、A出張所で稼働しており、Xの上司であった。XがA出張所で勤務していた当時、A出張所の人員はXとBのみであった。

　Xは、平成23年8月6日、A出張所から大阪営業所へ異動し、同月8日以降、大阪営業所で勤務した。

　Xは、平成25年1月17日、クリニックを受診し、「心的外傷後ストレス障害及び睡眠障害」との診断を受け、同日以降、欠勤した。

　Xは、平成25年3月14日、上記精神障害が業務に起因して発病したものであるとして、伊賀労働基準監督署に対し、休業補償給付及び療養補償給付の支給を請求したが、業務上の事由によるものであるとは認められないとして、いずれも不支給となった。Xは、三重労働者災害補償保険審査官に対する審査請求を行ったが棄却されたため、労働保険審査会に再審査請求を行ったがいずれも棄却された。

　本件は、Xが被告である伊賀労働基準監督署長に対して、労災不支給処分の取消しを求めた事案である。

結　果

認容。

コメント

　本判決は、Xの適応障害が業務に起因するかどうかについて、厚生労働省が策定した認定基準に沿って判断を行っている点が特徴的である。認定基準には、平成23年12月の改定により心理的負荷評価表に「ひどい嫌がらせ、いじめ、又は暴行を受けた」という項目が追加されたところ、本件は同項に該当するとの判断がなされている。

　なお、認定基準は、令和2年5月にも改定され、上記項目は「同僚等から、暴行又は（ひどい）いじめ・嫌がらせを受けた」と「上司等から、身体的攻撃、精神的攻撃等のパワーハラスメントを受けた」の2項目に変更されている。

判　旨

1　Xの症状について

　Xは、大阪営業所に配置転換となる約2か月前頃（平成23年6月頃）になると、胃痛、食欲不振、不眠といった精神疾患へのり患に符合する身体症状を周囲に訴え、従前とは明らかに異なって元気がなくなり、希死念慮を抱いていることを漏らし、さらには、S社の部長や主任という管理職に対して、泣きながらBから受けた行為を打ち明けるという情緒不安定な行動に出ていると認められ、このようなXのS社の管理職や以前A出張所でBの部下であったC等の第三者に対する言動に鑑みると、Xの仕事ぶりに大きな支障が出ている様子がなかったことをふまえたとしても、Xは、平成23年6月頃には、適応障害を発病していたと認めるのが相当である。

　そして、Xは、大阪営業所への異動以降も、Bの名前や話題が出ると、周囲にも分かる程度に表情が変わって不機嫌になるなどしていたこと、B

に関する事情聴取が行われたＪ部長との面談において、１時間半も泣き通しになるなど極めて情緒不安定な行動に出たり、ＢにＸの名前が知れたと聞くや、先輩が、その日の仕事は止めるよう指示するほど取り乱して、その後同僚らにＢからの仕返しの相談をし、父親に対し、Ｂに知れた、怖くて眠れない、食欲もないなどと訴えていた。平成24年の年末に大阪営業所を訪れたＫ社長からＸに対しＢから受けた行為に関する一連の出来事について、何らかの特別な声掛けがなかったという出来事をきっかけに、Ｘは、年明けに、父の布団に潜り込んで、「もうだめだ」と泣きながら述べ、病院の受診を勧められるほど周囲に体調不良を訴えていたことが認められる。これらの点に鑑みれば、Ｘは、Ｂに関わる事象で、容易に、かつ、激しく精神が揺さぶられ、思い詰めるという精神状態にあり、大阪営業所に配置転換となった後、平成23年の秋に至っても精神疾患は寛解していない。こうした点をふまえると、Ｘは平成23年６月頃に、適応障害を発病し、その症状は６か月以上継続していると認められるから、大阪営業所への着任後、うつ病エピソードに移行したと認めるのが相当である。

2 業務起因性について

(1) 判断枠組み

　労働者災害補償保険法に基づく保険給付は、労働者の業務上の疾病等について行われるところ、労働者の疾病等を業務上のものと認めるためには、業務と疾病等との間に相当因果関係が認められることが必要である（熊本地裁八代支部公務災害事件　最二小判昭51.11.12民集119号189頁）。そして、労働者災害補償保険制度が、労働基準法上の危険責任の法理に基づく使用者の災害補償責任を担保する制度であることからすれば、上記の相当因果関係を認めるためには、当該疾病等の結果が、当該業務に内在又は通常随伴する危険が現実化したものであると評価し得ることが必要である（地公災基金東京支部長［町田高校］事件　最三小判平８.１.23労判687号16頁、地公災基金愛知県支部長〔瑞鳳小学校教員〕事件　最三小判平８.３.５労判689号16頁）。

　現在の医学的知見においては、精神障害発病の機序について、「ストレス－脆弱性理論」が広く受け入れられているところ、精神障害の業務起因性の判断、すなわち当該精神障害が「人の生命にかかわる事故への遭遇その他心理的に過度の負担を与える事象を伴う業務による精神及び行

動の障害又はこれに付随する疾病」に該当するか否かの判断において
は、環境由来のストレスと個体側の反応性・脆弱性とを総合考慮し、業
務による心理的負荷が、当該労働者と同程度の年齢、経験を有する同僚
労働者又は同種労働者であって、日常業務を支障なく遂行することがで
きる労働者（平均的労働者）を基準として、社会通念上客観的に見て、
精神障害を発病させる程度に強度であるといえる場合に、当該業務に内
在又は通常随伴する危険が現実化したものとして、当該業務と精神障害
発病との間に相当因果関係を認めるのが相当である。

　　そして、厚生労働省は、精神障害の業務起因性の有無を判断するため
の基準として、認定基準を策定しているところ、認定基準は、行政処分
の迅速かつ画一的な処理を目的として定められたものであり、裁判所を
拘束するものではないものの、医学的専門的知見をふまえて策定された
ものであって、その作成経緯及び内容等に照らしても合理性を有するも
のと認められる。そこで、精神障害に係る業務起因性の有無を判断する
に当たっては、認定基準を参考にしつつ、個別具体的な事情を総合的に
考慮して行うのが相当というべきである。

(2) Xについて

　　Bは、Xに対し、業務上の指導をほとんどしないまま、また、Bの部
下として勤務した経験があるCから見て、Xの仕事ぶりには大きな問題
はなかったにもかかわらず、ほぼ毎日のように、Xに対し、「こんなこと
もできないのか」、「やる気がないなら帰れ」などと怒鳴っていたことが
認められ、かかる事実は、Xの発病（平成23年6月頃）前おおむね6か
月の間の出来事であるといえる。そして、Bの上記言動の内容及び同言
動がほぼ毎日行われていたことに鑑みると、同言動は、業務指導の範囲
を逸脱し、執拗に行われたものであると認められ、心理的負荷評価表に
よれば、「29　（ひどい）嫌がらせ、いじめ、又は暴行を受けた」に該当
すると認められる。

　　そして、当時、XがS社に入社して1年が経過しておらず、XはS社
前に短期間別の会社に勤務した以外社会人経験を有していなかったこ
と、Xは当時24、25歳、Bは当時45歳前後で約20歳の年齢差があったこ
と、A出張所の人員はXとBのみであったこと、XとBの体格差（B
は、身長がXより20cm以上高く、体重はXの約2倍）、これらの点を総合

的に勘案すると、Bの言動による心理的負荷は、客観的にみて、精神障害を発病させるおそれのある程度に強度であったと認めるのが相当である。

その他のXの発病前おおむね6か月の間の出来事についてみると、①Bが、平成23年3月11日発生の東日本大震災後、A出張所に対する安否確認に関し、Xを叱責したこと、②Bが、同月の決算時の夜にXを呼び出し、特に仕事をさせることもなく、最終的に帰宅させたこと、③Bが、基本的には始業時間どおりに出勤せず、Xに対し、タイムカードを打刻するよう指示することがあったこと、④Bが、Xに支給されていた業務用の携帯電話を取り上げ、数か月間返却しなかったこと、が認められる。

これらの事実に係る心理的負荷の程度についてみると、まず、①については、心理的負荷評価表の「30　上司とのトラブルがあった」と評価できるが、この際のBによる叱責が強度であったことや業務指導の範囲を逸脱していたことを認めるに足りる的確な証拠は認められず、心理的負荷は「弱」というべきである。

次に、②については、心理的負荷評価表の「30　上司とのトラブルがあった」と評価でき、Xが困惑したであろうことは推認されるが、これによる心理的負荷が「中」又は「強」に当たることをうかがわせる的確な証拠は認められない。

さらに、③について、これ自体がXに対するいじめや嫌がらせであるとは認められず、心理的負荷評価表の「30　上司とのトラブルがあった」に該当するところ、Bの指示は、Xを不正行為に加担させるものであったとみることもできるが、Xが何らかの処分等を受けたことを認めるに足りる的確な証拠は認められないこと、に鑑みると、これによる心理的負荷は「中」というべきである。

そして、④について、これ自体がXに対するいじめや嫌がらせであるとは認められず、心理的負荷評価表の「30　上司とのトラブルがあった」に該当し、この件によってXが携帯電話を使用できず、業務上重大な支障をきたしたと認めるに足りる的確な証拠は認められないこともふまえると、これによる心理的負荷は「弱」といえる。

以上によれば、Xの適応障害の発病（なお、当該適応障害が、その

後、うつ病エピソードに移行したことは、上記1で認定説示のとおりである。）は、Xの業務に内在又は通常随伴する危険が現実化したものと評価でき、Xの業務とXの上記精神障害の発病との間には相当因果関係があると認めるのが相当である。

プラネットシーアールほか事件

長崎地判平30・12・7
（労判1195号5頁）

事案の概要

　Xは、平成24年3月16日、デザイナーとして、雇用期間を1年間と定めてY1社に採用された後、平成25年3月16日に雇用期間の定めのない従業員として本採用された。

　Y1社は、広告の企画・製作を目的として設立された株式会社であり、Y4社はその親会社である。

　Y2は、Y4社及びY1社の創業者であり、役員、従業員としての地位を有しないが、Y4社の大株主の地位を有し、両会社においては「社主」と呼ばれている。

　Xの上司であるY3は、Y1社の取締役であり、Y4社内の役職も兼務し、Y4社で就業していたが、平成25年3月頃から、Y1社で就業するようになった。この時点でY1社の人員体制は、Y3、X及び派遣社員1名の3名であった。

　Y3は、スケジュール管理や報告・連絡・相談には厳しく、また、Y3が社内のルールだと認識していたことや指示に反することが行われたと感じた際には、Xを頭ごなしに、厳しく叱責した。

　例えば、平成25年4月頃、Xが終電に間に合うよう、完成する予定であった新聞広告のデザインを完成間際で止めて帰宅したところ、Y3は、「なぜ途中で帰って、最後まで完成させなかったのか」と叱責した。

　また、平成25年7月、営業部門からXに対し、コンペ案件の打合せに行ってよいかと内線電話があったため、Y3に「今から打合せに来られるそうです」と報告したところ、Y3は、「何でお前が打合せができると言うんだ。お前がやるのか」、「俺は知らん。お前がやれ。その代わり、コンペは必ず取れ」などと叱責し、実際に広告のチェック等もしなかった。

　Y3は、その後も、たびたびXに対する厳しい注意、叱責をしたが、平成25

年7月頃からは、叱責中のXの目つきや表情をとらえて「何だその目つきは。文句があるのか。言いたいことがあるなら口で言え。恨めしげににらみやがって、腹の立つ」、「反抗的な、もの言いたげな、口を尖らせたような顔をしとる」、「人の話を聞く時はこっちを見ろ」などと叱責したり、「言い訳するな」、「お前が悪い」などと、Y3の指示に納得がいかないXの考え方自体を否定する言動を繰り返し、そのため、月に1、2回程度は、Xが叱責を受ける途中で泣き出すことがあった。また、Y3は、後には、叱責の際に、過去に叱責した問題を蒸し返してさらに叱責したり、Y3が何に怒っているのか直接指摘するのでなく、Xにそれを答えさせ、それがY3が考えていることと違うとさらに叱責したりするなど、その場における業務上の問題と関係のない理由で長時間にわたり叱責し続けるようにもなり、月曜日始業後の営業会議が終了した後、午前中を専ら叱責に費やすという事態も生じるようになった。

　Y3は、平成25年12月2日、月曜会議の終了後、昼過ぎまでかけてXを叱責したが、フロア全体に響くような大声でXを問い詰め、「今までのお前のミスやルール違反を上に知らせず、俺のところで止めているから、辛うじてお前の首はつながっている」、「今までのミスを俺が明らかにすれば、お前クビぞ、脅しじゃなかぞ」、「お前、始末書2枚書いとるんやぞ、リーチかかっとるんやぞ」、「今後も改善されんようなら、いよいよ考えんといかん」などと叱責した。

　Xは、平成26年6月4日、コンペ案件である新聞広告のデザインにつき、Y3から入稿前のチェックを受けて営業部門に成果物を引き渡したところ、Y3の退社後、当日中の再提出を要する軽微な修正依頼があったため、修正及び再提出をした。Xは、翌日の朝にY3に事後報告したが、Y3は、「俺を通さずに勝手に進めるのは無礼だろう」、「俺は、お前たちに人格を無視されている」、「何でお前らは俺の人格を無視するようなことをするんだ」などと、長時間にわたり大声で叱責した。

　Xは、平成26年から、新規の依頼主の担当を任されていたところ、同年7月1日、不備のある広告データを入稿するミスを犯したことが依頼主の指摘で判明し、広告の刷り直しのため、10万円程度の損失が発生した。Y3は、「さすがに擁護できん。始末書を書け。明日中に提出しろ」、「お前、始末書2枚溜まっとったんやぞ。これで3枚や。それ相応の覚悟をしとけよ」などと叱責し、Xが翌日、社内のパソコンで作成した始末書を提出したところ、「始末書

をパソコンで書くのかお前は」、「お前の始末書に会社の財産を使うのか」など
と叱責して手書きの始末書を再提出するよう命じ、Xが翌日、手書きの始末書
を提出したところ、Y3が日頃、叱責した際にXが述べる反省の弁と内容が同
じであるのが気に食わず、「内容がおかしい」と言って突き返し、Xがおかし
い点がどこか尋ねても「知らん。自分で考えろ」と叱責し、始末書を作成しよ
うとするXに対し、「お前、始末書を会社で書くのか」、「お前の不始末で始末
書を書くのに、どうして会社が給料を払わないといかんのだ」などと叱責し
た。

Y3は、平成26年7月初め頃、スケジュール管理の問題でXを叱責し、「何度
言っても『分かりました』という返事ばかりだ」、「お前は素直なふりをしてい
るが、素直そうなその返事も、俺にはうそとしか思えない。うそをつく奴には
仕事を任せられない」、「毎日のスケジュールミーティングからも、お前は外
す」、「スケジュール管理という業務をさせんということは、それ相応の処遇に
なるということやからな。覚悟しとれよ」などと叱責し、実際にスケジュール
ミーティングに参加させなかった。

Y3は、平成26年7月11日、Xを叱責した末、「今後お前の報告は聞かん」、
「今後は勝手にやれ。俺は知らん。何かあればお前が全責任を負え」などとし
て、Xについてだけ、報告を受け付けなくなった。

Xは、平成26年7月14日、クリニックを受診し不安障害、適応障害との診
断を受け、休職した。長崎労働基準監督署は、発病前に恒常的長時間労働があ
り、Y3による業務指導の範囲を逸脱し、嫌がらせ、いじめと判断される言動
があったとして、業務に起因して精神障害を発症したと認め、休業補償給付の
支給決定をした。

本件は、Xが、Y3のパワーハラスメント及び長時間労働の強制により精神
疾患を発病したとして、Y1社に対して休職後の賃金等の支払を求めるととも
に、Y3に対して不法行為に基づく損害賠償を請求し、Y1社は使用者、Y4は
Y1社の代理監督者であるとして、連帯して損害賠償を求めた事案である。な
お、Xは、未払い残業代請求、地位確認請求、Y1社による文書送付に対する
損害賠償請求を合わせて行っているが、これらの詳細は割愛する。

一部認容。

Y1社及びY3に対し通院交通費2349円、慰謝料250万円、弁護士費用25万円、Y1社に対し休職後の賃金。

コメント

判決は、Y3の言動について、業務上の指導を逸脱した執拗ないじめであると認めた。その理由として、目つきや態度を叱責の対象としたり、過去に叱責した問題を蒸し返したり、何を叱責したいのか告げないまま叱責していること、長時間にわたっていることなどを挙げている。

判　旨

1　Y3の責任について

　Y3は、平成25年3月以降、Xの業務負担が従前より増加する中、逆により短時間で結果を出すようXにとって困難な目標の達成を求め続けたり、営業部門との板挟みになって対処に窮するような指示をし続け、それらが実現できないと、指示に従わないとして厳しく注意、叱責するということを繰り返し、業務が更に繁忙となった同年7月頃以降は、そのような注意、叱責が頻回にわたるうち、叱責中のXの目つきや態度が気に食わないとして叱責したり、過去に叱責した問題を蒸し返して叱責したり、Y3が何について叱責したいのか告げないまま叱責し、Xが何について叱責されているのか分からないことを更に叱責したりするといった、内容的にはもはや叱責のための叱責と化し、時間的にも長時間にわたる、業務上の指導を逸脱した執拗ないじめ行為に及ぶようになっていた。

　叱責の原因となる残業の問題や営業部門との関係をめぐる問題は、Xの努力のみによって解消しがたいものであったことからすれば、Xの休職に至るまで叱責の原因がなくなることはなく、したがって、叱責は継続して

行われたものと認められる。また、その際には、始末書が累積しているなどと述べて解雇等をちらつかせたり、Xをスケジュールミーティングに参加させず、Xからの報告だけ受け付けないなど業務から排除することもあり、このような行為も、それ自体、業務指導の範囲を逸脱するいじめ行為と評価せざるを得ない。

Y3の行為は、Xの人格権等を違法に侵害する不法行為（民法709条）に当たるというべきであり、Y3は、Xの損害を賠償する責任を負うというべきである。

2　Y1社の責任

Y3の行為はY1社の業務を行うにつきされたものであるから、Y1社も、使用者責任（民法715条1項、709条）に基づき、Xの損害を賠償する責任を負う。

3　Y2の責任

民法715条2項の代理監督者とは、客観的に見て、使用者に代わり現実に事業を監督する地位にある者をいうと解されるところ、Y2はY1社の役員等の地位を有せず、法的に被用者の選任監督に関する権限を有していたものでもないし、広告制作業務につき具体的な指揮等をしていた形跡も証拠上見当たらず、Y1社の組織運営における関与は、親会社の創業者かつ大株主という地位に基づく事実上の影響力の行使によるものにとどまるといわざるを得ない。このような事情の下で、Y2がY1社の代理監督者に当たるということはできない。

4　損害

通院交通費相当の損害としては、2349円、Xの精神的苦痛を慰謝するには、250万円が相当であり、また、弁護士費用としては、25万円が相当である。

5　休職後の賃金

Xが休職し労務を提供することができなくなったとしても、それはY1社の不法行為によるものであり、同時に安全配慮義務に違反する行為によるものであるから、債権者の責めに帰すべき事由により労務提供の義務ができなくなった（民法536条2項）ものとして、Xは反対給付である賃金請求権を失わない。

よって、Y1社は、Xに対し、平成26年8月分以降、月額27万2500円の給与を支払うべきものと解するのが相当である。

事案の概要

　Y社は、トータルアミューズメント施設（パチンコ、ボーリング、ゲームセンター）の経営を目的とする株式会社である。Xは、平成21年7月25日、訴外B社のC店（以下「本件店舗」）にアルバイトとして採用され、同年8月1日に正社員となった。その後、B社がY社に吸収合併されたため、XはY社の社員となった。本件店舗の店長はDであった。

　平成24年4月、A班長が本件店舗の班長として転入してきた。同年5月頃からA班長のインカム（開店後に従業員全員が装着し全員に聞こえる状態にある）での指示は「帰るか」、「しばくぞ」、「殺すぞ」といった激しい内容になった。

　同年6月、A班長はXの接客態度が暗い、行動が遅い、自身の指示に対して反抗的である等、Xの勤務態度を問題視してXをアルバイト等を指導する役回りから外す降格的配置を行った。同年7月、勤務方法をめぐってXと口論となったA班長は、Xに対して「お前もほんまにいらんから帰れ。迷惑なんじゃ」と怒鳴り、Xの腰に装着されていたパチンコ台の鍵を強引に取り上げようとした。同年9月には、A班長はXに対し「お前をやめさすために俺はやっとるんや。店もお前を必要としてないんじゃ」と発言して、スピーカー線破損の始末書作成を強要し、同年10月には些細な指示命令違反の有無を捉えて、「嘘つけ。お前いうこと聞かんし。そんなんやったらいらんから帰れや」と発言した上、反抗に対する懲罰として、Xを勤務終了までの約1時間にわたって、カウンター横に立たせた（A班長のXに対する降格的配置及び一連の言動を「本件パワーハラスメント（以下「パワハラ」）行為」）。

　Xは、平成24年10月2日の勤務終了後から不眠状態となり、同月6日、うつ病と診断された。その後、Xは自宅で寝込む生活が続いた。Y社は、就業規

則上、休職期間が３か月とされていたことから、Xに対して復職できないのであれば退職届を提出するよう求め、Xは、平成25年１月31日付退職届をＹ社に提出した。その後、Xは、平成30年３月27日（一審口頭弁論集結日）まで就労不能の状態が続いている。なお、Xに対しては北大阪労働基準監督署長により休業補償給付の支給決定がなされている。

　本件は、Xが、A班長から継続的にパワハラを受けてうつ病にり患し、退職を余儀なくされたと主張して、Ｙ社に対して、使用者責任（民法715条）又は債務不履行（安全配慮義務違反・民法415条）に基づき、損害賠償及びこれにかかる遅延損害金の支払を求めた事案である。

　一審判決（大阪地判平30.5.29労判1210号43頁）は、A班長による一連の行為はパワハラに該当すると認定し、Ｙ社は、使用者責任を負うと判示したものの、XとA班長は常時同勤ではなかったこと（勤務時間が重なるのは半分程度）、本件パワハラ行為による心理的負荷は極めて強度とまではいえないこと、Xのうつ病は、すでに５年半に及ぶも改善の目途が立っていないことから、個体側の脆弱性がうつ病発症及び長期化の素因となっていると指摘し、民法722条２項の類推適用により、Xの損害から25％の減額を行うのが相当であると判示した。

　一審判決に対して、両当事者が控訴した。

結　果

　X控訴：一部認容（原判決変更）。

　1116万9214円（休業損害1773万5128円、慰謝料300万円、弁護士費用100万円の合計額から労災休業補償給付金1056万5914円を休業損害部分に充当されるべきものとして差し引いた金額）。

　Ｙ社控訴：棄却。

コメント

　一審判決は、Xの脆弱性がうつ病発症及び長期化の素因となっていると指摘して25％の素因減額を行ったが、本判決は、判旨下線部のように述べて、本件では素因減額を否定した。本判決が引用した判旨下線部は、電通事件の最高裁判決であり、長時間労働の事案である。本判決は、長時間労働の事案だけでなく、ハラスメント事案においても、労働者の性格が、同様の業務に従事する労働者の個性の多様さとして通常想定される範囲を外れるものでない場合には素因減額できないとの考え方が当てはまることを示した点で重要である。

　なお、本判決は、最高裁で上告不受理により確定している（最高裁令元.7.2決定）。

判　旨

1　A班長の行為について

　　A班長の行為は、業務指導の域を超えたXに対する嫌がらせ、いじめに該当し、その発言は、Xの人格を否定するような内容であって、パワハラに該当する。

2　Y社の使用者責任

　　本件パワハラ行為は、Y社の店舗従業員であるA班長が、その業務を行う中で、その部下であるXに対して、指示・指導等として、行われたものであるから、Y社の事業の執行についてされたものであり、Y社は、使用者責任を負う。

3　素因減額の当否について

　　本件のように、上司からパワハラを受け、うつ病にり患したことを原因とする損害賠償請求においても、裁判所は、加害者の賠償すべき額を決定するに当たり、損害を公平に分担させるという損害賠償法の理念に照らし、民法722条2項の過失相殺の規定を類推適用して、損害の発生又は拡大に寄与した被害者の性格等の心因的要因を一定の限度で考慮することができると解される。

　　しかしながら、企業等に雇用される労働者の性格等は多様のものである

ところ、ある業務に従事する特定の労働者の性格が同種の業務に従事する労働者の個性の多様さとして通常想定される範囲を外れるものでない限り、その性格等が当該労働者に生じた損害の発生又は拡大に寄与したとしても、そのような事態は使用者として予想すべきものということができ、しかも、使用者又はこれに代わって労働者に対し業務上の指揮監督を行う者は、各労働者がその従事すべき業務に適するかどうかを判断して、その配置先、遂行すべき業務の内容等を定めるのであり、その際に、各労働者の性格をも考慮することができるものである。

したがって、労働者の性格が、上記同様の業務に従事する労働者の個性の多様さとして通常想定される範囲を外れるものでない場合には、裁判所は、上司からパワハラを受けて、うつ病にり患したことを原因とする損害賠償請求において使用者の賠償すべき額を決定するに当たり、その性格及びこれに基づく業務遂行の態様等を、心因的要因として考慮することはできないというべきである（電通事件 最二小判平12.3.24民集54巻3号1155頁、労判779号13頁参照）。

そこで、これを本件についてみるに、Xの性格が、同種の業務に従事する労働者の個性の多様さとして通常想定される範囲を外れるものであったと認めることはできない。

Xの性格等がうつ病発症及び長期化の素因の一部となっていることは、否定し難いところといわざるを得ないものの、Xの性格等が、パチンコ店のホールスタッフとして、接客業務や清掃等の業務に従事する労働者の個性の多様さとして通常想定される範囲を外れるものであることを適確に認めるに足る証拠はない。

よって、Xの性格等をその脆弱性として、民法722条2項の類推適用により、その損害から減額することは相当ではないというべきである。

precedent

22

大島産業事件

福岡高判平31・3・26
（労経速2393号24頁）

事案の概要

　Y1社は、運送業、土木工事等を目的とする株式会社である。

　Y3は、Y1社の代表取締役であり、Y2は、Y3の夫である。Y2は、代表取締役退任後も、取締役に匹敵ないしこれを上回る権限（人事権や経営権）を有しており、「Aグループ代表取締役CEO」の肩書を用い、経済紙においてY1社の経営戦略を語っており、Y1社内部においても、対外的にも代表権を有する者と認識されていた。

　Xは、平成24年3月頃、Y1社と労働契約を締結し、平成26年3月6日までの間、Y1社本店において、長距離トラック運転手として運送業務に従事していた者である。

　本件は、XがY1社に対し、未払賃金の支払を請求するとともに、Y2とY1社に対し、Y2によるパワーハラスメント（以下「パワハラ」）に対する不法行為に基づく損害賠償を請求した事案である。

結　果

　一部認容。

　Y1社とY2は連帯して、慰謝料100万円、弁護士費用10万円。なお、未払賃金請求も一部認容されている。

一審判決（福岡地判平30.9.14判タ1461号195頁）は、Y2の行為を違法なパワハラであると認め、Y2及びY1社の損害賠償責任を認めた。Yらが控訴したものの、本件判決も、一審判決をほぼそのまま引用し、同じ結論となった。

事実認定にあたっては、Y2のブログの記載内容を根拠としている点が参考になる。また、Y2は、登記簿上は代表取締役ではなかったものの、その実態から、事実上の代表取締役であったと認め、Y1社については会社法350条の類推適用により責任を認めている点が特徴的である。

判　　旨

未払賃金請求にかかる判旨は割愛し、パワハラに関する判断のみ掲載する。

1　通帳の預かりについて

Xが居住していた社員寮では、従前、盗難被害が生じたことがあった。

Xは、Y1社に入社した当時に所持金をほとんど持ち合わせていなかった。そのため、Y1社では、Xを社員寮に入寮させた上、衣食を与えたりするなどしていた。また、Xは、一晩で給料を使い切ってしまうなどの浪費癖があったため、Y1社では、Xの賃金の一部を預かり、Xの生活費が不足した際に交付したり、Xが滞納した税金をY1社が立替払したりすることがあった。

以上のような事情があったことから、平成25年春頃、E専務は、Xら従業員に対して希望があれば貴重品を金庫で預かる旨告知し、これを受けて、Xは通帳等をE専務に預けた。しかし、E専務は、Xから申出があるたび、保管していた通帳等をXに返還していた。

よって、Xは通帳等を任意にE専務に預けていたものであり、労働基準法18条1項、119条1号にいう強制貯金に当たるとはいえない。なお、Y1社は、Xから通帳等を預かるに当たり、行政官庁に届け出たり（労働基準法18条2項）、管理に関する規程を定めたり（同条3項）していないが、これらが労働基準法違反に当たるとしても、手続的な違反にとどまるから、Y1

社の預かり行為が不法行為にいう違法性を帯びることにはならないと解される。

2　丸刈りにされ、洗車用ブラシで身体を洗われた行為について

　平成25年6月30日頃、Xは、大分に配送をしたが、その帰路に温泉に立ち寄ったため、帰社が遅れた。Y2は、Xの帰社が遅れたことに腹を立て、Xの頭頂部及び前髪を刈り、落ち武者風の髪型にした上、洗車用スポンジでXの頭部を洗髪し、最終的にXを丸刈りにした。

　引き続いて、Xは、他のY1社従業員から、下着姿にさせられた上、洗車用の高圧洗浄機を至近距離から身体に向けて噴射され、洗車用ブラシで身体を洗われたが、この様子をY2はその場で黙認し、制止しなかった。

　Yらは、Y2が丸刈りに関与した事実はないと主張する。しかし、Y2名義の平成25年6月30日付ブログには、Xが、大分からの帰社途中に温泉に入っていたため、「オーナー」であるY2から丸刈りにされ、車体用洗剤とブラシで頭を洗われたこと、「同僚」から体を車体用洗車ブラシで擦られたり高圧洗浄機を噴射されたことが記載され、その様子を写した写真が掲載されている。これによれば、前記事実が裏付けられる一方、これに反する証言等の信用性には疑義が生じるというべきである。

　また、F常務は、Xの帰社時間が遅いためトラックに装着したGPSで居場所を確認したところ、大分で路上駐車したまま温泉に立ち寄っていたため、帰社した際に叱責したことを認める供述をしており、Y2も、Xが丸刈りとなった場面に立会い、高圧洗浄機を噴射されているのを目撃しながら制止しなかったことは認める供述をしている。

　以上検討したところによれば、反対趣旨の各証拠はたやすく採用できない。

　このY2の行為は、Xに対する暴行及びXの人格権を侵害する行為であることは明らかである。従業員のXに対する行為も、Xに対する暴行及びXの人格権を侵害する行為であるところ、この行為はY2による行為がなされた経緯に引き続いてされたものであるから、Y2の暗黙の指示に基づくものと推認でき、仮にそうでないとしても、Y2としては、事実上の取締役として、社内においてXに対する侵害行為がされるのを制止すべき義務を負っていたのに、これを懈怠したものであることは明らかである。したがって、Y2は、民法709条に基づき、Xが受けた精神的苦痛について不法行為責

任を負う。

　また、Y2は事実上の代表取締役であると認められ、前記のY2の行為は、Xの帰社が遅れたことに対する制裁としてされたもの、すなわち事実上の代表取締役としての職務を行うについてされたものであるから、Y1社は、会社法350条の類推適用により、Xが受けた精神的苦痛について賠償責任を負う。

3　花火等による暴行について

　Y2は、平成25年９月16日、社員旅行から帰った後、Y1社本店において、Xに対し、車内からロケット花火を持ってくるように命じた上、下着一枚になって裏の川に入るように命じた。そして、Y2は、他の従業員に対し、当てたら賞金を与えるとしてXに向けてロケット花火を発射するように命じ、従業員をして、至近距離からロケット花火をXに向けて発射させ、逃げ出したXに対して石を投げさせた。

　Y2は、花火等による暴行に関与していないと主張する。しかし、平成25年９月17日付のY2の「社員研修旅行打ち上げ」と題するブログには、半裸になったXが花火の発射を受けながら川に向かって走り、川の中に入り、肩まで水につかりながら歩く等の一連の様子が鮮明に撮影された写真が８葉掲載されており、撮影者は予めXに花火が発射されたり、Xが川に入ったりすることを知っていたこと、すなわちXの行動が指示に基づく予定されたものであったことをうかがわせるものになっている。そして、複数の従業員らが一斉に花火の発射及び投石を行い、これをあえて制止するものは特になかったことが認められるが、このような事態が偶発的に生じたとは考えにくく、やはり指示に基づくことがうかがわれるというべきである。そうすると、Y2が花火等による暴行に関与していないとの反対趣旨の証言等はたやすく採用できないといわざるを得ない。

　従業員らのXに対する行為は、Xに対する暴行及びXの人格権を侵害する行為であるから、これを指示したY2は、民法709条に基づき、前記の従業員らの行為によりXが受けた身体的、精神的苦痛について不法行為責任を負う。

　また、上記Y2の行為は、社員旅行という会社の行事に際して行われたもの、すなわち事実上の代表取締役としての職務を行うについてされたものであるから、Y1社は、会社法350条の類推適用により、前記のXが受けた身

体的、精神的苦痛について賠償責任を負う。

4　土下座について

　Xは、平成25年９月28日、Y1社でのいじめに耐えかねてY1社から逃亡したものの、同月分の給与が振り込まれていなかったことから所持金がわずかとなって困窮し、同年10月４日又は５日にやむなくY1社に戻った。その際、Xは、F常務に指示されて、社屋入口前で、Y2が出社して来るまで土下座をし続け、出社して来たY2はこれを一瞥したが土下座を止めさせることはなく、Xはその後も数時間にわたり土下座を続けたことが認められる。

　Y2は、Xが自発的に土下座をしたと主張する。しかし、Y2名義の平成25年10月14日付ブログには、Y1社の看板が掲げられた社屋入口の前で土下座するXを正面から撮影した写真が２葉掲載されているが、Xが自らF常務又はY2に向けて謝るつもりで土下座をしたのであれば、土下座は偶発的にF常務又はY2に向けてされたはずであり、このような写真が撮影される機会はなかったはずである。にもかかわらず、このような写真が存するということは、予め指示があったことを裏付けるものといえる。そうすると、Xが自発的に土下座をしたとの証言等はにわかに採用できないといわざるを得ない。

　従業員が数時間にわたり社屋入口で土下座し続けるという行為は、およそ当人の自発的な意思によってされることは考えにくい行為であり、Y2としても、Xが強制されて土下座をしていることは当然認識し得たものとみられる。にもかかわらず、Y2は制止することなくXに土下座を続けさせたのであるから、XはY2の指示で土下座させられたのと同視できるというべきである。したがって、Y2は、民法709条に基づき、土下座させられたことによりXが受けた身体的、精神的苦痛について不法行為責任を負う。

　また、上記Y2の行為は、XのY1社での就労再開に関して行われたもの、すなわち事実上の代表取締役としての職務を行うについてされたものであるから、Y1社は、会社法350条の類推適用により、前記のXが受けた身体的、精神的苦痛について賠償責任を負う。

5　ブログについて

　Y2は、Y1社のブログにXが丸刈りにされ、土下座している写真等とコメントを掲載し、不特定多数が閲覧できるような状態とした。Y2名義のブロ

グには、前記2ないし4認定の記載及び写真が掲載されており、その中にはXが同僚の従業員からいじめ行為を受けたり土下座したりしている写真や、「ホラ吉」「××××」といったXを侮蔑するような表現が含まれていた。

　Y2は自らの名義となっている前記ブログを確認することもあったが、Xに関する記事について、同ブログを作成管理するJに対し、掲載を止めるよう求めたことはない。

　Y2名義のブログ記事は、これが他人から閲覧されればXの名誉を毀損する内容であり、前記2ないし4のXに関する記事が掲載されることによって、Xの名誉を毀損するものであると認められる。そして、Y2は従業員に対する名誉毀損行為を防止すべき義務を負っていたといえるから、ブログ記事の掲載を放置したことについて、民法709条に基づき不法行為責任を負う。

　また、Y2は事実上の代表取締役であると認められるから、Y1社は、会社法350条に基づき、Y2が職務を行うについてXに与えた精神的苦痛を賠償すべき責任を負う。

6　慰謝料額

　以上によれば、Y2及びY1社はXに対し、前記2の丸刈り及び高圧洗浄機の使用、前記3のロケット花火や投石による暴行、前記4の土下座の強制、前記5のY2名義のブログへの掲載について、連帯して損害賠償責任を負う。

　前記2の丸刈りをY2自身が行っていることや、前記3の行為がXの生命身体に危険を及ぼすものであることを考慮すれば、Xの身体的及び精神的苦痛に対する慰謝料額は100万円が相当であり、弁護士費用は10万円が相当であるから、Y2及びY1社は、Xに対し、連帯して110万円を支払うべき義務を負う。

国立大学法人筑波大学ほか事件

宇都宮地裁栃木支判平31・3・28
（労判1212号49頁）

事案の概要

　Xは、昭和60年生まれの女性であり、平成24年4月1日からY1大学の病院部門（以下「本件病院」）のA部医事課E1室（以下「E1室」）の診療情報管理士として勤務し始めた。Xは、平成25年11月1日付で、総合がん診療センターでの補助金事務業務に異動し、平成27年3月末日、本件病院を退職した。

　Y1大学は国立大学法人であり、Xの勤務当時の本件病院の従業員数は、約1900名であった。

　Y2は昭和55年生まれの女性であり、平成18年頃からY1大学で勤務しており、平成19年から平成24年9月までの間、診療情報管理士として、E1室で勤務し、同月25日に地域医療支援室への異動の内示を受けて同年10月に異動し、その後、平成25年1月1日に、医事課E2室に異動した。

　Y3は昭和44年生まれの男性であり、平成24年4月から平成30年3月までの間、本件病院において、B部副部長・病院講師（教員）として勤務していた。

　Xは、平成27年3月29日に、Y1大学のハラスメント相談員に対して、Y2及びY3からパワーハラスメント（以下「パワハラ」）を受けていた旨を相談した。Y1大学ハラスメント防止対策委員会は、調査委員会を設置し、Xの相談に関して、関係者から事情聴取するなどした上で、平成28年3月17日、Xに対して、Xが相談した行為のうち、Y3の平成25年4月1日と同年9月24日の行為について、パワハラに該当するとの調査結果を通知した。XとY3は、同調査結果について不服申立てをしたが、いずれも却下された。

　そこで、Xは、平成28年9月1日、Y1大学及びY2に対し、Y2のXに対する違法なパワハラについて、連帯して、不法行為及び使用者責任（予備的に国家賠償法1条1項）又は安全配慮義務違反に基づき慰謝料100万円及び弁護士費用10万円を、Y1大学及びY3に対し、Y3のXに対する違法なパワハラについ

て、連帯して、不法行為及び使用者責任（予備的に国家賠償法1条1項）又は
安全配慮義務違反に基づき慰謝料100万円及び弁護士費用10万円を、それぞれ
求めて提訴した。

結　果

　一部認容。
　Y1法人とY3に対して連帯して慰謝料30万円、弁護士費用3万円。

コメント

　本件では、Y3の言動がパワハラであると認められた。問題となっているY3
のXに対する言動は多数存在するが、判決は、その中に人格非難に類する内容
を含む発言が多数含まれており、回数・頻度が多く、継続的、執拗に行われて
いるとして、Y3の一連の言動が一体として違法なパワハラ行為に当たるとの
認定をしている。個別の認定ではなく、一連の行動全体をパワハラ行為と認定
している点が特徴的である。その結果、消滅時効の成立も否定されている。
　また、X作成のメモ、医師作成の相談記録、証言などが証拠とされてお
り、Xのメモがパワハラを受けてから時間をおかずに作成されていることから
正確なものであるとの推認をしている点も参考になる。

判　旨

1　Y2による違法なパワハラ行為があったと認められるか
　(1)　Y2の言動
　　　Y2は、平成24年10月1日付の地域医療支援室への異動前後において、
　　Xに対して業務上の伝達をしたり、問い合わせに回答したりする際に、
　　早口やきつい口調となったり、次のような発言をすることがあった。

・9月25日頃

　Xに対して、「最低限日常業務くらいはやってもらわないと困る」、「何でもY2さんに聞けばいいやとか思わないでください」等の発言

・9月27日頃

　「そんなことはどーでもいいから、目の前のことをやったらいいじゃないですか」等の発言を、同月28日頃、「（打合せに出席して休憩をとらなかったことについて）そんな打合せなんかに出る必要ない、いったい何様なんですか」、「（ワーキンググループでのXの説明について）あんなんじゃ全然ダメに決まってる、クオリティーが低いんですよ」、「なんであんな対応するんですか」等の発言

・10月1日頃

　「なんでまめにメールボックスに行かないんですか」等の発言

・10月10日頃

　「こんなところにUSBなんか置いて、私がこうやってE1室に入ってこなかったら一体どうするつもりだったんですか、ずっと放置ですか」等の発言

・10月11日頃

　「（派遣の人が）ミスしたり間違ったりするのはそれを教えてる人間がそもそも悪いからじゃないんですか」、「こっちに来なくていい、目の前の業務でもやってればいい」等の発言

・10月16日頃

　「そんなものCさんに見せる必要なんかない、とっとと課長のところに持って行ったらいいじゃないですか」等の発言

・10月19日頃

　「今はそんなことはどーだっていいじゃないですか」等の発言

・10月22日頃

　「そんなもの、私じゃなくたってできるんだから、Cさんにやってもらえばいいじゃないですか、何でもかんでも私に電話してこないでください」等の発言

　また、Y2は、C室長に対して、Xに聞こえる場で、Xについて、「診療情報管理士の資格を持っていても仕事ができないなら意味がない」、「あんなんじゃいつまでたっても習熟度が上がらない」、「他大学への照会な

んか、そこに座ってる診療情報管理士にでもやらせればいいじゃないですか、もう私に聞かないでください」等の発言をした。

(2) Y2の言動が違法なパワハラに当たるか

　　上記の発言のうち、Xに対して直接行われた発言は、いずれも、業務との関係で、Xを指導、叱責する中で行われたものであり、E1室での業務経験が長いY2において、Xに対して指導等を行う必要性に欠ける状況であったとは認められないし、発言内容も、Xへの思いやりや配慮に乏しい面はあったといえるものの、人格非難に及んだり名誉感情を毀損するものであったとはいえず、期間も平成24年9月下旬から同年10月下旬までと長期間にわたるものでもなく、その回数や頻度も限られたものであったといえ、継続的、執拗なものであったともいえず、業務上の指導、叱責の範囲を逸脱したものということはできない。

　　また、C室長に対する発言は、Xへの直接の指導、叱責に際して行われたものではないものの、E1室での業務経験が長いY2において、Xの上司であるC室長にXへの指導等の必要性を説明する中での発言であったと推認されることからすれば、発言の必要性に欠けるものだったとはいえないし、発言内容も、Xへの強い人格非難等に当たるものであったとまではいえず、Xに聞こえる場での発言という点でXへの思いやりや配慮が不足していたことは否定できないものの、Xに聞かせることを意図して行ったものとまでは認められず、継続的、執拗なものであったともいえない。

　　その他の事情を総合的に考慮すると、従前のE1室での業務経験等に照らしてY2がXに対して職場内で優位な地位にあったといえることなどを考慮に入れても、Y2の話しぶりや発言は、社会的相当性を逸脱したものであったとはいえず、不法行為又は安全配慮義務違反に当たる違法なパワハラ行為であったとはいえないというべきである。

　　また、Y2が、異動前後及びその後の時期において、意図的にXを無視したり、Xに対して高圧的な振る舞いを続けるなど他のX主張の行為をしたことを推認するに足りる事実は認められない。

　　以上によれば、Y2による違法なパワハラ行為があったとは認められない。

2 Y3による違法なパワハラ行為があったと認められるか

(1) Y3の言動

Y3は、平成25年1月頃から、Xに業務上の指示をしたり、業務状況を確認する質問をする際、大声で怒鳴ったり、同じ内容のことを繰り返すことがあったほか、Xに対し、以下のような言動を行った。

・1月16日頃

雑然としたXの机を見て、「すごいレイアウトの机だね」との発言をした。

・2月27日頃

「(レントゲンフィルムの選別確認作業について)それは何、何やってんの」、「そんなに大変なの、たいして時間もかからないでしょ」等の発言をしたほか、新潟の学会の出張報告書の作成を催促した。

・3月25日頃

「何やってんの、何か忙しいことある」等の発言をしたほか、新潟の学会の出張報告書の作成を催促した。

・4月1日

D及び派遣社員らがE1室に配属されたところ、Y3は、Xに対して、XがDらをH部長への挨拶に案内していないこと及び派遣社員のIDカードの発行が間に合わなかったことについて、Xによる謝罪及び経緯の説明を聞き入れることなく、大声を上げて非難し、叱責した。また、Y3は、Xに対して、医事課の職員と接する機会が不足していると考え、「あんまり医事課に行かないんでしょ」等の発言をしたほか、新潟の学会の出張報告書の作成を催促した。

・4月3日頃

Xが同月5日のB部の飲み会に体調不良のため欠席すると連絡したことについて、Xに翻意を促したほか、Xに対して、「何してるの、そんなにE1室が忙しいわけないでしょ」、「カルテ開示が溜まってるの、そんなに一気に依頼が来るわけないでしょ」等の発言をしたほか、新潟の学会の出張報告書の作成を催促した。

・4月22日

学会への演題の投稿に当たって行うべき段取りを説明し、その際、新潟の学会準備におけるXの対応を非難し、今後気を付けるように指導した。

・4月30日

「今何してるの、何か忙しい業務はあるの、何に時間とられてるの」、「カルテ開示は何件溜まっていて進捗状況はどうなっているの、どんなスケジュールでやっているの」等の発言をしたほか、Xから、患者のカルテに別の患者のカルテが混ざっている、カルテの修正が必要となる等と言われたことに対して、C室長がいる場で、「あんたらがやってることはどこかに書いてあるんですか、前々からあなた方二人のやり方は気に入らないと思っていた」、「あんたらが余計なこと勝手にやってんじゃないかってことが言いたいんですよ、何勝手にやってんの」等と大声で叱責した。

・5月10日頃

Dが時間外勤務をすることのないように労務管理を行うよう指示したほか、Dが誤ったメールを送信したことについて、先輩職員としてDにきちんとした指導を行うように叱責した。

・5月15日頃

Y3は、Xに対し、退院サマリの提出状況等を従前の月1回ではなく、毎日集計するように指示した。その際、Xが詳細を確認する質問をしたところ、Y3は、「あなたも診療情報管理士ならそのくらいわかるでしょ、それくらい考えなさいよ、自分でできるでしょ」、「毎日やることになるけどたいした作業量じゃない、これくらい平気でしょ」、「他に何かやることあるの、何か忙しいことあるの、忙しいわけないでしょ」等の発言をした。

・6月1日頃

「忙しいって言うけど何が忙しいか私には理解できないから」、「あなたも、これでも大学病院で仕事している診療情報管理士なら何をどうするか考えくらい持ってないとだめなんじゃないの、案とかさ、前もどっかの大学病院にいたんでしょ」等の発言をした。

・7月1日頃

「今何やってんの？何が忙しいの？そんなのとっととやりなよ。あなたも大学病院の診療情報管理士ならもう少し頭使わないとダメでしょ」等の発言をした。

・7月2日頃

「あなたも、これでも診療情報管理士なら、こんな提案とかこんなのどうですかとかそれくらいできないと」、「頭使って仕事しないとダメなんじゃないの」、「昔どっかの大学病院にいたんでしょ、だったら何か考えくらいあるでしょ」、「管理士なら考えろ」等の発言をした。

また、同日頃、同年11月に開催される茨城の学会の抄録作成について、「ハードルも低いし、このくらいのレベルならあなたでも書けるでしょ」等の発言をした。

・7月4日頃

「あなたも管理士なら頭使って仕事しないとさ、以前はどっかの大学病院にいたんでしょ」、「ヒマな時に効率よくやらないと、医事課から残業多いって言われるんじゃないの、ダラダラやってないでさ」等の発言をした。

・7月18日頃

茨城の学会の抄録作成について、「レベルが低いからE1でもやれるはず、低いからあなたにちょうどいい」、「E1は3人もいるんだから頭使ってやりなよ」等の発言をした。

また、同日頃、カルテの開示件数の説明について、「何でそんなにあるの、やり方がおかしいんじゃないの、要領が悪いからじゃないの、仕事溜めてもしょうがないんじゃないの」等の発言をした。

・8月14日頃

「あなたも診療情報管理士なんだし、頭使って考えたらどうなの」等の発言をした。

・9月2日頃

カルテの証拠保全の対応について、「何ですぐに対応できないのか、どうしてそんなにもたもたするのか」、「何でそんなことも知らないのか、前もって知っていて当然なんじゃないのか」等の発言をしたほか、「カルテ開示は何件溜まっているの、いつ終わるのか、いつ依頼が来たの、締切りはいつなの、ちゃんとスケジュールたててやってるんでしょ、まさか」等の発言をした。

・9月13日頃

「何やってんの、何が忙しいの」、「開示は何件溜まってるの、締切りは

いつまでで、今はどこまで終わってるの、他には」、「昨日は何時に帰ったの、忙しいわけないんだから、ヒマなはずなんだからとっとと帰りなよ」等の発言をした。

また、同日頃、外来部門でのスキャン運用に伴う資料を準備するよう指示し、その際、「何か考えあるよね、これは地域連携であればE1とかさ、まさか、何か考えあるよね」等の発言をした。

・9月24日

午後5時15分の勤務時間以降に、Y3は、Xが他部署に依頼された他の業務で忙しい旨を説明したものの、Xに対し、翌日か翌々日までに、外来部門でのスキャン運用に関し、スキャン設定の分類を行うよう指示した。

その後、Y3は、C室長及びXらと共に会議に出席したところ、同会議終了後、C室長及びXに対して、再度、前記分類を指示した。その際、C室長が、Y3に対して、他の業務で忙しく、分類がいつ完成するかはわからない旨説明したところ、Y3は憤慨し、C室長及びXに対して、「あなた方のやり方は気に入らない」、「何でもかんでもメールで確認してくださいとか案を送りますとか失礼です」、「メールで送るなんておかしいと思ってるんですよ」、「お前らのやっていることは、我々教員に対して失礼だ」、「我々の判断がないと何もできないんですか、連絡がほしいなら催促すべきじゃないのか」等と感情的に大声で怒鳴りつけた。

(2) Y3の言動がパワハラに当たるか

ア　Xの時間外勤務が増えた点について

Xが文書のスキャン作業に多大な時間を要したほか、前記各作業に相当の時間を要するなどし、システム更新前後から時間外勤務が増えたのは、Y3の各指示を要因とするものであったといえる。

しかし、Y3は、各作業指示によりE1室の職員に過大な負担が生じないように配慮する必要があったところ、いずれの作業の指示についても、前記配慮に欠けた指示であったことをうかがわせる事実は認められず、Xの時間外勤務等が増えた点について、Y3に責められるべき点があったということはできない。

イ　上記（1）の言動について

Y3の上記（1）の言動は、いずれも、業務との関係で、Xを指導、叱

責する中で行われたものであり、E1室に対して業務上の指示や助言を
したり、業務状況を確認する立場にあったY3において、Xに対して指
導等を行う必要性に欠ける状況であったとは認められない。

　他方で、平成25年4月30日頃の「あんたらがやってることはどこかに
書いてあるんですか、前々からあなた方二人のやり方は気に入らないと
思っていた」、「あんたらが余計なこと勝手にやってんじゃないかってこ
とが言いたいんですよ、何勝手にやってんの」という発言及び同年9月
24日の「あなた方のやり方は気に入らない」、「お前らのやっていること
は、我々教員に対して失礼だ」という発言は、当時叱責の対象とされた
個別の具体的業務にとどまらず、Xの業務のやり方全般に対して強い非
難を加えるものであって、人格非難に類する内容であったといえるし、
「あんたら」、「お前ら」という呼称及び大声を上げるという発言態様も
病院事務室という職場環境に照らして威圧的で不穏当なものであり、X
に対して相当の精神的負担を生じさせるものであったといえる。また、
「勝手にやってんじゃないか（やってんの）」、「我々教員に対して失礼」
という発言は、XがE1室の職員であるのに対して、Y3はB部副部長、
病院講師であるという、Y3の職務上の地位を背景にXを見下した発言
であったといえる。

　次に、同年5月15日頃の「あなたも診療情報管理士ならそのくらいわ
かるでしょ、それくらい考えなさいよ」との発言、同年6月1日頃の
「あなたもこれでも大学病院で仕事している診療情報管理士なら何をど
うするか考えくらい持ってないとだめなんじゃないの」との発言、同年
7月1日頃の「あなたも大学病院の診療情報管理士ならもう少し頭使わ
ないとダメでしょ」、同月2日頃の「あなたも、これでも診療情報管理
士なら、こんな提案とかこんなのどうですかとかそれくらいできない
と」、「頭使って仕事しないとダメなんじゃないの」、「何か考えくらいあ
るでしょ」、「管理士なら考えろ」、同月4日頃の「あなたも管理士なら
頭使って仕事しないとさ」、同月18日頃の「E1は3人もいるんだから頭
使ってやりなよ」、同年8月14日頃の「あなたも診療情報管理士なんだ
し、頭使って考えたらどうなの」、同年9月13日頃の「何か考えあるよ
ね、これは地域連携であれはE1とかさ、まさか、何か考えあるよね」
との発言は、Xに対して、当時叱責の対象とされた個別の具体的業務に

とどまらず、業務全般において診療情報管理士として必要な検討や考察
等ができていないと強い非難を加えるものであって、人格非難に類する
内容であったといえるし、約4か月間で合計8日間と発言回数及び頻度
も多く、継続的、執拗に行われたものといえ、Xに対して相当の精神的
負担を生じさせるものであったといえる。

　また、同年7月2日頃の、「ハードルも低いし、このくらいのレベル
ならあなたでも書けるでしょ」、同月18日頃の「レベルが低いからE1で
もやれるはず、低いからあなたにちょうどいい」との発言は、Xに対し
て、全体的に能力が低いと誹謗中傷したものといえ、人格非難に当た
り、名誉感情を侵害するものであったといえる。

　そして、これらの発言の回数及び頻度が全体として多かったことから
すれば、少なくとも、平成25年4月30日と近接した時期である同月1日
以降の発言や叱責は、一連の行為としてみるのが相当であり、その回数
及び頻度は多く、継続的、執拗に行われたものといえる。よって、指導
や叱責を行う必要性に欠ける状況であったとは認められないことなどを
考慮してもなお、上記（1）のY3の各発言や叱責は、一体として、職務
上の地位又は職場内の優位性を背景に、継続的にXの人格や名誉感情を
侵害し、過重な精神的負担を与える言動であったといえ、社会通念上許
容される限度を超えた、違法なパワハラ行為に当たるものであったとい
うべきである。

　Y3は、違法なパワハラに当たる行為はなかった旨主張する。しか
し、Y3の発言は、X作成のメモ等に記載されており、同記載に基づく
発言状況や発言内容の多くの部分についてはXとY3との間で争いがな
い上、産業医G医師作成の相談記録の記載内容、C証言及びD証言にお
ける供述内容と概ね符合し、XがF心理相談員から思い出すのに役立つ
メモを残すように助言されていたという事実も考慮すれば、Xは、Y3
の言動やそれに対する自身の思い等をなるべく近日中にメモに残してい
たといえ、かつ、その内容は概ね正確なものであったというべきであ
る。また、Y3の各発言は、人格非難又はこれに類する内容を含んでい
たり、職務上の地位を背景に見下すものであったりしたことなどからす
れば、XがY3の言動に対して過度な精神的負担を抱いていたかどうか
や、Y3の指示に従わないことが続いたかどうか、第三者の依頼に反し

て行われていたかどうかと関わりなく、社会通念上許容される限度を超えた違法なパワハラに当たるものであったというべきである。

3　損害

慰謝料30万円、弁護士費用３万円が相当である。

4　国家賠償法１条１項の適用について

Y3のXに対するパワハラ行為は、国立大学法人と民法上の雇用関係にある職員間の指揮監督及び安全管理作用上の行為であって、教育研究活動等の国立大学法人の業務上の行為（国立大学法人法22条１項）に当たるものではなく、任用関係にある公務員間における指揮監督又は安全管理作用上の行為ともいえないことからすれば、純然たる私経済作用であるというべきである。

そうすると、Y3の違法行為は、国家賠償法１条１項の「公権力の行使」に当たらず、同法は適用されず、Y3は民法709条の不法行為に基づく損害賠償責任を負い、Y1大学は民法715条の使用者責任を負う。

5　消滅時効の完成について

Y3の違法なパワハラ行為は、一連、一体のものとしてとらえるべきである。そうすると、消滅時効の起算点については、最終の不法行為時である平成25年９月24日と解するのが相当であり、本件訴訟が提起された平成28年９月１日には３年の消滅時効は完成していなかったといえる。

キムラフーズ事件

福岡地判平31・4・15
（労判1205号5頁、労経速2385号18頁）

事案の概要

　Y社は、菓子等の製造販売会社である。

　Xは、平成17年5月、Y社と期間の定めのない労働契約を締結し、営業部に所属した。

　平成27年5月頃、Y社が、人件費の低い契約社員を営業担当として雇い入れたことに伴い、Xは、同年9月頃から、製造や出荷・配達業務に従事するようになり、さらに平成28年4月1日付で営業部から製造部への異動が命じられ、同年8月中旬頃から菓子（甘納豆）の製造作業に従事するようになった。Xは、それまで製造作業に関わったことはなく、ベテラン従業員AとBから指導を受けるようになった。

　本件は、XがY社に対し、営業部から製造部へ配置転換された後に、基本給・職務手当・調整手当が減額されたことが無効であるとして差額賃金の支払請求とともに減額前の額でそれらの支給を受ける権利を有する地位確認請求、配転後に賞与が極めて低く査定されるようになったことが期待権を侵害し不法行為に当たるとする損害賠償請求に加え、Y社代表者及びAよりパワーハラスメント（以下「パワハラ」）を受けたとして損害賠償を請求した事案である。

結　果

　一部認容。

　慰謝料50万円。

コメント

　本件では、Y社代表者の暴行及び発言や言動の一部、ベテラン従業員Aの発言や言動がパワハラと認められた。

判　旨

　パワハラに関連する部分のみ掲載する。

1　パワハラの成否について

　(1)　Y社代表者による暴行

　　　Xの主張するY社代表者のパワハラ行為のうち、平成28年11月11日のXのミスを怒鳴って、肘でXの胸を突いた行為、平成29年1月6日のXの背中を叩いた行為、同月31日のXの背中を叩いた行為は、いずれもXの身体に対する暴行であり、認定によれば、Y社代表者がこれらの行為に及ぶ必要性があったとは認められないから、Xに対する違法な攻撃として、不法行為に該当する。

　(2)　Y社代表者の発言や言動

　　　Y社代表者の発言や言動のうち、以下については、もはや業務指導の範囲を超えて、Xの名誉感情を害する侮辱的な言辞や威圧的な言動を繰り返したものといわざるを得ず、Xの人格権を侵害する不法行為に当たるというべきである。

　　・「私はあなたのことを全く信用していない」、「給料に見合う仕事ができていないと判断したら給料を減額する」、「私を無視し続けるということは、会社をないがしろにしていると判断して、あなたを解雇することもできる」等の発言

　　・「遅い、急げ、給料を下げるぞ！」と怒鳴るなどした行為

　　・「給料分の仕事をしていない」旨告げて、このままの状態が続けば給料を下げる旨告げた行為

　　・Xに対し役に立たないと言って、芋切りをするよう怒鳴るなどした行為

　　・作業現場において「いつまでたっても進歩がない。いよいよできなけ

れば辞めてもらうしかない」と怒鳴った行為
- Ｘにベテラン従業員の作業を記帳するよう指示し、記帳したとおりの作業ができなければ辞めてもらう旨告げた行為
- 不手際を謝罪したＸに対する「27万の給料を貰っている者の仕事ではない」、「これが裁判までやって給料を守った者の仕事か」、「給料を下げて下さいと言え」、「もうこの仕事はできませんと言え。そうすればお前をクビにして、新しい人間を雇う」等の発言
- 金時豆が黒くなった件について「蜜の代金をお前が払え、始末書も書け」等と怒鳴った行為、「教えてもらっていないから分からない、私の責任ではないというのは向上心がない。女より悪い。女の従業員もそんな言い訳はしない」等の発言
- 平成29年１月31日にＸの背中を叩いた際に、叩かないでほしい旨言ったＸに対し、嫌なら辞めろと言ったり、他の従業員の面前で、Ｘは嘘をついているので背中を殴られて当然である旨や今後も作業が遅いなら給料を減額する旨言ったりした行為
- 給与の減額を告げた際の「私とあなたのゲームのようなものだ。ずっと続ける、裁判でも何でもどうぞ」の発言
- 他の従業員の前でＸに対し「遅い、アルバイトの作業と違うだろ」等と怒鳴ったりした行為並びにＸを指導していたＡに対し、Ｘにはトイレ休憩以外は休憩をとらせないよう指示したりした行為

(3) Ａの言動

　　Ｙ社の従業員Ａが、Ｘに対し、「作業は１回しか教えない、社長に言われている」と発言したり、Ｙ社代表者から、お前は休んでいいが、Ｘは休ませるなと言われている旨やＸは給料が高いから厳しく教えろ、途中の休憩は取らせるなと言われている旨等告げた事実についても、Ｙ社代表者による上記トイレ休憩以外はとらせないよう言った指示と相俟ってＸの人格権を侵害する行為といえ、不法行為に当たるというべきである。

(4) その他のＹ社代表者の言動について

　ア　他方、Ｘの主張するパワハラ行為のうち、Ｙ社代表者が、Ｘに対し、作業の手順書及び自己評価を記載した書面、作業目標の実行時期を明記した書面や毎日の作業の進捗状況を報告する作業報告書の作成

及び提出を指示した行為や、ＸとＢの作業の違いを報告する書面やＸの１回目の作業とＢの指導による作業とを比較して、時間の短縮について報告する書面の提出をそれぞれ指示した行為については、一般的に、従業員に自らの作業の手順、目標及び自己評価を記載した報告書や他の従業員の作業を観察させて自らと比較する報告書等を提出させることが研さんの方法として当を得ていないとはいえない上、Ｘが、平成28年８月に初めて甘納豆の製造作業に従事し、ＡやＢの指導を受けながら製造手順等を習得している立場にあることも併せ考えると、上記報告書等の作成の指示が、そのようなＸに対する指導や研さんとして必要がないにもかかわらず嫌がらせ等としてされたとか不当に過大な要求をしたものであるとまでは認められない。

　同様に、Ｘが、Ｙ社従業員を通じて、Ｙ社代表者から、今後は日報を提出する必要がない旨告げられたことについても、Ｘに対する嫌がらせとしてされたとまでは認められない。

　よって、これらのＹ社代表者の行為が社会通念上許される限度を超え、Ｘの人格権を侵害するものとはいえない。

イ　また、Ｙ社代表者が、Ｘが30キログラムの砂糖袋を担げなかったので、砂糖を分けて入れる方法を打診されたがこれを認めなかったことや、Ｙ社代表者が、さつま芋の輪切作業をしていたＸに対し、同作業の所要時間について告げ、２本ずつ切るように指示したり、甘納豆の製造速度等について指示したりしたことについても、Ｘに実行不能又は困難な作業を強いたことを認めるに足りる証拠はなく、業務上の必要性がないのにそのような指示をしたなどの事情も認めるに足りないから、これらのＹ社代表者の指示等が社会通念上許される限度を超え、Ｘの人格権を侵害するものであるとはいえない。

ウ　さらに、Ｙ社代表者が、釜の豆が腐敗した際に、身に覚えがない旨のＸの言い分を受け入れず、Ｘが蜜漬けの際に水を混入させたことが原因であるとしか考えられない旨言ったことや、Ｘに対し「今の仕事ができないなら、他の人と交代させる」と言ったり、「仕事が遅い。ミスばっかり起こす」などと申し向けたりしたことについては、叱責や指導としてやや妥当性を欠く点はあるものの、他方で、Ｙ社代表者の供述に加え、Ｘの賃金は平成28年４月支払分から職務手当及び調整手

当が一旦減額されたことがあったが、X申立ての労働審判及び訴訟を経て月額28万1600円に見合った労務を提供するよう努めることを約束する旨の和解の内容や製造現場におけるXに対する指導体制等に鑑みると、Y社代表者やXと共に作業する他の従業員としては、Xが、早く甘納豆の製造作業に慣れて、戦力になることを願って指導をしていたことも認められ、その中でのXに対する叱責や不満の口調が、厳しくやや妥当性を欠くものになったとしても、そのことをもって直ちにXに対する人格権を侵害するものとは評価できない。

　上記Y社代表者の各行為について、Y社代表者が、何らの根拠もなく、また業務上その必要性がないにもかかわらず、Xに対する嫌がらせとして叱責等をしたとまでは認められず、作業現場における注意指導の範囲を超えているとまでは認められないから、これらの行為が社会通念上許される限度を超え、Xの人格権を侵害するものであるとまではいえない。

エ　Y社代表者が、体調不良のため早退を申し出たXに対し、やってもらう仕事があると言って、これを認めなかったことについては、Xの体調が業務遂行が困難なほどに悪かったことやY社代表者がそれを知りながら早退を認めなかったことを認めるに足りる証拠はない。Y社代表者が、当時のY社における製造現場状況やXとのやりとりを勘案した結果の措置として、早退を認めなかったことが、直ちにXに対する嫌がらせであるとか、職務上必要がないにもかかわらずXに過重な負担を強いたとまでは認められない。

　また、Y社代表者が、右手の腱鞘炎様の症状により2週間程度の安静と加療を要する旨の診断を受けたと報告したXに対し、Xにできる作業をBと相談するよう指示し、その後の数日間に、Xに対し、屋外の雑木の伐採を指示したり、甘納豆の作業に従事させたり、左手は使えるとして、左手でホースを持って作業するよう指示した行為についても、Y社代表者の指示等が、直ちに、Xの症状を顧慮せず、疾患を悪化させるような作業をそれと認識しながら従事させているとか、Xに過重な負担を強いる業務を命じているとまでは認められない。

　よって、上記Y社代表者の行為が、社会通念上許される限度を超え、Xの人格権を侵害するものであるとまではいえない。

次に、Xが、他の従業員の置いた製品に指を挟まれて、痛いと叫んだ際に、傍らにいたY社代表者が笑ったという点についても、このことをもって、直ちに、Y社代表者が、ことさらにXに対する嫌がらせとしてそのような行為に及んだとまでは認めるに足りず、Xの人格権を侵害する行為であるとまではいえない。

　オ　なお、Xは、Y社代表者が、X以外のY社従業員に対し、本件訴訟におけるXの主張内容等を明らかにしたり、Y社代表者の作成した質問状を示してこれに署名押印させたりしているところ、これらの行為は、Xを他の従業員から隔離しようとする行為である旨や、Y社は、平成29年8月から平成30年2月までの間、Xを工場内外の清掃等の作業に従事させているところ、このような行為は、XをY社の従業員から隔離し、また、Xの能力とかけ離れた程度の低い作業を命じるものである旨も主張するが、上記各事実の内容やその詳細を裏付ける的確な証拠は見当たらず、仮に上記各事実が存在するとしても、それが直ちにXの人格権を侵害する行為であるとまではいえない。

2　Y社の責任

　前記1（1）（2）のY社代表者の行為は、Xに対する暴行及びXに対する人格権を侵害する行為であり、不法行為に当たるから、Y社は、会社法350条に基づき、Xが受けた身体的及び精神的苦痛について賠償責任を負う。

　また、前記1（3）のY社従業員Aの行為も、Xの人格権を侵害する行為であり、不法行為に当たるから、Y社は、民法715条に基づき、Xが受けた精神的苦痛について賠償責任を負う。

3　損害額

　前記認定のY社代表者及びY社従業員Aの不法行為は、いずれもXに対する暴行又は人格権を侵害する行為であり、Y社は損害賠償責任を負うところ、Y社代表者による行為はXへの暴行であること、前記1（2）の行為は、Xに対し、半年以上の期間にわたって、威圧的又は侮辱的な発言を繰り返していることのほか、Y社代表者らが前記各行為に及んだ経緯や各行為の内容等の本件に現れた一切の事情を総合勘案すると、Xの身体的及び精神的苦痛に対する慰謝料額は50万円が相当である。

損害賠償請求事件

さいたま地判令元・6・28
（D1-Law.com判例体系）

事案の概要

X（昭和53年生まれ）は、平成20年４月、Yの消防職員として採用された。

Gは、昭和60年３月１日に消防職員としてYに採用され、平成22年４月１日から消防署長に、平成24年４月１日からはYの消防長に就任した者である。

Hは、平成22年４月１日にI分署第１小隊小隊長、平成23年４月１日に本署第２中隊副署長、平成24年４月１日に消防署長に就任し、平成27年３月末に定年退職した者である。

Jは、平成22年４月１日に本署第２中隊中隊長、平成24年４月１日に本署第２中隊副署長に就任し、平成27年３月末に定年退職した者である。

Gは、Xが当直の際に警察の依頼を失念した件を契機として、Xに対し、顛末書の作成を指示し、その提出を受けると繰り返し書き直しを命じたほか、辞表の提出を何度か求めるようになった。Gは、Xの父から苦情を申し入れられると、更に態度を硬化させ、Xが公務外での負傷で自宅療養する際、「消防士として先はない。辞めろ」等と叱責し、Xが負傷による休養から復帰すると、Xを本署付に異動させ、Xのみ現場出動の任務から外した。また、「再教育」と称して、Xに勉強会への出席を命じ、Xが十分な成績を残した後も、その出席を免除することなく、後輩が講師を務める座学を受講させ、さらには、Xのみに日報の提出を命じ、些細なミスを理由に始末書や顛末書を作成させ、不必要に書き直しを何度も命じ、これらを他の職員にも回覧させるなどした。

Gや他の幹部らは、Xに対し、本署付に配置して以降、「いつ辞めるんだ」、「身の振り方を考えろ」等、あからさまに繰り返し退職を迫るようになった。このような職場での処遇について、XがK県本部に相談すると、これを知ったGは、憤慨してXを厳しく批判し、「落とし前」として、１年の間に全ての仕事ができるようにならなければ退職する旨を記載した本件誓約書を提出

させた。

　Xは、職場での処遇や本件誓約書等に悩み、平成25年10月28日、うつ病と診断され、同月30日から平成26年1月27日までの間、病気休暇を取得し、同月28日から平成28年4月末までの間、分限休職処分により休職した。しかし、GやHは、休職中のXに対し、その病状に配慮するどころか、かえってうつ病を疑い、その原因がXにあるような発言をして、本件誓約書に記載された期限での退職を執拗に迫った。

　Xは、同年7月から復職したが、Gは、復職したXに対し、約2年にわたり現場出動の任務から再度外し、当時の消防署長であるNも、Xに顛末書の作成と書き直しを過度に求めるなどした。また、Gは、うつ病の公務外認定処分を不服として審査請求をしたXに対し、その取下げを迫っていた。

　本件は、Xが、Gらから、継続的な退職強要及び長期間にわたる差別的扱いなどのパワーハラスメント（以下「パワハラ」）に当たる言動等を受け、うつ病を発症して休職せざるを得なくなり、さらには、復職後も依然として嫌がらせや差別的扱いを受けた等と主張して、Yに対し、民法415条（安全配慮義務違反）に基づき、損害賠償を請求した事案である。

結　果

　一部認容。
　診断書代等合計16万0230円、復職前慰謝料200万円、復職後慰謝料100万円、弁護士費用30万円。

コメント

　本判決は、Gらによるパワハラを認定した上で、Yについて安全配慮義務違反による債務不履行責任を認めた点に特徴がある。判決は、地方公共団体であるYは、その任用する職員が生命、身体等の安全を確保しつつ業務を遂行することができるように、適切な職場環境を整備し、必要な配慮をする義務（安全配慮義務）を信義則上負っており、その一環として、良好な職場環境を保持

するため、職場におけるパワハラ、すなわち、職務上の地位や人間関係等の職場内の優位性を背景として、業務の適正な範囲を超えて、精神的、身体的苦痛を与える行為又は職場環境を悪化させる行為を防止しなければならない義務を負っている、と述べる。この判示は、川崎市水道局（いじめ自殺）事件判決（東京高判平15.3.25労判849号87頁）と同旨である。

　本件では、ハラスメントを防止する責任のある管理職らが行為者になっていたことにより、安全配慮義務違反が明確に認められたと考えられる。

判　旨

1　パワハラの存否について

　Y消防本部及び消防署の幹部らによる一連の言動は、Xへの退職強要に当たることは明らかであり、職場での隔離や職務を与えないことによる孤立化、不必要かつ過大な要求、さらには、精神的疾患で休職していたことを何ら斟酌せず、むしろそのことにかこつけて休職前と同様に退職強要を行い、復職後にも職場での隔離等を繰り返していたものであって、その内容や態様、頻度等に照らし、これらの言動に何ら合理性や相当性は認められず、業務上の適正な指導の範囲を明らかに逸脱しており、Xへの精神的な攻撃を意図した組織的かつ継続的なパワハラに当たるといわなければならない。

　これに対し、Yは、①ミスをしたXに対し努力目標を掲げて意識を高めるよう求めるために「辞めろ」等の言葉で叱責し、辞表や本件誓約書の提出を求めたに過ぎず、退職させることを意図したものではない、②Xには消防隊員としての適格性に欠けるところがあったため、訓練への参加機会を増やす目的で本署付へ異動とし、適格性が備わるまでの間、現場出動の任務から除外した（うつ病による休職からの復職後の現場出動からの除外についても同様。）のであって、差別的な理由に基づくものではない、③日報、始末書及び顛末書についても、Xのみに差別的な目的から提出させたものではないと主張する。

　まず、上記①の点について、確かに、火災等の危険な現場で市民の生命や安全を守る消防職員の職責に照らせば、日頃より厳しい訓練が必要であ

り、上司の指導にある程度の厳格さが帯びることもやむを得ないものである。しかしながら、Ｇらの言動を見ると、「辞めろ」、「早く次の職を探せ」などと、繰り返し辞職を求めるのみであって、ミスをした者への業務改善指導とは評価できない上、その内容には人格否定を伴い、かつ、長期間にわたって執拗に行われている。また、その他の職場での隔離や不必要な顛末書の作成等と一連のものとして行われていることや、１年の間に全ての仕事ができるようにならなければ退職する旨の本件誓約書を提出させた後には、これにかこつけてＸに退職を執拗に迫っていた等という事情に照らせば、Ｇらの言動が、適正な指導としてＸを叱咤する意図から行われていたとは到底いえず、その言葉どおり、退職を強要する意図に基づくものであったというほかない。

次に、上記②の点について、Ｙ消防本部では、その人事権に基づいて、職員の能力や経験に応じて配置を決め、職務を担任させることができ、Ｘを本署付へと異動させた上、現場出動から除外したことをもって、直ちにパワハラに当たると評価することはできない。しかしながら、本件についてみると、これまでにＸ以外に本署付にした前例は見当たらず、他の職員はいずれかの部署に所属し、それぞれに与えられた具体的な任務に従事していたものであるが、それに引換え、Ｘは、負傷するまでは他の職員と同様に現場出動の任務に従事していたにもかかわらず、本署付として１年半も留め置かれて、現場出動から外されただけでなく、Ｘのみに日報の作成や後輩が講師を務める座学への出席を命じられ、あるいは、事あるごとに必要性に乏しい顛末書の作成と書き直しを繰り返し指示される一方で、この間、「辞めろ」等と退職の強要が執拗に行われていたという事情に照らすと、Ｘへの人事異動及び職務からの除外（うつ病による休職からの復帰後２年間の現場出動からの除外も含む。）は、仮にＸの適格性に何らかの問題があったとしても、それを改善する目的で行われたものではなく、その他の一連のパワハラと同様に、Ｘを他の職員から隔離し、本業である現場出動から除外することによって、精神的に追い詰め、退職を間接的に強要する目的をもってなされたものであったと言わざるを得ない。

そして、上記③の点についても、Ｘ以外の職員には日報の作成を命じていない上、その日のうちに何度も書き直しを命じることがあり、顛末書及び始末書については、パソコンのキーボード上で書類作成をした件や消防

手帳を制服に入れ忘れた件、職員証を表裏逆に取り付けた件など、本当に顛末書の提出を要するのか疑問と思われる些末な事柄まで取り上げて、作成を命じたり、過度な書き直しを命じていたと評価せざるを得ない。しかも、これらの顛末書を他の職員にも回覧させて、いわば見せしめにしていたと言わざるを得ず、これらの処遇が前記の退職強要等と並行して行われていることに照らせば、前記退職強要等と同一の意図のもとに行われたパワハラであるといわなければならない。

2　安全配慮義務違反の存否について

　　地方公共団体であるＹは、その任用する職員が生命、身体等の安全を確保しつつ業務を遂行することができるように、適切な職場環境を整備し、必要な配慮をする義務（安全配慮義務）を信義則上負っており、その一環として、良好な職場環境を保持するため、職場におけるパワハラ、すなわち、職務上の地位や人間関係等の職場内の優位性を背景として、業務の適正な範囲を超えて、精神的、身体的苦痛を与える行為又は職場環境を悪化させる行為を防止しなければならない義務を負っている。そのため、労働の現場において、職員を指揮監督する立場にある者には、自己又は自己の指揮監督下にある職員がその部下職員にパワハラを行わないように注意指導する等の義務があり、また、パワハラを受けて休業した職員に対しては、その特性を十分理解した上で、職場復帰後のフォローアップを行う等の環境に配慮をする義務があると解するのが相当である。なお、Ｘが主張する安全配慮義務の内容はこれと同旨であると理解することができ、その内容の特定は十分である。

　　本件においては、Ｘに対する前記の一連のパワハラが継続して行われ、Ｘがうつ病の発症による休職から復帰した後も、その特性等に何ら配慮することなく、かえって休職前と同様の強烈なパワハラが継続的に加えられた。そして、これらのパワハラを主導していたのは、消防署長や消防長であったＧを筆頭として、管理職のＨやＪ、Ｎであって、本来であれば、職場でのパワハラが起きぬよう職場環境に配慮し、一たびパワハラが発生した場合には、これを防止しなければならない立場にある者らが率先して組織的に行っていたのであるから、Ｙに安全配慮義務違反があることは明白である。

社会福祉法人千草会事件

福岡地判令元・9・10
（労経速2402号12頁）

事案の概要

　Y法人は、特別養護老人ホームや老人デイサービスセンターの経営等を目的とする社会福祉法人であり、Xらが介護士として業務を行っていた特別養護老人ホームA（以下「A」）や、住宅型有料老人ホームB（以下「B」）等を経営していた。

　Y2は、Y法人の業務執行の任に当たる地位にあり、Y法人の代表者である。

　Y3は、Y法人が経営するAの施設長であり、Y2の妻である。

　X1は、平成13年10月1日、Y法人に介護職の契約職員として採用され、平成18年11月1日、正職員となったが、平成27年9月30日、退職した。

　X2は、平成20年8月1日、Y法人に介護職の正職員として採用され、平成28年2月14日、退職した。

　X3は、平成20年4月1日、Y法人に介護職の正職員として採用され、平成27年1月31日、退職した。

　X4は、平成15年6月1日、Y法人に介護職の契約職員として採用され、平成19年4月、正職員となったが、平成27年11月24日、退職した。

　X5は、平成12年5月1日、Y法人に介護職の契約職員として採用され、平成13年9月1日、正職員となったが、平成27年8月3日、退職した。

　本件は、Xらが、Y法人に対し、労働契約に基づき未払割増賃金、付加金、違法な賃金減額による未払賃金、退職金を請求し、Y2に対しては、不法行為に基づき未払割増賃金相当額の損害賠償を請求するとともに、Y法人及びY3に対しては、XらがY3からそれぞれパワーハラスメント（以下「パワハラ」）を受けたと主張して、連帯して各200万円及び遅延損害金の支払を求めた事案である。

本稿では、パワハラに基づく損害賠償請求の判旨のみ紹介する。

結　果

一部認容。
X1～X4について慰謝料各15万円、X5について慰謝料30万円。

コメント

本件では、Y3からの暴言について、Xらの供述が、身上等を踏まえた具体的内容であり、精神的に動揺しながらもあえて本人尋問において発言したなど供述態度等から信用できるものであると認められ、事実として認定された。

判　旨

1　頻繁な架電、会議開催等の行為について

Xらは、Y3が、X1、X4及びX5が指導的立場に就いた頃から、深夜を含む所定労働時間の前後を問わず、叱責や業務と無関係の雑談のために頻繁に電話をかけたこと、及びXらがY法人に採用されてから退職するまで、所定労働時間の前後や休日を問わず、リーダー会議と称する会議を頻繁に行い、これに対し時間外割増賃金等を支払わなかったことが、職務上の地位や人間関係などの職場内の優位性を背景として、業務の適正な範囲を超えて、精神的、身体的苦痛を与える行為であり、いわゆるパワハラとして不法行為に該当すると主張する。

しかし、Xらが主張する上記行為は時期が不明確であり、不法行為としての特定性に欠ける上、これらの行為が一概に金銭賠償をもってすべき精神的苦痛を生じさせる行為であるとまでは認め難い。

2　Y3のＸらに対する暴言等について

（1）認定事実

証拠及び弁論の全趣旨によれば、次の各事実が認められる。

ア　X1に対する行為について

Y3は、X1に対し、平成23年頃、バザー担当になった際に、バザーの売上金を横領したと決めつけたり、施設の米を盗んだと決めつけたりして、同人が退職に至るまで、日常的に、「品がない」、「ばか」、「泥棒さん」などと発言した。

イ　X2に対する行為について

Y3は、X2に対し、平成26年頃、叱責する度に「あなたの子どもはかたわになる」と言ったり、X2が退職に至るまで、日常的に、「ばか」などと発言した。

ウ　X3に対する行為について

Y3は、X3に対し、平成26年頃、叱責する度に、「言語障害」などと発言したり、X3が退職に至るまで、日常的に、配偶者の方が高学歴であることを理由に「格差結婚」、「身分が対等じゃない」と発言した。

Y3は、全体会議の場など他の職員がいる中で上記発言をすることもあった。

エ　X4に対する行為について

Y3は、X4に対し、平成20年頃から同人の退職に至るまで、日常的に、最終学歴が中学校卒業であることを理由に、「学歴がないのに雇ってあげてんのに感謝しなさい」などと発言した。

Y3は、全体会議の場など他の職員がいる中で上記発言をすることもあった。

オ　X5に対する行為について

Y法人の職員であったＬは、平成17年頃、利用者が手に便が付いたままであるのを見落とし、そのまま食事をさせたことがあった。X5は、当時、生活相談員の職位にあったところ、この事故についてY3に報告しなかったことから、Y3から厳しく叱責を受けた。Y3は、口頭で叱責するにとどまらず、他の職員に命じて便器掃除用ブラシを持って来させて自らこれをなめた上で、X5に対し、同じようにブラシをなめるよう指示した。X5は、Y3に対し、繰り返し謝罪したが、Y3はこれを許さ

ず、X5も最終的にはブラシをなめた。

カ　事実認定に関する補足説明

　　Xら（X5を除く。以下、この項において同じ。）は、Y3からそれぞれ暴言等を受けた旨供述するところ、その文言は、Xらの身上等を踏まえた具体的内容であり、Xらが自らこのような発言をされたことを口にすること自体が自尊心を傷つけることになるおそれもある中で、精神的に動揺しながらもあえて本人尋問において発言したなどのXらの供述態度等に照らしても、Xらが虚偽の発言をしたものとは考えにくい。

　　これに加え、Y3は、気に入らない職員に対しては直ちに退職するよう強要した上で、合理的理由なく退職金を支払わず、本件訴訟係属中にも、Xら代理人が行ったアンケートに回答したと思われる職員に架電して圧力をかけようとした、実務経験証明書の発行申請に係るX2の郵便物を開封しないまま返送し、X2やXら申請の証人として証言したFの実務経験証明書の発行に無用に時間をかけたりするなど、自らの意に沿わないことについては、慎重に検討することなく、意のままに振る舞い行動していることがうかがわれるのであって、これらの事情は、Y3は感情的になると損得勘定抜きで行動することがある、あるいは長時間にわたり叱責されたという供述を裏付けるものというべきである。

　　以上のとおり、Y3は、Xらに対し、前記アないしエの各発言をしたものと認められ、これと反するY3の供述は採用することができない。

　　また、Y3は、X5に対し、Lの事故を理解させるためにトイレブラシを自らすすったところ、X5も任意でこれをなめた旨主張、供述するところ、事故の内容やその後の経緯からすれば、Y3が、便が手に付いたまま食事をすることが極めて不衛生であることを強く叱責する目的で、自らトイレブラシを手にしたものと認められる。しかも、一般の衛生観念に照らせば、Lのミスが衛生上問題であることは明らかであり、X5においてこれを理解していなかったとは考えられず、同人が事故を起こしたわけでもないのであるから、X5に対しては、Lがそのような事故を起こした原因を追究し、再発防止策の立案及び職員に対する指導をさせれば必要にして十分であると考えられるのであり、あえてトイレブラシを持ち出すというのは度が過ぎたものといわざるを得ない。また、X5がトイレブラシを進んでなめるとは通常考えられず、X5は、Y3の圧

迫を受け、場の収拾がつかないと考えてやむなくトイレブラシをなめたとみるべきであるから、Y3がX5に対してトイレブラシをなめるよう強要したと認めるのが相当である。

(2) Y3の行為に関する違法性等について

　　Y3は施設長として各施設の責任者たる地位にあり、Y法人の職員等がその職務において不適切ないし不当な行為をした場合に叱責、指導をすることは、それが社会通念上相当である限り、直ちに違法であるとはいえない。

　　もっとも、少なくともY3のXらに対する前記（1）の各発言や行動は、職務における叱責、指導の範ちゅうに収まるものではなく（学歴等を非難するなど、そもそも職務とはおよそ関係のない発言も含まれている）、名誉感情を害し、人格をおとしめる発言や行動であるというべきであって、職務上の地位や人間関係などの職場内の優位性を背景として、業務の適正な範囲を超えて、精神的、身体的苦痛を与える発言や行動であると認められるから、不法行為に該当する。

(3) Y3及びY法人の責任

　　Y3は、不法行為による損害賠償責任を負う。また、Y法人は、施設長であるY3の使用者であり、同行為はY3が事業の執行について行ったものであるから、Y3の同行為について使用者責任に基づく損害賠償責任を負う。

東芝総合人材開発事件

東京高判令元・10・2
（労判1219号21頁）

事案の概要

　Y社は、企業内教育研修の企画・立案、コンサルティング等を目的とする会社である。Xは、訴外Z社に入社し、遅くとも平成18年1月までにY社に転籍し、平成23年4月からは、Z社及びZグループ各社に技能職として入社する新規高卒者等の訓練生の教育訓練を行う研修部のBスクール担当に配属されていた者である。

　Xは、Bスクールにおいて、教育訓練担当講師との日程調整、年間授業のコマ割り、行事日程案の作成、日々の訓練や行事運営のサポート業務、一般教養関係科目の講師業務を行っていたが、平成26年度前期派遣元報告会開催1週間後の平成26年10月14日、訓練生の派遣元関係者等に対し、概要、「①前期報告会について、開催前は担当するように言われたのに、180度変わり、当方が担当ではないのに余計なことをしたと言われたから、議事録を含め、今後一切対応しない、②学科講師による訓練生の職場環境見学も、理由、説明、報告もなく、取りやめになった、③派遣元窓口への報告会や評価制度についても、現在の訓練校では、グループミーティングもなく、学科講師の振返り会、派遣元への報告会ともに、責任持てない、④振返りでも、各実技指導員からの書面での報告がないことをお詫びする、⑤訓練生の成績を報告するだけで精一杯の状況である」との記載のあるメール（以下「本件メール」）を送付した。

　Bスクール校長のCは、平成26年10月15日、Xに対し、本件メールを送信したことについての反省文の作成を指示し、翌日以降も反省文の作成指示を継続した。同年11月中旬、Cは、Xに対し、マーシャリング作業（部品仕訳作業）を指示した（以下「本件業務指示」）が、Xはこれに従わず、同作業を行わなかった。

　Y社は、平成27年4月21日、①本件業務指示を無視していること、②不適

切なメールの送信により関係先に無用な混乱を招いたこと、③同年7月17日以降5か月以上の長期にわたって講師控室での執務を正当な理由なく継続したことは就業規則の懲戒事由に当たるとして、Xを譴責処分に付した（以下「本件譴責処分」）。

同年8月7日、Y社は、本件譴責処分後もXが本件業務指示に従わず、上長の指揮命令に従わない状態を継続していることは就業規則の懲戒事由に当たるとして、Xを出勤停止1日の懲戒処分に付した（以下「本件出勤停止処分」）。

そして、同年11月30日、Y社は、Xが本件出勤停止処分後も本件業務指示に従わず、上長の指示命令に従わない状態を継続していることは、「会社業務の運営に著しく協力しない行為であり」、就業規則の解雇事由に当たるとして、同日付で解雇した（以下「本件解雇」）。

そこで、Xは、懲罰目的又はいじめ・嫌がらせ目的の業務指示に従わなかったことを理由にされたY社による本件解雇は無効であるとして、地位確認、給与及び賞与の支払を求めて訴えを提起した。一審判決（横浜地判平31.3.19労判1219号26頁）は、Y社による本件解雇を有効とし、Xの請求を退けた。そこで、Xが控訴した。

結　果

控訴棄却。

コメント

本件では、教育訓練業務を行っていたXにマーシャリング作業を命じたことがパワーハラスメント（以下「パワハラ」）に当たるかどうかが問題となった。業務上の合理性なく、能力や経験とかけ離れた程度の低い仕事を命じることは「過小な要求」のパワハラに当たる。しかし、本件では、問題行動を起こしたXを従前の業務から外し別の業務つけることに業務上の必要性、合理性が認められるとの理由で、パワハラに当たらないとの結論となった。

判　旨

1　本件業務指示の有効性について

　Y社の就業規則4条は、社員は、上長の指示命令に従わなければならないと定めているから、Xは、原則として、本件業務指示に従う義務がある。しかしながら、本件業務指示が、懲罰目的又はいじめ・嫌がらせ目的であるなど、業務命令権の濫用に当たる場合には、無効であると解される（労働契約法3条5項参照）。

　本件業務指示が、懲罰目的又はいじめ・嫌がらせ目的であったか検討するに、①Xが、Bスクールの顧客に当たる派遣元に対し、XのBスクールに対する不満を暴露し、Bスクールを批判する内容の本件メールを送信して、Bスクールの信用を揺るがす重大行為を行った上に、②本件メール送信後、反省文の作成を指示されたにもかかわらず、引き続き、Cらを批判し続け、真に反省した態度を示していなかったことからすれば、Y社が、Xを従前の業務に戻した場合、本件メールの送信と同様の行為が再発し、Bスクールの信用を揺るがすおそれがあるため、従前の業務に戻すことはできないと判断したこともやむを得ない。その上、マーシャリング作業は、実技実習の準備作業として不可欠のものであり、従前から授業を担当する各指導員が行っていたものであるから、マーシャリング作業自体の業務上の必要性も認められる。したがって、本件業務指示は、Y社が本件メール送信後も真に反省する態度を見せないXに対し、従前の業務の代わりに、必要な業務を指示したものと評価できるのであって、本件業務指示の必要性は認められる。

　また、マーシャリング作業は、従前から、各指導員が行っている作業であって、一般的に、作業者が精神的、身体的苦痛を感じるものとは解されないことからすれば、本件業務指示は、手段としても、社会通念上相当であるといえる。

　以上からすれば、本件業務指示は、業務上の必要性もあり、手段も相当であるから、懲罰目的又はいじめ・嫌がらせ目的であると推認することはできず、その他本件全証拠によっても、業務命令権の濫用と認めるに足りる事情もないから、本件業務指示は有効である。

　これに対し、Xは、マーシャリング作業を従前専任で担当する社員が皆

無であり、また、Xが従前行ってきた業務とは全く異なる単純作業であるから、その業務を指示する必要性もなければ相当性もなく、懲罰目的又はいじめ・嫌がらせ目的であると主張する。

確かに、マーシャリング作業は、従前専任の担当者はいなかったが、作業の必要性は認められる。また、マーシャリング作業は、Xの従前の業務とは異なるものであるが、一般的には労働者に精神的、身体的苦痛を与えるものではない上に、Xが本件メール送信後も反省の態度を示さず、従前の業務を行わせることができない状況だったのであるから、Y社が従前の業務とは異なる作業を指示することもやむを得ない。したがって、Xの上記主張を考慮しても、本件業務指示が懲罰目的又はいじめ・嫌がらせ目的であるとは確認できない。

2　本件業務指示がパワハラに当たるかどうかについて

(1)　Xは、本件業務指示は、一つのミスを契機に、懲罰目的で、十分な説明なく行われたパワハラであって、Xの能力経験とかけ離れた単純作業を作業着着用の上で他の従業員がいる電子機器実習室で行わせるというXに屈辱感を与えるもので、Xを退職に追い込む目的で発せられた不当な業務命令であると主張する。

(2)　本件メールは、Bスクールが開催した平成26年度前期派遣元報告会について、Bスクール内部における企画・運営についてのXの意見・不満を、Bスクールの外部（Y社の外部・派遣元等）にぶちまけるかの内容のものであって、Bスクールの組織運営の規律を乱し、混乱に陥れるとともに、Bスクールの外部に対する信用を大きく損ねる内容のものであった。したがって、Y社が、Xに対し、直ちに従前の業務の担当を停止するとともに、反省文の提出を指示したことは、やむを得ない措置であった。

Xが担当を命じられたマーシャリング作業については、Xの従前の担当業務と比較すると、難易度が著しく低い単純作業であると認められる。他方において、マーシャリング作業の従前の担当者に多忙による業務軽減の必要性があったことを認めるに足りる証拠はない。しかしながら、問題行為を起こした従業員が、問題行為の性質上、従前の担当業務を担当させられない場合において、業務軽減の必要のない他の従業員の担当業務の一部を担当させることを、その一事をもって懲罰目的である

とか、難易度が低く業務上必要のない過少な行為を行わせるものとしてパワハラに該当するとかいうには、無理がある。本件においては、Xに、組織の基本（上司の指示に従うこと、上司から指示された業務を行う義務があること）を体得させるという業務上の必要があった。十分な反省と改善がみられるまで、外部との接触のない業務であるマーシャリング作業を行わせること（本件業務指示）は、誠にやむを得ないものであったというほかはない。このことを業務上必要のないパワハラが行われたと評価するには、無理がある。

(3) Xは、平成26年11月18日の反省文の提出で問題は解消したから、それ以降も従前業務に復帰させず本件業務指示を続けたことは不当であるという。しかしながら、反省文には「上に立つ方の力量のなさとしかいえない私にもどうしようもないやり方や結果が多々あり」など、Xの意見、不満をにじませた記載がある。この時点においては、Xについては、今後も組織規律を乱す言動を行いかねないという大きなリスクを抱えた人材であると評価せざるを得なかったもので、従前業務に復帰させなかった判断は誠にやむを得ないものである。また、一般教養科目の講師業務は、まさに外部（派遣元から派遣された訓練生）と直接接触する業務であって、Xに担当させないこともやむを得ない業務である。

(4) 本件業務指示の必要性のXに対する説明については、研修部の部長から2回にわたり実施されている。説明の内容としては、本件メールが原因で従前の業務は担当させられないこと及びまずマーシャリング作業から始めて、ステップを踏んでいく必要があることが伝えられており、これで説明に不足はないと考えられる。

(5) 本件業務指示が、Xを退職に追い込む目的で発せられたことを認めるに足りる証拠はない。Y社は、本件メール送付行為があったことから、直ちに性急に解雇に踏み切ったものではない。Xは、反省と改善の機会を十分に与えられている。すなわち、Y社は、Xが本件業務指示に従わず、改善がみられないことから、まず、軽い懲戒処分（譴責）を発している。通常であれば、譴責とはいえ、正式な懲戒処分が発せられたのであるから、本件業務指示に従わなければより重い懲戒処分（懲戒解雇を含む）が発せられることも予測可能である。出勤停止処分が発せられた場合についても、同様に、更なる懲戒処分が予測可能である。通常であ

れば、譴責や出勤停止処分の後のXには、何らかの改善がみられるはず
であり、相応の改善がみられれば、Y社も解雇には踏み切れなかったは
ずである。しかしながら、Xは、譴責処分を受けても、その3か月半後
により重い懲戒処分（出勤停止処分）を受けても、どちらの懲戒処分後
も、自省的な反省と改善がみられず、上司や元上司等に対する他罰的言
動を繰り返した。そうすると、出勤停止処分の約3か月半後に本件解雇
に至ったという流れは、X本人以外の誰にも止めようがなかったものと
いうほかはないところである。

（6）したがって、Xの主張を採用するには無理があるというほかはなく、
本件解雇は有効である。

辻・本郷税理士法人事件

東京地判令元・11・7
（労経速2412号3頁）

事案の概要

　Y社は、税務業務を行う税理士法人である。

　Xは、平成27年11月1日、Y社と雇用契約を締結し、人事部の課長として勤務していた。

　Y社は、平成29年8月15日、Xに対し、訓戒とし人事部からK支部への転勤を命ずるとの懲戒処分（以下「本件懲戒処分」）を行った。懲戒処分通知書には、懲戒理由として以下の記載がある。

① 　XのC（Y社の人事部でパート社員として勤務していた韓国籍の女性）に対する行為として指摘されたもののうち、Cの国籍に関する差別的言動及び「席の横に立たせて注意をする」、「人事部あるいはフロア全体に聞こえるような大声で怒鳴りつける」という注意の態様は、パワーハラスメント（以下（「パワハラ」）行為に該当するものと判断した。

② 　上記の他、遅刻が多い、出社してから20～30分ほどトイレにこもって化粧をしている、などの行為が確認されており、これらについても懲戒規定に抵触するものと判断した。

　本件は、Xが、本件懲戒処分は、懲戒事由が認められず、懲戒権の濫用（労働契約法15条）により無効であると主張し、Y社に対し、同処分の無効確認を求めるとともに、不法行為に基づき、損害賠償金200万円の支払を求めた事案である。

結　果

　一部却下。一部棄却。

コメント

　判決では、本件懲戒処分の無効確認の訴えについては、確認の利益を欠くとして却下された。一般的に、原告の請求に対し本案判決をすることが当事者間の紛争を解決するために有効かつ適切であるという訴えの利益がなければ民事訴訟を提起することはできず、訴えは却下される。特に確認訴訟における確認の利益については、確認判決が執行力をもたず紛争の実効的解決に役立たない場合が多く、対象も無限定に拡大しやすいことから、認められる場合は限定されている。例えば、確認訴訟以外の紛争形態がある場合には、確認の利益は原則として否定されるし、過去の法律行為の確認を求める訴えについても、原則として確認の利益を欠くと解されている。懲戒処分の無効確認については、懲戒処分歴が賞与・退職金支給、将来の昇給や次に懲戒処分を受ける際の要件等に具体的な影響を及ぼしている場合など、その無効確認を行うことが現に存する紛争の直接かつ抜本的な解決のため最も適切かつ必要と認められる場合には確認の利益を認める裁判例もある。本件では、Ｘが給付の訴え（不法行為に基づく損害賠償請求）を併せて請求していること、本件懲戒処分によって現在給与面・人事面で具体的な不利益が生じていないことから、懲戒処分の無効確認によって実効的な紛争解決は得られないとの判断により、確認の利益を欠くとの結論になった。

　また、懲戒処分が有効であるためには、就業規則に懲戒事由について定めがあり、これに該当する懲戒事由が存在すること、処分が社会通念上相当であることが必要である（労働契約法15条）。Ｘは、Ｂ弁護士により作成された調査報告書に記載された事実はなく懲戒事由は認められないと主張したが、判決は調査報告書の信用性を認め、Ｘの部下に対する叱責や言動がパワハラに当たると認め、Ｙ社による訓戒の懲戒処分を有効であると判断し、不法行為に基づく損害賠償請求は棄却した。

判　旨

1　本件懲戒処分の無効確認に係る訴えの利益について
　　本件懲戒処分の無効確認を求める訴えは、過去の法律関係の確認を求め

る訴えであるところ、確認訴訟における確認の対象となる法律関係は、原則として現在における法律関係であって、過去の法律関係については、現に存する紛争の直接かつ抜本的な解決のために最も適切かつ必要と認められる場合に限って確認の利益が認められると解するのが相当であり、また、確認の訴えの補充的性質に鑑みると、給付訴訟等の確認訴訟以外の紛争解決手段が存在する場合については、原則として確認の利益があるということはできない。

　　Xは、本件懲戒処分の無効確認を求めるとともに、本件懲戒処分が違法・無効であることを前提に、給付訴訟として不法行為に基づく損害賠償請求をしているのであり、無効確認の訴えにより過去の法律関係の確認をすることが、本件紛争の直接かつ抜本的な解決のために最も適切かつ必要な方法と認めることはできない。

　　また、XのY社における役職は本件懲戒処分時から課長のままで変動がなく、給付の面でも人事面でも不利益が生じているとは認められないことからすれば、Xに本件懲戒処分による具体的な不利益が生じていると認めることはできない。

　　したがって、本件訴えのうち本件懲戒処分の無効確認を求める訴えは、確認の利益を欠くものとして不適法である。

2　本件懲戒処分の有効性について

(1)　懲戒事由の存否について

　ア　認定できる事実

　　　Y社からパワハラ行為の有無及び評価について調査を依頼されたB弁護士は、概要、次の事実を認定し、本件報告書に記載した。

　(ア)　Xは、Y社における採用説明会の準備の際、準備の手伝いを断ろうとした者に対し、「他の人間より私を優先しろ」という趣旨の発言をした。

　(イ)　Xは、Cに資料のコピーを依頼したが、Cが付箋の付いた状態でコピーをしたことから、その数日後、Cを自らの席の横に立たせた状態で、「なぜ付箋をつけたままコピーして配ったのか」と叱責し、Cが「確認したじゃないですか」と述べたのに対し、「私がそんな指示をするわけがない」、「Cさんは自分のミスを認めない」などと叱責を続けた。

（ウ）　Xは、Cに対し、言葉遣い等のビジネスマナーについて、「『コ
　　　ピーしておきました』はカジュアル過ぎるから『コピーしました』と
　　　言いなさい、目上の人に対して『了解しました』と言うのは不適切だ
　　　から『承知しました』と言いなさい、『はい』は１回でよい」など
　　　と、人事部全体に聞こえる程度の大きな声で、繰り返し注意した。

（エ）　Xは、CがXの指示を受けて行った業務について、「そんな指示
　　　はしていない」と叱責し、その際、「あなた何歳のときに日本に来た
　　　んだっけ？日本語分かってる？」と発言した（以下、このXの発言を
　　　まとめて「本件発言」）。

（オ）　Xは、平成29年６月22日、人事部で購入した穴開けパンチが見当
　　　たらないとして、人事部の従業員に対して「心当たりのある人はいま
　　　せんか？」などと記載したメールを送信した。Cは、同穴開けパンチ
　　　を使用していたことから、Xが離席している間にXの席にこれを置い
　　　たが、Xは、Cが同穴開けパンチを置いたことを知ると、Cに対し、
　　　「何も言わずに置くのはだめでしょう」、「全員にメールを送ってくだ
　　　さい」、「私おかしいこと言ってる？」などとフロア全体に聞こえる程
　　　度の大声で怒鳴った。

（カ）　Y社の従業員は、上記（ウ）及び（オ）記載の行為の際、Cがト
　　　イレ等で泣いているところを見た。

　　　　B弁護士は、Y社の顧問弁護士であり、Y社から依頼を受けて調査
　　　を行った者であるが、同弁護士は、Y社から調査についての意見を聞
　　　くことなく調査を開始し、X及びXの部下に当たるパート社員のEか
　　　らそれぞれの言い分等を記載した書面の提出を受け、X及び上司のA
　　　人事部長が所属する人事部の従業員のみならず、他の部署の従業員か
　　　らも事情聴取を行った上で報告書を作成している。

　　　　そして、B弁護士による調査が中立性、公平性を欠くというべき具
　　　体的な事情はうかがわれず、また、上記のとおり調査は、複数の部署
　　　にわたるY社の従業員から事情を聴取して行われており、人事部にお
　　　ける人間関係にとらわれない調査方法が用いられているということが
　　　できる。さらに、報告書の記載内容は、詳細かつ具体的である上、事
　　　実認定に至る過程に特段不自然・不合理な点は認められない。

　　　以上によれば、報告書には信用性が認められ、記載された上記（ア）

～（カ）の事実を認めることが相当である。

イ　国籍に関する差別的言動について

　　本件発言は、その発言内容そのものが相手を著しく侮辱する内容であり、また、Ｃが日本国籍を有しない者であることからしても、同人に強い精神的な苦痛を与えるものというべきである。そうすると、本件発言は、Ｘが部下であるＣに対し、職場内の優位性を背景に業務の適正な範囲を超えて精神的、身体的苦痛を与えたものとして、パワハラに当たるというべきである。

ウ　Ｃに対する注意の態様について

　　ＸとＣは上司と部下の関係にあり、Ｘは、Ｃに対して行った業務上の指示やＣの態度等について、Ｃを自らの席の横に立たせた状態で叱責し、また、人事部全体に聞こえるような大きな声で執拗に叱責したことが認められる。

　　そして、報告書において認定された前記ア（イ）（ウ）及び（オ）の行為の態様、Ｘの行為後にＣが泣いていたことなどの事情に照らせば、ＸのＣに対する注意については、職場内の優位性を背景に業務の適正な範囲を超えて精神的、身体的苦痛を与え、又は職場環境を悪化させる行為をしたものとして、パワハラに当たるというべきである。

(2)　懲戒処分の手続について

　　Ｘは、本件懲戒処分を受けるに当たり、Ｂ弁護士から事実関係のヒアリングを受けたにすぎず、懲戒権者であるＹ社に対する釈明又は弁明の機会が与えられていないことから、Ｙ社の就業規則において必要とされる手続が履践されていない旨主張する。

　　しかしながら、Ｙ社の就業規則においては、「懲戒を行う場合は、事前に本人の釈明、又は弁明の機会を与えるものとする」との規定があるのみであり、釈明の機会を付与する方法については何ら定められていない。そして、本件懲戒処分に先立ち行われた調査は、法的判断に関する専門的知見を有し、中立的な立場にあるＢ弁護士が、Ｙ社から依頼を受けて行ったものであるから、釈明の機会の付与の方法として適切な方法がとられたということができ、Ｙ社の就業規則において必要とされる手続が履践されたというべきである。したがって、Ｘの主張は採用することができない。

（3）小括

　以上によれば、Ｙ社の就業規則所定の懲戒事由が認められる。また、懲戒事由に基づく訓戒の処分の相当性も認められ、手続上の瑕疵も認められない。

　したがって、本件懲戒処分が権利の濫用に当たり無効であるということはできず、Ｙ社のＸに対する不法行為も成立しない。

損害賠償請求事件

名古屋地判令2・2・17
（裁判所ウェブサイト）

事案の概要

　Yは、普通地方公共団体である。D（昭和58年生まれ、男性）は、平成25年4月1日、若年嘱託職員としてYの交通局に採用され、約1か月間の研修の後、交通局E工場の修車係台車B班に配属になった。Dの任用期間は、平成26年4月1日及び平成27年4月1日に、それぞれ1年間更新された。

　当時の台車B班は、チーフ1名、サブチーフ2名及び班員6名で構成されていた。チーフ及びサブチーフは、規程等に定めはないものの、通例、十分な知識や経験を有する職員から選ばれ、チーフは、班のリーダーとして現場作業に従事するとともに、他の職員への技術指導等を行う役割を担い、サブチーフは、チーフを補佐する役割を担っていた。台車B班のチーフは、Dの在職期間中、平成26年9月30日まではJ、同年10月1日からはKであった。また、台車B班のサブチーフのうち、1名は、Dの在職期間を通じてLであり、もう1名は、平成26年4月1日からMであった。

　Dは、平成27年4月13日、Y市内の公園の路肩に停車した自動車内で練炭を燃焼させ、一酸化炭素中毒により死亡した（以下「本件自殺」）。

　本件は、Dの母親であり唯一の相続人であるXが、Dの本件自殺は交通局における勤務中に受けたいじめ等により中等症うつ病エピソードを発病したためであり、交通局には安全配慮義務違反があったなどと主張して、Yに対し、債務不履行又は国家賠償法1条1項に基づく損害賠償として9056万4859円の支払を求めた事案である。

結　果

一部認容。

葬儀費用100万5318円、死亡慰謝料及びＸ固有の慰謝料2500万円、逸失利益4083万4611円、弁護士費用670万円。

コメント

本判決は、自殺したＤに対する業務指導の必要性は認めつつ、Ｌサブチーフによる言動は、業務上の指導として相当性を逸脱したものであると判断した。その根拠として、判決は、Ｄが若年嘱託職員であったこと、継続して長期間にわたり行われていたこと、怒鳴りつける強い口調であったこと、Ｄの自信を失わせる発言、将来への不安をあおる発言、Ｄを職場で孤立させる発言及び人格を否定する発言があったこと、面談が追及的ないし糾問的なものであったことなどを指摘しており、参考になる。

判　旨

1　うつ病の発症について

Ｄは、遅くとも本件自殺の時点では、うつ病エピソードの典型的な症状のうち、少なくとも抑うつ気分、易疲労性の２つが存したこと、さらにその他の一般的な症状のうち、少なくとも自己評価と自信の低下、罪責感と無価値感、将来に対する希望のない悲観的な見方、自傷あるいは自殺の観念や行為の４つが存し、これらのうち、自傷あるいは自殺の観念や行為を除く症状が２週間を超える相当期間継続していたことが認められる。そうすると、Ｄは、遅くとも本件自殺の時点において、軽症うつ病エピソードを発病していたものといえる。

2　業務起因性について

Ｄは、Ｅ工場に配属になり少しした段階で、Ｌサブチーフから「お前なんかあっち行っとれ」、「いつまでこの職場にいるんだ」、「まだいるのか」、

「辞めろ」などと言われた。

　また、平成25年8月12日には、Lサブチーフから「早くしろ」と大声で怒鳴られ、Dは、その翌日からしばらく出勤しなくなった。平成26年4月以降も、Lサブチーフから「辞めろ」、「まだ辞めないのか」、「こんなふうでは正規の職員になれないぞ」などといった嫌味を言われていた。

　このように、Lサブチーフは、Dに対し、DがE工場で勤務を開始して以降、継続して長期間にわたり、強い口調により怒鳴りつけ、職場には不要であるとしてDの自信を失わせる発言や、正規職員への登用が困難であるとして将来への不安をあおる発言、周囲から必要とされていないとしてDを職場で孤立させる発言、何らかの精神障害を抱えているかのような指摘をするなど人格を否定する発言をしていたものと認められる。

　そして、Lサブチーフのこのような強圧的な言動は、職場の上司ないし先輩による業務上の指導として正当化する余地がおよそないものであって、Dに対して過重な心理的負荷を与え続けるものであったことが明らかである。Dは、Lサブチーフの言動により継続的かつ長期間にわたり過重な心理的負荷を受け続けていたが、Lサブチーフの言動についてたびたび注意していたJチーフが異動した後、もはやこれに耐えきることができなくなり、うつ病エピソードの症状が顕在化し、これが進行していた。

　そのような中、平成27年4月10日に行われた面談において、Lサブチーフは、Dに対し、仕事ができていない、Dのミスによるピニオン蓋の変形の損害が60万円である、副主任に頭を下げさせた、Dとはみんな一緒に仕事をしたくないと思っている、何も考えずやる気があると言っておけばいいと思っているんだろう、などと述べた。Dは、これに対し、約20分間、返答することができずにいたが、LサブチーフとKチーフは、やる気があるのかと数回問い、Lサブチーフは、やる気がないなら辞める道もある、Jチーフらにまた頼るのであろうなどと述べると、Dは、ようやく「やる気はあります」と答えた（以下「本件面談」）。Dは、本件面談において、さらに相当程度の心理的負荷を受けたことが最終的なきっかけとなって、軽症うつ病エピソードの影響下で本件自殺に至ったものと認められる。

3　安全配慮義務違反、国家賠償法上の違法及び相当因果関係について

　労働者が労働するに際し、心理的負荷等が過度に蓄積すると、労働者の心身の健康を損なう危険があることから、使用者は、労働者に従事させる

業務を定めてこれを管理するに際し、業務の遂行に伴う心理的負荷等が過度に蓄積して労働者の心身の健康を損なうことがないよう注意する義務を負うと解するのが相当であり、使用者に代わって労働者に対し業務上の指揮監督を行う権限を有する者は、使用者の当該注意義務の内容に従って、その権限を行使すべきである。そして、このことは、地方公共団体と地方公務員との関係においても妥当すると解されるから、Yは、地方公務員が遂行する公務の管理に当たって、当該公務員の生命及び健康等を危険から保護するよう配慮すべき義務を負い、これに違反する行為は、国家賠償法上違法であるというべきである。

　前記のとおり、Dと同じ台車B班に所属していたLサブチーフは、正規職員として採用される前段階である若年嘱託職員であるDに対し、DがE工場で勤務を開始して以降、継続して長期間にわたり、強い口調により怒鳴りつけ、Dの自信を失わせる発言、将来への不安をあおる発言、Dを職場で孤立させる発言及び人格を否定する発言を行っていた。

　Lサブチーフは、Jチーフの前では、Dに対し、前記のような言動を行うことは控えていたようであるが、これらの言動は、LサブチーフとDとの間で秘密裡に職場内の誰にも気付かれないまま行われる類のものではない。また、実際に、Mサブチーフは、I係長に対し、LサブチーフのDに対する言動について問題提起をしているし、Jチーフも、I係長に対し、台車B班から台車A班に異動するに際して、LサブチーフとDを台車B班に残すことについて問題提起をしているなど、E工場の管理職において、Lサブチーフの問題ある言動を認識することは、十分可能であったものと認められる。

　そして、Lサブチーフの強圧的な言動は、指導として正当化する余地がおよそなく、Dに対し過重な心理的負荷を与え続けるものであることが明らかであるから、E工場の管理職ひいてはYは、継続的かつ長期間にわたるこのような言動によりDが既に相当強度の心理的負荷を感じていたことを優に認識できる状況であった。

　他方、Dは、就業開始から2年を経過しており、若年嘱託職員として最終年に入っていたにもかかわらず、減速機からピニオン蓋を取り外す際に作業手順を誤り蓋の変形を生じさせ、その報告も遅れていた以上、YがDに対して業務上の指導を行う必要性は認められる。しかし、本件面談は、

殊更にDの自信を失わせ、職場で孤立させ、Dの生じさせた損害額を具体的な根拠なく突き付け、Dの人格を否定して職場に居場所がないかの如く難詰し、長時間にわたって沈黙してしまったDに追い打ちをかけるようにやる気の有無を尋ね、さらには辞職の選択肢を示して決断を求めるというものであって、およそ業務上の指導としては行き過ぎた追及的ないし糾問的なものである。そうすると、本件面談は、業務上の指導として相当性を逸脱した、Dに対して殊更に心理的負荷を与えるものというほかない。

　よって、Yは、遅くとも本件面談の時点で、Dが、業務に関連して本件面談のような相当性を逸脱した言動を受ければ、精神障害を発病し、あるいは既に発病している精神障害の影響を強く受け、その結果として、自殺に及び得ることを予見可能であったものと認められる。

　そうすると、Yは、この時点において、Dに対して業務上の指導を行うに当たり、Dの生命及び健康等を危険から保護するため、本件面談のような相当性を逸脱した言動を回避すべき義務を負っていたというべきであり、そうであるのに前記の態様で本件面談が行われている以上、Dに対する安全配慮義務に違反したものというほかなく、国家賠償法上の違法がある。

4　過失相殺等による賠償額減額について

　LサブチーフがDに対し精神的に相応の負荷になり得る言動を行っていることについては、Dからの申告がなくても、交通局において把握することが可能であったところ、交通局が、Dに対し、Lサブチーフによる言動に関する聴取を行ったとか、それにもかかわらず、Dが敢えて回答をしなかったなどという事情は認められない。そして、Dが、E工場の管理職や相談窓口に対し、職場の先輩であるLサブチーフによる言動に心理的負荷を感じている旨、自ら積極的に申告することに躊躇を覚えるのは自然であり、安全配慮義務を尽くしたとはいえないYとの関係において、Dのこのような不申告を非難することは相当ではなく、公平の観点から賠償額を減額すべきであるとはいえない。

　また、Dは、自身の健康状態について、平成26年6月の健康診断の際、問診票を通じて一定の症状がある旨保健師に報告し、その後、同年8月にも保健師との面談を行うなどしているが、その際、自身の健康状態について、事実を隠蔽していたような事情は認められない。その後、Dは、本件

自殺に至るまで、自身の精神状態について自ら積極的に相談窓口を利用することまではしていないものの、前記のとおり、Dが心理的負荷を感じている原因は、交通局には申告しにくい類のものであり、特にYとの関係でこれを非難することは相当ではないことからすれば、賠償額を減額すべき事情であるとはいえない。

事案の概要

　Y1社は、ハウストマトの生産、トマトジュース等の製品加工やこれらの販売等を業として行っている特例有限会社である。Y2は、Y1社設立から現在に至るまで、Y1社の代表取締役社長の職にある。

　Y3は、Y2の長女であり、平成15年頃、自宅において経理関係の事務を中心にY1社の手伝いを行うようになっていたが、少なくとも平成21年4月からKが死亡した平成22年2月9日までの間、Y1社の常務取締役の職にあった。

　Kは、フルーツトマト等の生産農家であったY2に期間雇用職員として雇用され、Y2が平成14年10月23日にY1社を設立して個人事業を法人化したことに伴い、Y1社に入社した。Kは、平成16年10月1日、Y1社の統括責任者・統括部長に就任し、平成22年2月9日に死亡するまで、Y1社の従業員として、加工部のジュース製造部門と出荷部の監督等を担当していた。

　X1はKの夫であり、X2及びX3は、いずれもKの娘である。

　Y2は、平成21年4月、それまで自宅で経理を手伝っていたY3をY1社で勤務させるようにし、同時に金融機関に勤めていたY3の夫であるDを入社させた。Y2は、Y3とDにY1社を継がせることを意図して、Y3に常務取締役、Dに専務取締役の肩書を与えた。当初は2人とKの関係は悪くなかったが、徐々に意見の食い違いが発生するようになっていた。

　平成21年12月、Y1社では繁忙期である毎年12月は有給休暇を取得しないように指導していたところ、Y3及びDが有給休暇を取得し、家族旅行に行ったため、従業員らを代表して、KがY2に対し不満の声が上がっていることを伝えたことがあった。

　平成22年2月6日、Kは、Dに対し、同月7日及び同月8日に2日間の休暇を取得する旨を伝えた。Dは、Kの有給休暇取得を初めて知り、休みのため

自宅にいたY3に架電した。Y3は、自分たちが12月の休暇を取得したときにK
が不満を述べY2から注意を受けていたことから、自分たちと同様に繁忙期に
休暇を取得したKに対して不満を抱き、同日午後5時以降にY1社の事務所へ
行った。Kは、帰り際、Y3やKの部下であるFらがいた事務所内へ、同月7
日及び同月8日に休むため「よろしくお願いします」と言った。Y3は、Kに
対し、急な休暇取得のためにDが困っていること、12月の休暇を注意してきた
のにK自身が繁忙期に休暇を取得するのはいいのかということを話し、強く苦
情を述べた。Kは、Y2から許可を得ている旨反論したが、Y3は、Y2がKの休
暇取得を知らないと言っていると応じた。

　Kは、Y2に聞くために一旦事務所を出たところ、Y2と遭遇したため、Y3に
対し休暇取得を聞いてないと言ったのか尋ねたり、Y3が非常に怒っていると
伝えたりし、Y2とともに事務所の中へ入った。Y3は、Kに対し、自分が休む
ときは経理の仕事を終わらせていたとか、自分は非常勤だからとか、私は忙し
いときには、子どもが小さいのにご飯も作らずにカップラーメンを食べさせて
仕事をしていたのに、あんたは休むのかよという趣旨の発言をし、なおもKの
休暇取得につき不満を述べた。Y2は、Y3をなだめつつKをフォローする発言
をしていたが、Y3は、さらにKに対し休暇取得について強く不満を述べた
後、事務所の扉を強く閉めて退出した。その結果、Kは2月7日の休日の取得
は断念させられた。

　平成22年2月8日、Kは休日であったが、Dの提案により、K、Kの部下
であるE、D、Y3及びY2の5名で話合いが行われた。その席で、Y3は、持参
した文書をKに手渡し、それに基づいて話を始め、Kは、文書を黙って読みな
がらY3の話を聞いていた。Y3の話は、Kの仕事ぶりについて、トマトの収穫
量が少なくなって商品が不足している際に、取引先から注文の電話があったと
きに、居留守を使わないようにしてほしいこと、経費節約のためにトマトの保
管に使用している冷凍庫の使用をなるべく避けてほしいこと、パソコンの操作
により習熟してほしいことなどを述べ、統括責任者・統括部長という肩書に
あった仕事ができていない旨を述べた。なお、Y3の口調は、感情的で厳しい
ものであった。Y2は、Y3の指摘の後、Kに対し改善を求める旨の発言をし
た。

　平成22年2月9日午前3時30分頃、Kは、自宅にて自死した。

　X1は、平成24年2月2日、須崎労働基準監督署長（以下「須崎労基署長」、

226

官署を「須崎労基署」）に対し、Kの自死は、Kが、Y1社の常務取締役である Y3から、いわれなく、かつ強い叱責を受けたため、精神障害を発病したことに起因するとして、遺族補償年金等の労災受給申請を行い、平成24年11月20日、遺族補償年金等を支給する旨の決定がされた。

Xらは、平成29年4月27日、Kは長時間労働による心理的負荷がかかっている中で、Y3による平成22年2月6日及び同月8日のひどい嫌がらせ・いじめによって、業務上強度の心理的負荷を受け、精神障害を発病し、自死したとして、Y1社に対しては安全配慮義務違反に基づき、Y2及びY3に対しては安全配慮義務違反又は会社法429条1項に基づき、連帯して、損害賠償を請求する本件訴訟を提起した。

結　果

一部認容。

X1につき1891万2765円、X2及びX3につき各1537万6514円。内訳は、逸失利益1565万1155円、慰謝料2500万円から損益相殺782万5577円を差し引き、弁護士費用328万2556円を加え、遅延利息を元本に組み入れた金額。

コメント

本件は、Kの自死について、恒常的な長時間労働の中でY3からのパワーハラスメント（以下「パワハラ」）が行われたことを理由に、業務との相当因果関係を認め、Y1社の安全配慮義務違反（債務不履行責任）を認めている。相当因果関係の判断に当たっては、精神障害の労災認定の認定基準を用い、Y3からのパワハラによる心理的負荷は「中」であるものの、その前に恒常的な長時間労働があったとして、全体としての心理的負荷の強度を「強」と認めた。

また、Y2とY3については、従業員らの長時間労働を認識し又は容易に認識し得たにもかかわらず、これを解消すべき措置を講じなかった上、2月の出来事により強い心理的負荷を加えたとして会社法429条1項の責任を認めている点が特徴的である。

判　旨

1　本件精神障害の発病

　　高知労働局地方労災医員協議会第二専門部会は、Kが、平成22年2月6日及び同月8日のY3の言動や従前からの長時間労働を原因として、同日夜頃、重度ストレス反応（以下「本件精神障害」）を発病した旨の意見を述べている。また、Xらが提出した精神神経学会専門医のW医師作成の意見書でも、同旨の意見が述べられており、これらの意見は、十分に尊重されるべきものである。

　　加えて、Kは平成22年2月6日まで自死をうかがわせる言動をしておらず、むしろそれを否定し得る言動をしていたこと、アルコールや薬物等の依存症を含む健康状態については問題がなかったこと、家族関係は良好であったこと、Y1社における人間関係も殊更に悪いとはいえなかったこと、Kは同日の出来事でひどく落ち込んだ状態になり、同月8日の出来事の後もひどく落ち込んだ様子であったこと、Kが自死したこと、「ごめんね　会社をうらんではいけません　今まで長い間お世話になった所だから　感謝しなさいね」との書置きは遺書であると解されることなどからすれば、Kは、重度のストレスを受けた結果、2月8日の出来事の後から同月9日午前3時30分頃に自死するまでの間に、本件精神障害を発病したと認めるのが相当である。

2　相当因果関係について

（1）前提

　　本件では、須崎労基署によって、Kの自死について業務起因性が認められているところ、労働基準監督署による労災認定においては、行政通達によって定められた認定基準等に依拠した業務起因性の判断がなされている。かかる認定基準等は行政機関の内部基準であり、直ちに法規範性が認められるものではないが、精神障害の専門家である医師も参加して行われた精神障害に係る労災認定の基準に関する専門検討会での10回にわたる検討結果を踏まえて定められたものであるという経緯や認定基準自体の内容に鑑みると、合理性があると認められる。

　　したがって、本件精神障害を含む精神障害の業務起因性の判断をするにおいてもその合理性を否定する事情は特にないことから、本件精神障

害の業務起因性の判断についても認定基準（①対象疾病を発病していること、②対象疾病の発病前おおむね６か月の間に、業務による強い心理的負荷が認められること、③業務以外の心理的負荷及び個体側要因により対象疾病を発病したとは認められないこと）を踏まえた上で、これに依拠すべきでない特段の事情が存するか否かを検討するのが相当である。

（2）認定要件①について

本件精神障害は、認定基準における対象疾病に該当しており、認定要件①を充足する。

（3）認定要件②について

ア　平成22年２月６日と８日の出来事について

平成22年２月６日と８日の出来事はいずれも近接した時期に発生し、主にY3がKに対する業務上の不満を述べるようなものであることに加え、２月８日の出来事は２月６日の出来事を受けてDが実施を提案した話合いに関するものであることからすれば、一連一体の出来事としてこれを評価するのが相当である。

２月６日の出来事は、Y3が、Kに対し、12月の休暇を巡って好ましくない感情を抱いていたところに、繁忙期にKが無許可で休暇を取得したと誤信して、休暇取得について強く不満を述べたものである。Y3がかかる誤信をしてしまった原因は、Kが休暇取得をY3に伝えていなかったことやY2がY3に対しKの休暇を許可していない旨述べたことなどにもあることは否定できないが、Y3は従業員らのシフト作成を担当していたことを考慮すれば、容易にKの休暇取得を知ることができたのであり、少なくともK本人に冷静に事実確認をし、改めて必要な業務態勢を調整するよう話し合えば足りたにもかかわらず、突然激しい剣幕で怒鳴りつけたのであって、その責任は専らY3にあるといわざるを得ない。

取締役として、従業員の休暇取得の在り方について個別具体的な指導等を行う業務上の必要性が認められる場合があることは一般論としては存するが、Kは、社長であるY2から事前に許可を得て休暇を取得していたものであり、誤信に基づくY3の言動は、指導としての必要性を欠いており、その内容の激しさからして、責任感が強く真面目な性格で

あったKにおいて、許可を得ていたはずの休暇を返上せざるを得なくなったのは自然な流れであって、誤解に基づく叱責が不当であることはもとより、従業員に休暇を撤回させる効果を事実上有していたことに鑑みれば、客観的にみて極めて理不尽なものであったといわざるを得ず、これに加えて、自身と比較してKの方が優遇されているといった趣旨の発言を強い口調で行ったことも加味すれば、明らかに指導の範疇を超えるものであったというべきである。

　さらに、Y1社はY2を中心とした所謂家族経営の会社であり、Y2の跡を継ぐのは長女のY3とその夫であるDであることは、当然の前提となっていたことや、Y2によるフォローがY3に有効に作用しなかったことをも考慮すれば、長年にわたってY1社に献身してきたKにとって、次期後継者と目されるY3から理不尽な指導を受け、人間関係が著しく毀損されたと感じられる言動をなされれば、そのストレスはすこぶる大きかったというべきである。

　2月8日の出来事は、2月6日の出来事を受け、DがY2に提案し実施に至った話合いの場において、Y3が、Kに対し、業務上の改善点を厳しく伝えたというものである。

　取締役として、Y1社の業績を向上させるため、従業員に対し、業務遂行方法の改善点を指摘するなどして、個別具体的な指導等を行う業務上の必要性は一般論としては認められる。しかしながら、そもそも、2月6日の出来事において、理不尽に怒鳴りつけて、休暇を撤回させた状況に追い込んでおきながら、その心情に配慮することなく、休日であったKを呼び出し、特段の緊急性もなかった個別具体的な指導を行う経緯自体が不適切なものである。その内容としても、経費節約とレンタルの冷凍庫の使用に係る点は、農業というY1社の事業の性質や、取締役らの経営者側が取り扱うべき事項であることなどを考慮すれば、Kが統括責任者・統括部長というY2に次ぐ地位にあったとしても、不当な改善要求といわざるを得ず、必要性を肯定し得ない。

　そして、感情的で厳しい口調で改善点をまとめた文書を読み上げるというのは、指導の方法としては相当とはいい難い。2月8日の出来事におけるY3の言動は、業務指導の範囲を逸脱する内容が含まれており、全体的な言動も相当とは認め難い。

また、ミスを他の従業員の責任にしたことや他の従業員から聞いたKに対する苦情などを伝えた点については、企業秩序の維持や職場環境の改善等のために必要性が認められる余地があるものの、前提となる事実関係の調査を尽くした上で他の従業員らの苦情が事実に基づく相当なものか、相当であるとしてどのようにKに伝えるかなどを慎重に検討すべきであるのに、2月6日の出来事から同月8日までのわずか2日間という短期間に文書にまとめ、Kに対しこれを交付するのみで特段の説明もしなかったという方法は、業務上の指導としては相当とはいえない。

なお、Y3が、Kに対し、取引先から注文の電話があったときに居留守を使わないようにすべきこと、パソコンの操作により習熟すべきことを伝え、統括責任者・統括部長としての地位に相応しい仕事をすべきことを指導したこと自体には必要性が認められるものの、上記と同様に指導の方法が相当であったとはいい難い。

そうすると、2月6日の出来事で強いストレスを受け、休みであったにもかかわらずやむなく所定の終業時刻後に出勤した挙げ句、次期後継者と目されるY3から、全体的にみて不相当な方法で指導が加えられたことからすれば、Kに加えられたストレスは、非常に強いものであったと認められる。これは、帰宅後のKの落ち込んだ様子からも裏付けられる。

もっとも、2月の出来事は、いずれも短時間で終了したものであり、回数も2回に留まり、人格攻撃に至っているとはいえないことなども考慮すれば、Yらによる執拗な個人攻撃とまではいえない。

したがって、2月の出来事は、一連一体の嫌がらせとみて評価し、心理的負荷の強度は、認定基準における「中」とするのが相当である。

イ　恒常的な長時間労働について

Kの労働状況については、①平成21年11月1日から同月16日までの16日間、②同月24日から同年12月9日までの16日間及び③平成22年1月2日から同月14日までの13日間、いずれも連続勤務を行っていること、自死の3か月前には時間外労働時間が104.26時間であることが認められ、その後も49時間、66時間と相当程度の時間外労働時間が認められる。

そして、Kの業務内容は多種多様であり、それ自体で精神的、肉体的な負担を生じさせるものといえること、特に、他の従業員や外国人実習

生の指導は、相手方の状態に配慮しつつ業務上必要な注意や助言を有効に行う必要があり、精神的な負担は大きいといえること、統括責任者・統括部長という職責も、Kに相応の精神的負担を生じさせるものといえることが認められる。したがって、業務内容は、通常の労働者を基準として、心身に相応の負荷が掛かるものであり、労働密度が低いという事情もない。

　以上のとおり、Kには、上記アの出来事の約3か月前には月100時間を超える時間外労働があり、その後も相当程度の時間外労働時間や連続勤務がある上、業務内容も心身に相応の負荷が掛かるものであったことが認められるのであり、このようなKの労働状況等を総合評価すれば、上記アの出来事の心理的負荷を全体として増加させるものであり、恒常的な長時間労働があったとの要件を満たすものといえる。

ウ　総合評価

　以上のとおり、認定基準に基づき心理的負荷を総合評価すると、（ひどい）嫌がらせ・いじめと評価される出来事の前に恒常的長時間労働があり、当該出来事の直後に本件精神障害の発病が認められ、心理的負荷の強度は「強」と評価される。

　したがって、認定要件②を充足する。

(4) 認定要件③について

　Kは平成22年2月6日まで自死をうかがわせる言動をしておらず、むしろそれを否定し得る言動をしていたこと、アルコールや薬物等の依存症を含む健康状態については問題がなかったこと、家族関係は良好であったこと、Y1社における人間関係も殊更に悪いとはいえなかったこと、Kは2月6日の出来事でひどく落ち込んだ状態になり、2月8日の出来事の後もひどく落ち込んだ様子であったこと、Kが自死したこと、本件書置きは遺書であると解されることなどが認められるところ、本件精神障害の発病に関与したと考えられる業務外の出来事はなかったと認められる。したがって、認定要件③を充足する。

(5) 結論

　そして、本件においては、認定基準に則って相当因果関係（業務起因性）を判断することにつき、これに依拠すべきでない特段の事情が存するとはいえない。

したがって、本件精神障害は、相当因果関係（業務起因性）が認められる。

3　被告らの安全配慮義務違反について

　(1)　前提

　　　使用者は、その雇用する労働者に対し、労働契約に基づき、労働者の生命及び健康等を危険から保護するよう配慮すべき信義則上の義務すなわち安全配慮義務を負うと解されるところ（陸上自衛隊事件　最三小判昭50.2.25民集29巻2号143頁　労判222号13頁参照）、かかる義務には、使用者が、労働者に対し、従事させる業務を定めてこれを管理する際、業務遂行に伴う疲労や心理的負荷等が過度に蓄積して労働者の心身の健康を損なうことがないよう注意する義務が含まれ、使用者に代わって労働者に対し業務上の指揮監督を行う権限を有する者は、使用者の上記義務の内容に従って、その権限を行使すべき義務を負うと解される（電通事件　最二小判平12.3.24民集54巻3号1155頁　労判779号13頁参照）。

　　　したがって、Y1社は、Kに対し、長時間労働による疲労や業務上の心理的負荷等が過度に蓄積しないように注意ないし配慮する義務を負っており、Y1社の代表取締役であるY2及び取締役であるY3は、Kに対し業務上の指揮監督を行う法的権限を有していたため、Y1社が負う上記義務に従ってかかる指揮監督権限を行使すべき義務を負っていたと認められる。

　　　そして、使用者が労働契約に基づき労働者に対して負う安全配慮義務は、労働者の職場における安全と健康を確保するために十分な配慮をなす債務であり、かかる目標を達成するために必要かつ相当な措置を講ずる債務であることからすれば、本件のように、労働者が精神障害を発病しこれによって自死した事案については、個別具体的な状況において、労働者が心身の健康が損なわれることによって何らかの精神障害を発病する危険な状態が生ずることにつき、使用者において予見可能であることが求められると解するのが相当である。

　(2)　Kが受けた業務による心理的負荷

　　　認定基準に基づき心理的負荷を評価すると、既述のとおり、Kが受けた業務による心理的負荷の強度は、「強」と評価される。

（3）予見可能性について

　　Kが自死前の6か月間における時間外労働によって相応の心理的負荷を受けていたことは、労働時間をタイムカードによって管理していたことや、業務内容を業務日誌等で把握していたことから、Yらにおいて認識し又は容易に認識することができたというべきである。

　　また、代表取締役であるY2と常務取締役であるY3が2月の出来事の当事者であり、専務取締役であるDも関与していたことからすれば、Yらにおいて、この出来事によってKが相応のストレスを受けることを認識し又は認識することができたというべきである。

　　そして、時間外労働と2月の出来事による心理的負荷の強度が「強」と評価されるものであるから、Yらにおいて、Kが心身の健康を損ない、何らかの精神障害を発病する危険な状態が生ずることにつき、予見できたといえる。

（4）小括

　　Y1社は、Kに対し、長時間労働による疲労や業務上の心理的負荷等が過度に蓄積しないように注意ないし配慮する義務を負っていたにもかかわらず、Kに長時間労働を行わせつつ不相当な指導を行い、かかる義務に違反したと認められる。

4　Y2及びY3の会社法429条1項責任について

　　Y1社のKに対する安全配慮義務は、労働基準法、労働安全衛生法及び労働契約法等の各法令からも導かれるものであるところ、Y1社の取締役であるY2及びY3は、Y1社に対する善管注意義務として、Y1社が上記安全配慮義務を遵守する体制を構築すべき義務を負っていたと解される。

　　Y1社における労務管理についてみるに、労働時間については従業員らが打刻していたタイムカードによって管理を行っていたことが認められ、労働内容については従業員らが記載していた業務日誌、ジュース製造従事者記録やジュース製造記録によって把握していたことが認められる。

　　しかしながら、長時間労働の解消等について特段の指導や改善を行っていたことや、部下に対する指導の在り方について研修等を行っていたことは認められず、Y1社においては、業績向上を目指してトマトの栽培面積拡張や新工場の建設等を行う一方で、適切な労務管理体制を構築する措置を執ってこなかったことが認められる。

そして、Y2及びY3は、Kを含む従業員らの長時間労働を認識し又は容易に認識し得たにもかかわらず、これを解消すべき措置を講じなかったものであり、また、2月の出来事においてKに対し強い心理的負荷を加えたものであって、安全配慮義務違反において求められる予見可能性も認められるといえる。したがって、Y2及びY3は、Y1社に対し負っていた上記義務に違反したといえる。

　Y2及びY3は、上記3のとおり、いずれもKの時間外労働時間及び業務内容並びに2月の出来事の内容を認識し又は認識できたのであり、Y1社の規模を考慮すれば取締役において容易に認識し得たものである。したがって、上記義務違反には故意又は重過失が認められるというべきである。

　したがって、Y2及びY3は、いずれも会社法429条1項に基づく損害賠償責任を負う。

5　過失相殺について

　Kは、管理監督者に該当せず、また、必要に欠ける早朝出勤及び休日出勤を繰り返していたと認められないから、過失相殺をすべき事情は見当たらない。

　なお、Kの自死に繋がった直接の出来事が2月の出来事のみであり、唐突な行動とみられなくはないが、Kに本件精神障害の発病を促進するような基礎疾患等があったとは認められず、Kが長期間にわたってY1社で勤続し、かつ、統括責任者・統括部長の地位を支障なく務めていたことに鑑みれば、Kの脆弱性を持ち出して、過失相殺ないし、その法理を類推すべき根拠もない。

6　Xらの損害

（1）逸失利益

　　　1565万1155円

（2）慰謝料

　　　2500万円

（3）損害金合計

　　　4065万1155円

　Xらの相続したKの損害賠償請求権は、X1は2032万5577円、X2及びX3は各1016万2789円となる。

（4）労災保険給付による損益相殺

　遺族補償年金は、Kが自死した時点において、Kの逸失利益等の消極損害の元本に充当されたとみて、損益相殺的な調整を行うべきである。なお、かかる調整においては、遺族補償年金の趣旨から、費目間での流用や受給者であるX1以外の者の相続分に対する損益相殺は許されない。

　したがって、X1が相続したKの逸失利益（782万5577円）につき、Kが自死した日（平成22年2月9日）に1676万2795円の填補がなされたとして、損益相殺的な調整をすることが相当である。

　以上より、Xらの損害は、X1につき1250万円、X2及びX3につき各1016万2789円となる。

（5）弁護士費用

　X1につき125万円、X2及びX3につき各101万6278円

（6）遅延利息の元本組入れ及び損害金の元本

　Xらによる3回の遅延利息の元本組入れが認められる。

　したがって、損害金の元本は、X1につき1891万2765円、X2及びX3につき各1537万6514円となる。

福生病院企業団（旧福生病院組合）事件

東京地裁立川支判令 2・7・1
（労判1230号5頁）

事案の概要

　Y企業団は、地方公営企業法上の企業団であり、本件病院を設置、運営する主体である。

　A事務次長は本件病院の事務次長として、B事務長はその事務長として、C庶務課長はその庶務課長として、それぞれ勤務していた者である。事務長は、所属職員を指揮監督する職責があるとともに、事務部でのハラスメント防止責任者である。事務次長は、事務長を補佐するとともに、事務長不在の際にはその職務を代理する職責がある。庶務課は、部内庶務に関することや職員の労働安全衛生に関すること等を所掌する部署であり、その課長は、所属職員を指揮監督する職責を有している。

　Xは、平成17年４月にY企業団が運営する本件病院の職員として任用され、本件病院において勤務をしている。平成28年10月から平成29年２月当時は、本件病院の事務部D課長の地位にあった。

　A事務次長は、平成28年10月から平成29年２月にかけて、Xに対して、次のような発言をした。

①　平成28年10月28日、B事務長、A事務次長、C庶務課長、X及び他１名が出席する会議において、A事務次長は「うそつきじゃないの」、「えらそーにいってんじゃねーよ。ばーか（ペンで机を叩く。）」などの発言を約14分間にわたり行った（以下「発言１」）。

②　平成28年11月10日、XがA事務次長に対して説明及び報告を行った際、A事務次長は、算定漏れの事実を指摘しながら、「何一つ出来もしない一番程度の低い人間」、「生きてる価値なんかない」などの発言を約40分間にわたり行った（以下「発言２」）。

③　平成28年12月９日、B事務長、A事務次長、C庶務課長、X及び他１名が

出席する事務部調整会議において、Ａ事務次長は、Ｘに対し、業務の遅れについて叱責する文脈で、机をたたく動作を交えつつ、「なめてるのお前」、「何でおめーみていな馬鹿のため謝んなきゃいけねーんだよ」などの発言を約10分間にわたり行った（以下「発言３」）。

④　平成28年12月９日、上記③の会議の後、事務室内において、Ｘが自席にいたＡ事務次長に対し、報告を行った際、Ａ事務次長は、Ｘに対し、「こんな馬鹿でもできることすらも。ていうか責任感ないよね」、「切っちゃうからいーけどさ。そーいうことは未来なくすからいいけど」などの発言を約15分間にわたり行った（以下「発言４」）。

⑤　平成29年１月24日、ＸがＡ事務次長に対して報告を行った際、Ａ事務次長は、Ｘの作成した資料の不備を指摘する文脈で、「俺から見るとぶっ飛ばしてーよ」、「下がるか、この病院から去って欲しいよ。そこの根本的なところが変わらない人間はもう失格なんだよ」などの発言を約50分間にわたり行った（以下「発言５」）。

⑥　平成29年１月26日、ＸがＡ事務次長に対して報告を行った際、Ａ事務次長は、「お前の人間性って全然甘い」、「全然わかってないよ。あまいよ。何様なんだよ。世の中なめてんじゃねえよ。馬鹿野郎」、「ただ課長としての仕事しろよな。やんなかったら懲戒分限処分てのをかけるからよ。どんどん」などの発言を約54分間にわたり行った（以下「発言６」）。

⑦　平成29年２月27日、ＸがＡ事務次長と打合せを行っていた際、Ａ事務次長は、Ｘに対し、書類の内容についての指摘をしつつ、「一回、精神科行ったらー」、「本当に迷惑、頼むから降格処分してくれよ」などの発言を約１時間14分にわたり行った（以下「発言７」）。

平成29年４月17日に、Ｘは、適応障害で３か月間の休養が必要との診断を受け、同日から同年７月16日まで３か月の病気休暇を取得した。Ｙ企業団は、同月15日付で、Ｘに対し、同月16日から同年10月15日までの期間、休職を命じた。

Ｘは、平成29年７月27日及び同年８月19日付で、原因となった上司と直接関わりを持たなければ、職場復帰が可能であるとの診断を受けた。Ｙ企業団は、同月21日付で、Ｘに対し復職を命じた。

なお、Ｂ事務長及びＣ庶務課長は発言１及び発言３がなされた会議に出席していたが、Ａ事務次長の発言に対して、制止や注意等はしなかった。Ｂ事務

長はＡ事務次長に対し、Ｘの休職後にこの時代ではこの言葉を使うとパワーハラスメント（以下「パワハラ」）になりうるとの注意を行った。

本件は、Ｘが、（1）Ａ事務次長からパワハラを受け、さらに（2）Ｂ事務長及びＣ庶務課長が、Ａ事務次長のパワハラ行為について適切な対応をとらなかったとして、Ｙ企業団に対し、上記（1）につき国家賠償法１条１項及び上記（2）につき債務不履行（安全配慮義務違反）に基づく損害賠償を求めた事案である。

結　果

一部認容。

治療費等13万5580円、通院交通費等２万5802円、休業損害71万7482円、慰謝料100万円、弁護士費用19万円の合計206万8864円。

コメント

本件では、ＸがＡ事務次長の発言を録音していたため、判決は、上記①〜⑦の発言について詳細に認定している。これらの発言については、一部について業務上の必要性が認められるものの、いずれも業務の適正な範囲を超えて精神的、身体的苦痛を与える行為であると認定されている。Ｙ企業団は、Ａ事務局次長とＸが良好な関係であったとか、Ｘの成長を願って述べた言葉であったと主張したが、違法性を否定する理由にはならないと指摘されている点も参考になる。

また、Ｂ事務長がＡ事務次長のパワハラを認識していながら注意・指導等を行わなかった点について、安全配慮義務違反を認め、パワハラによる慰謝料とは別個に慰謝料が命じられている。

1　A事務次長の行為の違法性

（1）前提

　　Y企業団は、特別地方公共団体（一部事務組合）であり、その職員に対する指揮監督ないし安全管理作用は、国家賠償法1条1項にいう「公権力の行使」に当たると解される。

　　そして、一般に、パワハラとは、同じ職場で働く者に対して、職務上の地位や人間関係等の職場内の優位性を背景に、業務の適正な範囲を超えて、精神的、身体的苦痛を与える又は職場環境を悪化させる行為をいい、この限度に至った行為は、国家賠償法上も違法と評価すべきである。

　　本件で、A事務次長は、Xの直属の上司であり、両名の会話の録音反訳におけるやり取りの内容や、このときの双方の態度に鑑み、A事務次長がXの報告を受け、助言をするような優位の立場であったことは、明らかというべきである。

（2）発言1について

　　A事務次長による発言1は、平成28年9月の地区別ベースの患者数と請求ベースの患者数の差異について、事務部調整会議において、Xに対し、担当課長として説明を求めた際のものと認められる。その際のXの説明は、要領を得ない説明内容であったため、Xに対し、事実関係を把握した的確な報告をするよう求めることは、上司であるA事務次長の職責の範囲内のものというべきである。A事務次長が、Xに対し、「何でどうしようとしたの結局」、「いつまでたっても直ってない現状に対して、ホウレンソウもなくて。何もしないで。やってるのが、現実のD課なの。それで、結局、経理が分かるってこと。おかしいぜ、そのロジックどう考えても」などと発言した部分は、XがD課長として現状把握が不十分であること、対応策を十分検討していないこと等を指摘するものであって、業務上の必要性を否定することはできないものというべきである。

　　もっとも、発言1の内容は、Xが嘘つきである、偉そうに言っているからむかつくなどと叱責ないし罵倒するものであって、ペンで机を叩く動作も交えられたものであった。加えて、他の管理職が居合わせる会議

の最中に、14分間近くにわたって厳しい叱責や侮蔑的な発言をし、Ｂ事務長が文書での提出を命じて締め括ろうとした後も、さらに非難を続けたのであり、このような発言１の内容や態様からすると、発言１は、業務上の必要性を超え不必要にＸの人格を非難するに至っているものと認められる。Ｘが、殊更に虚偽を述べたというべき様子はないことをも考慮すると、発言１は、職場内の優位性を背景に、業務の適正な範囲を超えて精神的、身体的苦痛を与える行為に当たるものと認められる。

　したがって、発言１は、国家賠償法上違法というべきである。

（3）発言２について

　Ａ事務次長は、発言２の中で、Ｘが算定漏れの事実について作成した報告書を見て、「何一つ出来もしない一番程度の低い人間が一番偉いって俺には聞こえるからむかつくんだよ」、「まともなこと一つもできもしねえ人間が」、「何気取ってんの。だから無理だって言ってんだ。だから、あなたが書いてくんのはすべて見て腹も立つ。全部嘘だもん俺から言わせりゃ」と述べた。

　さらに、その後、報告とは無関係のメディカルアシスタント（以下「ＭＡ」）の定年退職年齢に関することを持ち出し、「おめーが馬鹿だからだべや。おめえの管理不足だからそんなってることを俺はいってんだよ」と言い、「一番恥なんだよ。人として」、「お前みたいな嘘つきはいないよ。嘘つきと言い訳の塊の人間なんだよお前」、「生きてる価値なんかないんだから」などという発言をしている。

　このときのＡ事務次長の発言のうちには、報告書の記載に対する指摘や問い質し、管理職としての態度に対する注意を意図する部分も含まれるものの、「何一つ出来もしない一番程度の低い人間」、「人として恥」、「嘘つきと言い訳の塊の人間」、「生きてる価値なんかない」などという罵倒を含むに至っており、これらの発言は、個別の行為や業務態度に対する具体的な注意という範疇を超えて、人格全体に対する攻撃、否定に及んでいるというべきである。

　また、Ａ事務次長の叱責及び罵倒は、机を叩く威圧的な動作も交え、報告事項と無関係な事柄も引き合いに出しつつ、約40分間という長時間に及ぶものであった。

　したがって、Ａ事務次長による発言２は、そもそも業務上の必要性が

あるとはいい難いものであり、業務の適正な範囲を超えて精神的苦痛を
与えるものとして、国家賠償法上違法な行為であると認められる。

(4) 発言3について

発言3は、事務部調整会議内において、XがD課業務に関する報告を
したところ、A事務次長が、患者満足度調査の集計が遅れたことについ
て、叱責をしたものである。しかし、Xが患者満足度調査の集計を遅滞
していたと認めることはできない。

A事務次長は、この日の会議において集計結果が出されなかったこと
につき、「なめてるのお前」、「何でおめーみていな馬鹿のため謝んなきゃ
いけねーんだよ」、「責任とってないの。よくよく考えた方がいいんじゃ
ねえか」などと発言した。しかも、発言3は、机を叩く動作を交えつ
つ、他の管理職の居合わせる会議の場で、約10分間にわたってなされた
ことにも鑑みると、発言3は、合理的理由なくなされた罵倒で、態様と
しても明らかに社会的許容限度を超えていると評価すべきであり、業務
の適正な範囲を超えて精神的苦痛を与えるものであるというのが相当で
ある。

したがって、A事務次長による発言3は、国家賠償法上違法な行為で
あると認められる。

(5) 発言4について

発言4は、上記(4)にかかる事務部調整会議の後、Xが、事務次長席
において報告を行おうとした際のものである。このとき、A事務次長
は、Xの業務である、①MAの出退勤管理、②救急業務連絡委員会の資
料、③個人情報保護委員会の開催について、それぞれ言及しているが、
これらについて、Xが叱責を受けるべき理由は認められない。

そして、発言4におけるA事務次長の発言は、Xが患者満足度調査に
関する資料を提出しようとするのを遮って、報告と無関係の事柄を持ち
出して仕事ができないと詰り、「こんな馬鹿でもできることすらも。てい
うか責任感ないよね」、「切っちゃうからいーけどさ。そーいうことは未
来なくすからいいけど」、「最低だね。人としてね。で、一個は言い訳と
嘘をつきっぱなしだよ」などと、業務上の能力や態度に対する注意とし
ての限度を超え、人格否定にも及ぶ著しく侮辱的な内容や、脅しを含め
た内容を述べるものであり、特にMAの出退勤管理の部分については、X

のわずかな返答にも長い非難を連ね、一方的に罵ったと評価すべき態様
である。

　発言4は、A事務次長とXの2名のみのやり取りであり、時間は約15
分間と、2名のみのやり取りのうちでは比較的短時間であるが、発言が
なされた場所は事務室内の事務次長席であり、他の管理職や、Xより下
の地位の職員が多数在席する中であったと認められる。このような中
で、業務上叱責の必要性が認められないにもかかわらず、上記のように
人格否定にも及ぶような言葉を含めて、管理職としての資質や姿勢を否
定するような叱責の仕方をされていることからすると、これは業務の適
正な範囲を超えて、Xに精神的苦痛を与えるものに他ならないというべ
きである。

　なお、A事務次長の発言には、出退勤管理はこまめに入力する、短時
間の会議のための資料は分量を絞るなど、業務に関する建設的な示唆が
含まれている面もある。しかしながら、これら業務改善のための助言
は、それ自体適切ではあっても、叱責の形で伝える必要はなく、まして
や上記のような侮蔑的な態様で伝えることが許されるものではない。

　よって、A事務次長の発言4は、国家賠償法上違法な行為であると認
められる。

(6)　発言5について

　発言5は、Xが、新課設立に伴う事務分掌について、資料を提出した
際のものである。A事務次長は、当該資料について、Xが機能評価を内
容に掲げたことを叱責し、さらに管理職としての在り方について叱責し
たものである。A事務次長は、Y企業団の事務分掌の考慮要素の重要性
等について、Xを指導する必要を感じたものであり、その必要性自体を
全面的に否定することはできない。

　しかしながら、A事務次長は、発言5において、Xについて「失格」、
「失格者」と繰り返し、「一体君は嘘つくのが8割嘘つきなんだから、2
割の本当は何なんだ」、「人として恥ずかしくねーかよ」、果ては「精神障
害者かなんかだよ」などと、資料に関する指摘とはかけ離れ、Xの人格
を否定する言葉をあからさまに並べている。

　その他にも「テメーの言うことが誰が聞くんだ馬鹿」、「俺から見ると
ぶっ飛ばしてーよ」、「何様なんだよ」などという侮蔑的にすぎる発言

や、「下がるか、この病院から去って欲しいよ。そこの根本的なところが変わらない人間はもう失格なんだよ」、「お前なんかだれも課長だと思っちゃいねえぜ」、「誰もお前には期待していない」と、劣等感を煽り、暗に降格を促すような発言をしている。これらは、約50分間もの長時間にわたり、かつその大半において、A事務次長が一方的にXを責め続けるという態様のものであって、業務の適正な範囲を超えて精神的苦痛を与える行為であることは明らかである。

したがって、A事務次長の発言5は、国家賠償法上違法な行為であると認められる。

(7) 発言6について

発言6において、A事務次長は、「お前は本当にひどい人間だね。俺こーんな最低な子と思わなかったよ」、「お前の人間性って全然甘い」、「うそつきなんじゃないの。君は、いつも嘘をついてきてんじゃないの」、「言い訳と嘘の塊」と発言しており、これらも、共用ディスク整理の方針検討や、それに関する管理職としての資質に関する注意という域を超え、性格や人間性といった、人格の否定に至る言葉であるというのが相当である。

さらに、A事務次長は、「全然わかってないよ。あまいよ。何様なんだよ。世の中なめてんじゃねえよ。馬鹿野郎」、「嘘ついてるんですか。そうやって。追い詰められれば、すぐ、そういう嘘をつく」、「ただ課長としての仕事しろよな。やんなかったら懲戒分限処分てのをかけるからね。どんどん」など、罵倒や脅しというべき言葉を交え、約54分間にわたって、Xを一方的に責め続けたものである

A事務次長の発言6は、そもそも業務上の指導の必要性があるといい難い事項について、Xの人格を否定する言動をしたものであり、国家賠償法上違法な行為であると認められる。

(8) 発言7について

発言7は、Xが個人情報保護方針改訂の資料を持参したことに端を発するものであり、さらにXによる人事評価にも及んでいる。A事務次長が、直属の上司として、Xの管理職としての業務の問題を正すことは、業務上必要性がなかったとは認められず、その限度において、発言7について、業務上の必要性が全くなかったということはできない。

しかしながら、A事務次長は、発言7において、「一回、精神科行ったらー」、「病気なんじゃねーの」、「人として信じられないんですけど。あなた自身が。その狂い」、「わりいけど病気なんかもしれんけど、そういうのはできない子かもしれんけど、迷惑なんだよー」と発言しており、これらが業務上必要な注意の域を超えた人格否定であることは明らかである。

　さらに、それにとどまらず、「わからない脳みその中身なの」、「お前は悪いけどD以下」などという侮蔑的な発言、「できないなら、できないって言ってくれよー。自分で降りてくれよ頼むから」、「本当に迷惑、頼むから降格処分してくれよ」、「来年1年たったら、自分で出せ」などと、発言5以上に強く降格を促すような発言を含め、約1時間にわたって強い語調で、一方的に暴言を浴びせかけたものである。

　このような発言内容を踏まえると、A事務次長の発言7は、職場内の優位性を背景に、業務の適正な範囲を超えて、精神的、身体的苦痛を与える行為に当たり、国家賠償法上違法な行為であると認められる。

(9)　Y企業団の主張について

　Y企業団は、XとA事務次長とは、従前から旅行に同道するような良好な関係にあり、A事務次長は、その信頼関係に基づき、Xの管理職としての成長を願って注意を繰り返した旨主張する。

　確かに、両名には以前から面識があり、四国旅行やゴルフを共にしていたことが認められるが、このような点を考慮しても、そもそも業務上の必要性が認め難いにもかかわらず、A事務次長においてXを罵倒するなどしたことがあり、また、業務上の必要が認められる場合においても、業務の適正な範囲を超えて叱責を繰り返したものであると認められるから、発言1ないし発言7について国家賠償法上の違法性を否定することはできない。

　また、A事務次長が、精神障害者、言い訳と嘘の塊の人間、生きている価値がない等という、親身な相談相手としてはおよそあり得ない言葉を連ねていたことからすると、仮にA事務次長が内心ではXの管理職としての成長を願っていたとしても、それを理由としてA事務次長の発言の違法性を否定することはできない。

2　A事務次長の行為とXの適応障害との因果関係

　　Xは、適応障害の診断を受け、産業医は、A事務次長のパワハラが誘因であると判断している。

　　Xは、A事務次長のパワハラ行為が原因で適応障害を発症したというべきであり、A事務次長の行為とXの適応障害との間には、相当因果関係が認められる。

3　B事務長及びC庶務課長の行為についての安全配慮義務違反

（1）一般に、使用者は、従業者に従事させる業務を定めてこれを管理するに際し、業務の遂行に伴う疲労や心理的負荷等が過度に蓄積して従業者の心身の健康を損なうことがないよう注意する義務を負う。そして、使用者に代わって従業者に対し業務上の指揮監督を行う権限を有する者は、使用者の上記注意義務の内容に従って、その権限を行使すべき義務がある。

（2）B事務長は、事務長として、病院の事務を掌り、所属職員を指揮監督する職責を有しており、Xの上司の立場であるほか、事務部でのハラスメント防止の責任者でもあったことが認められる。このことからすると、B事務長は、使用者に代わって従業者に対し業務上の指揮監督を行う権限を有する者であったと認められる。

　　そして、B事務長は、発言1及び発言3の行われた会議に同席していたほか、事務室内でも事務次長席での叱責の声が聞こえる位置におり、A事務次長のXに対するパワハラ行為の少なくとも一端を目の当たりにし、状況を認識していた。

　　したがって、B事務長としては、Xの負荷軽減のために然るべき措置をとるべきであったにもかかわらず、そのことについて注意や制止をすることはなく、Xの休職以前に何らかの対応をとった様子も見当たらない。これは、上記の安全配慮義務に反するものというべきである。

　　さらに、B事務長は、Xの休職後も、A事務次長に対して、この時代ではこの言葉を使うとパワハラという風にとられてしまうという、具体性を欠く不十分な注意をするにとどまっており、Xの復職に当たっても、A事務次長の行動を何ら制限せず、Xの行動のみを制限したものである。これは、復職に当たって適切な環境を整えるという観点からの安全配慮義務に違反した行為である。

したがって、Ｙ企業団には、安全配慮義務違反の債務不履行が認められる。

(3)　他方、Ｃ庶務課長は、課の所属職員を指揮監督する課長の立場であり、他の課の課長であるＸに対し、業務上の指揮監督をする立場にはなかったと認められる。

　　したがって、Ｃ庶務課長は、Ｘに対し、安全配慮義務を負う立場にはない。庶務課が労働安全衛生に関することを所掌事務の一つとしていることを踏まえても、この結論は左右されないものである。

4　因果関係ある損害

(1)　治療費等　13万5580円

(2)　通院交通費等　2万5802円

(3)　休業損害　71万7482円

(4)　慰謝料　合計100万0000円

　　Ａ事務次長の行為の内容、程度に照らし、Ｘが適応障害にり患したことは、無理からぬものというべきであって、その精神的苦痛は、重大であったと認められ、Ａ事務次長からパワハラを受けたことによるＸの精神的苦痛に対する慰謝料としては、80万円が相当である。

　　また、Ｂ事務長が、業務上の指揮監督を行う者としてとるべき措置を怠ったことにより、Ｘの精神的苦痛は増大したものといえ、これによるＸの精神的苦痛に対する慰謝料としては、20万円が相当であると認められる。

(5)　弁護士費用　合計19万0000円

(6)　合計206万8864円

損害賠償請求事件

東京地判平29・9・22
（裁判所ウェブサイト、D1-Law.com判例体系）

事案の概要

　X（昭和42年生まれ）は、平成20年４月にY区に学校非常勤事務職員として採用され、その後、３年ごとに勤務先である学校を異動し、平成26年４月から、L中学校に配属された。

　K（昭和27年生まれ）は、被告Y区の教育委員会（以下「区教委」）に採用され、Y都（以下「Y2」）が給与等を負担している者であり、平成20年４月１日から事務職員としてL中学校に配置されていた。

　L中学校の事務職員及び用務主事のうち４名（X、K、S、T）は、平成26年７月３日、学校近くの店で親睦会を実施し、そこでは給食の配膳が話題となっていた。親睦会では、Kの前にXが座り、Kの横にSが座り、Sの前にTが座っていた。Kは、親睦会の最中、給食の配膳についての栄養士と事務職員及び用務主事間のトラブルに関連した発言をしたところ、Xと口論になり、Xが、Kの額を２回小突いた。Kは、Xからの行為を受け、その右手を伸ばしてXの右胸の下部を下から持ち上げるようにして触った（以下「本件接触行為」）。

　また、Kは、同年９月、洗い物をしていたXに対し、「これも洗って」と言い、使用済みの歯間ブラシを手渡し、Xは、当該歯間ブラシの汚れ部分を指でつまむなどした後に、Kに渡した。Kは、これを受け取ると、歯を磨きだしたため、Xは、そこで、洗っていたものが歯間ブラシであると気付いた。

　Kは、後日、女性教員から、Xの胸を触ったのか聞かれたことから、Xに対し、「胸を触ったことをばらしたのか」と問い質した。

　Xは、同年11月18日、M校長に対し、同年７月３日にKから胸を触られた旨を報告した。そこで、M校長は、Kに対し、謝った方がいいのではないかなどと告げた。その後、Xは、平成27年２月に２回、M校長と校長室で面談し、

Kの言動等を相談したが、M校長は、彼なりのコミュニケーションの一種であると述べた。

Xは、同年3月25日、M校長、T及びKの4名で話合いを行い、Kは、胸を触ったことについて、「申し訳なかったと思います」と述べた。M校長は、「彼（K）なりに感じ入ったところは、あると思うので、しばらく様子を見ようと思う」などと述べた。

Tの夫は、M校長の対応を受けて、区教委に、TとXが、Kからセクシュアルハラスメント（以下「セクハラ」）被害を受けていることを通報し、上記3月25日の話合いの録音テープを提出したことから、区教委の調査が実施された。区教委の調査に対し、M校長は、所見として、Kに対して、改めて人権感覚を高める指導と研修を課したいと考えていると記載したものの、特段の指導等をすることはなかった。

XとKは、区教委の調査以降も、事務室において一緒に勤務していたところ、同年6月3日、Kは、Xが、Kの行為を記録したノートに関し、いつからノートを取っていたのかなどと詰問した。M校長は、その場にいたものの、「まぁまぁ」というのみで、その後、具体的な対応をとることはなかった。

Xは、同年8月、適応障害と診断され、その旨をM校長に報告したが、M校長は、「自分も嫌な奴と近くで仕事しないといけないことがあったが、仕事は仕事として割り切っていた。飲みに行ったりして気晴らしでもして」と述べたのみで、具体的な対応をとることはなかった。

Xは、同年11月、校長と面談し、Kからセクハラ報告の件を責められたことで体調がおかしくなった、対応してもらえないかと尋ねたが、M校長は、来年度、二人が一緒に仕事をするのが無理であると具申すると回答するのみであった。また、Xは、服務事故により執務場所を職員室に移動するというふうに対処してもらえないかと相談したが、M校長は、そのような対応は個人情報に関わるためできないとし、服務事故について話さないならば、職員室に移動することも良い旨回答した。また、M校長は、「セクハラの件はお二人のことなんですよ。それを職場に持ち込まれてある意味迷惑なのね」、「職場の中に余計な混乱を招くようなことはしてほしくない。二人で解決すべきである」と回答した。

本件は、Xが、Kからのセクハラ、パワーハラスメント（以下「パワハラ」）及び職場環境配慮義務違反を理由として、Y区とY2に対して国家賠償請

求を行った事案である。なお、Kは、補助参加※（民事訴訟法42条）している。

※補助参加：他人間に訴訟が係属しているときに、その訴訟の結果について利害関係を有する第三者が、訴訟当事者の一方を補助してこれを勝訴させることによって自己の利益を守るために、訴訟に参加する制度

結　果

　一部認容。
　Y区とY2は連帯して71万7630円（慰謝料60万円、通院費用1万7630円、弁護士費用10万円）。

コメント

　本件では、Kの行為についてセクハラ及びパワハラであるとの認定がされただけでなく、その相談を受けたM校長の適切な事後対応の不作為について職場環境配慮義務違反が認められた点が参考になる。

判　旨

1　セクハラ及びパワハラ行為の存否（これらに対するM校長の対応の経緯も含む。）及びKの行為がXの権利を侵害するものといえるかについて
　　セクハラについては「事業主が職場における性的な言動に起因する問題に関して雇用管理上講ずべき措置についての指針」（平成18年厚生労働省告示第615号、以下「セクハラ指針」）について、ある程度明確な定義づけがなされており、その該当性やこれが国家賠償法1条1項の違法な行為と認められるかについては、セクハラ指針の規定を参照しつつ検討すべきものと解される。他方、パワハラという文言自体極めて抽象的な概念であると

ころ、X主張のKの行為が、不法行為に該当するか否かについては、パワハラと主張されている行為をした者とされた者との人間関係、当該行為の動機・目的、時間・場所、態様等を総合考慮の上、社会通念上許容される限度を超えるものと評価できるか否かにより判断すべきである。

　本件接触行為は、故意をもって女性の胸を触るというものであり、その行為態様からすれば、性的な行動（セクハラ指針2項（4））に該当することは明らかである。本件接触行為の後、Xが、M校長に対して、本件接触行為を含むKの行為を相談していることからすれば、本件接触行為は、労働者の就業環境が不快なものとなるため、当該労働者が就業する上で看過できない程度の支障が生じるものといえ、セクハラ行為に該当し、違法な権利侵害に当たる。

　また、使用済みの歯間ブラシの汚れを洗わせる行為は、それ自体、性的な行動とまでは認められないものの、歯間ブラシが、口腔内の清掃に用いる器具であり、通常人をして他人が使用したそのような器具に触れることに嫌悪感を抱くことが十分に考えられることからすれば、そのような器具を他の職員に洗わせる行為自体、社会通念上許容される限度を超え、Xに精神的苦痛を与えるものといえる。

　さらに、Kは、Xに対し、Xが本件接触行為のM校長や、区教委に対する調査を受けたことから、Xに対し、「胸のことをばらしたのか」などと度々問い質したり、「いつからノートを取っていたのか」などと詰問したりするなどしていたことについても、それが職場内の上下関係を背景にしたものとは直ちには認められないものの、暗にXが被害事実を申告したことを非難するものであり、社会通念上許容できる限度を超えて、Xに精神的圧迫を加えるものであり、不法行為に該当する。

2　Yらの責任原因について

（1）Y区の責任について

　ア　公権力性について

　　国家賠償法1条1項にいう「公権力の行使」とは、私経済作用を除く全ての公行政作用を意味するものと解されるところ、K及びM校長の各言動（不作為も含む。）は、私経済作用ではないL中学校における業務に関連して行われたものであることからすれば、各行為は公権力性を有するものと認められる。

イ　職務執行性について

　　職場外においてされた行為であっても、それが職務との関連性、参加者、参加が強制的か任意か等を考慮して、客観的に職務執行の外形を備える行為又は職務行為に社会通念上、密接に関連する行為に該当すると認められる場合には、国家賠償法1条1項の職務を行うについてなされたと認めるのが相当である。

　　本件接触行為は、用務主事と栄養士との間における職員室への給食の配膳というL中学校における用務主事の事務の分担に関する話合いを行う趣旨で開催された親睦会の中で行われたものであること、親睦会開催のきっかけとなった、栄養士と用務主事（T）とのトラブルについては、L中学校の管理者であるM校長も把握しており、そのようなことからすれば、親睦会の開催自体は把握していたと推認することができること、親睦会は、L中学校において、事務主任の地位にあったKが企画、立案したこと、主要な事務職員及び用務主事4名全員が出席していることが認められ、このような親睦会開催に至る経緯や参加者、話題内容に鑑みれば、親睦会は、勤務時間外に開催されたものであるとしても、職務と密接な関連を有するものであり、そこで行われた本件接触行為は、職務を行うについてなされたものと認めるのが相当である。

　　また、使用済みの歯間ブラシを洗わせる行為は、就業時間中に、事務室内にある洗い場において行われたものであり、事務職たるKの職務行為に関連するものといえることからすれば、職務の執行についてなされたものと認めるのが相当である。

　　さらに、Kが、Xに対して、同人が、セクハラ行為等を区教委等に報告したことを非難する言動をしたことについても、当該言動が、職場内のセクハラ行為に関するものであり、当該言動が執務時間内になされたことからしても、職務を行うについてなされたものと認めるのが相当である。

(2)　職場環境配慮義務違反について

　　M校長の権限について検討するに、男女雇用機会均等法11条1項は、事業主が職場において行われる性的な言動に対するその雇用する労働者の対応により当該労働者がその労働条件につき不利益を受け、又は当該性的な言動により当該労働者の就業環境が害されることのないよう、当

該労働者からの相談に応じ、適切に対応するために必要な体制の整備その他の雇用管理上必要な措置を講じなければならないと規定し、当該規定は地方公務員にも適用される（同法32条）。

　上記規定を受けて男女雇用機会均等法11条2項は、厚生労働大臣は、事業主が講ずべき措置に関して、適切かつ有効な実施を図るために必要な指針を定めるものとし、これを受けたセクハラ指針3項（3）では、職場においてセクハラが発生した場合には、迅速かつ適切に対応すべきことを規定しており、事実関係を迅速かつ正確に調査し、事実が確認できた場合には適切な対処をしなければならず、特に被害者に対する配慮措置を適正に行うことと、加害者に適正な措置をとることが定められている。

　M校長は、L中学校の校長として、L中学校の校務をつかさどり、所属職員を監督するところ、Y区立であるL中学校において、M校長は、具体的には、学校教育の管理、所属職員の管理、学校施設の管理及び学校事務の管理に関する職務や所属職員の職務上及び身分上の監督に関する職務を負い、教職員の採用、異動、懲戒に関する教育委員会への意見具申の申出を行う権限を有し、これらの権限の一環として、教職員の執務場所を決定する権限を有していた。

　次に、権限の不行使が国家賠償法上違法とされる判断枠組みについて検討するに、国家賠償法1条1項にいう「違法」とは、国又は地方公共団体の公権力の行使に当たる公務員が個別の国民に対して負担する職務上の法的義務に違背することをいい、地方公共団体の公務員による裁量権を有する権限の不行使は、その権限を定めた法令の趣旨、目的やその権限の性質等に照らし、具体的事情の下において、その不行使が許容される限度を逸脱して著しく合理性を欠くと認められるときに、その不行使により被害を受けた者との関係において、国家賠償法1条1項の適用上違法になると解される。

　本件において、M校長は、Xから、平成26年11月18日、Kから胸を触られたとの報告を受け、平成27年1月15日から同年2月にかけて、Kから送信されたメールを見せられるなどして、Kから胸を触られたことや歯間ブラシを洗わされたことなどを告げられ、Kからも各事実について確認を得ており、同年3月25日には、X、T及びKの4名での話合いの

際にも、この事実について確認し、その際、Kが、腕を組んで謝罪をしようとするなど本件接触行為等の問題について真摯に対応すべきと認識しているか疑問を呈すべき事情が十分に認識できたにもかかわらず、Kなりに感じ入ったところはあると思うので様子を見ようとXに告げ、暗に今後具体的な対応を校長としてとる予定のないことを告げたにとどまるのであるから、当日の話合いの結果を受けて、Xの意向をより具体的に確認したりしなかったことなど、L中学校の校務を所掌する者として、その対応については不十分な点があったことは否めない。

もっとも、この時点においては、Xとしても、積極的に、Kに対して具体的な懲戒処分を求めたり、配置転換を希望したりするなどの言動をとっているわけではなかったことからすれば、M校長として、事実関係を確定するための事情聴取やKに反省を促す以上の積極的な措置を講ずべき義務があったとまではいえない。

しかしながら、Tの夫の通報を受けて区教委が調査を開始して以降、Kが、Xが区教委に本件接触行為等を報告したり、Kの行為をノートに取っていたりしたことを詰問したことや、同年7月に、Kが、「あなたの調書で報告書があがったんでしょ。あなたも願ったりかなったりなんでしょ」と発言したことなど本件接触行為等に関するXの対応等に関し、Kが明らかに不満な態度を示す兆候があり、同年8月31日には、Xが適応障害と診断された旨をM校長に報告していることからすれば、M校長としては、遅くとも同日の時点では、本件接触行為等Kからxに対する一連の行為により、XとKとの人間関係が悪化し、さらに、Kから引き続き本件接触行為や一連の行為に関して精神的圧迫を受けるおそれがあると十分に認識し得たものといえ、M校長としては、その権限に基づき、XとKの執務室を分けたり、早期に異動の意見を区教委に具申したりするなどの必要な措置を講ずる義務を負っていたといえ、それにもかかわらず、M校長は、区教委の調査が開始しても、格別何らの対応もとらず、同日に前記の報告をしたXに対し、「飲みに行ったりして気晴らしでもして」などと真摯に対応する様子を示さなかったといえる。

このようなM校長の不作為は、その権限及び職責を定めたセクハラ指針及びその他の諸規定の趣旨・目的や、その権限・職責の性質等に照らし、その不行使が許容される限度を逸脱して著しく合理性を欠くもので

あったというべきであり、国家賠償法1条1項の違法がある。

また、M校長が、Xに対し、Kのセクハラ行為の口止めを要求した行為、Xの精神的不調に対し、相談対応等の適正な措置を講じなかったことも、M校長の不作為の権限及び職責を定めたセクハラ指針及びその他の諸規定の趣旨・目的や、その権限・職責の性質等に照らし、その不行使が許容される限度を逸脱して著しく合理性を欠くものであったというべきであり、国家賠償法1条1項の違法がある。

なお、前記の事実関係からすると、M校長の前記違法行為に少なくとも過失があったことは明らかである。

(3) 小括

以上のとおり、被告Y区は、Kの前記1の各違法行為に関して、国家賠償法1条1項によるXに生じた損害を賠償する責任を負うとともに、M校長の権限不行使による違法に関しても、同条同項によりXに生じた損害を賠償する責任を負う。

3　Y2の責任原因について

Kは、Y2が給与等を負担している者であることからすれば、Kが、その職務の執行について行った各違法行為に関して、被告Y区と連帯して、Xに生じた損害を賠償する責任を負う。

地位確認等請求事件

東京地判平30・1・12
（判タ1462号160頁、D1-Law.com判例体系）

事案の概要

Ｙは、女子大学であるＢ大学等を設置・運営する学校法人である。

Ｘは、昭和37年生まれの男性であり、女子大学を含む他の大学での勤務を経て、平成25年４月１日、Ｂ大学の人文学部英語コミュニケーション学科の教授に採用されて、フランス語の講義、ゼミナール等を担当していた。

Ｃ（旧姓は「Ｃ'」）は、有期雇用契約に基づき、英語コミュニケーション学科の期限付助手を務めて、Ｘを含む専任教員らのための事務的業務を担っていた。

Ｃは、Ｙに対し、平成27年３月、Ｘその他の複数の教員からのハラスメント被害を訴えた。Ｙは、ハラスメント防止対策委員会による調査を行い、査問委員会への諮問を経た上で、同年８月、Ｃに対するハラスメントを理由にＸに対して懲戒免職を通告した。

本件は、Ｘが懲戒免職は無効であると主張し、Ｙに対し地位確認及び賃金支払、損害賠償を請求した事案である。

結　果

一部認容。
地位確認、賃金支払。

コメント

　本件では、Xの言動がセクシュアルハラスメント（以下「セクハラ」）に該当すると認められたものの、セクハラの程度が著しく重大・悪質な態様、程度のものであるとはいえないこと、Xに謝罪や反省の意思が認められること、再犯のおそれが認められないこと、加害者と被害者との人間関係等の事情から、懲戒免職は社会通念上相当とはいえないと判断された。

　懲戒処分を行うに当たっては、処分が重きに失することのないよう、量刑の相当性を慎重に検討する必要がある。

判　旨

1　序論

　　Y就業規則の定める懲戒としての免職は、一般にいう懲戒解雇に当たるところ、懲戒解雇は、当該懲戒解雇に係る労働者の行為の性質及び態様その他の事情に照らして、客観的に合理的な理由を欠き、社会通念上相当であると認められない場合には、その権利を濫用したものとして無効となる（労働契約法15条、16条）。懲戒解雇は最も重い懲戒処分であり、労働者を失職させる上、労働者の名誉に悪影響を与えて再就職の障害となり、退職金の不支給という経済的不利益も伴って、普通解雇を超える不利益をもたらすことになるから、懲戒権の行使の中でも特に慎重でなければならない。

2　懲戒事由1について

　(1)　①Xは、平成26年7月2日、結婚して間もないCに対し、雑談中「新婚生活はいかがですか」と尋ねたところ、Cが「喧嘩ばかりで、うまくいっていません」と回答し、ひどく落ち込んだ様子を見せたこと、②Xは、Cの様子を見て、Cに声をかけることなく、Cの正面に近づいて、唐突にXの両手をCの背中に回して、Cを抱きしめるような態勢をとって、数秒間にわたって自己とCの身体を間近に近づけて励ましの言葉を述べたこと、③その時季は夏場で、XもCも薄着の服装であったこと、④Cは、上記②、③のXの言動に非常に驚き、不快に思ったが、Xを突

き飛ばしたり、言葉で抗議したりすることはなく、XがCを一応慰めようとした言動ととらえて「ありがとうございます」などと述べた上、その場を立ち去り、その後も表面上はXとの間の関係に波風を立てないよう何事もなかったように振る舞ったこと、⑤Cは、Xに対する不快感を親しい者には「気持ち悪くてもう行きたくないけど、先生なので無碍にできない」旨を述べるなどして相談し、Xと二人きりになることを避けるように行動していたことが認められる。

(2) Cは、Xが②、③の言動に及ぶことを事前に了解しておらず、表面的には友好的でも男女の交際関係にあるわけでもなく、女性が夫や恋人ではない男性にみだりに身体を触れられたり、接触に準じるような近さにまで迫られたりすることを望まないことは社会通念上明白であり、Cの推定的な同意を期待できる状況ではないから、行為の態様、性質等から見て、一般に相手に不快感を与えるものであることは明らかである。

その態様は、お互いに薄着の状態でみだりに異性に抱きつく、又はこれに近い態勢をとるというもので、社会通念上性的な意味合いを持った言動に当たるから、セクハラに当たるというべきである。

(3) また、Yのハラスメント防止規程の定める定義では、相手に不快感を与える目的を有すること、わいせつな意図を有すること、性欲その他の欲求を満たす動機を有するといった加害者の主観的要件は何ら規定されておらず、教職員及び学生の就労上及び就学上の環境の適切な維持及び利益保護というYのハラスメント防止規程の目的から見ても被害者の受けた被害の有無、内容、程度を重視すべきであるから、これらの目的、意図及び動機が否定されただけではセクハラに当たることは否定されないというべきである。ハラスメント防止のため、親しさを表すつもりの言動、自分の物差しでは問題と思わない言動でも相手を不快にさせてしまう場合があることに注意する必要があることは一般常識に属することでもある。

(4) Cは、その後もXに対し、明確に不快感を示したり、抗議したりはしていない。

しかしながら、職場におけるセクハラでは、被害者が内心でこれに著しい不快感、嫌悪感等を抱きながらも、職場の人間関係の悪化等を懸念して、加害者に対する抗議や抵抗ないし被害の申告を差し控えたり躊躇

したりすることが少なくない。Xは、女子大学の教授で、期限付助手であるCに対し、上司又はこれに準じる上位の立場にあり、Cが自己の意に沿わない言動でも気後れや迎合から抗議や抵抗ができないことも十分にありうることに留意して、その心情を積極的に察して配慮して行動すべき立場にある。Yのハラスメント防止規程も教職員に言動に細心の注意を払うことを求めているから、何らハラスメントを否定する事情には当たらない。

　Cは、本件懲戒事由1の言動後にXに自らの私生活上の悩みを相談しており、Xにある程度信頼を寄せていたことは認められる。ただ、継続的な人間関係では、不快な出来事があっても、その出来事を棚上げして、人間関係の円満保持を優先しようとすることもしばしば見かけられることであるから、Cの不快感がそのような棚上げの余地がないほどに直ちに人間関係が外見的にも決裂するほど重大かつ深刻なものではなかったと見る余地があることを超えて、不快感がなかったことを推認させる事情とはいえない。

(5) もっとも、Xは、Cに対し、身体をべたべた触るような言動はとっておらず、前後で男女交際や性的な関係を求めるようなこともなかったことにも照らすと、その言動がわいせつな意図に基づくものではなく、Cを慰めようとした、落ち着かせようとしたというXの弁明も排斥することはできない。このような主観的意図は、セクハラを否定するものではないが、わいせつな意図がある場合と比較したときに、行為の社会通念上の性的な意味合いの程度を低いものとする事情といえ、目的や動機も悪質なものではなかったということになるから、悪くない情状として相応に斟酌すべきである。

3　懲戒事由2について

　Xは、平成26年10月頃、B大学内の教室前廊下において、周囲に学生もいる中で、悪ふざけをしようと考え、壁を背にして立っていたCに近づき、脈絡なく「壁ドン！」と言いながらCと正対した状態で片方の手の平をCの頭部付近の壁に押し当て、同人が身動きできない状態にして、Cに不安を感じさせたことが認められる。

　XとCとの間には、社会通念上、そのような悪ふざけが暗黙に許容されるような男女交際等の関係はなかったから、この行為は客観的に見ても、

Cに対し何ら正当な理由なく、非常に接近して、著しく不安を覚えさせる行為で、性的な意味も多少なりとも帯びているから、セクハラに該当する。また、Cの同意如何にかかわらず、周囲に学生もいる状況で男女の教職員の間で、そのような悪ふざけに及ぶことは、教育・研究・就労の場としての風紀を乱し、教員としての品位を損なう幼稚な言動というべきである。

　Cは、ハラスメント防止対策委員会の事情聴取で、本件懲戒事由2について話す際、笑顔を見せることがあったとは認められるが、Xの言動に不快感を抱いていなかったことを示す態度とはいえない。

　Cが直ちにXに抗議したり、不快感を露わにしたりしたことを認めるに足りる証拠はないが、これがセクハラを否定する事情に当たらないことは、前記2（4）と同様である。

4　懲戒事由3について

　①Cは、平成27年1月頃、資料室において、立ち仕事をしていた際、自らの腰部をトントンと叩いたが、Xは、Cに背後から近づき、何も声をかけないで、Cの腰部を数回にわたって手の甲でトントンと叩いたこと、②Cは、上記①のXの行為を受けて、非常に不快感を持ったことが認められる。

　Xの言動は、男性が男女交際等の関係にない女性の身体にみだりに触れることに当たるから、セクハラに該当する。

　ただし、Xは、Cに対し、身体をべたべた触るような言動はとっておらず、前後で男女交際や性的な関係を求めるようなこともなかったことにも照らすと、その言動がわいせつな意図に基づくものではないという限度ではXの弁明を排斥することはできない。

　Cが直ちにXに抗議したり、不快感を露わにしたりしたことを認めるに足りる証拠はないが、これがセクハラを否定する事情に当たらないことは、前記2（4）と同様である。

5　懲戒事由4について

　①Xは、平成27年1月頃、資料室において座って作業していたCの隣に座って、Cを褒めながらぽんぽんと頭を撫でたこと、②Xは、若年の女性教職員ら及び女子学生らに対し、礼を述べる際に頭を撫でる、肩に触れる、手を握るなどの馴れ馴れしい言動を繰り返していたこと、③Xの上記

②の言動は女性教職員ら及び女子学生らの一部で悪評ともなっていたことが認められる。

　礼を述べるためであっても、既に成人又はこれに準じる年齢で、自分の子供でもない者、ましては学生でもない教職員の頭を撫でるなどの馴れ馴れしい言動をとることは明らかに非礼である。前記①、②のXの言動は、男性が男女交際等の関係にない女性の身体にみだりに触れることに当たるから、セクハラに該当する。

　もっとも、Xなりに褒めたり、礼を述べたりしようとした言動ともうかがわれ、Xは、それ以上身体をべたべた触るような言動はとっておらず、前後で男女交際や性的な関係を求めるようなこともなかったから、その言動がわいせつな意図に基づくものではないという限度ではXの弁明を排斥することはできない。

　C、女性教職員及び女子学生が直ちにXに抗議したり、不快感を露わにしたりしたことを認めるに足りる証拠はないが、これがセクハラを否定する事情に当たらないことは、前記2（4）と同様である。

6　懲戒事由5について

　Xは、Cとの間で、頻繁に業務用のチャットや電子メールで連絡を取り合って、業務とは関連しない雑談を交わしており、その間、Cは業務専念から離れることになるから、業務に支障を生じさせているといえる。また、Cのことをチャットでくだけた表現として「C'様」などと呼びかけていたことも認められる。その内容、程度等は、業務用のチャットや電子メールで許容される業務遂行に伴う通常の雑談等の範囲に収まって、職務専念義務に反しないものといえるか、かなり疑問がある。また、「C'様がオールヌードの時に紙が来る」というチャットは、大学教授としての品位に重大な疑問を感じさせる。

　ただし、Xに対する迎合の要素を含むと推認されることを差し引いても、Cの方もXとのチャットやメールを楽しんでいたような外形上の態度も明らかであり、CがXに私生活上の相談を持ち掛け、ある程度Xに信頼を寄せていたことを示す会話の事実も認められる。Xが職務上の権勢を振りかざしたり、何らかの不利益を示唆したりして、連絡や雑談を「繰り返しを強いて」いたというに足りる具体的な言動も認めるに足りない。

　以上によれば、XとCとの間のチャットやメールは、Cの内心の感じ方

はともかく、社会通念上、その客観的な性質、態様、程度等に照らして、相手に不利益や不快感を与える、又はその尊厳を損なう人格侵害に当たると断定することに疑問が残り、セクハラその他のハラスメントに該当するとは認めるに足りない。

7　Ｙにおける情状判断の過程について

　①Ｙは、Ｘに同様の非行を繰り返すおそれがあると判断して、本件免職を決定したこと、②懲戒処分の検討では、必ずしも免職は必要でないという意見もあったが、Ｙ就業規則では、免職に次ぐ懲戒は７日間の出勤停止にとどまるため、７日間の停職では軽すぎるとして、免職で意見が固まったこと、③本件免職の検討過程では、Ｘに辞職を勧告して自ら辞職させることや教員としての適格性に欠ける、又は十分でないものとして普通解雇に当たる解職又は准教授以下の職位に引き下げる降任とすることは検討されなかったこと、④本件免職の検討では、ＸとＣとの間では少なくとも表面上は良好に見える関係があり、Ｃの方もＸとのチャットやメールを楽しんでいたような態度を示していたことを考慮しなかったことが認められる。

　①の点に関しては、Ｙが同様の言動を繰り返すおそれがあると判断したことに客観的に具体的な根拠があるとは認めるに足りる的確な証拠がない。ＸがＢ大学又はその前に勤務した大学等でハラスメントの疑いをかけられたり、何らかの処分を受けたりしたことがあると認めるに足りる主張立証はなく、Ｘは、Ｙによる調査が開始された以降、ハラスメントと指摘されるような問題を起こしておらず、女子学生とも距離を置く態度を見せていたことにも鑑みると、相応の懲戒に付されれば、自己の従前の言動が容認されないものであったことを明確に意識せざるを得なくなり、再度同様の行為に及べば、懲戒歴も考慮されて当然、免職を含むより重い懲戒を受けることになるから懲戒による抑止の効果を期待できないとはいえない。むしろ、Ｙは、調査開始の後も、そのような言動の再発を現実的なものとして危惧したことはなく、調査開始から本件免職までの約５か月の間、ハラスメント被害申立ての他言や詮索を禁止しただけで、Ｘには通常勤務を命じ、Ｘの就労や学内での行動を制限するような措置を講じていない。

　②、③の点に関しては、これまでの認定判断に照らせば、７日間の出勤

停止では軽いという判断は合理的であるが、本件懲戒事由は複数の事実であるから複数回の懲戒に付して合計して7日を超えて出勤停止に付することが可能である。また、7日間の出勤停止と免職では懲戒としての重さに格段の差異があるが、7日間の出勤停止を超え、免職に満たない懲戒の選択肢（7日を超える出勤停止、降格、諭旨免職等）がないからといって重い免職に「切り上げる」ことは相当ではない。

　また、Yの教員は学園の秩序、信用及び名誉を保持し、自らハラスメントの防止に努める職責を負っているから、自らハラスメントに及ぶことは「職務怠慢」にほかならず、ハラスメントに起因してYの業務に支障を生じさせれば、普通解雇たる解職及び降任の事由として例示されている「著しく、職務怠慢又は勤務成績が不良で、業務に支障が生じたとき」に該当しうる。また、教員には謙虚に自己の言動を顧みて、自己と接する者の気持ちを拝察し、自省する資質を要することは当然で、その資質を欠く、又は不足するときは、懲戒事由に当たる行為に及ぶことを待たずに普通解雇たる解職及び降任の事由に該当すると解される。これらは懲戒解雇たる免職よりは軽い措置であるが、これらの措置を選択する可能性は検討されていない。

　④の点に関しては、ハラスメントの情状判断、特に懲戒解雇の当否を判断するときは、加害者と被害者との人間関係、被害者の言動、それらが加害者の認識、意図等に与えた影響は、過大な評価はできないが、情状事実として相応に考慮されるべきであり、CにはXとのチャットやメールを楽しんでいたような態度を示しており、単にXに不快感を明確に示さない、抗議をしないといった程度にとどまるわけでもないことに照らすと、これら事情を考慮しなかったことは相当でない。

8　総合判断

　本件懲戒事由1ないし4はセクハラに該当すると認められ、その主因にはXの幼稚で、非常識な感覚が認められる。女子大学であるB大学ではハラスメント根絶の必要性が高いから、Xの職歴や地位に照らしても、相応の懲戒又は人事上の措置が必要である。ただ、そのセクハラの程度が著しく重大・悪質な態様、程度のものであるとはいえず、Xにわいせつな意図があったとも認めるに足りない。上司としての権勢を意図的に利用する言動があったことも認められない。本件懲戒事由5の言動は、不適切なもの

ではあるが、ハラスメントに該当するとは認めるに足りない。Xには、不十分ながら謝罪や反省の意思も認められる。また、Yが考えるようにXが再び同種の行為を繰り返すおそれがあるというに足りる客観的に具体的な根拠は認めるに足りない。本件免職以外の懲戒及び人事上の措置による対処の可能性も十分に検討されていない。情状事実としての加害者と被害者との人間関係、それらが加害者の認識、意図等に与えた影響等も十分に考慮されていない。

　これらの事情を総合し、懲戒解雇は最も重い懲戒で、普通解雇を超える不利益処分であるから広く裁量が認められるものではないことも考慮すると、本件免職は客観的に合理的な理由を備え、社会通念上相当なものとはいうには足りず、Xに対しては、改めて免職以外の懲戒又は人事上の措置を講じるべきであるから、本件免職は無効というべきである。

NPO法人Ｂ会ほか事件

福岡高判平30・1・19
（労判1178号21頁）

事案の概要

Y1法人は、平成18年9月1日に設立された、就労継続支援事業Ｂ型（非雇用型）等を行うNPO法人である。Y2は、Y1法人の代表権を有する理事であり、管理者兼サービス管理責任者の地位にある。Y3は、Y1法人の理事であり、主任職業指導員等の地位にある。

（1）X3について

X3は、平成21年9月からY1法人に通所する利用者であった女性である。

平成23年11月8日、X3は発熱を起こし、Y2は、Y3に対し、X3の自宅に行くよう指示した。Y3は、X3宅に到着後、X3と二人きりになると、X3のブラジャー越しに胸を触る、パンツの下に手を入れてX3の陰部を触る、その手をX3の鼻の近くに持ってきてX3に匂いを嗅がせる等した。X3は、高熱と恐怖心で抵抗することができなかった。Y3は、翌日、X3宅を訪れた際にも、約10秒間にわたり、X3にキスをした。X3は、体調が悪かったため、抵抗することができなかった。その後、X3の母が様子に気づき、X3は上記各行為のことを母に打ち明けた。

（2）X2について

X2は、精神障害者保健福祉手帳（障害等級3級）を有する障害者の女性であり、平成24年9月から25年8月までY1法人に通所する利用者であった。

X2は、生活保護費を受給して生活していたところ、夫との金銭にまつわる不和等についてY3などに相談することがあった。Y3は、平成25年1月頃から、X2に対し「お前は俺たちの税金で生活しよるとぞ、それを全然分かっとらん」などと叱責するようになった（以下「本件言動ア」）。こうした相談や叱責等は、週に2、3回、2時間程度続くこともあった。また、

X2は、平成24年9月頃、通院先の病院で過食との指摘を受け、Y2及びY3は、X2に対し減量するよう継続的に指導した。そのような中で、Y1法人のH理事は、「さっさと痩せろ」などといい、また周囲に利用者がいる環境でX2に体重計に乗るよう指示した上で、「まだ80キロにならないのか」というなどした（以下「本件言動イ」）。

また、平成25年7月31日、X2が気分が落ち込んで作業所で泣いていたところ、Y3は、大丈夫かと声をかけるなどして話しかけた後、X2の背後から抱きつくなどした。そして、顔を近づけ、いきなり5～10秒間程度キスをした。X2は気が動転して体が固まり、抵抗することができなかった。

(3) 本件は、X2とX3がYらに対して損害賠償を請求した事案である。なお、本判決には、Y1法人に雇用された職業指導員であったX1が解雇無効を主張し地位確認、賃金支払等を求めた事件の判断も含まれているが、本稿では割愛する。

(4) 一審判決

一審判決（長崎地判平29.2.21労判1165号65頁）は、Y1法人及びY3に対し、X2へのセクシュアルハラスメント（以下「セクハラ」）の損害賠償として33万円を認容し、Y1法人に対し、X2へのパワーハラスメント（以下「パワハラ」）の損害賠償として合計11万円（うち5万5000円はY3と連帯して）を認容した。また、Y1法人及びY3に対し、X3へのセクハラの損害賠償として55万円を認容した。これを不服として、Y1とY3が控訴をした。

結　果

一部認容（原判決変更）。
YらのX2へのパワハラに対する損害賠償額を1万1000円に減額した。

コメント

本件の被害者であるX2、X3は、指定就労継続支援サービスの利用者であり、雇用契約ではないものの、本判決は、Y1法人はサービス利用契約の付随

義務として、ハラスメントを受けることのないよう配慮すべき職場環境配慮義務を負うと認めた。

一審判決では、本件言動イについてもパワハラと認定されていたが、本判決は違法性を否定し、賠償額を減額した。

判　旨

1　Y3のX3に対する性的虐待の有無について

（1）X3とY3の供述の信用性について

まず、X3に対する各セクハラ行為があったとするX3の供述は、具体性がある上、市の調査、関連団体の各調査を受けた際の回答内容と同様であり、供述内容の変遷はみられない。そして、X3は、統合失調症疑い、境界型人格障害疑いの診断を受けているが、発症はなく、予防的に服薬しているにすぎないのであって、X3の病状や性格の特徴に妄想や作り話はない。さらに、X3はX3に対する各セクハラ行為があった1週間後に警察に相談して自宅の写真撮影や当時の着衣を提出しての捜査を受けているところ、通常、虚偽の被害申告により刑事上、民事上の責任を負う危険を負担してまで、虚偽の被害を創出するとは考え難く、X3がそのようなことを行う動機は見当たらない。さらに、X3が各セクハラ行為の約1週間後にはY1法人の利用を止めたことは、各セクハラ行為の存在と符合する。したがって、X3の当該供述は信用できる。

この点、X3は、Y3からセクハラ行為を受けた後、2日間、Y1法人に通所しているが、X3は通所の理由として工賃が必要だったと説明しており、この説明自体が不自然、不合理とまでいうことはできない。また、X3が主治医にはセクハラ行為について話していなかったことがうかがわれるが、セクハラ行為の態様、X3の年齢（18歳）に照らし、直ちにそのことをもってX3の供述の信用性を否定できない。このことは、X3が同年11月9日朝に受診した診療所においてセクハラ被害を受けた旨告げていないこと、警察でX3の供述調書等が作成されるに至っていなかったとしても、直ちに左右されるものではない。

他方、Y3は、X3に対する各セクハラ行為がなかったと供述するが、併

せてY3は、横になって休んでいるX3に対し自ら脇や股に氷を挟んだと供述しており、その供述は、当時のX3の年齢や同じ家屋内にX3の母がいたことに照らし不自然というべきで、採用することができない。

　よって、Y3のX3に対する各セクハラ行為があったことを認定することができる。

(2)　Y1法人の責任

ア　X3は、Y1法人との間で指定就労継続支援Ｂ型（非雇用型）のサービス利用契約を締結し、Y1法人から、就労の機会の提供及び就労に必要な知識及び能力の向上のための訓練等の便宜の供与等の就労継続支援を受け、工賃を受領していた。このようなサービス利用契約の内容、とりわけ、指定就労継続支援Ｂ型の場合、その利用者は、通常の事業所に雇用されることが困難であって、雇用契約に基づく就労が困難である障害者であることも踏まえると、Y1法人は、X3に対し、サービス利用契約の付随義務として、信義則上、障害を有する利用者にとって生産活動に従事しやすく、必要な支援を受けやすい環境を保つよう配慮する義務（以下「職場環境配慮義務」）を負っており、その一環として、女性利用者が男性職員からわいせつ行為（性的虐待）を受けることのないよう配慮し、その環境（体制）を整備すべき注意義務を負っていたというべきである。

イ　X3に対する各セクハラ行為が行われたX3宅は、X3のY1法人における職場ではないが、Y1法人においては単に就労の支援、訓練だけでなく、利用者の生活全般にわたって助言、指導を行っており、それは、訓練の場所や利用時間だけに限られなかった。そして、X3に対する各セクハラ行為は、X3の母（利用者）がY2に電話をかけ、X3（利用者）の発熱について相談し、Y2の指示のもとY3がX3宅に薬や氷などを持って行くことになったという経緯の中で発生したことからすれば、Y1法人に対して相談して、Y1法人がこれに対応した中で発生したというべきであり、Y1法人と利用者であるX3とのサービス利用契約に基づくサービス事業の履行に際して行われたものというべきである。

　ところが、Y1法人では、女性利用者が男性職員からわいせつ行為（性的虐待）を受けることのないよう配慮し、その環境を整備していたことは全くうかがわれない。この点、Y1法人の就業規則は、職員が

「素行不良又はセクシャルハラスメントの問題により、事業所内の秩序又は風紀を乱したとき」は、戒告、けん責、減給又は出勤停止の制裁を科す旨規定しているが、この規定のみによってY1法人において上記環境が整えられていたということはできないし、ほかにY1法人において職員の利用者に対するわいせつ行為（性的虐待）の防止に向けた環境を整えるなどしていたことをうかがわせる証拠はない。また、Y1法人では、当時、その設置に係る苦情解決委員会が機能していなかったことからすれば、たとえ苦情の連絡先を掲示していたとしても、この掲示のみをもって、女性利用者が男性職員からわいせつ行為（性的虐待）を受けることのないよう配慮し、その環境を整備していたとは認め難い。よって、X3に対する各セクハラ行為は、Y1法人のX3に対するサービス利用契約に基づく支援活動の提供に際し、Y1法人において女性利用者が男性職員からわいせつ行為（性的虐待）を受けないよう配慮し、その環境を整備していなかったことにより発生したものというべきである。

　　　したがって、Y1法人は、X3に対し、サービス利用契約上の債務不履行により、X3に対する各セクハラ行為について損害賠償責任を負う。

2　Y3のX2に対するパワハラの有無について

(1)　X2の供述の信用性について

　　　Yらはパワハラ行為を否認するが、Y3は、週2、3回、2時間に及ぶ指導ないし叱責をしていたこともあったが、X2が親のように慕って話をしてくれたと感じていたことに照らすと、その指導の中で行き過ぎた言動があった可能性は否定できない。パワハラ行為があったとするX2の供述は、通院先の病院での発言とも平仄が合い、市の調査での回答とも一貫している。また、同調査においては別の利用者がパワハラ行為に該当する発言を聞いた旨回答していることも併せ考慮すれば、X2の供述は採用することができる。

(2)　本件言動ア・イの違法性について

　　　X2は、Y1法人との間で指定就労継続支援B型（非雇用型）のサービス利用契約を締結し、Y1法人から、就労の機会の提供及び就労に必要な知識及び能力の向上のための訓練等の便宜の供与等の就労継続支援を受け、工賃を受領していたが、Y1法人では、単に就労の支援・訓練だけでなく、利用者の生活全般にわたって助言、指導を行っていた。このよう

に比較的広範囲に及ぶY1法人の利用者に対するサービスの実際の内容等や利用者との関係などからすれば、就労継続支援・訓練を行う立場にあるY1法人の職員は、利用者に対し、サービス利用契約に基づく契約関係や人間関係上、優位な立場にあるということができる。そうすると、Y1法人の職員が、当該利用者に対し、サービス利用契約に基づく契約関係ないし人間関係などの優位性を背景に、就労のための訓練その他の便宜の供与の一環としての適正な支援として社会通念上許容される範囲を超えて、精神的・身体的苦痛を与え又は就労訓練環境を悪化させる行為をした場合には、社会的相当性を欠き、違法となるというべきである。

本件言動アは、生活保護を受けて生活していたX2に対し、金銭にまつわる家庭内の不和についての相談に対応するものとはいえ、精神障害により生活保護を受給せざるを得ないX2にとって侮辱的と感じるに十分な言動であり、そのような言動が繰り返されていたことからすれば、X2に対し、サービス利用契約に基づく契約関係ないし人間関係などの優位性を背景に、サービス利用契約に基づく就労のための訓練その他の便宜の供与の一環としての適正な支援として社会通念上許容される範囲を超えた非難を繰り返し、精神的苦痛を与え又は就労訓練環境を悪化させたものであって、社会的相当性を欠き、違法というべきである。

一方、本件言動イについてみると、Y1法人は施設利用者の健康管理を業務として行っていることが認められ、また、X2においては通院先の病院で過食との指摘を受けており、体重の記録やカロリーの低い夕食を作業所でとるなどの減量の指導を受けることに納得していたから、体重や生活状況等に関する一定の指導及びこれに伴う叱責はX2との関係でY1法人のサービス利用契約に基づく便宜の供与の適正な範囲内ということができる。そして、本件言動イのうち、Y3による声かけの内容は、減量に取り組む女性に対するものとしては配慮に欠ける内容を含むものであったことは否定できないが、その内容や頻度等に照らすと、直ちに就労のための訓練その他の便宜の供与の一環としての適正な支援として社会通念上許容される範囲を超え、社会的相当性を欠いたとまでいうことはできない。

また、H理事の言動も、利用者が周囲にいる中でされたことがうかがわれ、配慮に欠けるものであったことは否定できないものの、その内容

や頻度等に照らすと、X2との関係で、上記認定に係る言動をもって直ちに就労のための訓練その他の便宜の供与の一環としての適正な支援として社会通念上許容される範囲を超え、社会的相当性を欠いたとまでいうことはできない。

　以上のとおり、Y3がした本件言動アは、違法なものであるが、この言動は、Y1法人においてX2の家庭内の相談を受ける中でされたものであること、X2が一緒の食事や体重の記録を止めた後にはみられないこと、加えて、X2が本件言動アを直接の原因としてY1法人への通所を止めたとまでは認められないこと等を考慮すると、慰謝料の額は1万円、弁護士費用相当の損害は1000円と認めるのが相当である。

3　Y3のX2に対するセクハラについて
(1)　X2の供述の信用性について

　X2の供述は、具体的であり、また、市の調査でも同様の回答をしているほか、セクハラ行為を受けた日に他の利用者にその旨を伝えて相談するとともに、その翌日の精神科受診時にも医師に対しセクハラの被害を述べており、それらが一貫したものであること、X2自身に虚偽供述の動機がうかがわれないことを併せ考慮すれば、X2の供述の信用性は高い。

　他方、Y3は、X2の明示の承諾を得て、肩や手、頬に触ったにすぎず、X2から、D（夫）とスキンシップをしていない、どのようにしてもらえばいいか分からないと言われたためと供述する。しかし、Y3が、X2に対し、スキンシップの仕方を言葉で説明した形跡はなく、また、両者の会話が聞こえる位置にいたGの証言によっても、X2が上記のような発言をしたことはうかがわれず、かつ、Y3においてX2に触るがいいかなどと声かけしたことも認められないのであって、Y3の上記供述内容は不自然、不合理である。しかも、Y3は、原告ら代理人に対し、胸は触ったかもしれない旨を述べ、市の調査に対しては、かつてX2の腹部を触ったことがあり、この日は初めてスキンシップの仕方を教え、具体的には、「胸に当たるかも知れんぞ」と伝えて体の後ろから手を回したが、その時に胸に当たったのかもしれないと述べるなど、供述に一貫性がない。

(2)　法的責任

　Y3は、X2に対するセクハラ行為に及んだことが認められ、これは、わいせつ行為であり、X2の人格権を侵害する違法な行為であり、Y3は不法

行為責任を負う。

　X2に対するセクハラ行為は、Y3がY1法人の施設内において、利用時間後にX2と面談を行っていた際に行ったものであるが、Y1法人は障害者の地域生活に関する相談などの支援活動を行うことを業務とし、利用者の健康管理や生活上の指導、相談もしていたから、X2に対するセクハラ行為は、Y1法人の事業の執行行為を契機として、これと密接な関連を有するものというべきで、Y3が「事業の執行について加えた」ものというべきである。

　そして、Y1法人では、女性利用者が男性職員からわいせつ行為（性的虐待）を受けないよう配慮し、その環境を整備することをしていなかったことに加え、X2に対するセクハラ行為に先立つX3に対する各セクハラ行為について、X3又はその母からY2に対して苦情の申出があり、かつ、Y1法人への通所を止めるに至ったにもかかわらず、Y3の言い分を鵜呑みにしただけで、特段環境を整備するなどの対応をとったことがうかがわれないことからすれば、Y1法人がY3の事業の監督等について相当な注意をしたとか、相当な注意をしても損害が生じたということはできない。

　X2に対するセクハラ行為の態様等に照らすと、X2が受けた精神的苦痛を慰謝するための金額としては、30万円が相当である。また、弁護士費用は3万円が相当である。

事案の概要

Xは、平成20年11月、Y4社の子会社であるY3社に契約社員として雇用され、その頃から平成22年10月12日までの間、Y4社の事業場内にある工場（以下「本件工場」）において、Y3社が他の子会社であるY2社から請け負った業務に従事していた。上記業務に関するXの直属の上司は、Xが配属された課のF課長及びG係長であった。Y1は、平成21年から平成22年にかけて、Y2社の課長の職にあり、Xと同じ事業場内にあるY2社の事務所等で就労していた。

Y4社は、自社とその子会社であるY2社及びY3社等でグループ会社（以下「本件グループ会社」）を構成する株式会社であり、法令等の遵守を徹底し、国際社会から信頼される会社を目指すとして、法令等の遵守に関する事項を社員行動基準に定め、Y4社の取締役及び使用人の職務執行の適正並びに本件グループ会社から成る企業集団の業務の適正等を確保するためのコンプライアンス体制（以下「本件法令遵守体制」）を整備していた。

Y4社は、本件法令遵守体制の一環として、本件グループ会社の役員、社員、契約社員等本件グループ会社の事業場内で就労する者が法令等の遵守に関する事項を相談することができるコンプライアンス相談窓口（以下「本件相談窓口」）を設け、上記の者に対し、本件相談窓口制度を周知してその利用を促し、相談の申出があればこれを受けて対応するなどしていた。

Xは、本件工場で勤務していた際にY1と知り合い、遅くとも平成21年11月頃から肉体関係を伴う交際を始めたが、平成22年2月頃以降、次第に関係が疎遠になり、同年7月末頃までに、Y1に対し、関係を解消したい旨の手紙を手渡した。ところが、Y1は、Xとの交際を諦めきれず、同年8月以降、本件工場で就労中のXに近づいて自己との交際を求める旨の発言を繰り返し、Xの自宅に押し掛けるなどした（XがY3社を退職するまでに行われたY1の上記各行

為を以下「本件行為1」)。Xは、Y1の本件行為1に困惑し、次第に体調を崩すようになった。このため、Xは、同年9月、G係長に対し、Y1に本件行為1をやめるよう注意してほしい旨を相談した。G係長は、朝礼の際に、「ストーカーや付きまといをしているやつがいるようだが、やめるように」などと発言したが、それ以上の対応をしなかった。

Xは、その後もY1の本件行為1が続いたため、平成22年10月4日にG係長と、同月12日にはF課長及びG係長とそれぞれ面談して、本件行為1について相談したが、依然として対応してもらえなかったことから、同日、Y3社を退職した。そして、Xは、同月18日以降、派遣会社を介してY4社の別の事業場内における業務に従事した。

しかし、Y1は、XがY3社を退職した平成22年10月12日から同月下旬頃までの間や平成23年1月頃にも、Xの自宅付近で、数回Y1の自動車を停車させるなどした(Y1の上記各行為を以下「本件行為2」。本件行為1と合わせて以下「本件行為」)。

Xが本件工場で就労していた当時の同僚であったY3社の契約社員Bは、Xから自宅付近でY1の自動車を見かける旨を聞いたことから平成23年10月、Xのために本件相談窓口に対し、Y1がXの自宅の近くに来ているようなので、X及びY1に対する事実確認等の対応をしてほしい旨の申出(以下「本件申出」)をした。Y4社は、本件申出を受け、Y2社及びY3社に依頼してY1その他の関係者の聞き取り調査を行わせるなどしたが、Y3社から本件申出に係る事実は存しない旨の報告があったこと等を踏まえ、Xに対する事実確認は行わず、同年11月、Bに対し本件申出に係る事実は確認できなかった旨を伝えた。

Xは、Y1に対しては、不法行為に基づく損害賠償請求として、Y2社に対しては、Y1の不法行為にかかる使用者責任に基づく損害賠償請求として、Y3社に対しては、雇用契約上の安全配慮義務違反又は男女雇用機会均等法11条1項所定の措置義務違反を内容とする債務不履行に基づく損害賠償請求として、Y4社に対しては、安全配慮義務としての措置義務違反を内容とする債務不履行ないし不法行為に基づく損害賠償として、慰謝料300万円等を求めて提訴した。

一審(岐阜地大垣支判平27.8.18労働判例1157号74頁)は、XとY1は、約1年間、性交渉を伴う親密な交際関係にあったのは明らかで、Xから曖昧な理由で一方的な交際解消を告げられ、Y1は、理由の説明を求めたもので、自宅訪

問時の状況についても、粗暴な言動等が存したことは全くうかがわれないなどとし、セクシュアルハラスメント（以下「セクハラ」）の存在自体を否定し、Ｘの請求を棄却した。

　これに対し、二審判決（名古屋高判平28.7.20労判1157号63頁）は、Ｘの供述が信用できるとして上記事実関係を認定した上で、Y1は、本件行為につき、不法行為に基づく損害賠償責任を負うとした。また、Y3社は、Ｘに対する雇用契約上の付随義務として、使用者が就業環境に関して労働者からの相談に応じて適切に対応すべき義務（以下「本件付随義務」）を負うところ、課長らは、Ｘから本件行為１について相談を受けたにもかかわらず、これに関する事実確認や事後の措置を行うなどの対応をしなかったのであり、これによりＸがY3社を退職することを余儀なくさせている。そうすると、Y3社は、本件行為１につき、課長らがＸに対する上記義務を怠ったことを理由として、債務不履行に基づく損害賠償責任を負うとした。さらに、Y4社は、法令等の遵守に関する社員行動基準を定め、本件相談窓口を含む本件法令遵守体制を整備したことからすると、人的、物的、資本的に一体といえる本件グループ会社の全従業員に対して、直接又はその所属する各グループ会社を通じて相応の措置を講ずべき信義則上の義務を負うものというべきであるとした。そして、Ｘを雇用していたY3社において本件付随義務に基づく対応を怠っている以上、Y4社は、上記信義則上の義務を履行しなかったと認められる。また、Y4社自身においても、平成23年10月、従業員ＢがＸのために本件相談窓口に対し、本件行為２につきＸに対する事実確認等の対応を求めたにもかかわらず、Y4社の担当者がこれを怠ったことによりＸの恐怖と不安を解消させなかったことが認められるとした。

　上告審の争点は、Y4社の責任にかかるものである。

┃ 結　果

破棄自判。

　Y1～Y4社の責任を認め、連帯して慰謝料200万円及び弁護士費用20万円を支払うよう命じた控訴審判決のうち、Y4社の敗訴部分を破棄し、Y4社の責任を否定。

コメント

　本件では、一審判決は、そもそもセクハラの存在自体を否定していたが、控訴審判決は、翻ってセクハラを認めた。控訴審判決は、2か月間分のみ証拠提出されたXとY1の間の親密なメールについて、「もし両者の関係が問題となる全期間の双方向のメールが多数存在するのであれば、例えば巷間よくいわれるストックホルム症候群のような一方の他方に対する心理的監禁状態の有無、かかる状況下における服従的義務的な応答メールの有無、被害者の無意識的な自己防衛としての積極的表現を用いた迎合メールの有無等を心理学的に分析し検討することができる可能性は存するところであるが、本件においてはそのような分析検討はなし得ないのであるから、むしろ異常に過激ともいえる表現を多々含む一方向のみの断片的なメールの文言だけで、Y1とXが親密に交際していたものと即断することはできないというべき」と評価している。また、Xの供述の信用性に関しては、「例えば心理的監禁状態での慢性ストレス状況下における無意識の防衛反応としての意識狭窄であるとか、嫌なことは忘れ去りたいという抑圧に基づく記憶の欠落（一種のPTSDにおける回避症状）であるなどと説明することもでき（これらの知見は性暴力被害者やDV被害者等の心理として普遍的なものであるといえる）、本件ではそのような可能性も否定できないから、Xの供述の個別部分に矛盾があったり記憶の欠落があったりしても、全体としての信用性に影響はない」と判示している。このような控訴審判決の事実認定の手法は参考になる。

　上告審では、Y4社の責任の有無のみが争点となった。最高裁は、本件事情の下ではY4社の責任を否定したものの、一般論としては、グループ会社におけるハラスメント相談窓口を設置している親会社が信義則上の義務を負う場合があることを肯定した点は極めて重要である。近年、親会社がグループ企業全体を対象とするハラスメント相談窓口やコンプライアンス通報窓口を設置する例が増えているが、設置した以上は適切な対応が求められることを示した判例といえよう。

判　旨

1　Xは、Y3社に雇用され、本件工場における業務に従事するに当たり、Y3社の指揮監督の下で労務を提供していたというのであり、Y4社は、本件当時、法令等の遵守に関する社員行動基準を定め、本件法令遵守体制を整備していたものの、Xに対しその指揮監督権を行使する立場にあったとか、Xから実質的に労務の提供を受ける関係にあったとみるべき事情はないというべきである。また、Y4社において整備した本件法令遵守体制の仕組みの具体的内容が、Y3社が使用者として負うべき雇用契約上の付随義務をY4社自らが履行し又はY4社の直接間接の指揮監督の下でY3社に履行させるものであったとみるべき事情はうかがわれない。

　以上によれば、Y4社は、自ら又はXの使用者であるY3社を通じて本件付随義務を履行する義務を負うものということはできず、Y3社が本件付随義務に基づく対応を怠ったことのみをもって、Y4社のXに対する信義則上の義務違反があったものとすることはできない。

2　（ア）もっとも、Y4社は、本件当時、本件法令遵守体制の一環として、本件グループ会社の事業場内で就労する者から法令等の遵守に関する相談を受ける本件相談窓口制度を設け、上記の者に対し、本件相談窓口制度を周知してその利用を促し、現に本件相談窓口における相談への対応を行っていたものである。その趣旨は、本件グループ会社から成る企業集団の業務の適正の確保等を目的として、本件相談窓口における相談への対応を通じて、本件グループ会社の業務に関して生じる可能性がある法令等に違反する行為（以下「法令等違反行為」）を予防し、又は現に生じた法令等違反行為に対処することにあると解される。これらのことに照らすと、本件グループ会社の事業場内で就労した際に、法令等違反行為によって被害を受けた従業員等が、本件相談窓口に対しその旨の相談の申出をすれば、Y4社は、相応の対応をするよう努めることが想定されていたものといえ、上記申出の具体的状況いかんによっては、当該申出をした者に対し、当該申出を受け、体制として整備された仕組みの内容、当該申出に係る相談の内容等に応じて適切に対応すべき信義則上の義務を負う場合があると解される。

　（イ）これを本件についてみると、Xが本件行為1について本件相談窓口

に対する相談の申出をしたなどの事情がうかがわれないことに照らすと、Y4社は、本件行為1につき、本件相談窓口に対する相談の申出をしていないXとの関係において、上記（ア）の義務を負うものではない。

　（ウ）また、Y4社は、平成23年10月、本件相談窓口において、従業員BからXのためとして本件行為2に関する相談の申出（本件申出）を受け、Y2社及びY3社に依頼してY1その他の関係者の聞き取り調査を行わせるなどしたものである。本件申出は、Y4社に対し、Xに対する事実確認等の対応を求めるというものであったが、本件法令遵守体制の仕組みの具体的内容が、Y4社において本件相談窓口に対する相談の申出をした者の求める対応をすべきとするものであったとはうかがわれない。本件申出に係る相談の内容も、Xが退職した後に本件グループ会社の事業場外で行われた行為に関するものであり、Y1の職務執行に直接関係するものとはうかがわれない。しかも、本件申出の当時、Xは、既にY1と同じ職場では就労しておらず、本件行為2が行われてから8か月以上経過していた。

　したがって、Y4社において本件申出の際に求められたXに対する事実確認等の対応をしなかったことをもって、Y4社のXに対する損害賠償責任を生じさせることとなる上記（ア）の義務違反があったものとすることはできない。

3　以上によれば、Y4社は、Xに対し、本件行為につき、債務不履行に基づく損害賠償責任を負わないというべきである。

損害賠償請求事件

東京地判平30・8・30
（D1-Law.com判例体系）

事案の概要

Xは、大学を卒業後、平成23年4月にB社に入社した。同社の事業内容は、企業の採用活動の支援を中心とした採用コンサルティングであり、Xは、管理部制作課に所属して、顧客が採用活動に使用する入社案内や企業説明会のプレゼンツールの制作等を担当していた。Yは、B社の外注先のカメラマンであり、XがB社に入社する前からB社の業務を請けていた。本件の当時、Xが撮影の仕事を共にする外注のカメラマンは、ほとんどがYであった。

Xは、平成24年12月頃、Yに誘われて食事に行った帰り、A広場前でベンチに座るように促され、Xが座ると、好きだと言われ、無理やりキスをされた（本件行為1）。Xは、突然キスをされて激しく混乱し、恐怖を覚えたが、Yのことを恋愛対象としてみたことはない旨を述べた。すると、Yはあからさまに不機嫌な態度となり、Xが失礼な言い方をしたことを謝罪しても、機嫌が直ることはなかった。

平成25年12月8日、Xは、撮影における対応が悪いとして、Yともめ事となったが、その埋め合わせとして、Pにて会食の場を設けた。その会食後の帰り道、Xは、Yから手をつながれ、C神社まで誘導された上、Yからキスをしていいかと聞かれた。Xはこれを何度も断ったが、Yから「いいから」などと言われ、強引にキスをされた（本件行為2）。

平成25年12月23日、Xは、YとD駅周辺で会食した後、Yからカラオケ店に誘われ、これを断ったが、Yに半ば強引に店に連れ込まれた。そして、個室内において、無理やりキスをされ、そのまま胸を触られた（本件行為3）。これに対し、Xは、何度も言っているようにそういう目で見る気はない旨言って強く拒絶したところ、Yは、土下座をして謝罪し、今後そのようなことをしないと約束した。結局、XとYは、1時間もせずにカラオケ店を出た。

平成26年3月11日、Xは、YとXの誕生日を祝う会食をした後、Yからもう少し話をしたいなどと言われ、手を引かれてホテル街に連れていかれた。Xは、Yの意図を察し、話をするだけであれば喫茶店でよいではないかと断ったが、結局、本当に話をするだけであるというYの言葉を信じて、やむを得ずラブホテルに入った。部屋に入ると、Xは、Yからベッドの横に座るように促されたので、Xが座ると、Yは一言二言話しただけでXに覆いかぶさってきて、胸を触ってきた（本件行為4）。Xは、必死に抵抗してYから逃れ、部屋の窓際に逃げた。Yは、忘れられない、どうすればよいのかなどと言ったが、Xは謝罪と拒絶を繰り返したため、やがてYも諦め、二人でホテルを出た。

　平成27年3月7日、Xは、Yから、X宅にて、アニメDVDを見たいと言われた。Xは、これを断ると、Yに機嫌を損ねられ、仕事に支障をきたすかもしれないと思い、やむなくこれに応じた。XとYは、当初、DVDを見たりして過ごしていたが、Yは、やがて、忘れられない、家にいるときもXのことを考えてしまうなどと言い出して、性交渉を求めてきた。Xが頑なにこれを断り続けると、Yは、自分が育ててやっているのに、なんで若いXに振り回されないといけないのか、妻がいることには触れるな、などとXを罵倒した上、困惑したXが、どうしたらそういうことをしなくなるのかと尋ねると、Xの性器を舐めたいと言い出し、これを頑として拒絶するXと再び押し問答になった。Xは、数時間にわたり、Yと押し問答を続けているうちに頭が回らなくなり、本当にそれで最後にしてほしいと述べて、やむを得ずYの上記要求に応じることにした（本件行為5）。Xは、Yが10分から20分にわたり上記の行為に及んでいる間も、気持ち悪いとつぶやき続けていたことから、Yはようやくこれをやめた。

　平成27年3月19日から20日にかけて、XとYは、取材撮影のため、群馬県G市に出張し、19日夜は、同市内のホテルに宿泊した。Xは、翌日の仕事の打合せのためにYの部屋に呼び出されたが、その打合せが終わると、Yから、前回の続きはどうするかなどと言われ、性交渉を求められた。Xは、再びこれを強く拒絶して、Yの部屋を出た。

　平成27年12月28日、Yに依頼する仕事の金額でもめ事となり、その話をするためとしてYの自宅近くに呼び出された際、Yから、好きだから気になる、Xの身体がほしいと思っているなどと言われ、再び性交渉を求められた。これに対し、Xは、Yの要求をかわすため、実は好きな男性ができたと嘘を言った

ところ、Yは、当初、喜ぶ素振りを見せたが、突然、机を強く叩き、もっと早く言えば別に自分が気にかけなくてよかったではないかなどと激怒した。

本件は、XがYに対し、不法行為に基づき損害賠償を請求した事案である。訴訟において、Yは、ラブホテルに入ったことや衣服を脱いで性器に触れたこと、キスに至ったことがあったことを認めつつ、いずれも自然な流れの中で、相互の合意の上でされたことであると主張した。

結　果

一部認容。
慰謝料120万円、弁護士費用12万円。

コメント

本件は、Xが業務上の取引関係にある外注カメラマンであるYからセクシュアルハラスメント（以下「セクハラ」）を受けた事案である。男女雇用機会均等法11条4項に基づく「事業主が職場における性的な言動に起因する問題に関して雇用管理上講ずべき措置等についての指針（平成18年厚生労働省告示第615号）」では、職場のセクハラの行為者には、労働者を雇用する事業主、上司、同僚に限らず、取引先等の他の事業主又はその雇用する労働者、顧客、患者又はその家族、学校における生徒等もなり得る、と規定されている。

本件で、YはXに対する行為の一部を認めつつ、合意があったと主張したが、判決は、セクハラ被害者の心理を踏まえると、Xの言動に被害者として不自然な点はないとして合意の存在を否定した。

判　旨

1　Xの供述の信用性について
　　Xは、本人尋問において、事実関係の全般にわたり、XとYの発言やそ

の時の心情を詳細かつ具体的に述べ、加えて、事実関係の先後に誤りがあればそれを訂正し、記憶にない箇所は率直にその旨述べるなど、供述態度も真摯なものであることが認められ、その供述内容については、全般的に信用することができる。

Xは、長期間かつ多数回にわたり本件各行為を受けながら、平成28年1月に至るまで上司に相談していないが、Xが、当時、大学を卒業して間もなく、社会人経験に乏しかったことからすれば、適切な相談相手がおらず、また、自分の考えの方が間違っているのではないかという思いもあったからであるとするXの説明は、合理的なものということができる。

また、本件行為3及び4において、カラオケ店やラブホテルから直ちに立ち去ったりはせず、また、本件行為5においても、自宅から逃げ出して助けを求めたりはせず、その行為が終わった後も、Yを泊めている。しかし、Xに社会人経験が乏しく、10歳以上も年長のYとの能力及び立場の差は歴然としていることからすれば、必要以上に抵抗をすれば、Yの機嫌を損ね、仕事に支障が出ることを恐れたからであるとのXの説明は、同様に合理的なものということができる。また、本件行為3ないし5については、Xは、各行為の前後に相当な時間にわたり、Yからの性交渉の要求を拒絶し続けていることからすると、疲弊する余り、より合理的と思われる行動をとることがなかったとしても、不自然であるとはいえない。

したがって、Xが、早期の段階で周囲に相談したり、本件各行為の直後に立ち去ったりするなどのより合理的と思われる行動をとらなかったことが、その供述の信用性を否定するものではない。

2　YのXに対するわいせつ行為等についての不法行為の成否について

（1）本件各行為について

Xとしては、Yといかなる性的接触も持つつもりはなく、本件各行為をされることを真意から容認したことはないというべきである。したがって、本件各行為のいずれについても、Xの意思に反してなされたもので、その性的自由を侵害する違法なものというべきである。

Yは、本件各行為があったとされる直後にXが送ったFメッセージをみても、そのような行為を受けたことを何ら指摘しておらず、かえって、Yに対し会食に関する御礼やゲームの話題を述べており、意に反するわいせつ行為を受けたことはうかがわれないと主張する。

しかしながら、Yが指摘するFメッセージの内容は、それ自体は当たり障りのない話題にすぎない上、Fメッセージは、時間をかけて返信することができ、表情などの態度も現れないものであることからすると、必ずしも、その内容が送信者の真意であると理解することはできない。

　そして、Xも本人尋問において述べるとおり、セクハラ等の性的被害を受けた女性としては、自分から性的接触があったことに言及したくないとの心理が働くであろうこと、また、加害者が仕事等での関係者である場合には、その後の仕事上の関係を悪化させたくないとの心理が働くであろうことは、いずれも容易に推察されるところである。このような女性側の心理からすれば、女性が、性的接触を受けたこと自体の言及を避け、また、抗議を述べたりしないのはむしろ自然なことというべきである。

　以上のほか、本件各行為の直後に限らず、XがYに宛てたFメッセージの全般を通じ、Yに対し、仕事上の相手に対する感謝や先輩への尊敬の念を伝えることはあっても、異性としての好意を伝える内容のものは一切見当たらないことも併せると、Xが、本件各行為の直後のFメッセージで性的接触について何も言及せず、その後も通常のメッセージ交換を続けたことが、本件各行為がXの意に反したものでなかったことをうかがわせるものとはいえない。

　そして、Xは、上記のとおり、Yが本件各行為に及ぼうとする際、再三にわたり、拒絶の意思を示していることからすれば、Yは、本件各行為がXの意思に反するものであることを認識することができたというべきであるから、少なくとも過失があるというべきである。

　なお、XとYが、会食やゲーム、DVDの鑑賞など、仕事以外にも交流があったことや、本件各行為の後に送られてきたFメッセージの文面をもって、Yにおいて、Xは本件各行為を嫌がっていないなどと誤解したとしても、その誤解自体に過失があるというべきであるから、上記の各事情はこの点に関する認定を左右するものではない。

(2)　本件各行為後の性交渉の要求について

　Xは、本件行為5の後、平成27年3月19日、同年8月8日、同年12月28日にも、Yから性交渉を求められたことが認められる。

　これらの行為は、いずれも、Xが、性的接触を断っており、特に性交

渉に至ることは一貫して強く拒絶していることを認識してされたものというべきである上、Ｙは、執拗に性交渉を求め、これを拒絶したＸを罵倒し、又は翌日に不機嫌な態度をとるなどしていることからすると、これらの性交渉の要求は、社会的相当性を逸脱し、Ｘの性的自由及び人格権を侵害するものとして違法なものであって、かつ、そのことについてＹには少なくとも過失が認められるから、いずれも不法行為が成立する。

3　損害について

　Ｘが性的自由ないし人格権を侵害されたことにより被った精神的苦痛を慰謝するに足りる額としては、120万円と認めるのが相当である。また、弁護士報酬のうち、12万円が本件の不法行為との相当因果関係のある損害と認めるのが相当である。

加古川市事件

最三小判平30・11・6（労判1227号21頁、労経速2372号3頁、裁判所ウェブサイト）

事実の概要

　Ｘは、平成３年にＹ市に採用された一般職に属する男性の地方公務員であり、平成22年４月から自動車運転士として、主に一般廃棄物の収集及び運搬の職務に従事していた。Ｘは、同年頃から、勤務時間中、Ｙ市の市章の付いた作業着である制服を着用して、Ｙ市に所在するコンビニエンスストア（以下「本件店舗」）を頻繁に利用するようになった。その利用の際、Ｘは、本件店舗の女性従業員らを不快にさせる不適切な言動をしており、これを理由の一つとして退職した女性従業員もいた。Ｘは、勤務時間中である平成26年９月30日午後２時30分頃、上記制服を着用して本件店舗を訪れ、顔見知りであった女性従業員Ｖに飲物を買い与えようとして、自らの左手をＶの右手首に絡めるようにしてショーケースの前まで連れて行き、そこで商品を選ばせた上で、自らの右腕をＶの左腕に絡めて歩き始め、その後間もなく、自らの右手でＶの左手首をつかんで引き寄せ、その指先を制服の上から自らの股間に軽く触れさせた。Ｖは、Ｘの手を振りほどき、本件店舗の奥に逃げ込んだ。本件店舗のオーナーは同日、Ｘが所属するＹ市の部署に宛てて、Ｘの前記行為について申告するメールを送信し、Ｘの上司は、同年10月７日、本件店舗を訪れてオーナーから事情を聴くなどして、上記行為について確認した。同年11月７日のＣ新聞に、Ｙ市の職員（氏名は伏せられていた）が勤務時間中にコンビニエンスストアでセクシュアルハラスメント（以下「セクハラ」）をしたが、Ｙ市においては店側の意向を理由に職員の処分を見送っている旨の記事が掲載された。これを受けて、Ｙ市は記者会見を開き、今後事情聴取をして当該職員に対する処分を検討する旨の方針を表明したところ、同月８日のＤ新聞、Ｅ新聞、Ｆ新聞及びＣ新聞に、上記記者会見に関する記事が掲載された。Ｙ市は、同日以降、関係者からＸの前記行為に関する事情聴取を行った。その際、Ｘは、下半身を触らせよ

うという意識はなく、Vの手が下半身に近づきはしたが触れてはいないなどと
弁解した。他方、Vは、Xの処罰は望んでいないが、同じようなことが起こら
ないようにしてほしい、これはオーナーも同じである旨を述べた。Y市長は、
同月26日付で、Xに対し、地方公務員法29条1項1号、3号に基づき、停職6
か月の懲戒処分（以下「本件処分」）をした。その処分説明書には、処分の理
由として、「あなたは、平成26年9月30日に勤務時間中に立ち寄ったコンビニ
エンスストアにおいて、そこで働く女性従業員の手を握って店内を歩行し、当
該従業員の手を自らの下半身に接触させようとする行動をとった。」（Xのこの
行動を以下「行為1」）、「また、以前より当該コンビニエンスストアの店内に
おいて、そこで働く従業員らを不快に思わせる不適切な言動を行っていた。」
（Xのこの言動を以下「行為2」）との記載があった。なお、Y市は、本件処分
の直接の対象は行為1であり、行為2は行為1の悪質性を裏付ける事情である
旨を主張した。

　Xは、本件処分の取消しを求め提訴に至った。

　一審判決は、「Xは懲戒事由に該当する行為（行為1）を行ったが、それに
対する懲戒処分として停職6か月は重すぎる。本件処分には裁量権の逸脱・濫
用の違法があるから取消しを免れない。処分行政庁は改めてXに対し裁量権を
適切に行使して行為1を理由とする懲戒処分を行うべきである」と判断した。
当該一審の判断を不服としたY市が控訴したが、二審判決も、一審判決を相当
とし、控訴を棄却した。この二審の判断を不服としてY市が上告したのが本件
である。

結　果

破棄自判。
控訴審判決破棄、一審判決取消し、Xの請求棄却。

コメント

　本件は、Xのコンビニ店員に対するセクハラ行為が問題となった事案であ

り、カスタマーハラスメントの事案ともいえる。

　本判決が、「Ｖが終始笑顔で行動し、Ｘによる身体的接触に抵抗を示さなかったとしても、それは、客との間のトラブルを避けるためのものであったとみる余地があり、身体的接触についての同意があったとして、これをＸに有利に評価することは相当でない」と述べている点は、被害者の心理状態を考慮した判断であり重要である。

判　旨

1　公務員に対する懲戒処分について、懲戒権者は、諸般の事情を考慮して、懲戒処分をするか否か、また、懲戒処分をする場合にいかなる処分を選択するかを決定する裁量権を有しており、その判断は、それが社会観念上著しく妥当を欠いて裁量権の範囲を逸脱し、又はこれを濫用したと認められる場合に、違法となるものと解される。

2　原審は、①ＶがＸと顔見知りであり、Ｘから手や腕を絡められるという身体的接触について渋々ながらも同意していたこと、②Ｖ及び本件店舗のオーナーがＸの処罰を望まず、そのためもあってＸが警察の捜査の対象にもされていないこと、③Ｘが常習として行為１と同様の行為をしていたとまでは認められないこと、④行為１が社会に与えた影響が大きいとはいえないこと等を、本件処分が社会観念上著しく妥当を欠くことを基礎付ける事情として考慮している。

　しかし、上記①については、ＸとＶはコンビニエンスストアの客と店員の関係にすぎないから、Ｖが終始笑顔で行動し、Ｘによる身体的接触に抵抗を示さなかったとしても、それは、客との間のトラブルを避けるためのものであったとみる余地があり、身体的接触についての同意があったとして、これをＸに有利に評価することは相当でない。上記②については、Ｖ及び本件店舗のオーナーがＸの処罰を望まないとしても、それは、事情聴取の負担や本件店舗の営業への悪影響等を懸念したことによるものとも解される。さらに、上記③については、行為１のように身体的接触を伴うかどうかはともかく、Ｘが以前から本件店舗の従業員らを不快に思わせる不適切な言動をしており（行為２）、これを理由の一つとして退職した女性従

業員もいたことは、本件処分の量定を決定するに当たり軽視することができない事情というべきである。そして、上記④についても、行為1が勤務時間中に制服を着用してされたものである上、複数の新聞で報道され、上告人において記者会見も行われたことからすると、行為1により、上告人の公務一般に対する住民の信頼が大きく損なわれたというべきであり、社会に与えた影響は決して小さいものということはできない。

　そして、市長は、本件指針が掲げる諸般の事情を総合的に考慮して、停職6か月とする本件処分を選択する判断をしたものと解されるところ、本件処分は、懲戒処分の種類としては停職で、最も重い免職に次ぐものであり、停職の期間が本件条例において上限とされる6か月であって、Xが過去に懲戒処分を受けたことがないこと等からすれば、相当に重い処分であることは否定できない。しかし、行為1が、客と店員の関係にあって拒絶が困難であることに乗じて行われた厳しく非難されるべき行為であって、上告人の公務一般に対する住民の信頼を大きく損なうものであり、また、Xが以前から同じ店舗で不適切な言動（行為2）を行っていたなどの事情に照らせば、本件処分が重きに失するものとして社会観念上著しく妥当を欠くものであるとまではいえず、市長の上記判断が、懲戒権者に与えられた裁量権の範囲を逸脱し、又はこれを濫用したものということはできない。

3　以上によれば、本件処分に裁量権の範囲を逸脱し、又はこれを濫用した違法があるとした原審の判断には、懲戒権者の裁量権に関する法令の解釈適用を誤った違法があるというべきである。

N商会事件

東京地判平31・4・19
（労経速2394号3頁、D1-Law.com判例体系）

事案の概要

　Y社は、ベアリングの機械部品の販売等を業とする株式会社である。平成28年9月当時の役員は3名、従業員は12名であった。

　X（昭和51年生まれ）は、Y社の元常務の紹介の下、平成22年8月にY社との間で雇用契約を締結し、Y社の営業補助担当の従業員として勤務していた。

　A（昭和42年生まれ）は、平成24年5月頃にY社に入社し、Y社において、倉庫業務担当の従業員として勤務していた。

　Aは、まもなくXに対して好意を抱くようになり、平成24年10月下旬頃、Xに対し、職場の相談に乗ってもらいたいなどとして食事に誘う内容のメールを送信した。Xは、Y社において取締役管理部長として人事も担当していたBにアドバイスを求めたところ、Bから、興味があるのなら行ってもいいんじゃないかといった回答を受け、Aと食事に行った。Aは、食事の後、Xに対し、お付き合いをさせていただけないか、特に急がなくてもいいので、などと告げて交際の申込みをしたが、Xは、特段、これに対する回答をしなかった。

　その後も、Aは、Xに対して、天気の話や会社で飲みに行く話などの話題の下、折々、メールを送信するなどした。また、会社の最寄り駅の改札付近で、帰りがけのXに旅行の土産を渡したこともあった。しかし、交際の意図がなかったXは、Aからのメールにも返信しないでいるようになった。平成24年12月25日、Aは、クリスマスプレゼントをXに渡して交際の申込みの返答を聞こうと考えて、会社の業務が終わった後、会社の近くのコンビニエンスストアで待っていますとの内容のメールをXに送信したが、Xは、これに対して返信せず、待ち合わせ場所にも出向かなかった。そうしたことから、Aは、自身に対するXの気持ちが薄いのかもしれないなどと思いつつ、Xに対して、忙しそ

うなので帰りますなどといった内容のメールを送信してその場を辞した。

　他方、Xは、Aからメールが来るようになり困るとBに相談し、Bは、メールが来るのであれば断固拒否する旨メールで明らかにするよう助言した。もっとも、Xは、そのようなメールは送らずにいた。

　その後、Aは、Xがメールに返信してこないばかりか、冷たい態度を示すようになったことから、平成25年1月から同年3月にかけて、折々、「いつもなんかゴメンね。Xさんときちんと話し合いたいです。」、「僕が原因だと思うけど、倉庫でタバコを吸ったり、他の方にはお茶を入れてあげて。Xさんの気持ち察せなくて申し訳なかったです。」などといった内容のメールを送信した。また、AがY社を退社すると聞いていたが辞めないのかとの内容のメールをXがAに送ったのに対し、Aは、「悩んだけど全て断りました。迷惑かもしれないけどいまXさんの側にいたいし。慣れてなくてつい避けてしまうけど気にしないで…。いつも子供みたいでゴメンなさい。」といった内容のメールを送信したことがあった。

　平成25年9月頃に至り、Bは、Aに対する嫌悪感を強めていたXから、担当する大口取引先を同じくすることとなっていた倉庫業務担当のAとの接触が生じることを忌避すべく、担当を交代できないかとの相談を受けた。Bは、上記Xの申出を受け、Y社代表者や、取締役営業部長を務めていたCにこれを報告し、Cにおいて、Aに事実関係の確認を行ったところ、Aは、Xに対して恋愛感情をもっていたことや過去にメールをしていたことはあったが現在はしていないと述べ、上記AとXとの間のメールを見せるなどした。Cは、メールの内容を確認した上で、Aに対し、今後、内容のいかんを問わず、Xに対してメールを送るなどし、Xが不快に感じることのないよう注意し、Xに対して謝罪するよう指導した。Aもこれを了解し、Xに対する謝罪を申し述べ、Xもひとまずこれを了とした。

　しかし、Xは、上記措置後も、不快な行為が続いているから配置転換や業務内容の変更をしてほしいなどとY社に申し出、あるいは、Aを懲戒処分としてほしい、退職させてほしいなどと申し出るようになった。さらには、直接、Aに対して退職を求めることもあった。これに対し、Y社は、Aに対して、懲戒処分とする措置はとらなかったものの、Xのそのような申し出やXの希望や意向を踏まえ、納品伝票の受渡しを、設置した伝票箱に入れて授受する方法によって行うことを認めたり、伝票授受の業務をAから他の従業員に変更するこ

とを認めるなどした。

　もっとも、Ｘは、Ａが退職しないなどと不満を募らせるとともに、Ｙ社の上記措置では不足であるとして、平成28年４月、Ａに対し、退職しないことをなじったほか、同年６月頃には、月に１度行われていた全体会議を欠席するようになり、さらに、Ｙ社に対し、同年７月29日付で、「このたび、Ａさんの再三の嫌がらせを受け、精神的に深く追いつめられました。」などといった内容の退職願を提出した。これに対し、Ｙ社は、繰り返しＸを慰留したが、ＸはＡへの懲戒解雇に固執した。Ｙ社は、同年８月23日頃、東京都労働相談情報センターＯ事務所でＡに対する懲戒解雇の可否に関する相談をし、消極的な回答を受けたこと等も踏まえ、Ｘになお翻意を促したが、Ｘは退職意向を翻さず、Ｙ社も、同月24日、退職願を受理して、Ｘは、同年９月20日、Ｙ社を退職した。

　退職後、Ｘは、心因反応であるとの診断を受けた。

　Ｘは、Ａからセクシュアルハラスメント（以下「セクハラ」）に該当する行為を受けたところ、Ｙ社がこれに関する事実関係の調査をせず、安全配慮義務ないし職場環境配慮義務を怠ったこと等により精神的苦痛を被ったなどと主張して、債務不履行に基づき、損害金904万1960円及び遅延損害金の支払を求めて提訴した。

▌結　果

　請求棄却。

▌コメント

　本件は、ＸがＹ社に対して、セクハラ行為そのものによる損害賠償を求めたのではなく、適切な事後対応の不履行のみを主張原因としている点に特徴がある。判決は、Ｙ社に職場環境配慮義務ないし安全配慮義務として配置転換等の措置を講ずる注意義務違反はないと認定したが、その背景には、セクハラ行為が重大なものとまではいえないこと、Ｙ社が職場環境調整を出来得る範囲で尽くしていたことがあると思われる。セクハラの相談があった際に使用者がと

るべき対応を考える際に参考になる裁判例である。

判　旨

1　責任原因の有無について

（1）Xは、Y社には本件セクハラ行為に関する調査義務があるところ、これを怠った点でY社は債務不履行責任を免れない旨主張する。

　　しかしながら、Y社は、平成25年9月頃に、Xから、Aよりメールを送信されて困っているなどとセクハラ行為に係る相談を持ち掛けられたのを受けて、まもなく、Aに対し、事実関係を問い、Aから事実認識について聴取するとともに、問題となっている送信メールについてもAに任意で示させて、その内容を確認するといった対応をとっているものである。

　　そうしてみると、Y社において、事案に応じた事実確認を施していると評価することができるところであって、Y社に債務不履行責任を問われるべき調査義務の違背があったとは認め難い。

　　Xは、Y社において、AとXとの間で交わされたメールの提出を求め、あるいは、従業員全員から聴取を行うべきであったなどと主張しているが、Y社において、メールの確認はしているし、そのような事実確認も経ている中、プライバシーに関わる相談事象について、他の従業員に対し、殊更事実確認を行うことが必須ということもできず、Y社にXが主張するような具体的な注意義務があったとまでは認め難い。したがって、その主張する点から前記判断が左右されることはない。

（2）Xは、Y社において、Xに対する職場環境配慮義務ないし安全配慮義務として、Aに懲戒処分を行うべき義務があり、その違反があったなどとも主張する。

　　しかし、AがXに対してした所為は、上記事案の概要の範囲にとどまるものであった。Xは、Aの上記所為につき、ストーカー行為規制法所定のストーカー行為にも該当するものであった旨主張するが、身体の安全等や行動の自由が著しく害される不安を覚えさせるような方法により行われたものとまでは認め難く、これに該当するものとは認められな

い。

　Y社は、Aに対し、Xに不快の情を抱かせている旨説示して注意し、メール送信等もしないよう口頭で注意を施したものである。しかも、その際、Y社は、Aからはメール送信も既にしなくなっている旨の申出を受け、その申出内容もメールの内容を見ることで確認し、Xも、ひとまずAの謝罪を了としていたものである。そうすると、Y社が、以上のような事実関係に鑑み、Aに対して上記のとおり厳重に注意するにとどめ、懲戒処分を行うことまではしないと判断したとしても、その判断が不合理ということはできず、これに反し、Y社において、Aに対する懲戒処分を行うべき具体的な注意義務をXに対して負っていたとまでは認め難い。

　Xは、Y社において、Xに対する職場環境配慮義務ないし安全配慮義務として、配置転換等の措置をとるべき注意義務があり、その違反があったとも主張する。

　しかしながら、AがXに対してした所為が上記の範囲にとどまるものであったことや、そういった行為であってもXに不快の情を抱かせるものとしてAに対して厳重に注意もなされていること、そして、Aも自身の行為を謝し、Xもひとまずこれを了とし、その際、あるいはそれ以降、特段、Aから、メール送信等によりXに不快な情を抱かせるべき具体的言動がなされていたともY社に認められていなかったところ、Y社には本社建物しか事業所が存せず、配転をすることはそもそも困難であった上、この点を措いても、そもそも倉庫業務担当者と営業補助担当者との接触の機会自体、伝票の受渡し程度で、乏しかったものである。しかも、Y社は、Xの発意に基づくものであったかは措くとしても、上記わずかな接触の機会についても、その意向も踏まえ、納品伝票を入れる伝票箱に入れることでやり取りをすることを認めたり、さらには担当者自体を交代するといったことも許容していたものである。そうしてみると、Y社において、事案の内容や状況に応じ、合理的範囲における措置を都度とっていたと認めることはできるところであって、Xが指摘するような注意義務違反があったとは認め難い。

　この点、Xは、Aも担当していたY社の大口取引先の関連業務をXに割り当てないことにより、業務上の接触が完全になくなるようにするこ

とは可能であったなどとも主張する。しかし、Aによる具体的な問題行為がおよそ見受けられないようになっている中、Aに対して口頭注意も経て、Xもひとまずこれを了としていたところ、倉庫業務担当者と営業補助担当者との接触の機会自体、そもそも乏しかった中、Y社が、全体の業務負担の状況を考慮し、X指摘の上記措置までは直ちにとらなかったとしても不合理とはいえず、これに反し、そのような措置までとるべき具体的な注意義務がY社に生じていたとまでは認め難い。

　Xは、Cが、Xに対し、Xが努力すべきであるとか、「あなたの存在に原因がある」等の心無い言葉を浴びせることによりXに二次被害を与えたものであり、この点において職場環境配慮義務ないし安全配慮義務の違反があったとも主張し、X本人もこれに沿う供述をしているところ、これに沿う証拠として、X作成のメモやCから渡されたという新聞記事（困った男子には「大人」な対応でなどと記されたタレント記載の記事）を提出している。しかし、Y社は、かかる主張事実を否認し、Cの反対趣旨の陳述もあるところ、他にX主張事実を裏付ける証拠はない。Xは、平成28年9月21日にBとの間で離職理由についてやり取りをしているが、その会話を録音した内容をみても、そういった事実経過があったことをうかがうことのできる具体的なやり取りはみられない。そうしてみると、そうしたXの主張事実自体、これを認め難い。

(3) 以上のとおりであるから、Y社にXが指摘するような義務違反があったと認めることはできない。

高松地判令元・5・10
（D1-Law.com判例体系）

事案の概要

(1) 当事者

　Xは、昭和39年生まれの女性であり、元夫との間に成人した子がおり、内縁の夫と生活している。Xは、平成24年12月にY3市の非常勤嘱託職員として採用され、I出張所で勤務していた。

　Y1は、平成27年3月末にY3市を定年退職し、定年後の再任用として、同年4月から平成28年3月末までI出張所長を務めた者である。

　Y2は、平成27年度当時、Y3市の総務局次長兼人事課長を務めていた者である。Y1とY2は、平成27年以前に、Y3市の観光振興課で共に勤務したことがあり、その時は、Y2が上司でY1が部下という関係にあった。

(2) 歓送迎会前後の出来事

　I出張所では、平成27年4月10日に歓送迎会を開催することになったが、Y1は席次表の作成を担当していたLに対し、Xを自身の近くに配席するよう依頼した。

　当日、歓送迎会終了後、XとY1は、他の出席者と共に電車に乗り、O駅まで移動した。O駅到着後、他の出席者は電車を乗り換えたため、Xは、Y1と共に、O駅の改札を出た。Y1は、この後一緒に飲食店に行かないかとXを誘ったが、Xはこれを断った。すると、Y1は、Xの腕を左手で引っ張って歩き出し、O駅の建物から出たところで、左手をXの腰に回して引き寄せた状態で、Xと共にO駅から北に向かって歩き始めた。Xは、Y1の持つ傘が自身の頭に当たって痛かったため、Y1の傘を右手で取り上げたところ、Y1は、Xが傘を持つ右手に自身の右手を重ねた。Xは、Y1に対し、どこに連れて行くつもりなのかを問うとともに、離してほしいと何度か訴えたところ、Y1がXから離れたため、Xは、その場を離れてタクシーに

乗って帰宅した。

(3) スカートめくり

Y1は、平成27年4月24日頃、I出張所内において、XがY1の席の側を通ろうとした際、Xのスカートの裾を持ち上げた。

(4) メールでのやりとり

Y1は、平成27年6月5日、Xに対し、「体調いかが？心配や。」「やっぱり、笑顔たっぷりでおしゃれで可愛いXさんで居て欲しい。元気にな～～れ」とのメール、同月7日には「体調良くなりましたか？大丈夫？」とのメールを送信した。

Y1は、同年7月3日、Xに対し、「まだ日本にいるのかなぁ。大切な人やから、元気で帰ってきてほしい。気を付けて行ってらっしゃい。そして、思い切り楽しんでおいで。」と記載したメールを送信した。

Y1は、同月16日、I出張所での宿泊待機の際、Xに対し、「独りぼっちは淋しいもんやね。被害がありませんように。」、「ありがとう。でも、来てくれたらハグだけではすまなくなるから、独りで我慢するよ。おやすみ～。」、「はい、そうですね。Pちゃんが来たら、心臓麻痺をおこしそうや。淋しいけど、独りで寝ます。」と記載したメールを送信した。

Y1は、同年8月9日、Xに対し、「めちゃくちゃ暑いねぇ。さすがのQでもたまらんわ。さて、メロンを収穫してみたら、ちょっと硬いけど糖度が14度あった。明日腹いっぱい食べさせてあげるから、ランチにしたらどう？」、「わかった。あさってのランチね。」と記載したメールを送信した。

Y1は、同月13日、Xに対し、「食あたり？調子はどんなの？心配や。今日は、Kくんと二人です。オジサン同志でつまんないです。早く元気になってね。お大事に～」と記載したメールを送信した。

(5) 展示会へ同行した際の出来事

Y1は、平成27年7月中旬頃、Xに対し、展示会への同行を求めたところ、Xは自分の車を運転して展示会場に行きたいと述べたが、Y1に求められ、Y1の運転する車で会場に向かった。Y1は、車内において、Xの容姿を褒めたり、Xを口説くような発言をした。

(6) 液体コンドームを見せた行為

Y1は、平成27年7月20日頃、勤務時間中に、Xに対し、スマートフォンに表示された液体コンドームの画像を示した。

（7） Xによる退職の申出

　　Xは、平成27年8月4日、Y1に対し、平成28年3月末以降の継続勤務を希望しない旨を伝えたところ、Y1は、Xに対し、退職後は食事に誘いやすくなるなどと交際を求めるような発言をした。

（8） Y1の健康診断前日のやりとり

　　Y1は、平成28年1月19日、K及びXに対し、人間ドックを受診する旨の会話の中で、頻尿による不眠に悩まされている旨を明かし、自身の生殖器が勃起したような状態になる旨の発言をした。

（9） Xの住所変更

　　平成28年2月2日、Xが、住所変更の手続のため担当者に電話で住所を伝えたところ、これを聞いたY1は、Xの住所をインターネットで検索した。

（10） その他の行為

　　Y1は、Xの容姿を褒めたり、Xの服装を褒める際に、Xの衣服に触ることがあった。

（11） Xによる人事課へのセクハラ相談

　　Xは、平成28年1月27日、地域政策課市民活動センター長のTにY1からセクシュアルハラスメント（以下「セクハラ」）を受けている旨を話し、Tのアドバイスで、Y1の言動に関する時系列表の作成を開始した。

　　そして、Xは、同年2月4日に人事課にてセクハラ相談をした際、同時系列表を人事係長のNに渡し、これに基づいてY1のセクハラ行為を説明した。

　　Y3市は、平成28年3月31日付で、Xに対するセクハラを理由に、Y1を戒告処分とし、報道機関に公表した。

（12） Xの退職

　　Xは、平成28年2月26日、神経性胃腸炎等の病名で、2週間の自宅療養を要する見込みとの診断を受け、病気休暇を取得した。Xは、その後病気休暇、欠勤を続け、同年11月29日付で退職届を提出した。

（13） 本件訴訟

　　Xは、Y1からセクハラ等を受けた上、Xからの被害申告を受けたY2が、人事課長という立場にありながら何ら適切な対応をとらず、Y3市の職員も、セクハラの被害者であるXに対する配慮義務を怠り、これらYらの不

法行為により、経済的及び精神的な損害が生じたと主張して、Y1及びY2に対しては不法行為に基づき、Y3市に対しては、主位的に使用者責任に基づき、予備的に国家賠償法１条１項に基づき、連帯して、休業損害、逸失利益、慰謝料及び弁護士費用の合計2248万1417円の支払を求めて提訴した。

結　果

一部認容。
Y3：33万円（慰謝料30万円、弁護士費用３万円）。

コメント

　本件では、Y1の行為がセクハラであると認定されたが、公務員であるY1が職務を行うについてなされた行為であったため、Y3市が国家賠償法に基づく責任を負うものとされ、Y1の個人責任は否定された。また、Y2による事後対応は職場環境配慮義務違反には当たらないものとされ、Y3市の職員のＸに対する配慮義務違反も否定された。

判　旨

1　Y1による不法行為の成否及び個人責任の有無
　(1)　歓送迎会後の出来事
　　　Y1は、Ｘの意に反して、Ｘの手や腰に触れたものであるから、Ｘに羞恥の感情を与え、もってＸに精神的苦痛を与える性的言動であり、不法行為に該当する。
　(2)　Ｘのスカートの裾を持ち上げた行為
　　　Y1の行為は、Ｘに羞恥の感情を与え、精神的苦痛を与える性的言動であるというべきであって、不法行為に該当する。

(3) XとY1のメールのやり取り

　Y1がXに送信したメールは、Xに対し異性としての関心を抱いていたことをうかがわせるものではあるが、その内容が、Xに対する好意を示すにとどまらない性的なものであるとは評価できず、また、これらのメールに対するXの対応も証拠上明らかではないから、いずれも不法行為に当たるとはいえない。

(4) 展示会に同行する際の出来事

　Y1は、車内において、Xの容姿を褒めたり、口説いたりするなどしており、これらはY1がXに性的関心を抱いているものとみることもできるが、Xに対し、社会通念上許容できる限度を超えて執拗に交際を求めたとまでは認められないから、不法行為に当たるとはいえない。

(5) 液体コンドームの画像をXに見せた行為

　Y1が、業務上、かかる画像をXに示す必要性は皆無であって、専らY1の性的関心に基づく行為で、Xに精神的苦痛を与える性的言動であるから、不法行為に当たる。

(6) Xによる退職の申出の際の言動

　Y1は、Xに対し、退職後の交際を求めるような発言をしているが、Xはこれを明確に断っており、かつ、Y1が、社会通念上許容できる程度を超えて執拗に交際を迫ったとまでは認められないから、不法行為に当たるとはいえない。

(7) Y1の健康診断前日のやり取り

　Y1は、自身の病状を説明する中で勃起との言葉を使っているが、あえてかかる性的言動をする必要性に乏しい。そして、かかる発言は、Xに性的な不快感を与え、もってXに精神的苦痛を与える性的言動であり、不法行為に当たる。

(8) Xの住所を調べた行為

　Y1は、目の前でXが述べた住所を聞き、検索しただけであって、性的な関心に基づくものとはいえず、これによってXが不快に感じたとしても、直ちにXに対する不法行為に当たるということはできない。

(9) その他の行為

　Y1が、Xの容姿や服装を褒めることは直ちにXの人格権を侵害するものとはいえず、衣服に触れた行為についても、その具体的態様等が明ら

かではないから、不法行為に当たるということはできない。

（10）Y1は個人責任を負うか

　　Y1の上記違法行為は、いずれも、Y1が、I出張所長として、勤務中、もしくは、職務に関連する懇親会後に行ったものであるから、Y1がXに与えた損害は、国家賠償法1条1項に基づき、公共団体たるY3市が賠償責任を負うべきものである。そして、国家賠償法1条1項は、国又は公共団体の公権力の行使にあたる公務員が、その職務を行うについて、故意又は過失によって違法に他人に損害を与えた場合には、国又は公共団体がその被害者に対して賠償の責めに任ずることとし、公務員個人が民事上の損害賠償責任を負わないとしたものと解される（最三小判昭30.4.19民集9巻5号534頁、最二小判昭53.10.20民集32巻7号1367頁参照）から、Y1個人は賠償責任を負わない。

2　Y2による不法行為の成否及び個人責任の有無

（1）Y2の職場環境配慮義務

　　Y2は、Y3市の人事課長として、市職員の良好な職場環境を確保するため、セクハラの防止及び排除に関し、必要な措置を講ずるとともに、セクハラに起因する問題が生じた場合には、必要な措置を迅速かつ的確に講じなければならない雇用管理上の義務を負っていた。

（2）組合からの情報提供後の対応

　　Y2は、平成27年9月30日には、職員組合（以下「組合」）の書記長からの情報提供により、I出張所内でのY1によるセクハラの可能性を認識していた。

　　しかし、セクハラに関する情報提供は、Y2が秋闘要求書を受け取るために組合事務所を訪れた際に個人的になされたこと、その後、組合からY2に問合せもなかったことに照らせば、Y2への調査依頼は、緊急性や重要性のあるものとしてなされたとは認められない。よって、Y2において、直ちにXから事情聴取を行う等の調査をすべき義務があったとはいえず、セクハラ問題の調査について慎重な対応を依頼されていたことも併せ考えると、地域政策課長などを介して情報を収集しようとしたことは相当な対応といえる。また、Y1のセクハラ行為が悪化していないことを確認して以降、Xに積極的に働きかけることなく、様子見の対応をしたことが、職場環境配慮義務違反ということもできない。

また、Y2は、平成27年中には、人事課の主幹兼課長補佐などとの間で、Y1によるセクハラ問題について情報を共有しているから、Y1のセクハラ行為を隠蔽しようとしたということもできない。

(3) 人事課セクハラ相談窓口への相談以降の対応について

　Y2は、平成28年2月17日のXとの面談に先立ち、Y1から事情聴取をしているところ、セクハラ調査の際に必ず被害者から事情聴取しなければならないものではなく、被害者が主張するセクハラ行為の内容について具体的に聴取されていれば、それに基づき、加害者とされる者の事情聴取を行うのが合理的であるから、この点につき何ら不当な点はない。

　マニュアルでは、人事課相談窓口への相談の際には、男女両性の相談員による面談が原則とされているが、相談後の人事課による事実調査の際には、面談員の性別に関する特別の定めはない。同日の面談は、人事課によるセクハラ調査の一環として行われたものであり、Xから調査者の性別についての希望が出されていなかったことも踏まえると、同日の面談をY2と男性職員の2名で実施したことが違法なものとはいえない。

　また、Y2がXに対し、セクハラの具体的態様や目撃者の有無を尋ねることは、セクハラの有無を調査し判断するために当然に必要なことであって、Y1を殊更に擁護するようなものであったとは認められない。

　さらに、XとY1の言い分が全く異なる中で、直ちに職場分離を行うことには困難を伴うものである上、職員の人員配置を工夫しやすい新年度まで約1か月しかなく、実際に同年4月以降は職場分離が実現されていることも併せ考えると、Y2が、Xからの職場分離の希望に直ちに対応しなかったことが違法であるとはいえない。

　Y2は、同年3月1日には、Xに対し四者面談の申入れをしているところ、セクハラ被害を訴え、職場分離まで希望しているXに対し、加害者とされるY1との対面を提案することは、配慮に欠ける面がないではない。しかし、軽易な環境型セクハラなど具体的な事案によっては、当事者間のあっせんを行うことで、事態を深刻化させずに問題解決につなげられる場合もあるところ、Y1が謝罪の意向を示していたことや、Y2が提案した四者面談は、Xにとって協力的な者が同席することが条件となっていたことからすれば、四者面談の提案自体が直ちに不当なものとはいえない。そして、Y2が、四者面談の実施を強行しようとしたものでもな

いことを考慮すると、Y2による四者面談の申入れが違法であるとはいえない。

3　Y1の不法行為に対するY3市の法的責任

　　公権力の行使に当たる公務員が、その職務を行うについて、違法に他人に与えた損害については、国家賠償法1条1項によって、国又は公共団体のみが責任を負うのであって、これについて民法715条や709条の適用はない。

　　Xは、予備的に、Y3市の国家賠償法1条1項に基づく責任を主張するところ、Y1の各行為は、同条項の違法な行為に当たるから、Y3市は、これによりXに生じた損害を賠償する責任を負う。

4　Y3市の職員によるXに対する配慮義務違反

(1)　Y3市による懲戒処分の公表について

　　懲戒処分の公表内容が、不特定多数の人間において、セクハラの被害者を容易に認識し得るといえる場合には、当該公表行為は被害者のプライバシーを侵害するものとして違法になると解すべきである。

　　Y3市が公表した内容は、被処分者を、市民政策局の61歳の男性職員とするが、本件出張所名は特定されておらず、かかる公表内容から直ちに被処分者がY1であり、セクハラの被害者がXであることを、不特定多数が容易に認識し得るものではない。

　　よって、Y3市による懲戒処分の公表行為は、Xに対する不法行為に当たらない。

(2)　3月25日付診断書をめぐる処理について

　　職員から病気休暇の申請があった場合、Y3市は、診断書に基づいて、病気休暇の正当性について判断するとともに、当該職員の病気休暇期間を把握することで、代替要員の配置等の必要な調整を行うこととなる。しかし、3月25日付診断書は、就労不能期間が「しばらく」となっており、Y3市において人員配置の調整が困難なものであった。

　　よって、Y3市の職員が、Xに対し、就労不能期間を明確にするよう指示したことは正当な理由によるものであり、Xに対する不法行為に当たらない。

(3)　Xの退職手続の書類送付について

　　Y3市の職員が、Xの母に対し、退職手続に必要な書類を送付したの

は、Xの母の求めに基づくものである。そして、Xに送付された退職願や雇用保険被保険者離職証明書には既に退職理由や離職理由が書き込まれていたものの、訂正を求めることは可能であったから、これをもって直ちにXの権利を侵害するものとはいえない。

　よって、Y3市の職員が、Xの母に対し、退職理由や離職理由が既に記載された退職願や雇用保険被保険者離職証明書を送付したことは、Xに対する不法行為に当たらない。

(4) X代理人への文書での回答について

　Y3市がX代理人宛てに送付した同年7月15日付回答書は、X代理人からXの今後の処遇について質問されたことについて、非常勤嘱託職員における懲戒免職や分限解職の一般論を説明したものにすぎず、Xに対して懲戒免職等をほのめかすものと解することはできない。

　よって、Y3市が、X代理人に対して同回答書を送付したことは、Xに対する不法行為に当たらない。

5　損害

(1) 休業損害、逸失利益について

　Xの混合性不安抑うつ障害や神経性胃腸炎の症状は、いずれも平成28年以降に発生したものであるところ、Y1による不法行為は、平成28年中には「勃起して痛い。」旨の発言しか認められず、平成27年中の不法行為からは相当期間が経過している。そして、Xは、平成27年12月初旬には、かねてより親交のあったR（創造都市推進局参事）に対し、Y1によるセクハラ行為は小康状態であると述べている上、平成28年1月26日には、退職の意思表示を撤回して就労継続の意思を有していたことも併せ考えると、Xの混合性不安抑うつ障害及び神経性胃腸炎の症状が、Y1の不法行為に起因するものとは認められない。

　よって、Xがこれらを発症したことによる休業損害及び逸失利益にかかる請求はいずれも理由がない。

(2) 慰謝料

　Y1の行為は、Xに対する身体的接触を伴うものも含まれており、平成27年8月4日の退職の意思表示の一因にもなったと考えられる一方、いずれのセクハラ行為も著しく悪質であるとまでは評価できないこと、その他一切の事情に鑑みると、Xの精神的苦痛を慰謝するための金員とし

ては、30万円が相当である。
（3）弁護士費用
　　弁護士費用は３万円とするのが相当である。

学校法人Z大学事件

東京地判令元・5・29
（労経速2399号22頁、D1-Low.com判例体系）

事案の概要

Yは、Y大学を設置する学校法人である。

X（昭和44年生まれの男性）は、Y大学工学部電気電子工学科の准教授の地位にある者である。平成27年度当時は、Y大学電気システム工学科において、必修科目である2年生向けの「電気システム実験Ⅰ」や「電気システム実験Ⅱ」を受け持っていた。

平成28年9月、女子学生CがYに退学の申入れをし、Xの言動に悩んでいたことを退学理由の一つに挙げた。Yは、Xが他の学生に対してもハラスメント行為を行っていた疑いを持ち、Cからさらに詳しい事情を聞いたところ、同様の被害に遭っている学生としてAやBの名前が挙げられた。

Yは、同年11月、A及びBとそれぞれ個別に面談し、それぞれから、Xによるハラスメント被害について救済の申立てを受けた。Yは、ハラスメント調査委員会による調査の上で、平成29年3月、ハラスメント防止委員会にてハラスメントを認定した。そして、懲戒委員会の意見を踏まえて、同年7月、Xを減給処分とする旨決定した（以下「本件懲戒処分」）。

本件は、XがYに対し、本件懲戒処分の無効確認を求めた事案である。

結　果

請求棄却。

コメント

　懲戒処分は、客観的に合理的な理由を欠き、社会通念上相当であると認められない場合には無効となる（労働契約法15条）。本件では、Ｘの行為は身体的接触を伴うセクシュアルハラスメント（以下「セクハラ」）ではなかったものの、２名の女子学生に対し、性的な嫌悪感を抱かせる表現をしたり、指導等を施す立場にあることを背景に、交友関係に過度に干渉し、あるいは二人きりでの食事を求めるなどし、さらには再試験に関して便宜を図ろうとするなどしたものであって、Ｙ大学が規定するＹ大学ハラスメント防止規程（以下「本件防止規程」）及びＹ大学教職員行動規範（以下「本件行動規範」）に反する言動であったと認められた。そして、それにより２名の女子学生が被害を受け、Ｙの教育・研究環境づくりにも影響を与えたとして、本件懲戒処分は社会通念上の相当性を欠くものとはいえないと判断された。

判　旨

1　Ｘの行為のハラスメント該当性について
　(1)　Ｃに対するメール送信について
　　　Ｘは、Ａの友人であるＣに対し、Ａについて「bitchになることを望むって…金銭的困窮とは無縁の人なので…日頃うまく『処理』ができていないのではと、婦人科的（orカウンセラー的）にすごく心配になってきました。（あくまでも医学的な心配ではありますが、女性に対するメールなのにデリカシーに欠ける話題でゴメンナサイ）」などというメール（本件メール①）を送信しているところ、このようなメールの内容は、「（orカウンセラー的）」、「あくまでも医学的な心配ではありますが」などという文言も文面にちりばめられてはいるものの、上記のとおり「bitch」という文言について言及されており、これが性的にふしだらな女性という意味合いで用いられているのはその文脈に照らし明らかであることや、「婦人科」、「女性に対するメールなのにデリカシーに欠ける話題でゴメンナサイ」などという文言も使用されることにより、Ａが性的な欲求処理をうまくできていないと示唆する内容であると認められるのであって、そ

のようなメールを送信する行為は、Yが定める本件防止規程所定の性的
言動に当たるというべきである。

　そして、Aは、Xがそのような表現が含まれるメールをCに送信して
いた事実を、後日、Cから当該メールの転送を受けるなどして認識し
た。Xは、当時、電気システム工学科の准教授として学生の指導に当た
る立場にあった者であり、Aからすれば、受講していた「電気システム
実験Ⅰ」や「電気システム実験Ⅱ」の指導担当教員でもあった上、教員
としての信頼関係を前提に、海外留学の是非等の個人的な相談を持ち掛
けていた相手方でもあったのであるから、そのような表現を、A自身に
は秘密裡に、Y大学において女子学生が少ない中、当時疎遠となっては
いたものの知人ではあった女子学生のCにしていたことを知れば、Aは
もとよりAと同様の平均的な立場の女子学生であっても、その就学意欲
を低下させる行為であると評価することができ、事実、Aも、そのよう
な表現がなされていたことを知り、不快の念を持ったものである。

　そうしてみると、Xの上記メール送信行為は、本件防止規程の趣旨目
的に照らし、相手を不快にさせる性的言動により、相手に精神的、肉体
的な苦痛又は困惑を与える行為、すなわち本件防止規程所定のセクハラ
に該当するものと認められる。

(2) Aの交友関係に対する干渉について

　Aは、当時悩んでいたCとの交友関係について、Xから関わり合いを
持ってほしくないなどとの思いから、平成27年12月1日、Xに対し、C
との交友関係は自分で解決したいので見守ってほしい旨伝えたのみなら
ず、そのようなAの気持ちを理解しようとしないXの態度に困惑して泣
くなどしており、同日、重ねて同旨のメールをXに送信していた。

　それにもかかわらず、Xは、同月8日、Aを自身の研究室に呼び出
し、交友関係に関する勉強会をしようなどと持ち掛け、困惑したAを泣
かせて授業への出席を遅らせた上、授業後もなお研究室に来るよう申し
伝え、再び勉強会の話を持ち掛けたところ、Aから厳しい態度で関与を
拒絶された。

　<u>Xの行為は、学生の意向を無視し、交友関係に関する過度の干渉に亘
る不適当なものといわざるを得ず、Aに強い不快感を与え、泣かせるな
どして授業への出席を遅らせた点においては、Aの就学環境を悪化させ</u>

たともいえるものであって、この点において、本件防止規程所定のパワーハラスメントに該当すると認めざるを得ない。

(3) Aに対するメール送信について

　Xは、平成28年1月12日、D講師から、Aのものを含むレポートの評価について情報提供を受け、翌13日、Aに対しレポートの採点者ではないにもかかわらず「Aさんのレポートが不本意な最終結果となっています」とのメールを送信した。

　Xは、Aの当該レポートの成績が大学院を志す者としては芳しくなかったことから、そのような結果となった原因を聞き、場合によっては成績のとりまとめをしていたE教授にレポートの再修正の許可を得るため、メールを送信したと供述している。そして、Xは、かねてから成績の芳しくない学生に対して再修正を許すこともあった旨供述しており、これに反する証拠もなく、XがAを再度呼び出すための口実として同メールを送信したと認めるに足りる的確な証拠もない。

　そうしてみると、Xが、Aに対しメールで事情を聞こうとしたとしても、それが権限を逸脱した不適切なものとまでは認め難いところであって、これによりAに困惑の念を与えたことを考慮したとしても、かかる言動が本件防止規程にいうアカデミックハラスメント（以下「アカハラ」）に該当するとまでいうことはできない。

(4) Bに対する食事の誘いについて

　Xは、それまで特段の関わり合いを有していなかったBに対し、オープンキャンパスの御礼がしたいなどとして、江ノ島付近での食事に誘い、Xと二人で食事に行きたくないなどと思ったBが、以前Xの運転する自動車で帰宅した際に車酔いをしたことを理由に八王子校舎付近での食事はどうかと提案したにもかかわらず、「このままでは、たまに鎌倉の海岸のお散歩などでBさんと一緒に遊んでもらえる機会が永遠に（？）無くなりそう。」、「念のため、研究室と車内に比較的評判の良い酔い止め薬を配備し、車内にはミネラルウォーターを常備しました。」、「念のため、Bさん専用の毛布（新品）と、簡単な「アメニティグッズ」も車内に配備しました。」などとして、なおも江ノ島付近のレストラン等での飲食の誘いを固執し続けたほか、江ノ島付近での食事会において、「もし翌朝に鎌倉から直接車で八王子へ通学したい場合も遠慮なく言って下さい。

（※その場合、女子院生が学会出張する時と同様に別室を確保します…当然の話ですが…勿論、この場合にもＢさんの負担は発生しません）」などとＸとＢとが同一宿泊場所に宿泊することもあり得る旨のメールを送った。

　ところで、未婚の女子学生であるＢが、所属する学科の教員とはいえ、特段の関わり合いのない男性から、上記のように、大学のキャンパスからは離れ、親しい男女のデート場所としての雰囲気もある江ノ島付近で夜に二人きりでの食事に誘われ、婉曲にそれを避けようとしているにもかかわらず江ノ島付近での食事に固執され、車酔いに備えて酔い止め薬や専用のブランケット等を準備したなどとも告げられたほか、希望したわけでもないのに、翌朝に鎌倉から直接車で八王子へ通学したい場合は、別室とはいえ宿泊場所を用意するなどとして、Ｘと同一の宿泊場所に宿泊することもあり得る旨のメールを送られるなどすれば、そこに少なくとも自身と個人的に親密な関係になろうとの意図があると疑うことは、Ｂと同様の立場の女子学生からしても、ごく自然なことというべきである。そうすると、そのような誘いをすること自体、相手を不快にさせる性的言動と評価するに足り、これによりＢは現に困惑させられたものであるから、Ｘのかかる行為は、本件防止規程所定のセクハラに該当する。

(5)　Ｂの再試験を求めるＸの一連の行為について

　Ｘは、Ｂから不信感をもってみられるようになっていたところ、平成28年1月23日から翌24日にかけて、Ｘ担当に係るIT計測の試験を受けたＢに対し、得点が半分にも達していないなどというメールを送信し、さらに、(4)の行為に関してＢに心労を掛けたり、ＢがＣのフォローを行ったことから、Ｂは再試験を受ける権利があるとした上で、是非「内々に」再試験を受けてほしいなどと記載したメールを送信し、ＢがＸの対応を訝（いぶか）しがる内容のメールを送信したにもかかわらず、なおも再試験を受けるよう取り計らったものである。

　そして、かかるＸの行為により、Ｂは不当な特別扱いではないかと困惑させられ、その後も自宅宛ての課題の送付や電話連絡を受け、困惑の念を深めたと推認されるところであり、かつ、一旦は、単位などいらないという思いを抱いて再試験の機会を放棄しようともしたものであっ

て、かかる点に鑑みると、Ｘの行為は、Ｂの就学意欲を低下させる言動として、本件防止規程所定のアカハラに該当するものと認めるのが相当である。

2　本件懲戒処分の有効性について

　Ｘには、少なくとも上記認定の限度で本件防止規程及び本件行動規範に抵触する点があったと認めることができ、Ｙ大学懲戒規程に該当する点があったと認めることができる。

　本件懲戒処分の相当性について検討するに、Ｘの行為は、２名の女子学生に対し、性的な嫌悪感を抱かせる表現をしたり、指導等を施す立場にあることを背景に、交友関係に過度に干渉し、あるいは二人きりでの食事を求めるなどし、さらには再試験に関して便宜を図ろうとするなどしたものであって、指導の目的という側面が皆無ではないものもあるとはいえ、総じて、不見識であったり、手法として甚だ不適切な行為であったといわざるを得ない。そして、そうしたＸの所為の結果、２名の女子学生は困惑したり、不快の念を訴えて、その就学にも支障をきたしたとしてハラスメント申立てに至っているところであって、その被害についても軽視できないものがある。Ｘのかかる行為は、Ｙが、人権侵害のない快適な教育・研究環境作りを推進する観点から本件防止規程や本件行動規範を制定してハラスメント防止に取り組んできた努力を損ないかねないものであったといわざるを得ない。

　しかるに、Ｘは、Ｙによる弁解の手続においても、種々本件訴訟におけるのと同様に弁解に終始しており、その反省の情に薄いところがあったと評価せざるを得ない。

　そうすると、他方で、各ハラスメントが長期間に及んだものではなく、身体的接触を伴ったり精神的な不調等の実害を女子学生らに与えるまでには至っていないこと等のＸに酌むことのできる諸事情も認められるものの、戒告に次ぐ懲戒処分である減給程度の懲戒処分をもって臨んだからといって、これが重すぎて相当性を欠くということはできない。

　以上によれば、本件懲戒処分が、客観的に合理的な理由を欠き、社会通念上相当であると認められない場合に当たるとはいえず、本件懲戒処分は有効と認められる。

precedent

10

JAさが事件

福岡高判令元・6・19
（労旬1954号55頁、D1-Law.com判例体系）

事案の概要

　Yは、地域の農業生産の振興を旨として、協同して組合員の事業及び生活のために必要な事業を行う農業協同組合である。

　Oは、昭和23年生まれの男性であり、Yの組合員である。

　Xは、平成19年4月、Yに採用され、Sセンター（以下「本件センター」）に所属し、同年から平成23年にかけて営農指導員として稼働していた。営農指導員の主たる業務は、Yの組合員に対し、農業の経営及び技術の向上に関する指導をすることであるが、Yが組合員の組織する部会から委託を受けた経理等の事務も業務の一つであった。Xは、平成23年7月、生産農家が組織する生産部会であるA部会の事務担当になり、また、同年当時、Xは、町内内二青壮年部のOBが組織する親睦団体であるC会の事務も担当していた。

　平成23年2月のC会研修旅行にはXが随行したが、その懇親会に、裸になって接待することもあるいわゆるスーパーコンパニオンが呼ばれていた。

　Xは、平成23年12月15日、A部会の研修旅行に随行し、Oを含む参加者5名と共に、宿泊先であるホテルに赴き、そこで行われた懇親会と、スナックでの二次会に同行した。Oは、二次会が行われたスナックにおいて、Xの左肩付近を左手でつかんで抱き寄せた上、着衣の上から乳房を右手でわしづかみにして揉んだ（行為①）。さらに、Oは、ホテルに戻った後、同月16日午前2時45分頃、Xの部屋を訪れ、眠れない、寒いから部屋に入れてくれなどと言って、室内に入り、午前3時15分頃から約10分の間に、いきなりXに抱きついてキスをし、口の中に舌を入れ、着衣内に手を入れて乳房を揉み、着衣内に顔を押し込んで乳房を舐め回し、倒れたXの背後から着衣内に手を差し入れて下着の上から臀部をなで回した（行為②。以下、行為①②を併せて「本件強制わいせつ事件」）。

Xは、研修旅行が終了した後、上司や元上司に本件強制わいせつ事件について話し、Oは、Xの両親の前で土下座をして謝罪した。また、Oは、Xの請求を受けて平成25年３月分までの休業損害分として338万6027円を支払ったほか、平成25年６月27日、Xとの間で、Xに対して分割して合計1288万5815円及び治療費を支払い、万謝するという内容の示談を行った（以下「本件示談」）。

　XはOを告訴し、Oは、本件強制わいせつ事件について起訴され、平成25年７月９日、懲役３年執行猶予５年の有罪判決を受けた。

　本件は、Xが、在職中、性的嫌がらせの継続する環境での就労を余儀なくされた上、研修旅行に随行した際、Oからわいせつ行為を受け心的外傷後ストレス障害を発症したところ、Yは事前事後に防止措置を講ずる義務があったのにこれを怠ったと主張して、Yに対し、債務不履行（労働契約上の安全配慮義務違反）による損害賠償請求を求めた事案である。

結　果

　一部認容。
　慰謝料50万円、弁護士費用５万円。

コメント

　一審判決（佐賀地判平30.12.25）は、Xの請求を棄却したが、本判決は原判決を変更し、Xの請求を一部認容した。判決は、スーパーコンパニオンが参加する懇親会へXが参加することについて、Yは、Xが組合員らの性的な言動により苦痛ないし不快に感じている状況に適切に対処し、Xの就業環境を著しく害することがないように再発防止に向けた措置等を講ずべき義務に違反していると認めた。

　一方、本判決は、Oからの本件強制わいせつ事件については、Yによる事前事後の防止措置義務違反をいずれも否定している。その判断の根拠には、OがYの組合員であって従業員ではないという事情が大きく影響したものと思われる。社外の第三者からのセクシュアルハラスメント（以下「セクハラ」）行

為に対して事業主がどこまで防止措置義務等を負うのかという問題について判断した裁判例として参考になる。

判　旨

1　Yに安全配慮義務違反があるか

(1) 使用者の安全配慮義務について

　　労働契約法5条は、使用者は、労働契約に伴い、労働者がその生命、身体等の安全を確保しつつ労働することができるよう、必要な配慮をするものとして、使用者が労働契約上の安全配慮義務を負うことを定めている。安全配慮義務の具体的内容は、労働者の職種、労務内容、労務提供場所等安全配慮義務が問題となる具体的状況等によって異なるべきものである（最三小判昭59.4.10民集38巻6号557頁参照）。

　　そして、男女雇用機会均等法は使用者と労働者の間の私法上の関係を規律するものではないが、その内容は使用者が労働者に対して負う安全配慮義務の内容を決するに当たり斟酌すべきものといえる。

(2) Xの懇親会への参加について

　　本件において、Yに勤務する営農指導員が生産部会等の研修旅行に随行したり懇親会に参加したりすることについて、これが業務遂行の一環であることは明らかといえる。そして、少なくとも生産部会の一部の研修旅行では、従前からコンパニオンを呼ぶことが常態化しており、時には裸で性的なサービスを提供するスーパーコンパニオンが呼ばれ、組合員らがコンパニオンの身体を触ったり、組合員らも含めて裸になった上で卑猥な騒ぎになったりすることもあったところ、X以外のYの本件センターの職員らは研修旅行について各種手配、随行、支払等を行っており、上司は自ら研修旅行に随行した経験を有し、また部下の随行する研修旅行企画を決裁していたのであるから、当然にこのような事態を認識していたはずである。そして、上記のような態様の懇親会への参加は、一般的に（特に女性であれば尚更）強い不快感や嫌悪感、性的差恥心等を伴うものであり、営農指導員の職務として本来的に想定されたものであるともいえない。

したがって、そのような環境で労働者を就業させること自体問題がないとはいえないが、この点を措くとしても、Ｘは、平成19年に入組後、研修旅行の際に一部の組合員から性的に不快な発言を受けたり身体を触られたりするようになり上司に報告していたほか、同年夏頃の研修旅行の際には、同行していた上司のＦ課長代理がそのような行為になった組合員を制止し、平成22年9月の研修の際には、実際に組合員から身体を触られ、懇親会においては組合員らがコンパニオンの身体に触るなどして騒ぐ中、苦痛かつ不快に感じながら懇親会に同席することを余儀なくされ、旅行中に、Ｘの父親から同行していた上司Ｋ係長に対して、注意して見てほしい旨申し入れたことがあり、Ｋはさらに上司であるＮ課長代理にＸが不快な思いをしたことを報告したのであるから、Ｙにおいては、女性であるＸが、現に研修旅行における組合員らの言動や懇親会の態様について苦痛かつ不快に感じていることを認識していたと認められる。

　　したがって、Ｙにおいては、Ｘを、組合員らの懇親会、特に、コンパニオンないしは性的なサービスを提供するスーパーコンパニオンが給仕をする懇親会に参加させれば、Ｘが組合員らの性的な言動により多大の苦痛を覚え、その執務環境を著しく害し、Ｘの就業意欲の低下や能力発揮の阻害を招来することは十分に予見可能であったというべきである。

　　そして、Ｙは、Ｘに対する雇用契約上の付随義務として、就業環境に関し、Ｘからの相談に応じて適切に対応すべき義務を負うと解されるところ、Ｙは、Ｘが組合員らの性的な言動により苦痛ないし不快に感じている状況に適切に対処し、Ｘの就業環境を著しく害することがないように再発防止に向けた措置等を講ずべきであったといえ、上記のような懇親会の実施及びＹにおける手配が組合員らとの関係等から容易に回避し難いというのであれば、例えば、Ｘに対し、懇親会に参加しなくてよい旨十分に説明する、あるいは宿泊付きの研修に随行しない選択肢を提示するなど何らかの対応をすべきであったのに、これを怠ったといわざるを得ない。したがって、Ｙは、Ｘに対する上記の義務違反の責任を免れないというべきである。

(3) 本件強制わいせつ事件の予防について

　　他方、本件強制わいせつ事件は、Ｘが営農指導員として随行していた

部会の研修旅行において組合員であるOからわいせつ行為を受けたというものであるが、Oは、本件強制わいせつ事件より前にXに対しわいせつな行為をしたことはなく、Xを女性として意識し好意を持っていたところ、飲酒していたことなどもあって本件強制わいせつ致傷行為に及んだというのであり、部会の研修旅行に係る宿泊先の手配、コンパニオンの手配を含む懇親会の設定、随行、料金支払といった営農指導員としての業務の遂行に内在又は随伴する危険が現実化したものと直ちに評価することは困難である。特に本件強制わいせつ事件の中核である行為②は、日中に他の組合員の面前で着衣の上からXに触る、服を脱いでサービスするコンパニオンを懇親会に呼ぶといった、Oではない組合員が部会の研修旅行の際にしたという行為とは、性格が大きく異なる。

したがって、本件強制わいせつ事件以前の研修旅行における出来事を前提としても、Yが本件強制わいせつ事件を予見可能であったということはできず、Yにこの点につき事前に何らかの措置を講ずべき義務があったともいえない。

(4) 本件強制わいせつ事件の事後対応について

ア　加害者であるOは、Yの組合員であって職員ではなく、任意に組合に加入し、出資をするとともに経費を負担するなどして、組合が組合員のために行う事業を利用することができる立場にある者であり（農業協同組合法）、就業規則など事業主がつかさどる規範の影響が及ぶ者ではないから、そのセクハラ行為について実効性のある防止策を講ずることは、行為者が事業主、上司、同僚等である場合に比べて、一般的には困難な面があるし、対応に実効性が伴わない場合もあるといえる。したがって、事業主、上司、同僚等ではない者に対し、「事業主が職場における性的言動に起因する問題に関して雇用管理上講ずべき措置についての指針」（平成18年厚生労働省告示第615号。以下「本件指針」）の定める措置を講ずることについては、事業主が取組むことに一定の限界があると考えられる。

イ　本件強制わいせつ事件後のYの対応について

（ア）　事実関係の確認について

Xは、本件強制わいせつ事件の直後、複数の上司に対し本件強制わいせつ事件について説明し、当該上司から報告を受けたG部長は、O

から事情聴取を試み、Xの同僚からも話を聞いている。

（イ）　被害者に対する配慮について

　　Yは、本件強制わいせつ事件の発生を把握した後、直ちにXとOの間を取り持って、謝罪の場としてホテルの一室を用意し、Oに謝罪をさせ、また、Xの復職に当たっては、Xの希望を考慮するとともに、主治医とも面談して指導を受けながら、配置転換、業務軽減等をするなどの配慮をした。

　　他方、本件強制わいせつ事件について知らされていなかった果樹課の課長が、通院のために有給休暇を取得するXに対し、休みが多いと注意したことがあった。しかし、本件強制わいせつ事件の被害について伝える者を限定することは、事案の性質からして当然の配慮というべきであるし、X自身が希望するところでもあり、本件指針の定める措置でもある。被害についてどの範囲の者に知らせるかは、被害の内容、被害者の意向、組織の規模などに応じて、事業主が適切に判断すべき事項であり、果樹課の課長に知らせなかったというYの対応が、債務不履行であると評価できるほどに不適切であったとも認められない。

　　また、Yが本件強制わいせつ事件を業務災害と認めなかったからといって、Xによる労災保険給付の請求が妨げられるわけではないし、XはOから休業損害の支払を受けており、有給休暇が取得できなかったことについては特別休暇の付与による対応がされたのであるから、Yが平成26年3月まで通院日を欠勤として処理したことをもって、Xに対する配慮がされなかったということはできない。

　　さらに、本件指針において、謝罪は、行為者（職場におけるセクハラに係る性的な言動の行為者とされる者）がするものとされているところ、Yは、ここにいう「行為者」ではないし、本件強制わいせつ事件についてYが責任を負うか否かは争いがあるから、Yの事後措置義務違反を判断するに当たり、Y自身の謝罪がないことは問題とならない。

（ウ）　行為者に対する措置について

　　Oは、Yの職員ではなく、就業規則など事業主がつかさどる規範の影響が及ぶ者ではないため、懲戒処分等をすることはできないもの

の、Yは、本件強制わいせつ事件後、直ちにOに謝罪をさせている。

（エ）　再発防止に向けた措置について

　職員でないOに対し、Yが実効性のある措置を講ずることには困難な面があるところ、Yは、内部的に様々な措置を講じている。Xは、懇親会にコンパニオンを呼ぶこと自体をやめるべきであるというが、部会の活動に係る意思決定は部会自身が行い研修旅行・懇親会の内容について決定するのも部会自身であるから、コンパニオンを呼ばない等の懇親会に係る監督・指示・決定の権限がYにあるとは認められない。Yの職員は、事務委託契約に基づき、部会の研修旅行に随行するにすぎないから、随行を要しないとすることは、再発防止に向けた措置として、より現実的なものというべきである。

　Xは、コンプライアンス委員会への報告がされないことを問題にするが、Yは、Xが求める措置を講ずる義務があるわけではないし、コンプライアンス委員会に報告をしなければ再発防止に向けた措置が不十分であるということにもならない。

ウ　まとめ

　以上の事情を総合すれば、本件強制わいせつ事件に関し、Yに事後措置義務違反があったとはいえない。

2　損害

　Yの雇用契約上の付随義務違反によって、Xは、その意に反する組合員らの性的な言動にさらされたのみならず、組合員らとコンパニオンとの卑猥な騒ぎの場に同席することを余儀なくされて苦痛かつ不快に感じ、また、組合員らに対して嫌悪感を覚えたものであり、就業環境を著しく害され、著しい精神的苦痛を被ったものと認められる。Xが被った精神的損害を慰謝する金額としては50万円、弁護士費用は5万円が相当である。

損害賠償請求事件

京都地判令元・6・28
（裁判所ウェブサイト、D1-Law.com判例体系）

事案の概要

　Y学校法人は、教育基本法及び学校教育法に従い、A学校などを設置、運営する学校法人である。Y1（妻のある男性）は、少なくとも平成25年頃まで、A学校の分室長及びY学校法人の学園本部の副校長にあった。

　X（昭和62年生まれの女性）は、A学校において、平成21年7月末日頃からスクールサポーター（学習指導援助等のボランティア）として、平成22年4月頃から非常勤講師として勤務した後、平成23年4月1日に、雇用の期間を1年間と定め、A学校の常勤講師として雇用された。Xの雇用契約は、平成24年4月に更新されたものの、同年8月1日から休職し、平成25年3月31日をもって雇用契約期間満了により退職した。Xは、平成24年8月に不安障害との診断を受け、同年9月にはうつ病の診断、平成31年2月にはうつ病、PTSDとの診断を受けている。

　Xは、労働者災害補償保険（以下「労災保険」）の支給決定を受け、休業補償給付を受給し、平成29年10月31日には症状が固定し、後遺障害等級5級の1の2（神経系統の機能又は精神に著しい障害を残し、特に軽易な労務以外の労務に服することができないもの）の後遺障害があると判断され、障害補償年金の支給決定を受けた。

　本件は、Xが、Y1から下記①～⑦のセクシュアルハラスメント（以下「セクハラ」）行為（以下合わせて「本件各行為」）を受け、それによりうつ病等にり患したとして、Y1に対して不法行為に基づき、Y学校法人に対して使用者責任に基づき、損害賠償を請求した事案である。

① 　Xは、平成24年4月6日、教員の懇親会である「講師会」の二次会で、カラオケボックスに行った。同日午後9時30分頃、Xが同カラオケボックスのトイレの入り口で立っていた。すると、Y1は、Xに対し、「がんばってく

ださい」などと言いながら、同人を抱きしめて、そのままキスをした。

② Xは、同日午後10時頃、他の教員の飲み物を取ってくるため、カラオケボックスのカラオケルームを出た。すると、Y1がXを追いかけて、同カラオケルームを出てきた。そして、同カラオケルームの前で、「いい？」と言いながらディープキスをした。

③ Y1は、平成24年4月13日午後3時頃、A学校2階図書室において、Y1に仕事の話をしていたXに対し、Xを抱きしめて、そのままキスをしようとした。これに対して、Xは、「隣の部屋に生徒がいるし、ダメです」と言って、Y1を引きはがして避けようとした。すると、Y1は、「そうやな、あかんな」などと笑いながら、引きはがされる際に、Xの胸を触った。

④ Y1は、平成24年4月28日、XとともにKBSラジオ局での仕事後に2人で食事に行った後、Xが通うサックス教室にXを車で送った。Y1は、その別れ際に、車内で、Xにディープキスをした。これに対して、Xが「やめてください」と抵抗しようとしたが、Y1はXを離さず、Xの胸を揉んだ。

⑤ Y1は、平成24年6月5日午後9時30分頃、A学校の応接室において、仕事のことを話し合っていたXに対し、Xを評価している、早いうちに専任講師（教諭）にするつもりである、夏のボーナスも優遇して支給するつもりであるなどの旨を告げて、Xを抱きしめた。Y1がキスをしようとしてきたため、Xは「ダメです」と言った。しかし、Y1は「少しくらいいいじゃないか」と述べて、Xに無理やりキスをした。

⑥ Y1は、平成24年6月16日午後6時過ぎ頃、A学校のダンスルーム内において、部活動の指導及び片付けなどで残業をしていたXに対し、夏のボーナスの振込明細書を手渡すとともに、普通は夏のボーナスを出さないが、Xを評価しているため特別に支給した、「がんばってくださいね」などの旨を述べながら、Xにディープキスをした。

⑦ Xは、平成24年7月11日、Y1の指示を受けて、Y1が運転する車で、滋賀県内などの関係先の挨拶周り及び視察に同行した。Xは、Y1に対し、同日午後4時30分、関係先の挨拶周りを終えたので、A学校に戻ろうと述べたが、Y1は、A学校に戻らず、車をラブホテルに乗り入れた。Y1は、ドアを開けて、左手を掴んでXを降車させた。Xは、「奥さんに悪いとは思わないんですか」、「こういうことはいけないことです」などの旨をY1に言って、必死で説得した。しかし、Y1は、「1回だけ」、「秘密にしておくから」

等と言って、Xの左手を掴んだまま、ホテルの部屋に連れ込んだ。入室後、下着の中に手を入れてXの胸を触り、キスをするなどした。Xは部屋から出ようとしたが、部屋のドアには鍵がかかっていたために開かず、混乱した。Xは、高校の恩師に相談の電話をして、何とか穏便に逃げようとしたり、「一線をこえちゃだめです」などの旨を言い、Y1を必死で説得した。しかし、Y1は、同日午後5時頃に、Xの拒絶にもかかわらず、性交渉に及んだ。

結　果

　一部認容。

　医療費94万7045円、休業損害458万8783円、逸失利益833万3505円、通院慰謝料166万円、後遺障害慰謝料640万円の合計から損益相殺、過失相殺4割を行い、弁護士費用54万円を加えた合計594万4227円。

コメント

　本件では、XがY1から受けたキスや性交渉が同意のないセクハラであると認められた。その理由として、判決は、セクハラ被害者の心理状態が重視されていること、Xが被害当時に弁護士に相談していた内容を根拠にしている。また、性交渉に関しては、Xが録音していたことも重要な証拠となっている。そして、Xが拒絶できなかった理由として、Y1がA学校の分室長、Xが雇用後1年少々の常勤講師という立場の差を指摘している点も重要である。

　損害については、有期雇用ではあるがセクハラ行為を受けなければ契約更新され働き続けられたはずであろうと判断し、平成25年4月1日以降の休業損害を認めている。また、症状固定していたため後遺障害が認定されたが、後遺障害逸失利益については、労働能力喪失期間が10年に限定されている。さらに、Xが父から性的暴行を受けたトラウマ等が精神状態の悪化に寄与しているとされて、4割という大きな素因減額がなされている。

判　旨

1　各行為の有無及び違法性

（1）　行為①及び②

　　Ｙらは、行為②を否認し、行為①については、ＸがＹ1に抱きついてきたために、Ｘの同意のもとに、抱き合ってキスをしたと主張する。

　　しかし、Ｙ1が、行為①の当時、Ｘと抱き合ってキスしたことが認められる上に、Ｘが、平成24年５月以降、恩師や弁護士に対して、行為①及び②について相談等している。また、Ｘが虚偽の供述をする動機がうかがわれない上に、ＸとＹ1との間では、職場以外でのやり取りがほぼなく、親密な関係であったとうかがわせる事情がないこと、Ｘの供述内容に、格別不自然、不合理な点が見受けられないことを踏まえると、Ｘの供述や陳述書の記載が事実と異なるとは考え難い。

　　これに対して、Ｙらは、ＸがＲクリニック及びＴクリニックの診療において、やっぱり自分が悪かったと思う、誤解させた、陳述書を読んでも、結局自分がわるいんじゃんと思っているなどの旨を担当医に話していること及び平成24年７月11日以前の交際相手には本件各行為の話をしていないことなどから、Ｘの供述が信用できない旨を主張する。

　　しかしながら、性的被害を受けた場合、逃げたり直接的な抵抗をしたりできるのは被害者のごく一部で、身体的・心理的まひ状態に陥るなどする被害者が多いこと、性的被害を受けている被害者が、笑っていたり全くの無表情で抵抗をしていないように見えたりする場合があることが認められる。このような事実からすれば、Ｘが、自責の念に駆られたり、その他合理的でない行動を執ったとしても、不自然であるとはいえない。また、性的な被害を受けた場合、羞恥心等から、交際相手や夫に対してであっても被害を申告できないことは、格別不自然とまではいえない。被害者の態度が、加害者からみて同意を表すようにみえても、実はそうでないということが、十分あり得る。そうすると、Ｙらの主張は、上記Ｘの供述の信用性に疑義を生じさせるほどのものとはいえないから、採用することができない。

　　以上によれば、行為①及び②が行われたと認められ、Ｘが行為①に同意していたとは認められない。

（2）行為③

　　Xは、O弁護士に対し、平成24年6月12日、同年4月13日に、「仕事上のトラブルについて話したあと、またハグをされ、キスをされそうになるが、この時ダメですと言って、さける。」などの旨を話していた。また、Xの供述と相反する客観的な事情は、認められない。よって、行為③が行われたと認められる。

（3）行為④

　　Yらは、車から降りる際、Y1がしなだれかかってきたので、キスをしたが、これは、Xの同意に基づくと主張する。

　　しかし、Xは、O弁護士に対し、同年6月12日、Y1から、同年4月28日に、2人でラジオの後に食事に行こうと言われてラジオ局に行き、その後食事をした後、同日午後8時頃に、車内で、別れ際にキスをされ、胸も触られるなどの旨を話していた。これらの事実は、Xの主張に沿う証拠に整合するといえるほか、前記（1）と同様の理由から、その信用性が認められる。よって、行為④が行われたと認められ、Xがこれに同意したとは認められない。

（4）行為⑤

　　Xは、O弁護士に対し、同年6月12日、Y1から、同月5日午前9時30分頃、Y1と2人で、ある生徒について話した後、夏のボーナスを支給する件と言われた後、ハグをされた、その後、Xがダメですと言ったが、Y1から、「少しくらいいいじゃないか」と言われ、キスをされた旨報告した。この事実は、Xの主張に整合するから、Xの供述は信用でき、行為⑤が行われたと認められる。

（5）行為⑥

　　上記のとおり、Xが弁護士に相談した事実などは、Xの主張に整合するといえるから、Xの供述は信用でき、Xが主張するとおり、行為⑥が行われたと認められる。

（6）行為⑦

　　Yらは、行為⑦のうち挿入や体外での射精などはしておらず、ホテルでの行為にはXの同意があると主張する。

　　しかし、Xが、平成24年6月12日、O弁護士から、Y1からのセクハラの相談について、証拠の確保のために記録をつけるなどのアドバイスを

受けたこと、Xが、同年7月11日午後4時41分頃に、Y1とともに、ラブホテルに入室したこと、Xが同日生理中であったこと、XがICレコーダーでY1との会話を録音していたこと、Y1がシャワーを浴びている間に電話を掛けて「どうしたらいい。逃げたら逃げます。」などと話していたこと、Xが、Y1に対し、先生のためを思って断っておきますから、道徳的にもよくない、一線を越えちゃだめです、入れちゃだめですよ、先生、入ってます、などの旨を話したこと、Y1が、Xとの会話で、血が出てる？、生殺し言われたら、ちょっと、とりあえずするわな、生理終わりかけ、そんな奥まで入れてないよ、出しちゃった、ごめんねなどの旨を話したこと、Xが、同月12日頃に、警察に相談するとともに、捜査のために体内から資料を採取させたこと、Xが、同月17日に、犯罪被害者相談をしたことが認められる。さらに、被害者のとり得る反応をも考慮すれば、Xの供述には誇張したと思われる部分もあるが、少なくとも供述の核となる、行為⑦が行われたという部分については、上記各事実と整合しているから、信用できる。

また、当時の会話状況によっても、Y1がXと性的接触をしようと積極的になっているが、一方で、XがY1に働き掛けたなどの事情は、一切認められない。XがYらを陥れたというのであれば、Xが、精神科を受診したり、弁護士を含む様々な箇所に相談するなどの手間をかけた上、生理中に性交渉を求めたことになるが、そのような手間をかける動機を認めるに足りる証拠は見当たらず、そもそも、それ自体不合理な主張である。

したがって、Xが主張するとおり、行為⑦が行われたと認められ、Xがこれに同意したとは認められない。

(7) 本件各行為の違法性

本件各行為は、いずれも、A学校の分室長の立場にあったY1と、雇用後1年少々の常勤講師であったXの、立場の違いなどにより、Xが強く拒絶できない状況で、Y1が、この状況に乗じて、Xの意に反して行ったものといえる。これがXの性的自由を侵害することは、明白であり、本件各行為は、Xに対する不法行為を構成するといえる。

2　Ｘの症状及び本件各行為との因果関係

（1）本件各行為とうつ病や不安障害との間の相当因果関係

　　医師の意見書では、Ｘの症状は、現在ではPTSD及び解離性障害と診断するというが、適応障害、うつ病等についても、Ｘの症状のうち一つの局面をとらえたもので、PTSD及び解離性障害に包括されるものと述べられている。

　　また、Ｙらは、Ｘの既往症を指摘するが、Ｘが行為①などの後に平成24年５月10日にＲクリニックを受診する前は、約１年半も、精神科の受診歴がない。その間、明らかな器質的原因、精神症状及び他覚的所見は認められない。また、本件各行為は、望まない身体的接触や性交渉という内容に照らし、Ｘにとって大きな心理的な負担であったと推認できる。そうすると、少なくとも、本件各行為とＸの不安障害、うつ病及び適応障害との間には、事実的因果関係があるといえる。

　　また、これらに加えて、本件各行為の態様などをも踏まえると、本件各行為によって、うつ病、不安障害及び適応障害が通常生ずべきものと考えるのが相当といえる。

　　したがって、本件各行為とうつ病、不安障害及び適応障害との間には相当因果関係があるといえる。

（2）本件各行為と心的外傷後ストレス障害（PTSD）及び解離性障害との間の相当因果関係

　　医師が診察した期間全体についてみれば、Ｙ1からの性交渉の場面が治療の中でたびたび現れること、過覚醒症状があること、部屋の中にそのとき着ていた服があると思うだけで耐えられないため捨てるなどの行為（ストレスの原因と関連した刺激の回避と考えられる。）が認められ、また、PTSDの要件に該当する現象が遅れてみられるものを遅延性という見解もあることなどを考慮すると、ＸがPTSDにり患していることが認められるというべきである。

　　本件各行為とＸの症状との間の事実的因果関係については、前記（1）のとおり、既往症があるとしても、本件各行為の前に通院していない期間が約１年半あること、その間に特段の症状などが認められないこと、本件各行為の性質に照らし、認めるのが相当である。

　　また、Ｘの症状は、父親の性暴力等の成育歴が関与したもので、就労

325

が困難になるのは、特別の事情による損害ということができる。しかし、Y1は、Xには精神的に不安定なところがあることは認識していたといえるから、Xが、望まない性交渉を含むセクハラにより強く傷つき、本件のような症状に至ることについての、予見可能性はあったと判断するのが相当である。よって、本件各行為とXの症状との間には、相当因果関係があると認められる。

(3) Xの後遺障害の程度

Xには、大学院卒の高い知的能力のほか、様々な能力があり、現在、労働が困難であるとしても、全くできないわけではなく、少なくとも服することができる労務が相当な程度に制限されるもの（第9級の7の2）に該当する状況にあると認めるのが相当である。

3　賠償すべき損害額

(1) 医療費

Xが、平成26年9月2日から平成29年2月8日までに医療費として合計189万4090円を支払ったことが認められるが、治療が延びたのは、平成22年7月31日に発生した交通事故も寄与していると認められるから、本件各行為と相当因果関係があるのは、半額の94万7045円とするのが相当である。

(2) 休業損害

Xの勤務状況に大きな問題があったとまではいえず、本件各行為がなければ、少なくとも平成25年4月については本件雇用契約の更新がされた蓋然性が高い。よって、平成24年10月1日から本件雇用契約の更新がされた場合の期間満了日である平成26年3月31日までの期間の休業損害458万8783円が認められる。

(3) 逸失利益

症状固定後ではあっても、Xの症状に対する有効な治療はあると認められるため、Xの労働能力喪失期間は、症状固定後10年、労働能力喪失率は、第9級相当の35％と認めるのが相当である。

これによれば、逸失利益は、833万3505円となる。

(4) 通院慰謝料

本件各行為は、約3か月の期間にわたって、複数回行われ、態様についても、Xの意に反して、キスをしたり、胸を触ったりするだけにとど

まらず、性交にまで及んだもので、Ｘの性的自由及び人格権を著しく侵害している。また、Ｘは、本件各行為によって、うつ病などにり患し、平成24年５月16日以降、通院治療を受けているだけでなく、同年10月１日以降には休職して、結果的には、退職によりＹ学校法人での雇用機会を失っている。以上の事情に加えて、本件に顕れた一切の事情を考慮すると、本件各行為によるＸの精神的苦痛に対する通院慰謝料としては、166万円が相当である。

(5) 後遺障害慰謝料

　　Ｘは、症状固定後も第９級相当の後遺障害が残り、様々な症状に苦しめられているといえる。そして、それは、Ｙ1の行為により意に反して人格権を侵害された結果であるから、精神的損害も極めて大きいため、後遺障害慰謝料としては、640万円が相当である。

(6) 損益相殺

　　国民年金、国民年金障害基礎年金、日本私立学校振興、共済事業団障害共済年金からの受給額は、いずれも休業損害及び後遺障害逸失利益の範囲で損益相殺される。

(7) 過失相殺・素因減額

　　Ｙらは、本件各行為に関して、Ｙ1の歓心を買おうとするなどのＸの言動があったとして、過失相殺をすべきであると主張する。しかしながら、Ｙらが主張するような言動を認めるに足りる証拠がない上に、Ｙらの主張するＸの言動などが、損害額を大きく減じる事情であるとはいえない。

　　もっとも、Ｘには、父親の性暴力など幼少期のトラウマや解離障害などがある。そして、その内容及びＸの平成22年までの通院歴からすると、幼少期のトラウマ等は、Ｘの精神症状を悪化させた極めて重大な要因となっていると推認できる。

　　このような事実関係からすると、Ｘに現在生じている損害のかなりの部分は、Ｘの素因によると認められ、これによる損害をＹらに負担させるのは、相当でない。したがって、Ｙらが賠償すべき弁護士費用を除く損害としては、過失相殺の規定（民法722条２項）の類推適用により、本件で請求されている損害については、４割を減ずるのが相当である。

(8) 労災保険による給付の損益相殺

　　Xは、労災保険による休業補償給付、障害補償年金を受給しているが、過失相殺前の損害において、休業損害及び後遺障害逸失利益の範囲では、すべて損益相殺されているから、労災保険法上の休業補償給付及び傷害補償給付による損益相殺はできない。

(9) 弁護士費用

　　54万円が相当といえる。

(10) 合計

　　594万4227円。

4　Y学校法人の免責事由の有無

　　Y学校法人は、A学校の開校以来、管理職に対し、セクハラ問題について強い危機感を持つように注意し、また、Y学校法人の理事長は、2か月に1回の頻度で、A学校に赴き、A学校の職員に対し、口頭でセクハラ防止のために指導、監督をしていたから、民法715条所定の免責事由がある旨主張する。

　　しかしながら、仮に、Y学校法人が主張するような措置が執られていたとしても、Y学校法人のA学校には、セクハラの相談窓口がなかったことが認められ、このような状況下で、本件各行為の当時、性的被害に関してしばしばみられる被害者の対応など、セクハラが発生する背景に対して、どれほどの理解があったのか、実効的な指導がされていたのか、疑問というほかない。Y学校法人が事業の監督について相当の注意をしたなどということはできない。

P社ほか（セクハラ）事件

大阪地判令2・2・21
（労判1233号66頁）

事案の概要

1　X2について

　　X2は、平成元年1月生まれの女性であり、平成28年8月25日頃にY1社に採用された者である。

　　Y1社は、経営に関するコンサルティング業務等を目的とする株式会社である。平成28年ないし平成29年当時、Y1社の代表取締役は、同年6月19日まではAが、同日からはY2の子であるBが、それぞれ務めていた。

　　Y2は、昭和22年9月生まれの男性であり、Y1社の創業者である。平成28年ないし平成29年当時も、Y2は、Y1社において「理事長」等と呼称されて、Y1社及びそのグループ会社の業務に携わっており、経営や人事に関して大きな影響力を有していた。

　　X2は、平成28年8月25日頃にY1社に雇用された後、約3日間の研修を経て、Y2の下で業務に従事するようになった。Y2は、仕事の研修としてオランダに行く予定を伝えており、同月26日頃に、X2はY2のオランダへの出張（以下「オランダ出張」）に同行することとなった。Y2はX2に対し、オランダ出張の前日である同年9月19日はY2の居宅兼事務所であるマンション居室（以下「本件マンション」）で宿泊し、翌日に備えるよう求め、これを受けたX2は、同日、本件マンションを訪れた。Y2は、同日、本件マンションにおいて、X2に対し、鍼灸師の施術を受けるよう勧め、X2は施術を受けた。

　　X2は、平成28年9月20日から同月28日まで、Y2、Bらと共にオランダ出張に同行したが、オランダ出張から帰国した同日、Y2はX2に退職しなければ解雇する旨を通告し、Y1社は、平成28年10月25日、X2を同年9月28日付で解雇した。

2　X1について

　　X1は、平成6年5月生まれの女性であり、平成29年4月1日にY1社に雇用された後、遅くとも同月13日頃以降、Y2による指示ないし依頼を受けて、Y1社やそのグループ会社に関する秘書業務や営業業務等に従事するようになった。X1は、Y2の指示を受けるなどして、主に本件マンションで勤務し、業務に従事していた。

　　Y2は、平成29年8月頃、本件マンションに出社して業務に従事していたX1に対し、鍼灸師による施術を受けるよう勧め、X1は施術を受けた。

　　Y2は、平成29年9月19日、X1に対し、翌日からローマへの出張（以下「ローマ出張」）に同行することを打診し、X1はこれに応じる旨の返答をした。X1とY2は、同月21日、ローマの空港に到着した後、宿泊予定のローマ市内のホテルに向かった。X1とY2は、現地の昼頃、宿泊予定のホテルに到着した。X1は、同ホテルでチェックインの手続きをした後、Y2と共に部屋に移動したが、Y2がシャワーを浴びに行った際に、同部屋を出て、直ちに単身で帰国することとした。X1は、同月22日、単身でローマの空港から日本に向けて出国し、日本に帰国した。

　　X1は、代理人を通じ、平成29年10月5日、Y1社及びY2に対し、Y2によるセクシュアルハラスメント（以下「セクハラ」）行為について主張し、本件マンションにおける就業が不可能であること、Y1社においてY2によるセクハラを社内で調査し、再発防止のための措置と共に説明すること、Y2及びY1社の代表取締役から謝罪すること、セクハラのない職場であることが確認されて出社できるまでの間の給与を支払うこと等を求める内容の通知書を送付した。X1は、ローマ出張からの帰国後、Y1社の業務に従事することなく、同年12月31日、Y1社を退社した。

3　本件訴訟は、X1とX2がそれぞれY1社及びY2に対し、Y2からのセクハラ行為にかかる損害賠償を求めるとともに、X2は解雇無効を主張し労働契約上の地位確認及び賃金支払を求めた事案である。

結　果

一部認容。

X1：セクハラ行為による慰謝料50万円、弁護士費用５万円、職場環境整備義務違反にかかる逸失利益90万円（賃金３か月分）、不就労期間の賃金約79万円。

X2：労働契約上の地位確認、賃金支払。

コメント

本判決は、Y2のX1に対するセクハラ行為は認めたが、X2に対するセクハラ行為は否定した。その事実認定の差は、それぞれの主張に合致するLINE等の客観的証拠の有無によるものである。

X1のセクハラ被害について、Y1社に対して事後的な職場環境整備義務違反を認め、損害として逸失利益を認容した点が注目される。

判　旨

1　Y2のX1に対するセクハラ行為の有無及び違法性について

（1）日常的なセクハラ発言について

X1は、Y2から、日常的に、「別嬪さんやな」、「去年が不細工ばっかりやったから、今年は別嬪を採用せいとD（X1の上司）に言っといたんや」、「君、昔、水商売やってたんと違うのか」、「別嬪やから世の中なめてるな」等の発言を受けた旨主張している。

しかしながら、X1は、Y2から各発言を受けた日時や場所等について具体的に特定して述べていない。また、X1とY2の間のLINEの中に上記発言をうかがわせる類似のメッセージは見られず、その他、X1の供述等を裏付ける的確な証拠はない。Y2が用いられている言葉の不自然さを指摘して上記発言を否定していることも踏まえると、X1の上記供述等に十分な信用性を認めることはできない。

よって、本件証拠上、Y2による日常的なセクハラ発言があったとの事実を認定することはできない。
(2) 上海出張における不適切な命令について
　　X1は、上海出張中に訪れた馬の競技場において、Y2から相手をするための女性を誘って連れてくるよう命令された旨主張する。そして、この点に関して、X1の陳述及び供述のほか、上海出張に同行した証人Cの証言もある。
　　しかしながら、X1及び証人Cの供述又は証言について、裏付けとなる客観的な証拠はない。また、X1及び証人Cの供述又は証言は、Y2から上記命令を受けたという以外、前後の事実経過を含めたその余の内容については具体性の乏しいものにとどまっている。そうすると、X1及び証人Cの供述又は証言について、信用性を認めることはできない。
　　よって、本件証拠上、上海出張中にY2による不適切な命令があったとの事実を認定することはできない。
(3) 本件マンションにおけるマッサージについて
　　X1は、本件マンションでの勤務中に、Y2からマッサージを受けるよう命令され、Y2の使用する寝室のベッド上で、衣類を脱ぎ着し、素足で肌を露出した状態でベッド上に横たわり、隣のリビングにいたY2から容易に見られる状態で施術を受けることとなった旨主張し、同旨の陳述及び供述をしている。
　　しかしながら、鍼灸師の証言はもとより、X1の供述等によっても、X1が施術を受けることについて躊躇する様子を見せたり、拒否的な態度を示していながら、Y2が施術を受けるよう強く要求したといった事実は認められない。そうすると、Y1社での地位や立場、年齢等の相違等から、X1がY2の勧めを断りにくかった面はあるとしても、Y2がX1に対し施術を受けるよう命令したということまではできない。
　　また、鍼灸師は、施術の際には肌の露出を極力避け、露出部分についてはタオルを掛けて覆う等の配慮をしていたのであり、殊更にX1に羞恥心をもたらすような方法・態様で施術がなされたとは認められない。
　　以上によれば、本件マンションにおけるマッサージに関して、Y2に違法なセクハラ行為と評価すべき言動があったとまでは認められない。

(4) ローマ出張中の言動について

ア　タクシー内での発言について

　　X1は、平成29年9月21日にローマの空港に到着した後、ローマ市内のホテルに向かう移動中のタクシー内等において、Y2から、「どうや、愛人になるか」、「君が首を縦に振れば、全部が手に入る。全部、君次第」といった発言を受けたと主張し、同旨の陳述及び供述をしている。

　　X1は、同日夜にローマから帰国する際、Dに送信したLINEの中で、ローマに来てからY2による「愛人になれ」等の発言が続いた旨を報告している。また、Dは、X1に返信したLINEの中で、「愛人云々という話はいつもの冗談のつもりで、そんなつもりはなかったとおっしゃっていました。」と言及している。これらのLINEには、不自然な点や正確性に疑問を抱かせる点は認められず、X1とDが、各々、当時の認識内容を記したものと解される。

　　そうすると、X1の上記供述等は、同日夜のX1及びDのLINEの内容と整合し、これらの証拠によって裏付けられているものであり、その内容に一定の具体性・迫真性があることにも鑑みれば、信用性を認めることができる。そして、X1の同供述等によれば、Y2は、ローマ空港から宿泊予定のローマ市内のホテルへ向かうタクシーでの移動中、X1に対し、「どうや、愛人になるか」、「君が首を縦に振れば、全部が手に入る。全部、君次第」との発言をした事実が認められる。

イ　宿泊予定のホテルでの出来事について

　　X1は、到着した宿泊予定のホテルのフロントにおいて、X1とY2のための部屋として1部屋しか予約されていなかったため、自分用にもう1部屋予約するよう懇請したがY2に拒絶されたこと、やむなく部屋に移動したところ、Y2がX1の要請を無視してシャワーを浴びる行動に出たこと、恐怖を感じたX1は部屋を出て逃げるように帰国したこと等を主張し、同旨の陳述及び供述をしている。

　　X1から送信したLINEには「着いたら1部屋しか予約されてませんでした。私の部屋もう一部屋お願いしましたが、して頂けず、部屋に入るとシャワーを浴びると言い出したので怖くなり出ました。」などと心情を交えた報告がなされており、Dが返信したLINEには、「理事長と話をしましたが、部屋は2部屋あり、B君と理事長が同じ部屋に泊まる予定

で、もう1部屋がX1さん用だったとのこと。」などと、X1の報告した事実経過を前提としつつ、誤解を指摘する内容が含まれている。

そうすると、X1の上記供述等は、同日夜のX1及びDのLINEの内容と整合し、これらの証拠によって裏付けられているものであり、その内容に一定の具体性・迫真性があることにも鑑みれば、当時のX1の認識を述べたものとして、信用性を認めることができる。そして、X1の同供述等によれば、宿泊予定のホテルにおいて、X1は、X1とY2のための部屋として1部屋しか予約されていないと認識し、自分用の部屋を予約するよう懇請したがY2に拒絶されたこと、やむなく移動した部屋において、Y2がシャワーを浴びる行動に出たこと、これに恐怖を感じたX1は部屋を出て逃げるように帰国したこと、以上の事実が認められる。

ウ 以上を総合すると、Y2が、X1に対し、宿泊予定のホテルに向かうタクシー内で、愛人となるよう求める発言を複数回行ったことは、それ自体、セクハラ行為に該当するものである。加えて、Y2は、到着したホテルにおいて、別室を希望するX1の意向を拒み、一時的であれ同室で過ごすことをやむを得ない状況に置き、更に入室後には早々にシャワーを浴びるという行動に出ているのであり、これらのY2による言動及び対応は、X1に対し、意に沿わない性的関係等を要求される危惧を抱かせるものであったと認められる。Y2において、このことの認識を持ち得なかった特段の事情がないことも併せ鑑みれば、以上のY2の一連の言動及び対応は、全体として、X1に対する違法なセクハラ行為となると評価するのが相当である。

(5) Y2の責任

以上によれば、Y2は、ローマ出張中における上記の違法なセクハラ行為につき、不法行為に基づく損害賠償責任を負う。

2 Y2のセクハラ行為に係るY1社の使用者責任又は債務不履行責任の成否について

Y2は、本件当時、Y1社の代表取締役を退いており、役員等の立場にもなかったが、理事長等と呼称されて、Y1社及びそのグループ会社の業務に携わっていたのであり、現に、Y2は、X1を指揮監督し、Y1社やそのグループ会社に関する秘書業務や営業業務に従事させていたのであるから、Y2は、Y1社が事業のために使用する被用者に当たると認めるのが相当である。そ

して、ローマ出張は放射能シェルターの提携先調査等を予定したものであるところ、Y2のセクハラ行為は、その業務と密接に関連する同出張における移動中のタクシー及び宿泊予定のホテルでなされており、Y1社の業務の執行につきなされたものと認められる。

したがって、Y1社は、Y2による上記セクハラ行為につき、使用者責任（民法715条）に基づく損害賠償責任を負う。

3　Y1社の職場環境整備義務違反による債務不履行責任の成否について

Y1社は、平成29年9月21日夜ないし同月22日未明にX1から報告を受けた時点で、Y2によるセクハラ被害を訴えていることを認識していたということができる。そして、X1は、帰国後、Y1社に全く出社していない状態であったところ、Y1社は、同年10月5日、Xら代理人より、Y2のセクハラの社内調査や再発防止のための措置の説明等を求める内容の通知書を受けたものである。

しかるに、Y1社が、直接、X1の被害申告や対応要請に対応したことを認めるに足りる証拠はなく、Y2において、相談ないし依頼した弁護士を通じて、同月12日、X1が誤解をしてローマから帰ってしまったこと、Y2の下で働くのが嫌なら淀屋橋の本社に戻してもよいこと、謝罪するようなことではないことをXら代理人に伝えたにとどまり、その後、X1は同年12月31日をもってY1社を退職するに至ったものである。

このようなY1社の対応は、Y2によるものを含めたとしても、従業員からセクハラ被害の申告を受けた使用者として甚だ不十分なものであるといわざるを得ない。また、Y2の弁護士による対応後、X1の退職までには2か月以上の期間があったにもかかわらず、その間にも、Y1社は何らの対応や措置を講じていない。

以上によれば、Y1社は、X1からのセクハラ被害申告に対し、使用者としてとるべき事実関係の調査や出社確保のための方策を怠ったものとして、職場環境整備義務に違反したと認めるのが相当である。

4　X1の損害及びその額について

（1）セクハラ行為による慰謝料及び弁護士費用

Y2によるセクハラ行為は、Y1社での地位や権限、年齢・社会経験等に大きな格差があることを背景に、海外出張先で愛人になるよう求めた上、一時的であれホテルの部屋に同室を余儀なくさせるという態様のも

のであること、X1は逃げるようにして帰国することを余儀なくされ、その後は出社することなく退職に至っており、少なからぬ精神的苦痛を被ったと考えられること、その他本件に顕れた一切の事情を総合的に勘案すれば、Y2のセクハラ行為によるX1の慰謝料として、50万円を認めるのが相当である。

　　　そして、X1の弁護士費用5万円を相当因果関係のある損害と認めるのが相当である。

(2) 職場環境整備義務違反に係る逸失利益について

　　　X1がローマ出張から帰国してから退職までの間には3か月余りの期間があることに加え、X1の年齢・経歴等も併せ鑑みれば、退職を余儀なくされたこととの間に相当因果関係のある損害は、約定賃金月額30万円の3か月分に相当する90万円の範囲であると認めるのが相当である。

5　不就労期間に係る賃金請求権（民法536条2項）の有無について

　　Y1社は、X1からのセクハラ被害申告に対し、使用者としてとるべき事実関係の調査や出社確保のための方策を怠ったものであり、そのために、X1は、退職に至るまでの間、Y1社において就労することができなかったものと認められる。

　　そうすると、X1がY1社において労務提供ができなかったのは、使用者であるY1社の責めに帰すべき事由によるものであるから、X1は、ローマ出張からの帰国以降、平成29年12月31日までの間における不就労期間についても賃金請求権を失わない。

6　Y2のX2に対するセクハラ行為の有無及び違法性について

(1) オランダ出張前日の本件マンションでの宿泊について

　　　X2が、平成28年9月19日、本件マンションに宿泊したことについては争いがないところ、その理由について、Y2は、X2がしばしばパニック症状を起こし、電車を途中下車して休息を取ることがあり、翌日の出国に際して同様の事態が起こることを危惧したため、本件マンションでの宿泊を提案したものである旨供述する。そして、X2は早朝の電車での移動中に気分が悪くなることがあったこと、Y2は、オランダ出張前日である同日、X2に対し、「今日、早い目に来させているのは、パニック対策です。」などと送信していることが認められ、これらはY2の上記主張に沿うものといえる。

このことからすると、Y2がX2を本件マンションに宿泊するよう指示ないし提案したことは、女性従業員であるX2を自宅に宿泊させるものであり、些か不自然な面があるものの、直ちに、X2に対する違法なセクハラ行為であったと評価することは困難である。

（2）オランダ出張前日のマッサージについて

　X2は、オランダ出張の前日、本件マンションにおいて、Y2から鍼灸師によるマッサージ（鍼）を受けるよう命令され、Y2の生活領域にあるリビングで、同室のソファに座っていたY2と、肌が露出しているのを見られるほど近接した状態で施術を受けることとなった旨主張し、同旨の陳述及び供述をしている。

　しかしながら、X1についての上記1（3）と同様の理由で、Y2による違法なセクハラ行為があったとまでは認められない。

（3）オランダ出張前日の同じベッドで寝ることの強要等について

　X2は、Y2から、同日の夜、X2に対し、Y2と同じベッドで寝るよう命じられたこと、X2が泣き出すと、「だからお前は、ワーカーやねん！俺の言うことが何でわからんのか！」などと大声で怒鳴られたため、精神的に混乱し、渋々、Y2と同じベッドで寝るほかなかったこと、ベッドに入ると、Y2から身体を触られたこと等を主張し、同旨の陳述及び供述をする。

　しかし、X2の上記供述等を裏付ける的確な証拠はない。また、同供述は、Y2から受けた身体的な接触の内容も明らかでないなど、具体性が乏しいものといわざるを得ない。加えて、X2の述べる出来事は、Y2との関わり方や信頼関係に大きく影響しかねない重大事であると考えられるが、その後のX2とY2との間のLINEにおいて、このことをはっきりとうかがわせるやりとりは認められない。これらの点に照らすと、X2の上記供述等について、十分な信用性を認めることは困難であるといわざるを得ない。

　以上によれば、オランダ出張前日に同じベッドで寝ることを強要された等のX2主張の事実を認定することはできない。

（4）オランダ出張中における同室の指示・命令等について

　X2は、オランダ出張中、①平成28年9月22日、到着後に滞在先ホテルの自室で休んでいたところ、Y2から電話で「自分の部屋に来るように」

と命じられたこと、②翌日の同月23日の夕食後にも、Y2から電話で「自分の部屋にこれから来るように」と命じられたこと、③その後も、Y2から、何度か「部屋に来るように」との連絡を受けたこと等を主張し、同旨の陳述をしている。

しかしながら、X2の本人尋問における供述は、日時や時間帯の点で陳述内容とは一致しておらず、LINEの内容とも整合しない。

よって、X2の陳述及び供述には、信用性を認めることができず、その他、X2の主張を認めるに足りる証拠はない。

(5) 小括

以上によれば、X2のY2によるセクハラ行為を理由とする被告らに対する損害賠償請求には、理由がない。

7 雇用契約の合意解約の成否と解雇の有効性

判決は、X2とY1社との雇用契約の合意解約を否定した上で、解雇は無効であると判断した（詳細な判旨は省略）。

海外需要開拓支援機構ほか事件

東京地判令2・3・3
（労判1242号72頁）

事案の概要

　Y1社は、日本の生活文化の特色を生かした商品等の海外需要の開拓とその支援業務に対し資金供給等を行う株式会社である。Y3（昭和36年生まれの男性）は、平成25年頃から平成28年6月までY1社の専務執行役員の地位にあった。Y2（昭和32年生まれの男性）は、平成28年2月1日から平成30年6月29日までY1社の専務取締役兼最高投資責任者の地位にあった。

　X（昭和63年生まれの女性）は、平成26年12月1日、人材派遣会社であるY5社との間で、派遣先をY1社総務部とする期間1か月の有期労働契約を締結し、平成27年1月1日からY1社にて就労を開始し、その後も契約を更新してY1社にて就労していた。

　平成28年7月22日の終業後、Y2が企画した、Y1社の監査役G、Y2の担当秘書のH、Xを含むアシスタント業務に従事する女性従業員ら3名を参加者とする懇親会（以下「本件懇親会」）が開催された。Y2は、本件懇親会において、「当たり！！ワインディナーwith 監査役（交換不可）」などと記載され、封筒に入れられた紙片10枚（以下「本件くじ」）を、さらにより大きい寸法の封筒に入れ、Xを含む女性従業員らに対し、一人当たり2枚ないし3枚の本件くじを同封筒から引かせた（以下「本件くじ引き」）。くじの内容及び枚数は、「当たり！！ワインディナーwith 監査役（交換不可）」が2枚、「ハズレ！！罰ゲーム 監査役に手作りプレゼント」が2枚、「Tの大博覧会with CIO（交換可能）」が1枚、「映画with CIO（交換可能）」が2枚、「U展with CIO（交換可能）」が1枚、「Vエンターテイメントハウスwith CIO（交換可能）」が2枚であった（なお、ここにいう「監査役」はG、「CIO」は最高投資責任者つまりY2を指す。）。

　Xは、平成28年7月27日、Y1社の社外ホットライン窓口であったI弁護士

に対し、Y2による本件懇親会及び本件くじ引きがセクシュアルハラスメント（以下「セクハラ」）に該当するのではないかとの通報を行うと共に、同年8月2日には、Y5社の担当者にも、Y2からセクハラを受けた旨を相談した。

　また、Xは、同月15日、I弁護士に対し、平成27年7月27日に行われたY1社の人事異動に伴う歓送迎会の二次会の後、Y3がR駅のホームでXが拒否したにもかかわらず執拗にXの肩に手を回したり、電車内で何度もXの手を握ろうとしたりした（以下「本件セクハラ行為」）との通報を行い、同行為はセクハラに該当するのではないかと指摘した。

　その後、Xは労働組合を結成し活動していたところ、平成29年10月、Y1社は、Xが就業規則違反行為（情報漏えい等）を行ったとしてXの派遣契約を更新しないことを決定し、同年11月30日をもってXの労働者派遣契約は終了した。

　本件は、XがY3による本件セクハラ行為及びY2による本件懇親会の出来事により人格権が侵害されたとして、Y2及びY3に対し、不法行為に基づきそれぞれ慰謝料400万円等の支払を求め、Y1社及びY5社は、それぞれ就業環境配慮・整備義務を怠ったと主張して、不法行為に基づきY1社に対して慰謝料200万円、Y5社に対し慰謝料400万円等の支払を求めた事案である。

　なお、併せて、Xは、派遣契約の更新拒否が不当労働行為に該当するとしてY1社及び執行役員に対して不法行為に基づく損害賠償請求を行っているが、本稿では当該争点に関する判旨については割愛する。

結　果

　一部認容。
　Y2、Y3に対し、それぞれ慰謝料5万円。

コメント

　本件では、Y3がXの肩に何度も手を回そうとしたこと、Y2が懇親会で行った本件くじ引きが、いずれも違法なセクハラ行為にあたるとして慰謝料請求が

一部認容された。

　一方、Y1社は、Xからの申告を受けて事実調査を行ったものの、Y3のセクハラ行為は認定できないとし、Y2による本件くじ引きはセクハラには当たらないとの結論のもとでY2に口頭注意を行うとの対応にとどまっていたが、本判決は、法律上の義務違反があったとはいえないとして責任を否定した。Y1社が相談後速やかにXに対する事情聴取等を行い、弁護士による助言も得て対応を行った点が評価されたものと思われる。

‖ 判　旨

1　Y3による本件セクハラ行為の違法性
　(1)　本件セクハラ行為の有無
　　　Xは、平成27年7月27日、歓送迎会の二次会が午後10時過ぎ頃に終了した後、同じく二次会に参加していたY3、K、Y1社の経営企画部長兼総務部長であったOを含む数名と共に、徒歩で最寄りのR駅に移動し、同駅構内で、XとY3の二人は地下鉄Q線S方面のホームに、Kはその向かいの同線W方面のホームに別れたこと、その後、XとY3は、R駅からS駅までは同じ電車に乗って移動し、S駅でXは急行電車に乗り、Y3は各駅停車の電車に乗ったことが認められる。

　　　Xが同日の午後10時50分頃から午後11時11分頃までの間にKとの間で「LINE」を利用してやり取りしたメッセージには、Kが、直前、Y3に太ももなどを触られたことから、向かいのホームにY3と一緒にいたXの様子を見て心配し、Xに対してY3に体を触られなかったかを尋ね、Xは、Y3に肩を触られただけであると答えた内容が存在する。このやり取りは、X、Y3、Kの当時の位置関係等と矛盾する点や事の流れとして不自然、不合理な点はなく、Xがねつ造したとの疑いが差し挟まれるような、過度に具体的あるいは不自然に詳細な内容のものはない。よって、このメッセージのやり取りは、当日、XがY3とS駅で別れた直後にされたものと認められ、かつ、その内容が真実であることを疑わせる事情は認められない。

　　　そして、メッセージのやり取りの中で、KがXに対して「大丈夫？」

とのメッセージを送信しつつ、あえてホーム上にいたＸとY3を動画で撮影してこれをＸに送信したこと、ＸがＫに対して「わたしは大丈夫です、肩触られたくらいです」、「肩なんで股に比べたらどってことないですよ！！！」とのメッセージを送信したことによれば、Ｘは、現に上記ホーム上でY3に肩を触られたものと認められる。

　以上によれば、Ｒ駅のホームでの出来事については、Y3が、Ｘが手を払って拒否したのにＸの肩に手を回そうとし、Ｘの肩に複数回触れたものと認められる。

　他方、Y3が電車内で何度も手を握ろうとしたとの点については、Ｘは、実際にはＳ駅でY3と別れたのに、共に他の電車に乗換え、その後もY3がＸを触ったと過大な被害申告をしたことが認められ、事実として認められない。

(2) 不法行為の成否及びＸの損害額

　Y3は、ＸがY3の手を払って拒否していることが明らかであるにもかかわらず、故意に複数回Ｘの肩に手を回そうとして、現にＸの肩に触れたものであるところ、男性であるY3が女性であるＸの意思に反して複数回その身体に接触した上記行為は、Ｘの人格権を侵害する違法行為というべきであって、不法行為に当たる。

　次に、Y3は、派遣労働者であるＸが執行役員であるY3に対して拒否の意思を示すことは容易ではないことは明らかであるのに、ＸがY3に対して拒否する意思を明確にしていることを意に介することなく複数回Ｘの肩に手を回そうとしたものであって、Ｘは、相応の羞恥心、強度の嫌悪感を抱いたものと推認される。他方、Y3が接触した部位は肩というにとどまり、また、上記行為が10分間などの長時間に及んだとまでは認められない。なお、この点、Ｘは、Ｋに対し、LINEを用いて「わたしは大丈夫です」とのメッセージを送信しているが、その前後のやり取りからすれば、Ｋが太ももなどを触られたというのと比較して述べたのにすぎないことが明らかである。

　以上の事情を考慮すれば、Ｘが被った精神的苦痛に対する慰謝料の額としては、５万円が相当である。

2　Y2による本件くじ引き等の違法性

（1）本件懇親会及び本件くじ引きの違法性

　　まず、Xは、本件懇親会への参加自体強制されたものとは認識していなかったため、本件懇親会が開催されXが参加したこと自体がXの人格権を侵害するものとはいえない。また、カラオケ店でY2が女性従業員らに歌をプレゼントするなどと述べて歌ったことによってXが不快感を抱いたとしても、これをXの人格権を侵害する行為であったとまでは評価できない。

　　しかし、本件懇親会において実施された本件くじ引きは、参加した女性従業員らがG又はY2と共にくじに記載された映画等の行事に参加することやGに手作りの贈り物をすることなどを内容とするものであって、これらがY1社における業務でないことは明らかである。そして、本件くじ引きをさせた行為を客観的にみれば、くじ引きという形式をとることにより、単に映画等に誘うなどするのとは異なり、女性従業員らにおいて、その諾否について意思を示す機会がないままに本件くじに記載された内容の実現を強いられると感じてしかるべきものである。しかも、本件くじ引きを企画したY2は、Y1社の専務取締役であるから、派遣労働者であるXが本件くじ引き自体を拒否することは困難と感じたことは容易に推認される。

　　また、本件くじは、Gと共にワインディナーに行くことを内容とするくじが「当たり」、Gに対する手作りの贈り物をすることが「ハズレ」とされ、これらは「交換可能」との記載がないことからすれば、Gを中心に構成されているものと評価することができ、かつ、くじを引いた女性従業員に負担が生じる内容が含まれていること、Y2は本件懇親会の前に本件くじ引きを実施する旨Gに知らせていなかったことに照らせば、Y2は、Gに対する接待等を主たる目的とするいわゆるサプライズ企画として、本件くじ引きを企画したものと推認される。

　　以上によれば、Y2が本件くじ引きをさせた行為は、Gの接待等を主たる目的として、Xの意思にかかわらず業務と無関係の行事にGやY2と同行することなどを実質的に強制しようとするものであり、Xの人格権を侵害する違法行為というべきである。

（2）Xの損害額

　　本件くじ引きが主として接待の目的でされたもので業務と無関係な行事への参加等を実質的に強制するという内容であったことに照らせば、Xがこれにより相応の嫌悪感、屈辱感等を抱いたことは優に推認され、Y2においても、そのことを容易に認識し又は認識し得たというべきであって、Y2の故意又は過失は優に認められる。そして、Y2は、本件訴訟でその違法性を争うにとどまらず、今後も同様のイベントを行う所存である旨本人尋問において供述するなど、この点につき反省の態度を一切示していない。他方、本件くじ引きの内容は実現されず、Xがその意思に反してGやY2と同行することまではなかったことが認められる。

　　以上の事情を考慮すれば、Xが被った精神的苦痛に対する慰謝料の額としては、5万円が相当である。

3　Y1社の就業環境配慮、整備義務違反の有無

（1）Y1社が行った対応

　　Y1社のM人事部長は、XがY2の行為をI弁護士に通報したことを受け、2日後の平成28年7月29日、Xから事実を聴取した。続いて、Y1社は、同日から同年8月10日までの間、関係者に対する事実関係の聴取等の調査を実施し、I弁護士に対し、調査結果に基づく法的助言を依頼した。

　　また、M人事部長は、XがY3の行為をI弁護士に通報したことを受け、2日後の平成28年8月17日、Xから事実を聴取した。続いて、Y1社は、同日から同月29日までの間、関係者に対する事実関係の聴取等の調査を実施し、I弁護士に対し、調査結果に基づく法的助言を依頼した。ただし、Y1社は、Y3が既にY1社を退職していたことを理由に、Y3に対する調査を実施しなかった。

　　I弁護士は、Y1社に対し、Y2の行為（本件懇親会及び本件くじ引き）については、セクハラに該当しないが、女性従業員らの意向をくみ取ろうとする配慮に欠ける印象があり、適切さを欠いていたとの助言をし、Y3の本件セクハラ行為については、目撃証言がなく、調査結果を検討しても本件セクハラ行為の存在を認定することができないとの助言をした。これを受けて、N社長は、平成28年9月7日、取締役会において、Y2に対して口頭で厳重注意すること、Y3の本件セクハラ行為の存在を認

定することができず、かつY3は既に退職しているため処分することができないことを報告した上で、同月8日、Y2に対する厳重注意をした。

N社長は、同月9日、Xに対し、Y2についてはハラスメントとまではいえないが不適切な言動があったとして対応したこと、Y3については退職しているので対応できないこと、社内研修等により再発防止を図ることを説明した。

Xは、平成29年1月12日、M人事部長に対し、ハラスメントと認定しない理由の説明、I弁護士の検討レポート及び役員に対するハラスメント研修の内容の開示、Y3への事情聴取の実施、Y2に対する処分などを要望した。M人事部長は、同月13日、Xに対し、Y2に対しては口頭での厳重注意をしたことを説明した。

(2) Y1社の就業環境配慮、整備義務違反の有無

Y2による本件懇親会及び本件くじ引きについて、Y1社がXの意向のままにハラスメントと認定し、Xの望むままの処分をしなければならない法律上の義務はない。また、Y1社は、Y2による本件懇親会及び本件くじ引きについて、Xが社外ホットラインに通報した後、速やかに関係者に対する事実関係の調査を実施し、弁護士の助言に基づいてY2の行為を不適切と判断して厳重注意をしたのであって、その調査や判断の過程に不適切な点があったとの事実を認めるに足りる証拠はなく、Y1社が適切な調査等をしなかったと評価するべき理由はない。なお、民法上の不法行為の成否の判断と事業主が取締役等に対して処分等を行うか否かの判断とではその目的も性質も異なるから、本判決においてY2の行為が不法行為と判断されたことをもって、Y1社の調査やY2に対する処分が不合理であったというべき根拠はない。

次に、Y3の本件セクハラ行為についても、Y1社がXの主張するままにこれをセクハラであると認定しなければならない法律上の義務はない。また、Xが社外ホットラインに通報した当時には既にY3は退職しており、Y1社にY3に対する処分をする前提がそもそもなかったのであるから、Y1社にY3に対する調査や処分をするべき義務があったと解する根拠もない。

したがって、XのY1社に対する職場環境配慮、整備義務違反を理由とする請求は理由がない。

4 Y5社の就業環境配慮、整備義務違反の有無

(1) Y5社の対応

　　Y5社の担当者であるJは、平成28年8月2日、Xと面談した際、Y2による本件懇親会や本件くじ引きの実施について相談を受けた。Jは、同月中旬頃、M人事部長からY2に係るXからの通報内容について調査中であるとの説明を受け、その直後にXと面談したが、Xは、Y1社による調査結果を待つことに同意した。この間、XがY5社によるY2に対する調査等を求めたことはなかった。

　　Jは、平成28年9月15日、M人事部長から、Y2の行為はハラスメントに該当しないが不適切な行為であり、Y2に対して厳重注意した旨などの報告を受け、同月21日、Xに対し、その内容を伝えた上で、Y1社の就業環境が改善されるかどうか様子をみる旨提案したが、この際、XがY5社に何らかの対応を求めたことはなかった。その他、XがY5社に対しY3やY2の行為につき特段の対応を求めたことはなく、Y5社のセクハラの相談窓口になにがしかの相談をしたこともなかった。

(2) Y5社の就業環境配慮、整備義務違反の有無

　　Xは、Y5社の担当者に対し、Y2の行為について相談した際もその後も、何らかの具体的な措置を求めたことがなかったばかりか、相談窓口を利用することもなかったのであり、このような状況において、派遣元事業主であるY5社において何らかの措置をとらなければならない義務を認めるべき法律上の根拠はない。

　　したがって、XのY5社に対する職場環境配慮、整備義務違反を理由とする請求は理由がない。

事案の概要

　A社は、チルド食品等の配送、物流センター代行業務、百貨店納品代行業務、流通加工業務受託等を業とする株式会社である。Xは、昭和53年生まれの女性であり、平成27年6月3日に株式会社A（以下「A社」）にアルバイトとして雇用され、受注センターにおいて受注データの伝票発行等の業務に従事した。Bは、昭和43年生まれの男性であり、当時、A社のA1センター長であった。

　同年8月13日、A社及びその親会社に対し、匿名で、Bのパワーハラスメント（以下「パワハラ」）について内部通報がなされた。A社は、内部通報を受け、事務所内の2か所に、通報者等による相談又は通報を理由に当該通報者を不利益に取り扱わない旨の「内部通報者保護について」と題する書面を掲示した。また、専務取締役であるCは、同月13日、Bに対し、パワハラとセクシュアルハラスメント（以下「セクハラ」）について注意を行った。

　Xは、同年9月4日、受注センター長（Xの直属の上司）であるGに対し、Bに髪をなでられた、「Xさんうまそうだね」と言って股間の辺りを指差された、といった報告を行った。しかし、Gは、これを上司に報告することなく、そのまま放置した。

　Xは、同月6日、内部通報の担当者である経営管理部長のEに対し、匿名で、職場でセクハラを受けた旨のメールを送信した。

　同月9日、経営政策統括部長であるD及びEが、Xを含む4名の従業員との間で面談を行った。面談の場では、従業員らから、Bに関する不満が述べられ、Xは、Bからセクハラを受けたと告白したが、D及びEはそれ以上の聞き取りを行わなかった。Eは、同日、Bと面談し、Bがセクハラを行ったかどうかを概括的に確認したところ、明確には覚えていない、したかもしれないしし

ていないかもしれない旨の回答を得た。

Xは、その後も、Eに対して、職場の現況報告を行うとともに、事務所にBがいると過去の発言を思い出して気持ちが重くなるなどと何度もメールをした（一部匿名）。

Xは、同年10月24日、D及びEと面談し、Bの他の従業員に対するパワハラについて説明したほか、これまでBのセクハラに関するメールを匿名で送信していたのが自分であることを伝え、Bから頭をなでられ、菓子を口移しで食べさせようとされ、股間を強調して性行為（口淫）を求められたなどと説明した。

Eは、翌日、Bと面談して事実関係の確認を行ったところ、Bは「誰に何を言ったか覚えていない。言ったかもしれないし、言っていないかもしれない」と回答した。また、EがXから申出のあった具体的行為について確認したところ、Bは、頭をなでたことについては「よく覚えていないが、やったと言われればやったかもしれない」、8月に卑猥なことを言ったかどうかについては「言ったかもしれない」、菓子を口移ししたことについては「よく分からない」と回答した。

その後、A社において、パーテーションの設置や、X及びBの部署ないし座席の変更について検討がされたものの、別の従業員が閉所恐怖症であったことや、その他の従業員らから否定的な見解が寄せられたことなどもあり、これらの措置はとられなかった。

Xは、A社からセクハラへの対応につき何らの連絡もなかったため、同年12月16日、A社に対し、対応の内容を問い合わせる旨のメールを送信した。Eは、同月24日、Xに対し、Bが「よく覚えていないが、やったと言われればやったかもしれない」と述べていることを報告し、Bに対し厳重指導を実施した旨のメールを送信した。

Xは、平成28年1月初め頃から体調不良となり、同年2月にうつ状態であると診断され、同年4月には中等度うつ病と診断された。

Xは、札幌東労働基準監督署長に対し、A社においてセクハラ等を受け、もって業務により精神障害（うつ病）を発病したとして、労災保険法に基づく休業補償給付及び療養補償給付の支給を請求した。札幌東労働基準監督署長は、Xの上記精神障害は業務による心理的負荷が原因となって発病したとは認められないとして、いずれも支給しない旨の決定をした（以下「本件各処

分」）。

　Xは、北海道労働者災害補償保険審査官に対し、本件各処分につき審査請求をした。同審査官は、Xが複数のセクハラを受けたと認定しつつも、心理的負荷による精神障害の認定基準の要件を満たさないとして、審査請求を棄却する旨の裁決をした（以下「本件審査決定」）。

　そこで、Xは、国（以下「Y」）に対し、本件各処分の取消しを求めて訴訟を提起した。

▌結　果

　認容。
　本件各処分の取消し。

▌コメント

　本判決は、Xの主張が当初より一貫していることから信用性があると判断し、セクハラの事実を認定している。

　また、セクハラの労災認定基準は、「胸や腰等への身体接触を含むセクシュアルハラスメント」でなければ心理的負荷が「強」にならないが、本判決は「顔、胸及び脇といった身体のデリケートな部分に極めて近接するものであり、しかも、性行為を求めたり性的に不適切な言動をしたりした」という点から「胸や腰等への身体接触を含むセクシュアルハラスメント」と評価できるとした。セクハラの被害状況から実質的に判断した点が参考になる。

　本判決は、A社の対応については、Xによる認識も重視した上で、「適切かつ迅速に対応し発病前に解決した」とは言えないと判断し、「行為は継続していないが、会社に相談しても適切な対応がなく、改善されなかった又は会社への相談の後に職場の人間関係が悪化した場合」という認定基準に該当するとして、心理的負荷を「強」と判断した。セクハラの労災申請を検討する際は、会社による適切な対応の有無が重要な要素となることがわかる。

　さらに、本判決では、Xの嘱託職員への推薦取消についても、心理的負荷

が「中」と判断されている。労災事件では、このように、ハラスメントだけでなく、他の心理的負荷要素も総合的に見て「強」と言えるかどうかが重要である。

判　旨

1　Bの行為の有無について

(1)　Xの頭をなでる行為について

　　Xの陳述ないし供述は、Bから頭を3回もなでられたとの主要部分においては、当初から一貫しているものである。

　　他方、上記のとおり、Bは当初「よく覚えていないが、やったと言われればやったかもしれない」と回答していたものであって、頭に軽く2、3回触れただけであるとする当審におけるBの証言はこの回答とにわかに相容れないし、この点につきB自身から合理的な説明もされていない。そもそも、B自身、札幌東労働基準監督署では「2、3回ポンポンと触れた程度」であったとしつつも、「頭をなでた」こと自体は認めており、ただその「なで方」が上記のような程度にとどまると陳述していたものである。

　　そして、当審におけるBの証言についてみても、Bは、2、3回触ったにすぎないとしつつも、具体的には左手でXの頭をすっぽり包み込むような感じであったと証言している。また、Bは、女性の頭を触る行為は「本来、よくないことではある」のであって、Xが不快に感じるかもしれず、気持ち悪いととられたら、それはそれで仕方がないとも証言しているところである。

　　以上によれば、Bは、平成27年6月27日、Xに対し、Xが気持ち悪さを感じるような態様で、その頭を3回なでたものと認めるのが相当である。

(2)　Xに対し口移しをしようとする行為について

　　Xは、本人尋問において、平成27年8月中旬頃、Bが菓子を口に含み、顔を50cm程度にまで近づけて、口移しをするようなしぐさをしてきたと供述し、札幌東労働基準監督署に提出した陳述書、同署での聴取書

にも、同旨の陳述が記載されている。また、Ａ社のＥ作成の面談記録にも、Ｘの同旨の発言について記載がある。

　また、Ｂ自身も、Ａ社のＥによる事実確認の際には、菓子を口移ししようとしたことについては「よく分からない」などという、曖昧な回答をするにとどまっている。

　以上によれば、Ｂは、平成27年８月中旬頃、菓子を口に含んだ上、顔をＸに近づけて、口移しをするようなしぐさをしたものと認めるのが相当である。

(3)　Ｘに「かわいい」などと言う行為について

　Ｘは、本人尋問において、眼鏡を掛けていたところ、Ｂから「眼鏡を外した方がかわいいよ」と言われた、その後、Ｘが眼鏡を外してコンタクトレンズを着けていたところ、Ｂから大きな声で「かわいい」と言われたと供述し、札幌東労働基準監督署に提出した陳述書、同署での聴取書にも、同旨の陳述が記載されている。

　これに対し、Ｙも、概括的に不知と主張するのみであるし、Ｂ自身も、証人尋問において、Ｘに対して上記発言をしたか否かは「記憶にない」ものの、職場の女性に対してかわいいと言ったりすることが「しょっちゅうではないですけど、するときがあります。」と自認しているところである。

　以上によれば、Ｂは、Ｘに対し、Ｘの容姿につき「眼鏡を外した方がかわいいよ」、「かわいい」などと言ったものと認めるのが相当である。

(4)　Ｂ自身の股間部分を指差して性行為（口淫）を求める行為について

　Ｘは、本人尋問において、Ｂから「Ｘさん、うまいしょう」と言われ、「何がですか」と答えたところ、「いや、うまいしょう、うまそうだもん」と言われた上、Ｂ自身の股間を指で指しながら「ねえ、ここでして、ここでしてよ」などと言われて、本当に怖くなったと供述し、札幌東労働基準監督署に提出した陳述書、同署での聴取書にも、同旨の陳述が記載されている。この点については、Ａ社のＧの札幌東労働基準監督署での聴取書にもＸから同旨の話を聞いた旨記載されており、Ａ社のＥ作成のＸとの面談記録にも、同旨の記載がある。

　また、Ｂ自身も、Ａ社のＥによる事実確認の際には、８月に卑猥なことを言ったかどうかについては「言ったかもしれない」と回答していた

ところである。

　以上によれば、Bは、Xに対し、「Xさん、うまいしょう」、「ねえ、ここでして、ここでしてよ」などと言いながら股間部分を指差して性行為（口淫）を求めたものと認めるのが相当である。

(5)　「なんで結婚したの」などと発言する行為について

　Xは、本人尋問において、平成27年8月26日に結婚を報告したところ、Bから「なんで結婚したの」、「結婚したら国からお金もらえないべや。俺の知り合いなんてわざと籍入れないで生活保護を受けてるやついるぞ」と言われたと供述し、札幌東労働基準監督署に提出した陳述書、同署での聴取書にも、同旨の陳述が記載されている。

　これに対し、Yは、BがXから結婚の報告を受けた事実は認めつつも、Xの主張するような発言をした事実については否認する。そして、Bは、証人尋問において、「なんか結婚したら国からお金もらえないべや」との発言をしたことはあるが、その相手はJであり、その場にXはいなかったと証言する。

　しかし、なにゆえBがJに対して上記発言をしたのかについては、判然とせず、唐突感があることを否めない。他方、Xの供述は、結婚を報告したところ「なんで結婚したの」、「結婚したら国からお金もらえないべや」などと言われたというものであって、発言内容自体の当不当はともかくとしても、結婚が話題となっている中での発言として、特段の不自然さは見受けられない。

　以上によれば、Bは、結婚を報告したXに対し、「なんで結婚したの」、「結婚したら国からお金もらえないべや。俺の知り合いなんてわざと籍入れないで生活保護を受けてるやついるぞ」などと言ったものと認めるのが相当である。

(6)　Xの匂いを嗅ぐ行為について

　Xは、本人尋問において、平成27年7月16日、外部から漬物の匂いが流れてきたところ、BがXの胸や脇の辺りに顔を近づけ、匂いを嗅ぐしぐさをした上、「この匂い、Xさん？」などと言ってきたと供述し、札幌東労働基準監督署に提出した陳述書、同署での聴取書にも、同旨の陳述が記載されている。

　これに対し、Bは、キムチの匂いが外から流れてきたときに「ちょっ

と匂うね」と言った記憶はあるが、Xの匂いを嗅いだことはないと証言する。

　しかし、これまで説示してきたとおり、Xが受けたと供述するセクハラ等についてはいずれも認定することができるのであって、匂いを嗅がれたとする点についてのみ、Xがあえて虚偽の供述に及んだことをうかがわせるような事情も見当たらない。また、Bは、札幌東労働基準監督署に対し「あくまでも漬け物の匂いを嗅いだだけで、そのような行為が、誤解を受けたかもしれません」と陳述しているところ、単に漬物の匂いを嗅ぐという行為と、「この匂い、Xさん？」と言いながらXの胸や脇の辺りに顔を近づけて匂いを嗅ぐという行為とは、本質的に大きく異なるというべきであって、「漬け物の匂いを嗅いだ…行為が、誤解を受けた」とするBの陳述自体、疑問を差し挟まざるを得ない。

　<u>以上によれば、Bは、「この匂い、Xさん？」と言いながら、Xの胸や脇の辺りに顔を近づけて匂いを嗅いだものと認めるのが相当である。</u>

2　精神障害に係る業務起因性の有無について

(1)　セクハラ該当性

　Bは、平成27年6月27日から同年8月25日までの間、Xに対し、①Xが気持ち悪さを感じるような態様で、その頭を3回なでた、②「この匂い、Xさん？」と言いながら、Xの胸や脇の辺りに顔を近づけて匂いを嗅いだ、③菓子を口に含んだ上、顔をXに近づけて、口移しをするようなしぐさをした、④Xの容姿につき「眼鏡を外した方がかわいいよ」、「かわいい」などと言った、⑤「Xさん、うまいしょう」、「ねえ、ここでして、ここでしてよ」などと言いながら股間部分を指差して性行為（口淫）を求めたものである。

　これらの各行為は、直接の身体接触を伴うか（上記①）、顔、胸及び脇といった身体のデリケートな部分に極めて近接するものであり（上記②及び③）、しかも、性行為を求めたり（上記⑤）性的に不適切な言動をしたりしたものであって（上記②〜④）、セクハラと評価されるべきものである。そして、<u>これらの行為は約2か月間の間に連続して行われたものであって、繰り返される出来事として一体のものとして評価すべきであるから、一体として、「胸や腰等の身体接触を含むセクシュアルハラスメント」と評価すべきものというべきである。</u>

なお、上記各行為の当時、BはA1センター長の地位にあったのに対し、Xは入社したばかりのアルバイトであり、年齢もBの方がXよりも10歳年上であった上、Xは当時、アルバイトから嘱託社員への登用を望んでいたものであって、Bは、雇用契約上、Xに対して優越的な立場にあったというべきである。そうすると、この点は、Xの心理的負荷を強める要素として評価すべきことになる。

　また、Bは、平成27年8月26日、結婚を報告したXに対し、「なんで結婚したの」、「結婚したら国からお金もらえないべや。俺の知り合いなんてわざと籍入れないで生活保護を受けてるやついるぞ」などと言った事実も認められるところ、この行為はセクハラそのものではないものの、上記⑤の翌日の出来事であり、またXに不快感を及ぼすものでもあるから、心理的負荷の判断に当たっては、上記①ないし⑤の行為と関連のある出来事として評価するのが相当である。

　この点につきYは、セクハラ該当性の判断は「平均的な女性労働者の感じ方」を基準にすべきであって、BがXの頭をなでた行為は、胸や腰等への身体接触とは明らかに異なるものであり、心理的負荷の評価に際してもこれを考慮すべきである旨主張する。しかし、BによるXの頭のなで方は、Xが気持ち悪さを感じるような態様であったのであるし、認定基準も身体接触の部位を「胸や腰」だけに限定しているわけではない。これに、BがXの胸や脇に顔を近づけて匂いを嗅いだこと、口移しをするようなしぐさをしたこと（上記③）、股間部分を指して性行為（口淫）を求めたこと（上記⑤）なども一体として評価すると、「平均的な女性労働者の感じ方」を基準にしても、Bによる一連の行為は「胸や腰等の身体接触を含むセクシュアルハラスメント」というべきである。

(2)「会社が適切かつ迅速に対応し発病前に解決した」か否か

　ところで、Bによるセクハラは、上記（1）⑤の行為が最後であり、平成27年9月以降にセクハラが継続することはなかったのであるから、本件は、認定基準にいう「身体接触を含むセクシュアルハラスメント」であって「行為は継続していない」場合に当たる。

　この場合、認定基準によれば、「会社が適切かつ迅速に対応し発病前に解決した」のであれば、心理的負荷の強度は「中」にとどまる一方、「会社に相談しても適切な対応がなく、改善されなかった又は会社への相談

の後に職場の人間関係が悪化した」のであれば、心理的負荷の強度は「強」となる。

　Xは、平成27年9月4日、受注センター長のGに対し、Bからセクハラを受けている旨報告したが、Gは、これをさらに上司に報告することなく、そのまま放置していたものである。

　また、Xは、Eに繰り返しメールを送信したが、その間、Eによる再面談は行われておらず、この時点でA社がXの心理的負荷を軽減するような適切かつ迅速な対応を行ったということはできない。

　さらに、A社は、同月24日以降、EによるX及びBとの各面談を実施し、調査結果の内容をまとめた書面を作成した上、対応策を検討しているものの、その検討状況等については、Xが同年12月16日に問い合わせるまでの間、「何をどう調査しているのか、何か注意をしたのか」も含め、Xに何も知らせていなかったのであって、Xを不安な状態に置いたままにしていたものである。

　そして、Eは、同月24日、Xに対し、Bに厳重指導を実施した旨のメールを送信しているが、その後も、パーテーションの設置やX及びBの配置の変更は行っておらず、その他XとBの接触を回避するような措置もとらなかったものである。

　以上によれば、A社は、Bによるセクハラにつき、少なくともXが認識し得る形で対応したことはなく、Bによる接触を回避する措置もとらなかったものであって、Xが精神障害を発病した平成28年1月上旬までの間、「適切かつ迅速に対応し発病前に解決した」ものということはできない。

　したがって、Bによる一連の行為は、「胸や腰等への身体接触を含むセクシュアルハラスメントであって、行為は継続していないが、会社に相談しても適切な対応がなく、改善されなかった又は会社への相談等の後に職場の人間関係が悪化した場合」に該当するのであって、その心理的負荷の評価は「強」となるものというべきである。

(3) 嘱託社員への推薦の取消しについて

　Xは、採用の際、Gから3か月程度で嘱託職員への登用の手続をとるようにする旨の説明を受け、Xとしても登用を希望していた。ところが、Xは、平成27年9月に、内部通報に関与したうわさがあることを理

由として嘱託職員への登用を保留とする旨告げられた。

　A社の対応は、理不尽な理由による登用留保であり、Xに相当程度の心理的負荷を与えるものというべきであるから、その心理的負荷は「中」に該当する。

(4) 業務による心理的負荷についての総合的評価

　Bによるセクハラそれ自体の心理的負荷の強度は「強」であって、内部通報に関与したうわさがあることを理由として嘱託社員への登用につき保留された事実関係についての心理的負荷の強度は「中」であるから、その余の点について判断するまでもなく、認定基準に照らし、本件における業務の心理的負荷の強度は「強」というべきである。

　したがって、Xの精神障害の発病前おおむね6か月の間に、業務による強い心理的負荷があったと認められる。

みずほビジネスパートナー事件

東京地判令2・9・16
（労判1238号56頁）

事案の概要

Y社は、株式会社A（以下「A社」）の子会社であり、A社及びBグループ各社の委託を受けて、人事管理に関するサポート等を行う株式会社である。

Xは、昭和59年4月、A社との間で期間の定めのない労働契約を締結し、平成26年10月1日付でA社からY社に在籍出向し、平成27年2月1日にY社に転籍した。Xは、A社OBであり、A社で培った能力を活かし、次長又は研修担当者として、研修を行い、その他相応の能力を発揮することを期待されてY社に転籍しており、相応の賃金を得ていたものであるから、少なくともA社及びBグループに勤務するものとして、高い注意力、顧客対応力、規範意識等をもって職務に臨むことを期待されていた。

ところが、Xは、平成27年3月10日、窃盗の非違行為を理由として7日間の出勤停止の懲戒処分を受け（懲戒処分1）、さらに、平成29年5月22日、2名の女性社員に対するセクシュアルハラスメント（以下「セクハラ」）を理由として2週間の出勤停止の懲戒処分を受けていた（懲戒処分2）。

Xは、平成30年6月1日付で、A2部からA3部付に異動になったが、A2部のF部長は、平成30年6月29日、女性社員からXのセクハラ行為に関して申告を受けた。F部長はXや女性社員らと面談を行い、Xは、いくつかの行為を認め謝罪する旨を記載した顛末書を提出した。

Y社は、平成30年8月31日、Xに対し、解雇予告通知書を手交し、同日付で解雇する旨通知した（本件解雇）。Y社は、本件解雇の理由として、Xが業務上のミスを繰り返したこと、下記①〜⑦の非違行為を理由として、Y社とXとの信頼関係が破壊されたと主張している。

① 平成27年1月から半年の間、Ⅰ氏に対し、（ⅰ）繰り返し「可愛い、素敵」、「今度食事に行こうね」、「メールアドレスを教えてほしい」などと

述べる、（ⅱ）Xのメールアドレスを書いた名刺を強引に渡す。

② 平成27年９月、（ⅰ）女性社員に対し「○○さんは可愛い」などと執拗に述べる、（ⅱ）女性社員の両肩に触れる、（ⅲ）「食事に行こう」などと誘う。

③ （ⅰ）平成27年７、８月に、女性社員個人の携帯電話番号を教えられていないにもかかわらず、懇親会後に「無事帰れてますか？」などのショートメールを送信する、（ⅱ）平成28年に自身の携帯電話をスマートフォンに変更した際に、連絡先に登録のあった全員にショートメールで連絡先の変更を知らせた。（ⅲ）平成29年１月の正月休み中に、「最後の日にご挨拶できずにすみませんでした。今年もよろしくお願いします。」とショートメールを送信する。

④ 平成27年７、８月に、女性社員個人の携帯番号を教えられていないにもかかわらず、ショートメールを送信する。

⑤ 平成29年１月に、女性社員個人の携帯番号を教えられていないにもかかわらず、ショートメールを送信する。

⑥ 平成29年６月以降の時期に、（ⅰ）女性社員のジャケットを見て「季節が変わりましたね」、「素敵なスカートですね」との容姿に関する具体的な発言をする、（ⅱ）女性社員から「今、そんなことは言えないのでは」と問いただされるも無反応。

⑦ 平成30年６月以前の時期に、急いで階段を降りる女性社員に対し後ろから、「速いですね。スポーツされている足ですね」、「筋肉質な足ですね」と述べる。

　本件は、Xが、本件解雇は、客観的合理的理由を欠き、社会通念上相当であるとは認められないから権利の濫用に当たり無効であるとして、Y社に対し、労働契約上の権利を有する地位の確認及び賃金支払を求めた事案である。

結　果

　一部認容。
　地位確認、賃金支払。

本件は、業務上のミスとセクハラを理由とした普通解雇の有効性が争われた事案である。判決は、問題となった①〜⑦の非違行為の一部を事実と認めたものの、セクハラに該当するとの判断がなされたのは、非違行為①の食事の誘いのみであった。その他の行為については、不適切ではあるものの、セクハラとまではいえないとされた。これは、解雇理由について、客観的合理性が必要とされていることから、厳格な判断がなされたものといえよう。

判　旨

業務上のミスに関する判示部分は本稿では割愛する。

1　非違行為①〜⑦について

（1）　Xが非違行為①（ⅰ）（ⅱ）の行為に及んだことについては争いがない。また、非違行為③（ⅱ）（ⅲ）及び非違行為⑥の事実については争いがなく、非違行為③（ⅰ）の事実については、ショートメールではなく電話をかけたものであったと認められる。また、非違行為③（ⅱ）のショートメールは、Xが携帯電話をスマートフォンに変更した際に電話番号とメールアドレスの変更のショートメールを送信したものであると認められる。

非違行為④及び非違行為⑤の事実については、事実の特定が不十分であり、認められない。

非違行為②及び非違行為⑦については、Y社は、Xや被害者とされる女性社員等との面談内容をまとめた書面を提出するほか、証人F及び証人Qが当該書面のとおり面談において聴取した旨供述する。しかし、当該書面は、Y社においてX及び複数の女性社員からXの言動について聞き取った結果を併せて作成したもので、いずれも伝聞証拠であり、反対尋問による信用性の精査ができないものであるから、その信用性については慎重に判断する必要があるところ、被害者とされる女性社員以外の発言者もマスキングによって特定されておらず、また、当時の客観的状況が明らかでないことからすれば、発言内容について客観的状況に照ら

して検証することもできず、直ちに採用することはできない。そして、Xは、非違行為②の事実については、他の社員もいる前で女性社員に対して可愛い、素敵と言ったこと、食事に誘ったこと及び両肩を触ったことはないとして否認し、非違行為⑦の事実については、スポーツされていらっしゃるんですねと述べた限度で認め、女性社員の足に言及した点は否認するところ、当該弁解自体が直ちに不自然、不合理とはいえない。

したがって、非違行為②の事実は認められず、非違行為⑦の事実はXが女性社員に対して速いですね、スポーツされていらっしゃるんですね旨述べた限度で認められる。

(2) 以上を前提に、各非違行為の事実が性的な言動に当たるか否かについて検討する。

非違行為①は、可愛い、素敵などと述べた上、何度も食事に誘い、私的な連絡先を渡したものであることからすれば、性的な言動に該当するといえる。

非違行為③は、携帯番号を教えられていない女性社員の携帯番号を緊急連絡網から入手している点は個人情報の不正使用として問題であるが、連絡した内容は、無事に帰宅できたか否かを確認するものや、連絡先の変更及び年始の挨拶であって、特段性的な内容を含むものではなく、3度の連絡が行われた時期を踏まえれば執拗に連絡したとも言い難いものであるから、性的な言動には当たらないといえる。

非違行為⑥は、服装についての感想を伝えるもので、形式的には容姿に関する発言に該当するところ、Xが懲戒処分2の後に女性社員との接触を制限されていた状況や、当該女性社員の反応を踏まえれば、このような会話自体不適切であったことは否定できないものの、単に服装を素敵であると述べるとともに季節が変わったことを指摘する非違行為⑥の発言内容が、性的な意味を有する発言であると評価することは困難であり、セクハラとして非違行為に当たるとはいえないというべきである。

非違行為⑦は、Xが女性社員に対して話しかけることは当時の状況を踏まえれば不適切ではあるが、速いですね、スポーツされていらっしゃるんですねと問いかけたことは、階段を降りていたという当該発言がなされた状況からすれば、性的な意味を有する発言と評価することは困難

であり、セクハラとして非違行為に当たるとはいえない。

　Y社は、Y社の「コンプライアンスの手引き」及び「セクシュアル・ハラスメントの防止と排除を徹底するための運営要領」には、「スリーサイズ・身体的特徴・容姿を話題にすること」が「性的な内容の言動」に該当することを明確に定めており、Xの非違行為はいずれも性的な内容の言動に当たる旨主張するが、非違行為③、⑥、⑦について性的な言動とまでは評価できないことは前記のとおりであり、これらの書面に当該記載があることは認定を左右する事情とはいえない。

2　本件解雇の有効性について

　Xは、Y社に転籍して以降、2回の懲戒処分を受けたことに加え、複数の業務上のミスや落ち度と評価される言動があり、また、懲戒処分2とは別のセクハラに該当する非違行為があったと認められることからすれば、Y社がXについて普通解雇事由が認められると判断したことは、全く根拠に基づかない不当な判断であったとは解されない。

　もっとも、XY社間の信頼関係が破壊されているとして普通解雇事由に該当するというためには、XにつきY社との信頼関係が破壊されたことを理由として解雇を相当とするだけの客観的事情が存在することが必要と解されることから、以下、Xの勤務成績及び業務遂行能力の不良の程度並びに非違行為の程度につき、具体的に検討する。

　まず、Xの勤務成績及び業務遂行能力の不良の程度についてみると、Xは、A社のOBとして、平成27年2月1日、Y社に次長及び調査役の職位で転籍しており、職位に応じた相応の能力を発揮することを期待されていたと解されるところ、転籍直後の同月9日に窃盗行為に及び、A1部に異動となった後、平成28年2月17日には、業務用携帯電話を紛失したほか、多数の業務ミスやXに落ち度が認められる行為があり、Xが、Y社から期待されていた業務や役割を果たせていたとは言い難い。

　もっとも、Xの業務ミスは問題ではあるものの、相当重大な問題であったとまではいえず、Xについて直ちに改善の意欲や可能性がないとまではいえない。そうすると、Xの勤務成績及び業務遂行能力の不良の程度は、本件解雇時点において、直ちに解雇を相当とする程度に至っていたとはいえない。

　次に、非違行為についてみると、Xは、2回の懲戒処分を受けたにもか

かわらず、さらに、懲戒処分２の後に非違行為が発覚しているところ、新たなセクハラとして非違行為と評価できるものは非違行為①のみであり、その内容は、女性社員に対して複数回食事に誘ったりメールで連絡をしたほか、連絡先を渡したというもので、身体的接触を伴うものではなく、直接的に性的な発言でもないこととすれば、Ｘの行為は問題ではあるものの、その程度は重大とまでは評価できない。また、非違行為③の緊急連絡網から個人携帯番号を入手して私用の連絡に使用したことは問題であるが、その内容は挨拶等にとどまり、連絡の時期や回数からすれば、執拗であったともいえず、性的な言動とは評価できないことからすると、重大な問題であるとはいえない。そして、非違行為①及び非違行為③は、懲戒処分２の後に発覚したものではあるものの、その時期は非違行為①については懲戒処分２の約２年前であり、非違行為③も懲戒処分２以前のものであること、懲戒処分２以降の非違行為⑥、⑦については、性的な言動と評価できる行為は認められないことからすれば、Ｘのセクハラに関しては、Ｘが研修担当者として研修を受講し、Ｙ社のルールを熟知していたといえるにもかかわらず懲戒処分２の対象行為や非違行為①、③に及んだことを踏まえても、改善が期待できないとはいえない。そうすると、新たに発覚した非違行為①、③については、懲戒処分１、２が存在することを考慮しても、直ちに解雇を相当とする行為として、ＸＹ社間の信頼関係が破壊されたと認めるには足りないというべきである。

　以上のとおり、勤務成績及び業務遂行能力の不良及び非違行為については、いずれも直ちに解雇を相当とする事情とは認められないところ、これらの事情に加えて、ＸがＡ社のOBとしてＹ社に転籍したという本件労働契約締結の経緯や、Ｘが懲戒処分２の際に他に規律違反行為はない旨誓約する内容の顛末書を提出していたこと等を併せ考慮しても、本件解雇時点において、ＸＹ社間の信頼関係が破壊されていたと認めるには足りず、当該解雇事由があるとは認められない。

　以上によれば、本件解雇は、客観的合理的理由を欠き、社会通念上相当であるとは認められないから、権利の濫用に当たり、無効である。

シュプリンガー・ジャパン事件

東京地判平29・7・3
（労判1178号70頁、労経速2332号3頁）

事案の概要

　Y社は、英文の学術専門書籍、専門誌の出版及び販売等を行う外資系企業である。Xは、正社員として9年にわたって勤務し、A部で学術論文の電子投稿査読システムの技術的なサポートを提供する業務に従事していた。

　Xは、平成22年9月から第1子の産前産後休業に入り、引き続き育児休業を取得し、平成23年7月に職場に復帰した（この時にXが取得した休業を、以下「第1回休業」）。

　Xは、平成26年8月から第2子の産前産後休業を取得した。そして、同年9月2日に第2子を出産した後、引き続き育児休業を取得した（この時にXが取得した休業を、以下「第2回休業」）。

　Xが、平成27年3月、Y社に対し、職場復帰の時期等についての調整を申し入れたところ、チームの業務はXを除いた7人で賄えており、従前の部署に復帰するのは難しく、復帰を希望するのであれば、インドの子会社に転籍するか、収入が大幅に下がる総務部のコンシェルジュ職に移るしかないなどと説明され、退職を勧奨された。そして、4月以降、Y社は、給与は支払うものの、Xの就労は認めない状態が続いた。

　そこで、Xは、東京労働局雇用均等室（当時。現在は雇用環境・均等部）に援助を求め、育児・介護休業法（以下「育介法」）52条の5による調停の申請を行い、紛争調整委員会は、Y社が産前産後休業及び育児休業からXを復職させないことは男女雇用機会均等法（以下「均等法」）9条3項及び育介法10条に違反する可能性が高いものであり、Y社はXを原職（産休育休前のポスト）又は原職相当職に復職させるべし、という内容の調停案受諾勧告を行った。しかし、Y社がこの調停案の受諾を拒否したため、調停は打切りとなった。

　Y社は、平成27年11月27日付で、Xを解雇した（以下「本件解雇」）。解雇

理由は、Ｘが第１子妊娠前より、上司等に対して問題行動を繰り返していることが、業務妨害、業務命令違反、職場秩序のびん乱、業務遂行能力及び資質の欠如に当たるというものであった。

そこで、Ｘは、解雇無効を争って地位確認請求の訴訟を提起した。

結　果

一部認容。

地位確認、賃金支払、慰謝料50万円、弁護士費用５万円。

コメント

妊娠等に近接した時期の解雇ではあるものの、能力不足や協調性欠如など妊娠等以外の事由が表向きの解雇理由とされていることは実際には少なくない。本判決は、妊娠等に近接した時期になされる解雇については、使用者は形式的に妊娠等以外の理由を示しさえすればよいというわけではなく、客観的に合理的な理由を欠き、社会通念上相当であると認められないことを事業主が認識しているか、あるいは当然に認識すべき場合には、均等法９条３項及び育介法10条に違反するという判断基準を示した点が重要である。

判　旨

1　解雇の効力について

(1) 妊娠等と近接して行われた解雇と均等法及び育介法違反について

均等法９条３項及び育介法10条は、労働者が妊娠・出産し、又は育児休業をしたことを理由として、事業主が解雇その他の不利益な取扱いをすることを禁じている。一方で、事業主は、客観的に合理的な理由があり、社会通念上相当であると認められる場合には、労働者を有効に解雇し得る（労働契約法16条参照）。

妊娠・出産や育児休業の取得（以下「妊娠等」）を直接の理由とする解雇は法律上明示的に禁じられているから、労働者の妊娠等と近接して解雇が行われた場合でも、事業主は、少なくとも外形的には、妊娠等とは異なる解雇理由の存在を主張するのが通常であると考えられる。そして、解雇が有効であるか否かは、当該労働契約に関係する様々な事情を勘案した上で行われる規範的な判断であって、一義的な判定が容易でない場合も少なくないから、結論において、事業主の主張する解雇理由が不十分であって、当該解雇が客観的に合理的な理由を欠き、社会通念上相当であると認められなかった場合であっても、妊娠等と近接して行われたという一事をもって、当該解雇が妊娠等を理由として行われたものとみなしたり、そのように推認したりして、均等法及び育介法違反に当たるものとするのは相当とはいえない。

　他方、事業主が解雇をするに際し、形式上、妊娠等以外の理由を示しさえすれば、均等法及び育介法の保護が及ばないとしたのでは、当該規定の実質的な意義は大きく削がれることになる。もちろん、均等法及び育介法違反とされずとも、労働契約法16条違反と判断されれば解雇の効力は否定され、結果として労働者の救済は図られ得るにせよ、均等法及び育介法の各規定をもってしても、妊娠等を実質的な、あるいは、隠れた理由とする解雇に対して何らの歯止めにもならないとすれば、労働者はそうした解雇を争わざるを得ないことなどにより大きな負担を強いられることは避けられないからである。

　このようにみてくると、事業主において、外形上、妊娠等以外の解雇事由を主張しているが、それが客観的に合理的な理由を欠き、社会通念上相当であると認められないことを認識しており、あるいは、これを当然に認識すべき場合において、妊娠等と近接して解雇が行われたときは、均等法９条３項及び育介法10条と実質的に同一の規範に違反したものとみることができるから、このような解雇は、これらの各規定に反しており、少なくともその趣旨に反した違法なものと解するのが相当である。

(2)　Y社が主張する解雇理由について

　Y社は、Xの解雇理由について、Xの問題行動が、業務妨害や、業務命令違反、職場秩序のびん乱や、業務遂行能力及び資質の欠如に当たる

旨主張している。

　Ｘは、自身の処遇・待遇に不満を持って、元上司のＦやＡ部のＢ部長ら上司に執拗に対応を求め、自身の決めた方針にこだわり、上司の求めにも容易に従わないなど、協力的な態度で対応せず、時に感情的になって極端な言動を取ったり、皮肉・あてこすりに類する言動、上司に対するものとしては非礼ともいえる言動を取ったりしており、その結果、上司らはＸへの対応に時間を取られることを大きな負担と感じ、Ｆに関しては他部門へ異動せざるを得なかったものと要約できる。

　他方、Ｘの業務遂行に関しては、その能力・成績等について何ら問題にされておらず、むしろ良好・優秀な部類と受け取られていたことは、平成25年度のＸに対する人事評価において、「ビジネスマナー」やチームワークの項目以外、Ｂ部長も全て４段階中の最高評価としていたことからも明らかであり、その評価時点から第２回休業開始時までの間に約５か月の期間があるものの、この間にＸの業務遂行の状況について顕著な変化があった旨の主張立証はされていないところである。

　次に、Ｙ社がＸの問題行動についてどのような注意・指導を行っていたかという点についてみると、Ｂ部長やＡ部マネージャーのＣからは、上司への態度として不適切なものであることが口頭で注意されており、第２回休業前のメール共有の措置に関しては、Ｂ部長から業務命令違反であることを明示し、処分をほのめかしているほか、個々の指示に際しての注意も行われている。しかし、これまでに、それ以上に懲戒処分はもちろん、文書を交付して注意が行われたことはなく、業務命令違反等の就業規則違反であることを指摘したり、将来の処分をほのめかしたりしたのも、メール共有の措置の件以外には見当たらない。

　Ｙ社は、弁護士や社会保険労務士の助言を受けつつ注意書を準備していたとするが、実際にＸには交付されていない。この点について、Ｙ社は交付する予定であったものの直前の平成26年４月にＸの妊娠が発覚し母性保護を優先して交付を断念したと主張し、Ｃも同旨を供述する。しかし、注意書の文案及び社会労務士作成の原案は同年３月５日及び２月27日に作成されていたというのであり、上記文案の作成から妊娠の発覚までは一定の時間的余裕もあったようにみえながら、Ｘへの注意書の交付が実行されていなかったことからすると、Ｘの問題行動なるものをＹ

社においてどの程度深刻なものと受け止めていたかについては疑問も残り、少なくとも緊急の対応を要するような状況とまでは捉えていなかったことがみてとれる。

　さらに、Y社では、Xの問題行動に苦慮し、これへの対応として弁護士、社会保険労務士及び産業医に相談し、助言を受けていたというのであるが、助言の内容は、要するに、今後のXの問題行動に対して、段階を踏んで注意を与え、軽い懲戒処分を重ねるなどして、Xの態度が改まらないときに初めて退職勧奨や解雇等に及ぶべきであるとするものであるが、第2回休業までの経過及びその後の経過をみる限り、こうした手順が踏まれていたとは到底いえないところである。そして、その助言の内容に照らせば、Y社（その担当者）にあっては、第2回休業の終了後において直ちに、すなわち、復職を受け入れた上、その後の業務の遂行状況や勤務態度等を確認し、不良な点があれば注意・指導、場合によっては解雇以外の処分を行うなどして、改善の機会を与えることのないまま、解雇を敢行する場合、法律上の根拠を欠いたものとなることを十分に認識することができたものとみざるを得ない。

　ところで、Y社は、本件解雇につき、弁護士からの助言を踏まえた既定の方針を変更してされたものであることを認めつつ、そうした方針変更の理由について、他の社員にとって、問題行動のあるXがいない職場があまりに居心地がよく、Xが復職した場合にはその負担・落差に耐えられず、組織や業務に支障が生ずるのではないかと述べる。

　しかし、労働者に何らかの問題行動があって、職場の上司や同僚に一定の負担が生じ得るとしても、例えば、精神的な変調を生じさせるような場合も含め、上司や同僚の生命・身体を危険にさらし、あるいは、業務上の損害を生じさせるおそれがあることにつき客観的・具体的な裏付けがあればともかく、そうでない限り、事業主はこれを甘受すべきものであって、復職した上で、必要な指導を受け、改善の機会を与えられることは育児休業を取得した労働者の当然の権利といえ、Xとの関係でも、こうした権利が奪われてよいはずがない。そして、本件において、上司や同僚、業務に生じる危険・損害について客観的・具体的な裏付けがあるとは認めるに足りない。

　以上によれば、本件解雇は、客観的に合理的な理由を欠いており、社

会通念上相当であるとは認められず無効である。また、既に判断した解雇に至る経緯（第1回休業前の弁護士等の助言内容のほか、紛争調整委員会が発した調停案受諾勧告書の内容も考慮されるべきである。）からすれば、Y社（の担当者）は、本件解雇は妊娠等に近接して行われており（Y社が復職の申出に応じず、退職の合意が不成立となった挙げ句、解雇したという経緯からすれば、育休終了後8か月が経過していても時間的に近接しているとの評価を妨げない。）、かつ、客観的に合理的な理由を欠いており、社会通念上相当であるとは認められないことを、少なくとも当然に認識するべきであったとみることができるから、均等法9条3項及び育介法10条に違反し、少なくともその趣旨に反したものであって、この意味からも本件解雇は無効というべきである。

2　地位確認請求及び賃金支払請求について

　　前記1で判断したところによれば、XのY社に対する労働契約上の地位を有することの確認請求並びに賃金及びこれに係る遅延損害金支払請求は全部理由がある。

3　不法行為に基づく損害賠償請求について

　　解雇が違法・無効な場合であっても、一般的には、地位確認請求と解雇時以降の賃金支払請求が認容され、その地位に基づく経済的損失が補てんされることにより、解雇に伴って通常生じる精神的苦痛は相当程度慰謝され、これとは別に精神的損害やその他無形の損害についての補てんを要する場合は少ないものと解される。

　　もっとも、本件においては、Xが第2回休業後の復職について協議を申し入れたところ、本来であれば、育介法や就業規則の定めに従い、Y社において、復職が円滑に行われるよう必要な措置を講じ、原則として、元の部署・職務に復帰させる責務を負っており、Xもそうした対応を合理的に期待すべき状況にありながら、Xは、特段の予告もないまま、およそ受け入れ難いような部署・職務を提示しつつ退職勧奨を受けており、Y社は、Xがこれに応じないことを受け、紛争調整委員会の勧告にも応じないまま、均等法及び育介法の規定にも反する解雇を敢行したという経過をたどっている。こうした経過に鑑みると、Xがその過程で大きな精神的苦痛を被ったことがみて取れ、賃金支払等によって精神的苦痛がおおむね慰謝されたものとみるのは相当でない。

そして、本件に表れた一切の事情を考慮すれば、Y社のした違法な本件解雇により、Xに生じた精神的苦痛を慰謝するに足りる金額は50万円と認めるのが相当であり、これと相当因果関係にあると認められる弁護士費用５万円とを併せて、Y社は損害賠償義務を負うものというべきである。

事案の概要

Ｙ会は、A1歯科クリニック（以下「A1クリニック」）を開設する医療法人である。Ｙ会の代表者理事長は、歯科医師でもあるＡ（以下「Ａ理事長」）であった。

Ｘは、歯科衛生士である女性であり、平成23年５月９日、Ｙ会に採用されて、期限の定めのない労働契約に基づいて、A1クリニックに勤務してきた。

Ｘは、遅くとも平成27年夏頃までに、Ｙ会に対し、第１子を妊娠したことを伝えており、同年９月20日以降、年次有給休暇の継続取得を開始しそのまま産前休業に入った。Ｘは、同年11月29日、第１子を出産し産後休業に入った。

Ｙ会は、平成27年12月支給の賞与について、Ｘに対し、支給しなかった。Ｙ会の就業規則たる給与規定では、賞与につき、要旨として、「賞与は、原則として毎年７月、12月に支給する。ただし、Ｙ会業績の消長により賞与を支給しないことがある。」（29条）、「賞与の査定は、当該年度のＹ会業績及び従業員の勤務成績を勘案して査定する。査定期間中に欠勤がある場合は支給額より控除する。」（32条）と定められている。

Ａ理事長は、Ｘに対し、平成28年１月22日、コミュニケーション用アプリのLINE（以下「ライン」）で、「復帰の時期は出産一年後、場所はＺ市近辺のままで変わってないですか？」、「書類送り先の住所も教えて下さい。」と質問し、これに対して、Ｘは、「はい、一年後復帰でＺ市のままです(^^)」と答え、住所を伝えた。

Ｙ会は、平成28年１月22日頃、Ｘに対し、退職願用紙等を発送して、その提出を求めた。Ｘは、同月24日、同退職願用紙等の送付を受け、同月26日、ラインによる会話で、Ａ理事長に対し、退職の意思がなく、育児休業を取得した後、復職する意思があることを明示し、退職願の提出にも応じなかった。その

以前にもXがY会に対し辞表、退職届、退職願又はこれに類する書面を提出したことはない。A理事長は、Xに対し、Xとのラインによる会話で、同日、Xが産前休業の前から退職の意思を表明していたかのように主張した上、同月28日、Xの退職手続を進める旨を表明した。

　XとY会は、それぞれ弁護士を依頼して、交渉による解決を試みたが、Xが自己都合退職したのか否か、双方の認識は一致せず、Xが、平成28年8月4日、本件訴訟を提起するに至った。

▌結　果

　一部認容。

　労働契約上の地位確認、賃金支払、育児休業給付金相当額及び弁護士費用の損害賠償として179万7609円、慰謝料として222万5000円、弁護士費用として22万2500円。

▌コメント

　退職の意思表示の事実認定は慎重に行うべきとの一般論に加えて、特に妊娠、出産、産前産後休業及び育児休業の取得並びに職場復帰を契機とした退職においては、退職意思表示が労働者の真意（自由な意思）に基づくことが必要であるとした点が重要である。また、具体的な賞与請求権は否定しつつ、賞与の一部を損害賠償として認めていること、比較的高額の慰謝料を認容している点が参考になる。

▌判　旨

1　退職の意思表示について
　(1)　退職の意思表示に関する事実認定における留意点
　　退職の意思表示は、退職（労働契約関係の解消）という法律効果を目

指す効果意思たる退職の意思を確定的に表明するものと認められるものであることを要し、将来の不確定な見込みの言及では足りない。退職の意思表示は、労働者にとって生活の原資となる賃金の源たる職を失うという重大な効果をもたらす重要な意思表示であり、とりわけ口頭又はこれに準じる挙動による場合は、その性質上、その存在や内容、意味、趣旨が多義的な曖昧なものになりがちであるから、退職の意思を確定的に表明する意思表示があったと認めることには慎重を期する必要がある。

　また、我が国の雇用社会では、継続的な労働契約関係にあった労働者が自らの意思で退職しようとするときは、使用者に対し、書面にて辞表、退職届又は退職願を提出することが通常であり、使用者の側も労働者の退職の意思を明確にさせ、退職手続を進める上でも便宜であるため、そのような書面の提出を促すことが多い。Ｙ会においても、Ｘとの労働契約書及びＹ会就業規則において、従業員が自己の都合で退職しようとする場合には30日前の書面による申出又は１か月前までの退職願の提出を行うことを定めて、退職の意思表示は書面によることを予定しており、実際、Ｙ会は、Ｘに退職願用紙を送付し、退職願を得ようとしている。このような慣行等に照らしても、書面によらない退職の意思表示の認定には慎重を期する必要がある。むしろ、辞表、退職届、退職願又はこれに類する書面を提出されていない事実は、退職の意思表示を示す直接証拠が存在しないというだけではなく、具体的な事情によっては、退職の意思表示がなかったことを推測しうる事実というべきである。

　ラインでの会話は、内容そのものは記録され明確ではあるが、簡略化した短文のみで会話されることが多く、打ち間違いによる誤字・脱字も発生しやすいから、やはりその意味や趣旨が曖昧になりがちである。また、口頭や電話での会話の延長として利用されることが多く、社会生活上重要な意思表示や意思確認の手段に用いられることは少ないから、ラインの会話をもって、退職の意思を確定的に表明する意思表示があったと認めることには慎重を期する必要があると考えられる。

　特に、ＸとＹ会との間の紛争は、Ｘの妊娠、出産、産前産後休業及び育児休業の取得並びに職場復帰に関するものでもあるところ、男女雇用機会均等法９条３項、同法施行規則２条の２及び育児・介護休業法10条は、妊娠や出産、産前産後の休業、育児休業の取得などを理由とする解

雇その他不利益な取扱いを禁じており、この「不利益な取扱い」には退職の強要が含まれ、労働者の表面上の同意があっても真意に基づかない勧奨退職はこの退職の強要に該当するから、退職の意思表示があったこと、その意思表示が労働者の真意（自由な意思）に基づくことの認定は慎重に行うべきである。

(2) 1月22日ライン会話の前の事情

　①Xは、Y会及びD社労士事務所のB職員に対し、産休等開始後、電話及び同僚職員を経た伝言で繰り返し出産や育児休業に関する手続に関する教示や必要書類の送付を求めていたこと、②Xの同僚職員らの間では、Xが産前産後休業の後、育児休業を取得する予定であることは知れ渡っていたこと、③Xは、平成27年12月16日、同僚職員であるC職員とのラインによる会話で、既にB職員に育児休業を取得する意思を電話で伝えていると述べていたが、C職員からB職員がXの意思を誤解していることを指摘されて、翌17日、B職員に電話して、育児休業を取得した上、Y会クリニックに職場復帰する意思を改めて伝え、C職員にもB職員に連絡したことを報告したこと、④Xは、C職員とのラインの会話で、育児休業を取得した上で職場復帰することをA理事長及びB職員に伝えていることを前提とした会話を継続的にして、C職員もこれに継続的に同調して、「Bさんて、Xが産休のあと育休に移行したいの分かっているよね？？」、「あたしはさ、彼女は1年後復帰するって話でお休み入ってるし、患者にもそう説明しているし、先生もそのつもりじゃないですか？って言ったの」、「Xは育休を取って復帰する。時短申請もするかもしれない。けど、なるべく戻って働こうとしてた」などと述べていたこと、⑤A理事長は、平成27年12月からC職員に対し、Xは退職することになっているかのような言動を示し始め、C職員にXから聞いていた育児休業及び職場復帰の予定と異なることを指摘されても、自己の考えを改めなかった上、C職員がXにB職員の誤解を指摘したことを余計なことをしたかのように強く叱責し、Xとの連絡を禁止しようとし、C職員を強く困惑させていたこと、⑥Xは、上記⑤の事実を聞いて、C職員とのラインによる会話で、平成27年12月18日、A理事長がXの育休取得を認めず、退職させようとしているのではないかと考えて、憤りの気持ちを示し、「辞表もだしませんし」、「復帰しますが、してみてからは時

短になっちゃうとかあるかもしれないし、働いてみて応相談です。Ａ先生に知らないとは言わせませんよ」などと、退職せず、育児休業終了後、職場復帰する意思を明言していたこと、⑦Ｘは、Ｙ会ないしＤ社労士事務所に関係書類の送付を求めても、一向に送付されないため、育児休業に関する書類を作成できなかったこと、⑧Ｘは、同僚職員であるＥ職員との間でも、産休等開始後もラインによる会話を続けており、その中ではＥ職員が「暫くＸと一緒に昼休み遊んだり出来ないんだね」、「Ｘはよ帰ってこーーい」とＸがいずれ職場復帰することを前提とした発言をする、Ｘが「そーいえば、新しい衛生士さん今日からだよね？」とＹ会クリニックの新規採用者に関心を示すといった会話があったこと、⑨Ｃ職員及びＥ職員は、Ｘ宛ての平成28年年始の年賀状でも「早く戻ってきてネ」、「復帰待ってる〜」などと、Ｘの職場復帰を前提とする記載をしていたことが認められる。

　これらの認定事実を総合すると、Ｘには、退職の意思はなく、育児休業を取得した上で、職場復帰する予定を同僚職員らにも知らせており、Ｘは、育児休業の取得に関する必要書類を取り寄せて、手続を進めようとしていたが、Ａ理事長は、同僚職員らの「Ｘは育児休業の後、職場復帰予定」という認識に反して、Ｘの退職手続を進めようとし、Ｙ会及びその委任を受けているＤ社労士事務所は、Ｘから必要書類の送付を求められても、これに応じなかったことが認められる。

(3) 1月22日ライン会話に関する事情

　1月22日ライン会話では、Ａ理事長の質問でもＸの回答でも「退職」「辞める」その他のＸの退職を明示する用語は全く用いられていない。むしろ、Ｘは「一年後復帰で」と、職場復帰の意思を示している。Ａ理事長は、このライン会話でＸの退職の意思を確認しようとしたと供述するが、「退職」「辞める」その他のＸの退職を明示する用語が全く使用されていないことは不自然である。Ｘの職員としての身分やＹ会における今後の手続の方向性にかかわる重要な意思確認であることを説明し、熟慮の上での回答を促すような会話も全くされていない。

　Ｙ会は、Ａ理事長がＸの職場復帰の場所を質問したところ、Ｘは「Ｚ市のまま」と回答しているから、Ｙ会クリニックではなく、千葉県Ｚ市周辺で新たに就職することを表明していると主張するが、Ａ理事長は

「復帰の時期は出産一年後、場所はＺ近辺のまんまで変わってないですか？」、「書類送り先の住所も教えてください。」と質問しており、「復帰の」という文言が「場所」にもかかることは明確に表現されていない。むしろ、「書類送り先の住所」が質問されており、出産の際には里帰り出産や今後の入通院、育児の便宜のため転居する、実家等に身を寄せる、書類の郵送先は親族の住居が都合がよいということも一般に想定され、実際、Ｘに対する書類の郵送で行き違いが生じたこともあったことに照らせば、「場所」とはＸの現住所を指すと理解することが最も素直である。１月22日ライン会話は、その後、Ａ理事長から「了解しました」、Ｘから「よろしくお願いします（ｏ´∀｀ｏ）」と、それぞれ発信されただけであっさりと終了し、Ａ理事長がＸの退職を惜しむことも勤続の労をねぎらうことも退職後の生活や再就職を応援する言葉を述べることも今後退職手続を進めると説明することも、ＸがＡ理事長にこれまでの厚情に礼を述べることも職場復帰を望むＡ理事長の要望に沿えないことを詫びることも退職を決意した理由を説明することもなかったから、全体的に見ても客観的には重要性のない事務的な連絡に過ぎないというべきである。

（4）１月22日ライン会話の後の事情

Ｘは、Ｙ会がＸを退職扱いにしようとしていることを知ると、速やかにこれに明示的に異議を述べており、当初から退職の意思がない者として自然な言動を見せている。他方、Ｙ会及びＡ理事長の言動は、Ｘから以前から繰り返し退職の意思表示を受けたと認識しているはずの者の言動として、曖昧な面が見受けられる。むしろ、Ａ理事長は、Ｄ社労士事務所と相談する中で、Ｘから退職の意思表示があったと確信しているように振る舞い始めたことがうかがわれる。

（5）結論

以上の認定判断を総合すれば、Ｘには退職の意思もそれを表示する言動もなく、むしろ、Ａ理事長、Ｂ職員及び同僚職員らに対し、育児休業を取得した上、職場復帰する意思を表示し、育児休業取得の手続を進めるための必要書類をＹ会及びＤ社労士事務所に求めていたが、Ａ理事長は、平成28年１月以降、Ｘに不快感を抱いて、強引に退職扱いにしようと考え、１月22日ライン会話における片言隻句を歪めて解釈して、Ｘが

退職の意思表示をしたと決めつけて、Xを退職扱いにして、事実上解雇し、また、Xからの必要書類送付の依頼も無視して、Y会及びD社労士事務所をして必要書類を送付させないことで、Xが育児休業を書面で正式に申し出ることを妨げて、育児休業取得を拒否したというべきである。

　したがって、Xは、退職の意思表示をしていないから、XとY会との間の労働契約関係が消滅することもなく、XのY会に対する労働契約上の権利を有する地位の確認を求める請求には理由がある。

2　賃金支払請求、損害賠償請求について

　産前産後休業及び育児休業の期間以外の期間についての賃金支払請求権、Xを違法に退職扱いし、育児休業取得に伴う育児休業給付金の受給を妨げた不法行為に基づき、育児休業給付金相当額及び弁護士費用の損害賠償として179万7609円が認められる。また、Y会は職そのものを直接的に奪っていること、Xには退職の意思表示とみられる余地のある言動はなかったこと、A理事長に故意又はこれに準じる著しい重大な過失が認められること、判決確定後も専ら使用者側の都合による被害拡大が見込まれることなどに照らせば、広島中央保健生協（C生協病院・差戻審）事件（広島高判平27.11.27）の事案よりも違法性及び権利侵害の程度が明らかに強いといえる。いわゆるマタニティハラスメントが社会問題となり、これを根絶すべき社会的要請も平成20年以降も年々高まっていることは公知であることにも鑑みると、Xの精神的苦痛を慰謝するための慰謝料には200万円を要する。

　男女雇用機会均等法9条3項、同法施行規則2条の2は、強行規定として、妊娠、出産、産前産後休業などを理由とする解雇その他不利益な取扱いを禁じており、この「不利益な取扱い」には「減給をし、又は賞与等において不利益な算定を行うこと」が含まれる。産前産後休業は年休とは異なり、有給であることは保障されていないから、賞与の支給額の算定に際し、産前産後休業を出勤と同様に扱わなくとも上記「不利益な取扱い」とはならないが、賞与の支給額の算定に際し、産前産後休業の取得などに係る就労しなかった、又は就労できなかった期間を超えて、休業したものとして扱うことは、産前産後休業による労務不提供を超える不利益を及ぼすものであるから、上記「不利益な取扱い」に該当し、強行規定違反として

違法なものと解される。平成27年12月支給の賞与の査定期間は同年6月から11月であるところ、Xの産前休業開始は同年10月21日からであるから、休業の期間は、査定期間6か月のうち1か月と約10日（約22パーセント）にとどまる。Y会給与規定は査定期間内における出勤の割合を重視しているにもかかわらず、約22パーセントを超えて賞与を減額し、又は不支給とすることは、明らかに休業の期間を超えて休業したものと扱うもので、産前休業を理由とする「不利益な取扱い」に該当するというべきである。

　また、年休に対する不利益措置は、少なくとも不利益措置の趣旨・目的、労働者の経済的利益の程度、年休取得に対する事実上の抑止力の強弱等の諸般の事情を総合して、年休権行使を抑制し、ひいては年休権保障の趣旨を失わせるときは、公序に反し、違法・無効であると解される。使用者が賞与の計算で年休取得日を欠勤として扱うことは、労基法39条7項が使用者に対し年休の期間について一定の賃金の支払を義務付けた趣旨に反する上、労働者を賞与の満額支給を確保するためには年休取得を放棄せざるを得ない状況に追い込むことになるから、特段の事情がない限り公序に反するものと解される。とりわけ年休取得を理由に賞与を大幅に減額し、又は不支給とすることは、年休取得日にとどまらず、賞与の査定期間で実際に勤務した日の全部又は相当部分をも欠勤扱いとするも同然で、年休権行使を強く抑制し、ひいては年休権保障の趣旨を著しく失わせることが明らかである。

　Xは、労働契約書の定めに基づいて、毎年6月、12月に特段の事情がなければ基本給の2か月分（32万円）が目安となる賞与が支給されるよう、Y会が査定権限を公正に行使することに法的に保護されるべき期待権を有しており、Xには平成27年12月支給の賞与において査定期間のうち約22パーセントを占める産前産後休業による不就労期間があること以外には、大幅な減額査定を受けなければならない理由はなく、Y会の経営状態も賞与の支給が十分可能であったのに、A理事長は、Xが賞与支給日に在籍し、賞与の受給資格があることを看過し、強行法規である男女雇用機会均等法9条3項、同法施行規則2条の2に違反する産前産後休業を理由とする不利益な取扱いとして、また、年休権行使を抑制し、ひいては年休権保障の趣旨を失わせる公序に反する不利益な措置として、賞与を不支給とする違法な査定をすることによって、Xの前記期待権を侵害し、経済的な打

撃及びこれによる精神的苦痛をＸに与えたというべきである。この期待権
侵害の不法行為によるＸの精神的苦痛を慰謝するための慰謝料は、基本給
の２か月分はあくまで目安にとどまり、Ｙ会は債務超過の状態が続いてい
ることが賞与算定の考慮事由になりうることを最大限に考慮しても、基本
給（月16万円）の２か月分（32万円）から22パーセント分を控除した金額
（24万9600円）の約９割である金22万5000円を下らないというべきである。
　このＡ理事長の不法行為は、Ｙ会の代表者理事長がその職務を行うにつ
いて第三者に加えたものであるから、Ｙ会もＡ理事長個人と連帯して損害
賠償責任を負う。また、Ｘの賞与に関する取扱いは、Ｙ会の組織体として
の活動の一部を構成するものでもあるから、Ｙ会自体の不法行為責任も成
立する。

コメット歯科クリニック事件

岐阜地判平30・1・26
（労経速2344号3頁、裁判所ウェブサイト）

事案の概要

　Xは、平成22年3月8日に、歯科医師Y1が営むAクリニックに歯科技工士として採用され、正社員として勤務していた。Y1はAクリニックの院長、Y2は副院長、Y3は事務局長である（以下3名を合わせて「Yら」）。

　Xは、平成25年4月10日に婚姻し、その頃第1子を妊娠したため、同年6月1日、Yらに妊娠の報告を行い、平成25年12月末から産前産後休業（以下「産休」）及び育児休業（以下「育休」）を取得した。

　Xは、平成27年1月13日、Aクリニックに復職したが、同月14日、Y2及び社会保険労務士から、復職後の勤務条件について、終業時刻を午後4時30分とすること、子育ての関係で遅刻や早退をする場合、精勤手当が不支給となるところ、そのような不利益を避けるために時給の給与体系（パート勤務）に変更することを提案された。Xが勤務条件に合意できない場合にはどうなるのかと尋ねたところ、Y2は、Xが退職することも含めて決めてほしいと回答した。Xは、労働局に相談を行い、労働局長は、同年2月16日付で、Aクリニックに対し、Xに対して労働契約内容の変更についての働きかけをこれ以上行わないこと、女性についてのみ婚姻していること、子を有していることを理由として、正社員について所定労働時間を8時間から7時間に減じ、精勤手当を支給しない雇用形態への変更を勧奨することを直ちにやめることなどの是正措置を要請する旨の勧告を行った。

　以降、YらはXに労働条件の変更等を求めることはなくなったものの、朝礼で「攻撃をしてくる人」の特徴や対応方法などについて繰り返し話すようになった。また、Y1は、同月27日頃、①Xが労働局に対して従業員である妊婦Eに対してもクリニックが不当に時短を命じている旨の虚偽報告を行いEとクリニックの信頼関係を損なったこと、②育休明けにクリニックの了解を得ず出

勤日を１月13日と一方的に定めて出勤し、育休終了日である同月３日から出勤日までの６日間を無断欠勤したことなどを懲戒理由として、Ｘに減給の懲戒処分を行った（以下「本件懲戒処分」）。

Ｘは、同年３月16日、不安抑うつ状態により１か月の休養加療を要すると診断され、同月18日に早退して以降、休職状態となった。Ｙ1は、同年９月16日をもって休職期間満了によりＸを一般退職扱いとした（以下「本件退職扱い」）。

Ｘは、Ｙらから産休及び育休の取得に関する嫌がらせ等の違法行為を受けたことによりうつ病を発症したため休職に至ったにもかかわらず、Ｘを一般退職扱いとしたことは労働基準法19条に反し許されないと主張し、労働契約上の権利を有する地位にあることの確認及び未払賃金等の支払を求めるとともに、Ｙらの嫌がらせ行為について不法行為に基づく損害賠償請求を求めた。

結 果

一部認容。
Ｙ1に対し、地位確認、賃金支払、慰謝料100万円、弁護士費用10万円。
Ｙ2及びＹ3に対し、連帯して慰謝料50万円、弁護士費用５万円。

コメント

厚生労働省が定める精神障害の労災認定基準には、マタニティハラスメントや育児ハラスメントの項目は存在しない。本件は、Ｙらによる育休からの復帰時の労働条件変更提案等によりＸが精神疾患を発症したとして業務起因性を認めた点で先例的といえる判決である。

判　旨

1　懲戒処分の有効性について
　(1)　懲戒理由①について
　　　Xが、労働局に対し、Yらが主張するような虚偽の報告をした事実は
　　認めるに足りないし、Eが、XとYらとの間の紛争に巻き込まれ、迷惑
　　を被り、不愉快に感じていたとしても、それ以上に、EとYらとの間の
　　信頼関係が損なわれたとまで認めることもできない。また、XとYらと
　　のやり取り等によって、Aクリニックの業務に何らかの支障が生じた等
　　の事情もうかがわれない。
　　　また、Xの態度が、もとよりYらの名誉を傷つけるような反抗的な態
　　度であったということはできないし、Eにショックを与えてAクリニッ
　　クの従業員間の信頼関係を損なう行為であったと評価することもできな
　　い。
　　　さらに、Xが提出した報告書は、Y2から提出するよう求められて作成
　　したにすぎないところ、同報告書自体が、歯科技工士であるXにおいて
　　職務上作成すべきものとはいえないこと等からすれば、内容が乏しいも
　　のであったとしても、そのことがAクリニックにおける服務規程に違反
　　し、懲戒事由に該当するものとは到底認められない。
　(2)　懲戒理由②について
　　　Xが、平成26年12月6日、Y3に対し、Aクリニックへの復職日につき
　　平成27年1月13日を希望する旨を伝え、後日、Y3がこれを了承している
　　ことからすれば、XのAクリニックへの復職日は、同日と決定していた
　　ことが認められる。したがって、Xが同月4日から同月9日までの間A
　　クリニックでの勤務をしなかったことが無断欠勤に当たると評価するこ
　　とはできない。
　(3)　懲戒処分の有効性について
　　　本件懲戒処分は、そもそもYらが処分の基礎とした懲戒事由が存在す
　　るとは認められない。また、仮に、Yらの主張する懲戒事由たる事実の
　　一部やそれに類する事実が認められるとしても、減給という比較的重い
　　本件懲戒処分に見合うような悪質性は、到底認めることはできない。
　　　したがって、本件懲戒処分は、無効であるというべきである。

2 Xの精神疾患発症の業務起因性について

(1) 勤務条件の変更の提案について

　　Xは、Yらからの労働条件変更の提案に対しては、話合いには応じる姿勢を取っていたものの、一貫して拒絶の意思を示しており、Yらの対応について、労働局に相談したことに照らし、その意思は強固なものであったと認められる。このような態度を示すXに対して、Yらは、度重なる勤務条件の変更の申入れをするとともに、Xの譲歩の必要性を説いており、Xは、一定程度の精神的負荷を受けたものと考えられる。

(2) Xの業務に関する対応について

　　Xの相談に基づき、労働局の職員が、Aクリニックを訪問して、聴き取り調査を行ったこと等を契機として、Y2が、Aクリニックの歯科技工士らに対し、Xに対して技工指示書を渡さないように指示したことが認められる。

　　このようなY2の対応は、XがYらによる勤務条件の変更の提案を受け入れなかったことや、労働局に相談したことに対する制裁的な意味合いを有する。また、Aクリニックにおける従前と同様の勤務条件での勤務を希望するXにとっては、第1子の育休を取得したことや第2子を妊娠したことにより、Aクリニックで従事できる業務がなくなったと認識させかねない出来事であったと考えられるから、Xに対しては相当程度の精神的負荷を生じさせるものといえる。

(3) 懲戒処分について

　　そもそも本件懲戒処分が無効であり、Xからすれば謂れのないものであったことに加えて、本件懲戒処分についての説明の際、Aクリニックの従業員らを証人としたことによって、XとYらとの間の紛争の存在及びその内容がAクリニックの従業員らにも明確に伝わる可能性が高まったことからすれば、本件懲戒処分に係る一連のYらの対応によって、Xが相当程度の精神的負荷を受けたものというべきである。

(4) 朝礼におけるY1及びY2の訓示について

　　Y1及びY2が、Aクリニックの朝礼において、Xを名指しするなど直接的にXに係る話題を持ち出した事実は認められない。

　　もっとも、Y2は、当時のXの状況に酷似した内容のたとえ話をしており、Xの同僚らも、当該たとえ話がXのことを指しているものだと理解

できる内容であったことからすれば、Xにおいて、Y2が朝礼の訓示において X を暗に非難する内容の話をしていると考えることも無理からぬところであり、X は、A クリニックの他の従業員らの面前で自分自身のことを非難されていると考えることによって、強い精神的負荷を受けたものというべきである。

　加えて、X と Y らとが対立していた当時の状況を前提とすれば、X において、訓示における「攻撃をしてくる人」が自分を指すと捉え、Y1 や Y2 が朝礼の訓示において自分を暗に非難する内容の話をしていると考えることも無理からぬところであり、X は、A クリニックの他の従業員らの面前で自分自身のことを非難されていると考えることによって、強い精神的負荷を受けたものというべきである。

(5) 業務起因性について

　X は、Y らの行為によって精神的負荷を受けており、かつ、X がもともと精神疾患を発症していなかった上、精神疾患を発症させるようなその余の事情が認められないことからすれば、これらの精神的負荷の積み重ねによって、X が精神疾患を発症したものと優に推認することができ、業務起因性が認められる。

3　Y らの言動が不法行為に該当するかについて

(1) Y1について

ア　Y1 が、平成27年 1 月20日、X に対して、「もう X さんいなくても回っていくんですよ、十分。回っている。」などの発言をしていたことは認められる。しかし、結局、X と Y らとの間で、勤務条件についての話合いを継続する方向で話合いが終了したことからすれば、違法な発言であるとまでいうことはできない。

イ　Y1 が、平成27年 1 月23日、第 2 子の妊娠を報告した X に対して、「妊娠してどうするつもりなの。」、「時短には応じないと折り合いはつかないと思うよ。」、「結局、折り合わないと物別れになっちゃって裁判とかなっちゃうわけだよね。」などと発言した事実が認められる。

　しかし、X への配慮を欠く不適切なものであったと評価し得るものの、一方で、X もこれらの Y1 の発言に対し適宜反論していること、結果的には X の勤務条件が不利益に変更されることはなかったことからすれば、これらの Y1 の発言によって、X が、萎縮したり、自己に不利益

な勤務条件の変更を受け入れざるを得なくなったなどの事態が生じたわけではない。

　　　したがって、これらのY1の発言について、不適切ではあるものの、違法であるとまで評価することはできない。

ウ　Xは、平成27年2月中旬頃からY1がXを無視するようになったと主張するが、仮に挨拶をしないなどXを無視する行為があったとしても、これが直ちに違法な行為であると評価することはできない。

エ　Y1の各朝礼における訓示の内容は、直接Xを名指しするものではなく、書籍を取上げ、Y1の感想等を交えながらその内容を紹介するにとどまるものであって、その内容自体、組織の内外において攻撃をしてくる人に対する対処法や、そのような人の特徴を述べたものとして、それなりの一般性を有するものであり、殊更にXを対象として行われたものとまでは認め難い。

　　　したがって、各朝礼におけるY1の発言について、不法行為が成立するということはできない。

オ　休職に関し、Y1のXに対する対応が必ずしも十分であったとはいえないものの、Y1が、Xに対し、休職に必要な手続についての説明、Xが正式な休職扱いになっているかについての連絡及び出産の際に休職願が必要である旨の説明をそれぞれすべき個別の法的義務を負っていたとまでは認められない。また、Xが既に第1子について産休や育休を取得していることに照らせば、Y1が、Xに対し、第2子に関しての産休及び育休の取得や社会保険料の免除に係る手続の案内等を行うべき法的義務を負っていたとも認められない。

カ　以上によれば、Xが主張するY1の各行為について、いずれも人格権侵害による慰謝料請求権の発生を肯認し得るまでの不法行為と評価することはできない。

(2) Y2について

ア　Xが、妹の結婚式に出席するために有給休暇を取得しようとしたところ、Y2が、「給料もらって行こうなんて浅ましいよ。」などの発言をし、有給休暇の取得が不承認とされたことが認められる。

　　　有給休暇の取得について、使用者は、有給休暇を労働者の請求する時季に与えなければならず、例外的に請求された時季に有給休暇を与える

ことが事業の正常な運営を妨げる場合においては、他の時季にこれを与えることができるとされている（労働基準法39条5項）。

　本件において、Y2は、無給での休暇であればXの休暇の取得を認めるとしていること、その理由として、Aクリニックの繁忙度に関係なく、他の従業員らの士気を下げることにもなりかねないこと等を挙げているところ、これらの事情が、有給休暇の取得によってAクリニックにおける歯科診療等の正常な運営を妨げるような事情に当たるということはできない。

　したがって、Y2が有給休暇の取得を拒絶したことは、労働基準法が定める有給休暇制度の趣旨に反する違法なものというべきである。

　他方で、Y2が、本件有給休暇の取得を拒絶するに際して、「給料もらって行こうなんて浅ましいよ。」などと発言したことについては、別個に慰謝料の支払を命じなければならないほどの高度の違法性があるとまで認められない。

イ　XがYらの提案した復職後の勤務条件の変更について承諾していない時点において、Y2がAクリニックの他の従業員らに対しXを午後4時30分に帰宅させるよう指示したことや、Y2が、同月20日に行われたXの勤務条件の変更に係る話合いの際、Xが勤務条件に合意できない場合には、Xが退職することも含めて決めてほしいなどと発言したことについては、説得の方法としてはいささか強引であり、不相当な面があったことは否定できない。

　もっとも、Xは、Yらによる提案を持ち帰り検討する姿勢を見せていたのであり、また、Y2は、労働局の職員による調査を受けて以降は、Xに対して、勤務条件の変更を勧奨するなどの働きかけを行っていない。

　そうすると、Xの主張するY2の行為が違法であるとまで認めることはできない。

ウ　Y2が、平成27年2月13日、Aクリニックの歯科技工士らに対して、今後、Xに対して技工指示書を渡さないよう指示し、その結果として、少なくとも同日以降は、実際にXに対し技工指示書が渡されなかった事実が認められる。Y2には、Xが退職するよう仕向けるための嫌がらせの意図があったことがうかがわれ、勤務条件の変更のための

勧奨行為としては著しく相当性を欠く。

　　　したがって、Xの主張するY2の上記行為は、不法行為を構成する。

エ　Y2が、平成27年1月30日以降、Xが挨拶をしても無視するようになったとしても、同行為につき慰謝料の支払を命じなければならないほどの違法性があると認めることはできない。

オ　Y2による朝礼の訓示は、Xを名指しで非難するものではない上、Aクリニックの従業員らに対する一般的な訓示と理解することも十分可能な内容であることから、Y2の当該発言が違法であるとは認められない。

　　　また、Y2のブログ投稿も、Xを名指しするものではない上、その内容がXに対する当てつけと評価することも困難であることから、上記ブログへの記事の投稿が違法であるとは認められない。

カ　Y2の平成27年2月16日の朝礼におけるたとえ話については、Xの勤務条件に関するたとえ話であると理解することは容易であり、かつ、Xの同僚らもそう推測することが十分に可能であった。しかも、Y2は、たとえ話への同意を求めるために、Aクリニックの従業員らに挙手までさせており、もはや一般的な注意喚起や指導の域を逸脱しているというべきであって、Aクリニックの従業員らの面前で、XのY2に対する態度を非難する目的で行われたというほかない。したがって、Y2の言動は、その時期、内容及び態様に照らし、著しく相当性を欠く違法なものと認められる。

　　　一方、Y2が、平成27年2月20日及び同月21日の各朝礼において、許可された場合を除き残業することはできないこと、残業してはならない旨の業務命令を受けたにもかかわらず、業務命令を無視して残業をした従業員がいたなどの話をしたことが認められるが、一般的に必要のない残業を禁じること自体は合理性を欠くものでもないことからすれば、Y2の上記行為が直ちに不法行為に当たるということはできない。

キ　Xは、Y2がXの平成27年3月11日の病欠につき、有給休暇の取得を承認しなかった行為について、不法行為を構成すると主張するが、Xの同日の有給休暇の取得については、就業規則が要求する手続要件を履践してないものであるから、Y2が、不承認としたことについて、直ちに不法行為に該当すると認めることはできない。

(3) Y3について

ア　Y3が、本件有給休暇の取得に関して、結婚式に行くのに給料を払う
のはAクリニックが祝い金を出すも同じという趣旨の発言をしたり、
Xに対し「お前馬鹿か。」などと発言したりしたことは、Xに対する配
慮を欠き、不適切であるとはいえ、その発言の内容等に照らし、直ち
に慰謝料の支払を命じなければならないほどの違法性があるとはいえ
ない。

イ　Y3が、Xに対し、勤務条件の変更の提案を承諾するよう働きかけた
などの行為については、説得の方法が、いささか強引であり、不相当
な面があったことは否定できないものの、勤務条件の変更についての
話合いの継続中に行われたものであることをも踏まえると、不法行為
を構成する違法なものとまで認めることはできない。

ウ　Xが第2子の妊娠を報告した際に、Y3が「また産休やるの。」などと
発言した行為は、不適切な発言であるといわざるを得ないが、最終的
に、XがYらの提案する勤務条件の変更を再考する旨告げていること
等からすれば、Y3の当該発言によって、Xが第2子に係る産休及び育
休の取得を諦めたり、勤務条件の変更を受け入れざるを得なくなった
りしたわけではない。そうすると、Y3の上記発言が、直ちに不法行為
を構成するということはできない。

エ　Y3が、平成27年2月中旬頃以降、Xが挨拶をしても無視するように
なったとしても、同行為につき慰謝料の支払を命じなければならない
ほどの違法性があるとまで認めることはできない。

オ　Y3が、平成27年2月16日、Xに対し、同日を含む4日間について
は、午後4時30分までの勤務とするよう指示した行為については、慰
謝料の支払を命じなければならないほどの違法性があるとまで認める
ことはできない。

カ　以上によれば、Xが主張するY3の各行為について、いずれも人格権
侵害による慰謝料請求権の発生を肯認し得るまでの不法行為と評価す
ることはできない。

4　懲戒処分の違法性について

Y1が行った本件懲戒処分は違法であり、不法行為を構成する。

5 退職扱いの違法性について

　Xに対する退職扱いは、Xが業務上の疾病にかかり療養のために休業していた期間にされたものであって、無効であるといわざるを得ないことに加え、Y1による退職日の取扱いには一貫性が認められない。雇用関係の終了は、使用者にとっても労働者にとっても重要な局面であることからすれば、このような一貫性のない曖昧な取扱いによって、Xを一般退職扱いとすること自体、相当性を著しく欠くものである。

　また、Y1は、Xの退職は休職期間満了による一般退職扱いであるとしているものの、その当時におけるXの傷病の状況を照会することもなかったことからすれば、当時のXの休職事由該当性の有無について特段の検討もしないまま、一般退職扱いとしたものであって、この点からしてもY1の対応は相当性を欠くものである。

　したがって、Y1が行った本件退職扱いは違法であり、不法行為を構成する。

フーズシステムほか事件

東京地判平30・7・5
（労判1200号48頁）

事案の概要

Y1社は、鮪の卸業等を営む株式会社であり、Y2を取締役としている。

Xは、平成17年2月から、派遣会社であるA社との間の派遣労働契約に基づき、Y1社に派遣されて就労を開始した後、平成24年4月1日にY1社に直接雇用された。その際の雇用契約（以下「当初雇用契約」）において、Xは、事務統括という職務・職位を付された嘱託社員とされた。当初雇用契約に用いられた契約書においては、雇用期間の終期の記載はなかった。

Xは、平成24年11月頃に第1子を妊娠し、平成25年2月頃にY2に報告した。Y2は、Xとも相談しながら後任の事務統括を決定し、同年3月以降、Xは事務統括としての業務を後任のCに基本的に任せつつ、その援助を行っていた。

Xは、第1子出産後、Y1社に復帰するに当たり、平成26年4月上旬頃、Y2及びB課長と面談を行った。その場において、Xが時短勤務を希望したところ、Y2は、勤務時間短縮のためにはパート社員になるしかない旨説明した。Y2は、その理由についてそれ以上の説明をすることもなく、Xは、嘱託社員からパート社員に雇用形態を変更され、賞与が支給されなくなることに釈然としないながらも、出産でY1社の他の従業員に迷惑をかけているという気兼ねもあり、別の就職先を探すのも事実上極めて困難な状況にあることも考慮し、有期雇用の内容を含む雇用契約書に署名押印した（以下「パート契約」）。

Xは、平成26年5月頃、Y1社に対し、有給休暇の申請をしたところ、Y2は、パート社員に雇用形態が変わった時点でいったん退職した扱いになるため、それ以前の有給休暇は残っていないとして、これを認めなかった。

Xは、平成26年11月頃、第2子を妊娠し、産前産後休業（以下「産休」）・育児休業（以下「育休」）の取得を希望した。Y2は、当初これを認めない意向

を示していたが、Xが、神奈川県労働局雇用均等室に相談したところ、Y1社は産休・育休の取得を認めるに至った。Xは、平成27年7月21日、第2子を出産し、平成28年2月頃、同年4月より、Y1社に復帰したい旨を伝えた。その後、時給の減額等の交渉が行われたが、Xは従前どおりの時給額で復帰した。

　ところが、Y1社は、Xに対し、平成28年8月19日付の代理人弁護士名義の通知書によって、同月末日をもってパート契約を更新しない旨の通知をした。

　本件は、Xが、事務統括からの降格、有期雇用契約への転換及び解雇（合わせて以下「解雇等」）がいずれも無効であるとして、Y1社に対し、事務統括としての雇用契約上の権利を有する地位にあること、及び年休請求権の確認、解雇後の月例賃金等の支払を求めるとともに、解雇等がXに対する雇用契約上の就労環境整備義務違反又は不法行為に当たるとして、Yらに対し、民法415条及び民法709条等に基づき、連帯して、解雇時までの未払事務統括手当相当額や慰謝料等の支払を求めた事案である。

結　論

　一部認容。

　事務統括たる期間の定めのない雇用契約上の権利を有する地位にあることの確認、19日間の年次有給休暇請求権を有することの確認、賃金支払、逸失利益17万円、慰謝料50万円。

コメント

　本判決は、時短勤務の申出を契機とした不利益取扱いについて、強行規定である育児・介護休業法23条の2に違反し違法無効であるとした上で、労働者の自由な意思に基づく合意がある場合には直ちに違法無効であるとはいえないとした。この判断は、広島中央保健生協（C生協病院）事件（最一小判平26.10.23）を踏襲するものである。

　Xがパート契約締結及び契約更新の都度、契約書に署名押印していたにもかかわらず、自由な意思に基づいて締結したとは認められないとしてそのすべ

てを無効とし、事務統括たる期間の定めのない雇用契約上の権利を有する地位にあることを認めている点が重要である。

判　旨

1　当初雇用契約の期間の定めの有無について

　　当初雇用契約書には雇用期間の終期の記載がないところ、Y1社の稟議書には、「嘱託契約（１年更新）……他事務員とは異契約とする」との記載があることから、Y1社としても、他の事務員とは異なる内容の契約であることを前提に社内の稟議手続を経て同契約を締結したことが認められるので、契約期間を含めて契約の内容の確定や契約書の作成を含む契約締結の手続には相当の注意を払ったことが推認される。そうすると、当初契約書の作成、締結に携わったＢ課長を含むY1社関係者が真に契約期間が１年間の有期契約を締結する意思を有していたのであれば、雇用契約の重要な内容である雇用期間について、同契約書に「平成24年４月から」と始期のみが記載されており、終期の記載がないことに気付かないまま同契約書の起案をしただけでなく、被告の社印を押印する際にも同様に気付かないままであったとは容易に考え難いこと、同契約書にはY1社の役員である代表取締役社長又は専務取締役が自ら押印していること、Ｂ課長は、平成24年４月１日の雇用契約締結当時、Ｘに対し、その面前で同契約書の記載内容を読み上げて確認しているところ、真に雇用期間が１年の契約を締結する意思であるならば、認定のとおり、重要な契約の内容である雇用期間について読み上げないとは考えられないから、読み上げた際に雇用期間の欄が「平成24年４月から」となっていて、終期の記載がされていないことに気付いたはずであり、これに対応して記載を加えるなどの措置をとったと考えられることに照らすと、単なる記載漏れである旨のY1社の主張は、にわかに採用し難いこと、Y1社が雇用契約期間の終期であると主張する平成25年３月末の時点で雇用契約更新に関する手続が行われたことを認めるに足りる証拠はないことなどの諸事情を総合考慮すると、当初契約書に基づいて締結されたＸとY1社との間の当初雇用契約は、嘱託社員としての雇用契約であるものの、期間の定めのないものと認めるのが相当である。

2 Y1社による平成25年2月のXに対する事務統括からの降格の肯否について

　Y1社は、平成25年2月から同年5月までの間は、Xに対し、Xが産休に入って以降の事務を円滑に進めるため、後任の事務統括を決めた上で、Xから後任の事務統括への仕事の引継ぎを行わせていた経緯が認められ、産休に入るまでXに対して事務統括手当を支給していたことを考慮すれば、Y1社がXの妊娠を理由として、事務統括から降格させたと認めることはできない。

3 Xの第1子出産に伴う平成25年5月時点でのY1社からの退職の肯否について

　Y1社は、Xは、Y1社の厳しい経営状況もあり、第1子の出産に伴って平成25年5月24日にいったんY1社を退職したと主張する。

　しかしながら、XがY1社に対して退職届を提出したことを認めるに足りる証拠はないこと、Y1社は、Xの社会保険の資格喪失手続を行っておらず、かえって出産手当金、育児休業給付金の受給手続を行っていることは認定のとおりであることに加え、Xの立場からすれば、退職すると出産した子の保育園入園に支障をきたす上、Y2の主張によっても、必ずしもY1社による再雇用が確約されていたわけでもなく、幼子を抱えた状態での再就職活動は困難を極めることが容易に予想されるのに、退職に応じる合理的理由が見当たらないことなどの事情を総合すれば、Xは、平成25年5月24日以降は産休を取得したと認めるのが相当であり、Y1社を退職したことを認めることはできない。

4 XとY1社との間で平成26年4月に締結したパート契約の有効性について

(1) 育児・介護休業法23条は、事業主は、その雇用する労働者のうち、その3歳に満たない子を養育する労働者であって育児休業をしていないものに関して、労働者の申出に基づき所定労働時間を短縮すること（以下「育児のための所定労働時間の短縮申出」）により当該労働者が就業しつつ当該子を養育することを容易にするための措置（以下「育児のための所定労働時間の短縮措置」）を講じなければならないとし、同法23条の2は、事業主は、労働者が前条の規定による申出をし、又は同条の規定により当該労働者に前記措置が講じられたことを理由として、当該労働者に対して解雇その他不利益な取扱いをしてはならないと規定している。

これは、子の養育又は家族の介護を行う労働者等の雇用の継続及び再就職の促進を図り、これらの者の職業生活と家庭生活との両立に寄与することを通じてその福祉の増進を図るため、育児のための所定時間の短縮申出を理由とする不利益取扱いを禁止し、同措置を希望する者が懸念なく同申出をすることができるようにしようとしたものと解される。前記の規定の文言や趣旨等に鑑みると、同法23条の2の規定は、前記の目的を実現するためにこれに反する事業主による措置を禁止する強行規定として設けられたものと解するのが相当であり、育児のための所定労働時間の短縮申出及び同措置を理由として解雇その他不利益な取扱いをすることは、同条に違反するものとして違法であり、無効であるというべきである。

　もっとも、同法23条の2の対象は事業主による不利益な取扱いであるから、当該労働者と事業主との合意に基づき労働条件を不利益に変更したような場合には、事業主単独の一方的な措置により労働者を不利益に取り扱ったものではないから、直ちに違法、無効であるとはいえない。

　ただし、労働者が使用者に使用されてその指揮命令に服すべき立場に置かれており、当該合意は、もともと所定労働時間の短縮申出という使用者の利益とは必ずしも一致しない場面においてされる労働者と使用者の合意であり、かつ、労働者は自らの意思決定の基礎となる情報を収集する能力にも限界があることに照らせば、当該合意の成立及び有効性についての判断は慎重にされるべきである。そうすると、前記短縮申出に際してされた労働者に不利益な内容を含む使用者と労働者の合意が有効に成立したというためには、当該合意により労働者にもたらされる不利益の内容及び程度、労働者が当該合意をするに至った経緯及びその態様、当該合意に先立つ労働者への情報提供又は説明の内容等を総合考慮し、当該合意が労働者の自由な意思に基づいてされたものと認めるに足りる合理的な理由が客観的に存在することが必要であるというべきである。

(2)　これを本件についてみるに、それまでの期間の定めのない雇用契約からパート契約に変更するものであり、期間の定めが付されたことにより、長期間の安定的稼働という観点からすると、Xに相当の不利益を与えるものであること、賞与の支給がなくなり、従前の職位であった事務

統括に任用されなかったことにより、経済的にも相当の不利益な変更であることなどを総合すると、XとY1社とのパート契約締結は、Xに対して従前の雇用契約に基づく労働条件と比較して相当大きな不利益を与えるものといえる。

　加えて、Y2は、平成25年２月の産休に入る前の面談時をも含めて、Xに対し、Y1社の経営状況を詳しく説明したことはなかったこと、平成26年４月上旬頃の面談においても、Y2は、Xに対し、勤務時間を短くするためにはパート社員になるしかないと説明したのみで、嘱託社員のまま時短勤務にできない理由についてそれ以上の説明をしなかったものの、実際には嘱託社員のままでも時短勤務は可能であったこと、パート契約の締結により事務統括手当の不支給等の経済的不利益が生ずることについて、Y1社から十分な説明を受けたと認めるに足りる証拠はないこと、Xは、同契約の締結に当たり、釈然としないものを感じながらも、第１子の出産により他の従業員に迷惑をかけているとの気兼ねなどから同契約の締結に至ったことなどの事情を総合考慮すると、パート契約がXの自由な意思に基づいてされたものと認めるに足りる合理的な理由が客観的に存在すると認めることはできないというべきである。

(3) この点について、Y1社は、平成26年４月にパート契約を締結以降、更新時期の度に面談しており、Xがパート契約書と同内容の契約書に署名押印していることから、同契約書どおりの契約内容を了解している旨主張する。

　しかしながら、平成26年４月のパート契約については、契約によりXにもたらされる不利益の内容及び程度、Xがパート契約をするに至った経緯及びその態様、同契約に先立つXへの情報提供又は説明の内容等を総合考慮した結果、自由な意思に基づいて締結したとは認められないとは前判示のとおりであるから、その後パート契約の更新時期に面談をし、パート契約書に数回署名押印しただけでは、前記判断要素を総合考慮してされた平成26年４月に締結したパート契約がXの自由な意思に基づいてされたものとは認められないとする判断を左右するには足りないだけでなく、その後の更新時期において作成された契約書についても、これらに基づいて自由な意思によりパート契約が締結されたとも認めることはできず、他にこれを認めるに足りる証拠はない。

したがって、この点に関するY1社の主張は、採用することができない。

（4）以上のように、Xが自由な意思に基づいて前記パート契約を締結したということはできないから、その成立に疑問があるだけでなく、この点を措くとしても、Y1社がXとの間で同契約を締結したことは、育児・介護休業法23条の所定労働時間の短縮措置を求めたことを理由とする不利益取扱いに当たると認めるのが相当である。

　　　したがって、XとY1社との間で締結した前記パート契約は、同法23条の2に違反し無効というべきである。

5　Y1社による平成28年8月31日のXに対する解雇又は雇止めの有効性について

（1）Xは、平成28年8月時点で、Y1社において、期間の定めのない事務統括たる嘱託社員としての地位を有していたというべきであるから、Y1社がXに対してした同月末で雇用契約関係が終了した旨の通知は、雇止めの通知ではなく、Xに対する解雇の意思表示であると認められる。

　　　そこで、この解雇の有効性について検討するに、Y1社主張の解雇事由であるXが殊更にY1社を批判して他の従業員を退職させたことを認めるに足りる証拠はないこと、認定に係るXが他の従業員のパソコンを使用した理由は違法又は不当なものとまではいえないこと、Y1社の経営状況がXの解雇を相当とするほどに悪化していたことを認めるに足りる証拠はないことなどの事情を総合考慮すると、Y1社による解雇は、客観的に合理的な理由を欠き、社会通念上相当であるとは認められないから、労働契約法16条により無効というべきである。

　　　したがって、Xは、Y1社に対し、期間の定めのない雇用契約上の権利を有する地位にあるところ、前判示のとおり、Xは、事務統括から降格された事実が認められず事務統括の地位にあることによって事務統括手当月額1万円の支払を受けることができ、事務統括という地位は、事務統括手当の支払を受けるべき職位とみることができるから、その地位にあることを確認する訴えの利益が認められる。よって、XのY1社に対する事務統括たる期間の定めのない雇用契約上の権利を有する地位にあることの確認請求は、全部理由がある。

（2）また、Xは、民法536条2項により、当初雇用契約に基づき、前記解雇

日以降の賃金請求権を有することになる。Xは、解雇期間中の賃金額について、所定労働時間を8時間とした賃金の支払を請求しているところ、Xが短時間勤務から徐々に勤務時間を延ばすことを希望していたことはうかがわれるものの、所定労働時間を8時間とする合意が成立していたことを認めるに足りる証拠はないから、Y1社が支払うべき賃金額は、解雇前3か月の賃金額を平均した月額21万2286円と認められる。

6 YらのXに対する債務不履行及び不法行為の成否について

(1) Xが平成25年2月に第1子の妊娠に伴って事務統括から降格されたとは認められないから、Y1社が、平成25年2月に、Xに対して後任の事務統括を推薦させた上で後任の事務統括を任命し、産休に入るまでの間、Xに後任者の仕事の援助をさせたことは、妊娠に伴う不利益取扱いには当たらず、前記行為はXに対する不法行為を構成しない。

(2) Y2が、Xに対し、第1子出産後の平成26年4月に復職する際、時短勤務を希望したことについて、実際には嘱託社員のままで時短勤務が可能であったものであり、育児・介護休業法23条に従い、嘱託勤務のままで所定労働時間の短縮措置をとるべきであったにもかかわらず、パート契約でなければ時短勤務はできない旨の説明をした上で、Xの真に自由な意思に基づかないで、嘱託社員からパート社員へ雇用形態を変更する旨のパートタイム契約を締結させ、事務統括から事実上降格したことは、同法23条の2の禁止する不利益取扱いに当たり、不利益の内容や違法性の程度等に照らし、Xに対する不法行為を構成する。

(3) Y2が、Xの第2子妊娠に際し、B課長を通じて、Xの産休、育休取得を認めない旨を伝えたことに加え、Xは引き続きY1社において就労を希望しており、その希望に反することを知りながら、平成27年3月30日、多くの従業員が出席し、Xも議事録係として出席した定例会において、Xが同年5月20日をもって退職する旨発表したことは、Y2において、第1子出産後の復職の際にパートタイム契約に変更しなければ時短措置を講じることができないとの態度をとり、さらに第2子についての産休、育休取得を認めない態度を示していたこと等の事情を総合すると、Xに対して退職を強要する意図をもってしたものであると認められるから、産前産後の就業禁止を定める労働基準法65条に違反するとともに、妊娠出産に関する事由による不利益取扱いの禁止を定める男女雇用機会均等

法9条3項にも違反する違法な行為であり、不利益の内容や違法性の程度等に照らし、Xに対する不法行為を構成する。

(4) 平成28年4月の復職後にXに業務を担当させなかったことは、Y1社における他の従業員の業務の担当状況の詳細を認めるに足りる証拠がないことにも照らし、Yらにおいて、悪意をもって嫌がらせをするために、故意にXに業務を担当させなかったとまでは認められない。また、Yらにおいて、周囲の従業員に対してXを孤立させるような言動や態度をとらせたことを認めるに足りる証拠はない。さらに、Y1社がXに対し、トイレ掃除や昼休み時間中のミーティングへの参加をしなくてよい旨指示したことは、認定のとおりXから法令順守をするよう申入れをされていたことに照らせば、Y1社において、Xに対して慎重な取扱いをしたものとみる余地があり、本件全証拠によっても、Xに対する嫌がらせをする意図で上記指示をしたとまでは認められず、Xに対する不法行為は成立しない。

(5) Y1社が、Xに対し、平成28年8月をもって行った解雇は無効であるところ、Y1社においてXを解雇した理由として挙げる事実が、的確な裏付け証拠があるとは認められないXが他の従業員を退職させたという事実や、Y1社に顕著な実害が生じたとみることはできない他の従業員のパソコンの使用という事実であること、Y2は、Xが第2子の出産に当たり、法律上当然の権利である産休、育休取得を認めないという明白な違法行為について、雇用均等室からの指摘もあって、Xに対して謝罪したものの、その後に解雇に及んだという事実経過に鑑みれば、被告らは、第2子妊娠に伴う正当な権利主張をしたXについて、法律上正当とは認められない形式的な理由によりY1社から排除しようとしたものと認められる。

　したがって、上記解雇は、男女雇用機会均等法9条3項の禁止する不利益取扱いに当たり、不利益の内容や違法性の程度等に照らし、Xに対する違法な行為として不法行為が成立する。

(6) 以上のとおり、Y2とY1社は、Xに対する不利益取扱い及び不当解雇により生じた損害について、民法709条及び715条に基づき、連帯して賠償する責任を負う。

7　Xの損害額について

(1)　逸失利益

　　平成26年4月から平成28年8月までの、Xが産休又は育休を取得していた期間を除く事務統括手当の合計額17万円。

(2)　慰謝料

　　Xは、本来は法律上当然に取得できる第2子に関する産休、育休について、Y2から、これを認めないという明白に違法な意向を示された上、平成27年3月には、その意思に反して社内会議の場でXが退職する旨を発表されたことにより、事実上退職を強要されたこと、Y2は、Xの雇用均等室に対する連絡により、結果的に自己名義でXに対する平成27年5月29日付の謝罪文を提出したところ、Y1社の取締役であるY2が同謝罪文の提出によっていわば一社員に正式に謝罪を強いられた形となり、第2子出産後に復職した平成28年4月のわずか4か月後の同年8月には、証拠上裏付けのない事実や解雇の理由とはなり得ない軽微な事実によりXを解雇したことなどの経緯を総合考慮すると、Xには、解雇期間中の賃金等の経済的損害を超えた精神的苦痛が生じたものと認められ、Y2において、産休、育休の取得という法律上当然の権利を一時的とはいえ認めないという明白に違法な態度をとり、結果的にXの解雇にまで至っていることなどの諸事実を含む本件に顕れた一切の事情を考慮すると、Xの精神的苦痛を軽視することはできず、慰謝料額は50万円をもって相当と認める。

事案の概要

　Xは、大学等を設置、運営する学校法人であるYとの間で、平成24年4月、期間の定めのない労働契約を締結し、講師となった。

　Yの給与規程には、「昇給は、通常毎年4月1日に行う」との定期昇給が規定されていた（12条）。また、当時のYの育児休業に関する規程（以下「旧育休規程」）8条には、「休業の期間は、昇給のための必要な期間に算入しない。昇給は原則として、復職後12か月勤務した直近の4月に実施する」と定められていた。

　Xは、平成27年11月1日から平成28年7月31日まで育児休業をした（以下「本件育児休業」）ところ、平成28年度（4月1日）の定期昇給が実施されず、同年8月の復職後の本俸においても従前の号俸のままであった。

　そこでXが、Yに対し、Yが①育児休業をした平成28年度にXを昇給させなかったこと、②Xを採用する際に採用前のXの経歴の一部を減年するなどして換算した基準年齢から初任給を決定したところ、勤続5年経過時に減年部分等の再調整措置（以下「減年調整」）を実施すべきであったのに、これを実施しなかったこと、③Xが育児休業をしたことを理由に一度支給した増担手当の返還を求めたり、原告の育児休業給付金の支給申請手続を不当に遅滞させたりするなどの対応をしたことが、いずれも違法であり原告に対する不法行為となる旨主張して、不法行為に基づく損害賠償請求を求めた事案である。

結　果

　一部認容。

　平成28年8月～平成30年3月までの本来支給されるべき賃金額との差額として月1万5700円、本来支給されるべき賞与額との差額として14万1636円、弁護士費用として5万円。

コメント

　育児休業の取得者に対する賃金面でのノーワーク・ノーペイ原則を超えた不利益取扱いは、当該取扱いを首肯させる特段の合理的事情がない限り違法となる。本件では、定期昇給日の前年度のうち一部の期間のみ育児休業をした職員に対する、定期昇給させないこととする取扱いは、育児休業をしたことを理由に、休業期間に不就労であったことによる効果以上の不利益を与えるとして、育児・介護休業法（以下「育介法」）10条の「不利益取扱い」に該当するとされた。

判　旨

1　昇給をさせなかったことについて

（1）前提事実、証拠、弁論の全趣旨によれば、Yは、給与規程12条に基づく定期昇給として、毎年4月1日に、前年度の12か月間（前年4月1日から当年3月31日まで）勤務した職員に対し、給与規程14条の昇給停止事由がない限り一律に1号俸の昇給を実施していること、旧育休規程8条は、育児休業期間は昇給のために必要な勤務期間に含めないものとしていたところ、Xは、平成28年4月1日時点で、前年度のうち平成27年11月1日から平成28年3月31日までの期間において本件育児休業をしていたことから、旧育休規程8条を適用され、要件を満たさなかったため、昇給が実施されなかったことが認められる。これらの事実からすると、Xは、本件育児休業をせずに平成27年度に勤務を継続していれば与

えられたであろう定期昇給の機会を、本件育児休業をしたために与えられなかったということができる。

(2) ア　ところで、労働基準法39条8項は、年次有給休暇請求権の発生要件である8割出勤の算定に当たっては、育児休業期間は出勤したものとみなす旨を、同法12条3項4号は、平均賃金の算定に当たっては、算定期間から育児休業期間の日数を、賃金の総額からその期間中の賃金をそれぞれ控除する旨を規定しているが、これらの規定は、育児休業期間は本来欠勤ではあるものの、年次有給休暇の付与に際しては出勤したものとみなすことによりこれを有利に取り扱うこととし、また、育児休業期間及びその期間中の賃金を控除しない場合には平均賃金が不当に低くなることがあり得ることを考慮して定められたものであって、育児休業期間を一般に出勤として取り扱うべきことまでも使用者に義務付けるものではない。また、育介法6条は、事業主は労働者による育児休業の申出を拒むことができないとしているが、事業主に対し、育児休業期間を出勤として取り扱うべきことまでも義務付けているわけではない。したがって、育児休業をした労働者について、当該不就労期間を出勤として取り扱うかどうかは、原則として労使間の合意に委ねられているというべきである。

イ　以上によれば、旧育休規程8条が、育児休業期間を勤務期間に含めないものとしているからといって、直ちに育介法10条が禁止する「不利益な取扱い」に該当するとまでいうことはできない。

　　しかしながら、給与規程12条に基づく定期昇給は、昇給停止事由がない限り在籍年数の経過に基づき一律に実施されるものであって、いわゆる年功賃金的な考え方を原則としたものと認めるのが相当である。しかるに、旧育休規程8条は、昇給基準日（通常毎年4月1日）前の1年間のうち一部でも育児休業をした職員に対し、残りの期間の就労状況如何にかかわらず当該年度に係る昇給の機会を一切与えないというものであり、これは定期昇給の趣旨とは整合しないといわざるを得ない。そして、この点に加えて、かかる昇給不実施による不利益は、年功賃金的なYの昇給制度においては将来的にも昇給の遅れとして継続し、その程度が増大する性質を有することをも併せ鑑みると、少なくとも、定期昇給日の前年度のうち一部の期間のみ育児休業をした職員に対し、旧育休規

程8条及び給与規程12条をそのまま適用して定期昇給させないこととする取扱いは、当該職員に対し、育児休業をしたことを理由に当該休業期間に不就労であったことによる効果以上の不利益を与えるものであり、育介法10条の「不利益な取扱い」に該当すると解するのが相当である。

　そうすると、Yが、平成27年11月1日から平成28年3月31日までの間に育児休業をしていたXについて、旧育休規程8条及び給与規程12条を適用して定期昇給の措置をとらなかったことは、育介法10条に違反するというべきである。

ウ　この点、Yは、定期昇給は、職員が勤務を継続することにより職務能力が向上することを前提に実施しているのであって、休業により職務経験を積むことができなかった期間については、休業の理由にかかわらず定期昇給の対象としていない旨主張する。

　確かに、職務能力を賃金の指標とすることや、一定期間勤務を継続したことを職務能力の指標の一つとすることについては、賃金制度として合理性を有するものといえる。しかしながら、給与規程12条による定期昇給は、年数の経過により基本的に一律に実施されるというものであることに照らすと、職務能力を反映した能力給というよりは、勤務年数に応じた年功賃金の考え方に基づくものと認めるのが相当である。そうすると、一部の期間に法律上の権利である育児休業をしたことによって、残りの期間の勤務による功労を一切否定することまでの合理性は見出し難い（なお、仮に、これを能力給であるとみるとしても、同様に、一部の期間に育児休業をしたことにより、現に勤務した残りの期間における職務能力の向上を一切否定することは困難であるといわざるを得ない。）。

　また、Yが主張するように育児休業以外の事由による休業の場合にも同様に昇給が抑制されるという事実があったとしても、Xは、前記のとおり本件育児休業をしたことを契機として昇給抑制による不利益を受けたといえるのであるから、本件育児休業とXの不利益との間の因果関係は否定されず、育介法10条の適用は妨げられない。

　以上によれば、Yの前記主張は採用できない。

エ　また、Yは、旧育休規程8条について、労働局等から何らの指摘も受けなかったこと等から、同条が違法となる予見可能性がなかった旨

主張する。しかしながら、同条は、これをそのまま適用すれば強行規定である育介法10条に違反するものであるところ、教職員組合が、Xが育児休業を開始する前から、Yに対し、旧育休規程8条に基づく取扱いが育介法10条に違反するとして旧育休規程8条の改正を求めていたことに照らすと、Yは、違法な対応をしたことについて、少なくとも過失があったと認めるのが相当である。

(3) 以上のとおり、Yが平成28年度にXに対して昇給を実施しなかったことは、育介法10条に違反し、不法行為法上違法な対応であったというべきであって、Yは、同行為について、Xに対する不法行為責任を免れることはできない。

2　減年調整を実施しなかったことについて

(1) Yは、職員を中途採用する場合、当該職員の経歴（前歴）を一定の基準に基づいて換算して初任給を決定している（給与規程6条、14条）が、初任給決定時に前歴を減年換算された職員が採用後一定期間勤務した場合には、減年換算部分を一定の割合で回復させて、昇給させる措置を実施している。

　かかる措置が減年調整であるところ、減年調整による昇給は、給与規程13条6号の「その他特別な事情がある者」に対する特別昇給として実施されるものである。

　Yは、昭和62年4月1日、実施要項を作成し、以後、基本的に本件実施要項に基づいて一律に減年調整を実施している。

(2) Xは、減年調整制度は、Yと職員との労働契約の内容を構成しているというべきである旨主張する。

　しかしながら、実施要項は、一般に労働契約の内容をなす就業規則や賃金規程とは異なり、職員に公開されていないこと、減年調整による昇給は、賃金規程上、個別の事情を考慮することが想定される特別昇給として実施されていること、Yは、基本的には実施要項に基づき一律に減年調整をしているが、その具体的な実施時期にはばらつきがあること、実施要項2項は、減年調整を行うに当たっては「本人の本学への就任前の状況、就任時の事情、職種変更の事情等を勘案」する旨、本件実施要項3項ただし書は、Yが特に認めた前歴を減年調整の対象とする旨、それぞれ規定し、これらはYの裁量判断の余地を認める文言となっている

こと、以上の事実が認められ、これらの事実に鑑みると、減年調整を実施するか否かやその内容については、Yに一定の裁量があると認めるのが相当であり、かかる性質を有する減年調整については、Yと職員との間の労働契約の内容となっていて、職員がYに対してその実施を求める労働契約上の権利を有するとは認められない。

Yは、基本的に本件実施要項に基づいて一律に減年調整を実施しているところ、育児休業をした職員については当該期間の2分の1のみを勤続年数に算入することとしているから、Xについては、本件育児休業をしたことにより、平成29年4月1日には減年調整が実施されなかったということができる。

この点、労働基準法及び育介法は、事業主に対し、育児休業により不就労であった期間について、これを出勤したものとして取り扱うことまでを義務付けてはいないことに鑑みると、前記のとおり育児休業期間のうち2分の1を勤続期間に算入して、特別昇給としての減年調整を実施することは、育児休業をした者に対しても一定の配慮をしながら、現に勤務をした者との間で調整を図るものとして一定の合理性を有しているというべきであって、Yの前記取扱いに裁量権の逸脱又は濫用があったとは認められない。

以上のとおりであって、YがXに対し、平成29年4月1日に減年調整を実施しなかったことは、不法行為法上違法であるとはいえない。

3　増担手当の返還請求、育児休業給付金の支給申請手続の遅滞等について

（1）増担手当の返還請求について

Yは、給与規程34条において、大学、短大、高等専門学校、高等学校及び中学校の各教員について、それぞれ授業を担当すべき基準となる時間（これを「責任時間」と称している）を設定し、担当授業時間が責任時間を超える教員について、その超過時間数に応じた賃金として、増担手当を支給するものとしていること、Yは、当該教員の担当授業時間が、通年で平均して責任時間を超えている場合に、増担手当の支給要件を満たすものとしてこれを支給する運用をしていること、大学教員については、責任時間が週10時間とされていること、Yは、大学教員に対し、学生による履修登録期間が終了した後の毎年6月以降、各月ごとに増担手当を支給していること、Yは、年度の途中で教員の担当授業時間

が増減し、これにより増担手当の支給要件の有無が変化した場合には、当該教員に対し、増担手当を追納し、又は既に支給した増担手当の返還を求めていること、Yは、Xに対し、本件育児休業により平成27年度後期の担当授業時間が0時間になり、通年で担当授業時間が責任時間に満たなくなったとして、同年度前期に支給した増担手当の返還を求めたが、Xは同請求に応じなかったこと、以上の事実が認められる。

　給与規程34条は、担当授業時間が責任時間を超えるか否かを判断する期間について何ら規定していないことに照らすと、増担手当の支給要件の有無を通年での平均担当授業時間を踏まえて判断し、事後的に支給要件を満たさなくなった場合に支給済みの増担手当の返還を求めるというYの運用が、直ちに不合理であるということはできない。しかしながら、本件のように、年度の一部の期間について育児休業をした場合に、その期間の担当授業時間を0時間として、これと、現に勤務して担当した授業時間とを通年で平均することは、育児休業をしたことにより、育児休業をせずに勤務した実績までをも減殺する効果を有するものであるというべきである。そうすると、かかる取扱いは、育児休業をした者に対し、育児休業をしたことを理由に、当該休業期間に不就労であったことによる効果以上の不利益を与えるものであると解されるから、Yの前記取扱いは、育介法10条の「不利益な取扱い」に該当するというべきである。

　以上によれば、YのXに対する増担手当の返還請求は、同条に違反し認められないと解するのが相当である。

　もっとも、Yが返還請求に理由がないことを認識しながら、殊更にこれを行ったという事情は認められず、YがXに対し、返還請求をしたことが直ちに不法行為法上違法であるとまではいえない。また、その点を措くとしても、そもそもXはYからの返還請求に応じていないのであるから、Xに損害が生じたということはできない。

　以上のとおりであって、YがXに対して増担手当の返還を求めたことをもって、Xに対する不法行為が成立するということはできず、この点に関するXの主張は理由がない。

(2) 育児休業給付金の支給申請手続の遅滞等の点について

　Yの人事部給与課の担当者は、Xに対し、当初は育児休業給付の実施

時期について正確に告知しながら、その翌日である平成27年11月14日付けのメールにおいて、育児休業に係る「育児休業開始日から4か月を経過する日の属する月の末日」について誤った解釈をして、申請手続の実施時期を本来よりも1か月遅らせる旨通知したことが認められ、この点で担当者がXに対し不適切な対応をしたこと自体は否定できない。

　しかしながら、担当者の前記対応は、誤解に基づくものであって、全証拠を精査しても、担当者が故意に誤った事務処理をしようとしたことを認めるに足りる的確な証拠は認められず、また、Xからの指摘があったとはいえ、担当者は、同指摘を踏まえて適切な時期に申請手続を行ったというのであるから、担当者の対応が、不法行為法上違法であったとまで評価することはできない。

（3）したがって、X主張に係るYの行為によって、Xに対する不法行為が成立するとは認められない。

アメックス（降格等）事件

東京地判令元・11・13
（労判1224号72頁、労経速2413号3頁）

事案の概要

　Xは、平成20年8月にクレジットカードを発行する外国会社であるYに契約社員として雇用され、平成22年1月に正社員となった後、個人顧客向けカードの営業を行うB2Cセールス部門で勤務してきた。Xの入社時のジョブバンドは、セールスコントラクター（バンド20）であり、平成22年1月にセールスプロフェッショナル（バンド25）、平成24年3月にセールスエグゼクティブ（バンド30）、平成26年1月に東京のベニューセールスチームのチームリーダー（バンド35）となり、37人の部下を持っていた。

　Xは、平成26年12月頃妊娠し、平成27年7月30日に出産した。そして、同月から平成28年7月まで育児休業等を取得した。

　Yは、平成27年7月にXが産前休業に入った後、Xチームの仮のチームリーダーを選任し、平成28年1月、B2Cセールス部門の組織変更により、4チームあった東京のベニューセールスチームを3チームに集約するとともに、ベニュー以外の新規会員獲得チャネルを開拓することを目的としたアカウントセールス部門を新設し、これによりXチームは消滅した（本件措置1-1）。

　Xは、平成28年8月1日、育児休業等から復帰した。同日、Yは、Xを平成28年組織変更により新設したアカウントセールス部門のマネージャー（バンド35）に配置した（本件措置1-2）。

　Yは、平成29年1月、B2Cセールス部門の組織変更により、ベニューセールスチームを3チームから2チームにさらに集約するとともに、アカウントセールスチームにリファーラル・アカウントチームを新設し、そのチームリーダーとしてCを配置した（本件措置2）。

　Yは、平成29年3月、X復帰後の最初の人事評価において、リーダーシップ項目の評価を最低評価の3とした（本件措置3）。また、YはXに対し、育

児休業等からの復帰直後、個人営業部の共用スペースの席で執務するように指示し、平成28年9月から同年12月7日まで、他のフロアにある部屋で執務するように指示した（本件措置4）。

本件は、Xが、本件措置1～4が、男女雇用機会均等法（以下「均等法」）9条3項及び育児・介護休業法（以下「育介法」）10条、Yの就業規則、公序良俗（民法90条）に違反し、人事権の濫用であって違法・無効であるとして、①主位的に、本件措置がとられる前のY個人営業部の東京ベニューセールスチームのチームリーダー（バンド35）又はその相当職の地位にあることの確認を求め、②予備的に、Y個人営業部のアカウントマネージャーとして勤務する労働契約上の義務が存在しないことの確認を求めるとともに、③不法行為又は雇用契約上の債務不履行に基づき、損害賠償金等の支払を求めた事案である。

結　果

主位的請求は却下。
予備的請求は棄却。

コメント

本件では、Xの主位的請求（本件措置がとられる前のY個人営業部の東京ベニューセールスチームのチームリーダー又はその相当職の地位にあることの確認）については、確認の利益を欠くとして却下された。判例では、特段の事情がない限り、労働者が使用者に対して就労させることを請求する権利（就労請求権）は認められないと解されているため、チームリーダーとして就労することの確認を求めるXの請求は不適法なものとされたのである。

また、Xのジョブバンドが変更されていないことなどから、そもそも降格や不利益な配置転換に当たらないとの判断となり、均等法9条3項や育介法10条違反が否定された。

この判断については、控訴審判決（東京高裁令5.4.27確定）は、Xのキャリア形成を損なう不利益な取り扱いにあたり、人事権を濫用し公序良俗にも反す

るとし、一審判決を変更している。

判　旨

1　主位的請求①の訴えの適法性について

　　労働契約において労働者には特定の部署で就労する権利ないし法律上の地位は認められないから、Xの本件措置1及び同2がとられる以前の部署で就労することができる法律上の地位の確認を求める訴えは、特段の事情のない限り確認の利益を欠くものとして不適法である。本件においては、Xに特定の部署で就労する権利ないし法律上の地位を認めるべき特段の事情に当たる事実は認められないので、標記訴えは確認の利益を欠き不適法である。

2　本件措置1－1について

　　Xが育児休業等による休業中にYからチームリーダーの役職を解く旨の辞令やその連絡を受けたことはなく、平成27年8月の時点では、Xが産前休業を取得するに当たり、Xチームに仮のチームリーダーが置かれたにすぎず、Xからチームリーダーの役職を解く措置がとられたとみることはできない。また、平成28年1月には、Xチームが消滅しているけれども、他方で、Xのジョブバンドは同月以降もバンド35のままであり、Yの人事制度の下では特定のジョブバンドに対応する主な役職が設けられていて、Xが実際に復帰した際にはバンド35に相当する役職に就くことが予定されていたということができる。そうすると、Xチームが消滅した一事をもって、Xからチームリーダーの役職を解かれたとか、Xの所属が不明な状態に置かれたとみることはできず、他にそのような評価を基礎付ける事実を認めるに足りる証拠はない。

　　よって、本件措置1－1は、降格として、均等法9条3項、育介法10条所定の「不利益な取扱い」に当たるということはできない。

3　本件措置1－2について

　　Yの人事制度及び給与体系等に照らせば、給与等の従業員の処遇の基本となるのはYにおいてはジョブバンドであるといえるから、例えばいわゆる職能資格制度における職能等級をさげるというような典型的「不利益な

取扱い」としての降格は、本件においては、ジョブバンドの低下を伴う措置をいうと解することが相当である。その意味では、本件措置１－２はジョブバンドの低下を伴わない措置であり、いわば役職の変更にすぎず、典型的「不利益な取扱い」としての降格ということはできない。また、アカウントマネージャーであるＸの業務内容は、アカウントセールスやリファーラルセールスの立案、実行に関する業務とされていたのであり、Ｘに与えられた業務内容がベニューセールスにおいてバンド30以下の従業員が従事していた業務と同様のものであるとは認められない。給与について受ける不利益をみても、Ｘが部下を持たなくなったことにより直ちにコミッションの支給額が減少したとか、過大なターゲットを設定されてインセンティブの支給額が減少したと認めることもできない。

　そうすると、本件措置１－２によりＸが部下を持たなくなったという点を考慮しても、アカウントマネージャーが実質的にバンド35に相当する役職とはいえないということはできず、Ｘの主張は失当であって採用することができない。

　本件措置１－２の前後を通じてＸのジョブバンドはバンド35であることや、アカウントマネージャーの業務内容はB2Cセールス部門のチームリーダーが行っていた新たな販路の開拓に関する業務と相当程度共通する内容であることなどの事情に照らせば、本件措置１－２による異動は、Ｘを原職であるB2Cセールス部門のチームリーダーに相当する役職に配置したもので、Ｙにおける通常の人事異動とみることができる。

　以上からすれば、本件措置１－２は、降格又は不利益な配置変更として、均等法９条３項、育介法10条所定の「不利益な取扱い」に当たるということはできない。

4　本件措置２について

　本件措置２は、平成29年組織変更により新設されたリファーラル・アカウントセールスチームのチームリーダーとしてＣを配置したものであり、Ｘが育児休業等から復帰してから５か月後にされたものである。Ｙは、平成29年組織変更において、東京のベニューセールスチームについて３チームから２チームとすることとしたが、チームリーダーの在任期間や家庭の事情から残存するチームのチームリーダーを変更することが困難であったため、Ｘの配置先についてはアカウントセールス及びリファーラルセール

スを担当する新設チームへの配置を検討することとなり、そのチームリーダーの人選についてXを含む候補者の中から検討した結果、Xの復帰後の勤務態度等を考慮し、他方でCの実績を考慮して、同人を同チームのチームリーダーとし、Xをアカウントマネージャーとして配置したのである。

そうすると、本件措置2はXの育児休業等の取得を理由としてされた措置であるということはできず、均等法9条3項、育介法10条所定の「不利益な取扱い」に当たるか否かを検討するまでもなく、同法に反する措置ということはできない。

5　本件措置1－2、本件措置2の就業規則等違反の有無について

Yの就業規則等においては、「復職については原則として休業前の部署及び職務に復帰するものとする。ただし、本人の希望がある場合及び組織の変更等やむを得ない事情がある場合には、部署及び職務の変更を行うことがある。」と規定されている。しかしながら、前記規定は、その「及び」という用語は措辞適切を欠くというべきであるものの、育児休業からの復職時に部署や職務の変更が行われるのは、本人の希望がある場合や組織の変更等やむを得ない事情がある場合にあるとの意であって、本人の希望があり、かつ、やむを得ない事情があるとの意ではなく、要するに、いずれか一方が認められる場合をいうものと解される。

本件措置1－2は、平成28年組織変更において、東京のベニューセールスチームのうちの2チームを1チームに集約し、新規販路の拡大を専門に行う部門としてアカウントセールス部門を新設するためにとられたものであり、組織の変更等やむを得ない事情がある場合にされた措置とみることができる。また、本件措置2は、Xの育児休業等復帰から5か月後の平成29年組織変更において、リファーラル・アカウントセールスチームを新設し、同チームのチームリーダーの人選についてXの復帰後の勤務態度やCの評価など関係事項等を総合考慮した結果とられた措置であって、やむを得ない事情がある場合にされたものとみることができる。

したがって、本件措置1－2及び本件措置2がYの就業規則等に反するということはできない。

6　本件措置1及び2が公序良俗に違反し又は人事権の濫用として違法・無効であるか否かについて

本件措置1及び同2がとられた営業上の必要性等に照らして、Xが被っ

た不利益が極めて大きく、育児休業等の取得に対する抑制力が過剰に強いということはできないから、本件措置1及び2が公序良俗に反し、又は、人事権の濫用であるとの主張は、その前提を欠く。

7　本件措置3について

　Yは、育児休業復帰後のアカウントセールス業務及びリファーラルセールス業務において、Xが自主的、積極的に業務を行う姿勢に欠けたことから、他のバンド35の社員との相対評価において、Xの人事評価のリーダーシップの項目を3と評価としたものであり、本件措置3はXの育児休業等の取得が理由でされたものとはいえない。

　したがって、そもそも本件措置3が均等法9条3項又は育介法10条に反するということはできないから、同措置は、均等法9条3項又は育介法10条に反し、ひいては職場環境配慮義務違反等による債務不履行又は不法行為を構成するとのXの主張は、その前提を欠き失当である。

8　本件措置4について

　Yは、Xが育児休業から復帰した際、Xの当座の席をバンド30以下の従業員が用いるシェアスペースに用意し、その後オフィスの拡張工事に伴い、Xを含むアカウントセールスチームについては、営業のために電話を使用することが多いことから、B2Cセールス部門の他のチームとは別フロアにあるVPルームの1部屋を割り当てたのであり、また、VPルームにおける執務が就業環境を害するというべき具体的な事情はうかがわれないことからすれば、本件措置4がXを不当に人間関係から引き離すもので、育児休業等の取得前と比べて就業環境を害するものであるということはできない。

　したがって、そもそも本件措置4が均等法9条3項又は育介法10条に反するということはできないから、同措置は、均等法9条3項又は育介法10条に反し、ひいては職場環境配慮義務違反等による債務不履行又は不法行為を構成するとのXの主張は、その前提を欠き失当である。

9　過大なターゲットの設定について

　Xは、平成28年度第4四半期、平成29年度第1、第2四半期に設定されたターゲットは、Yから与えられた電話営業リストによる営業で達成することが困難であり、前記ターゲットの設定は過大であって、育児休業等の取得前と比べて業績給（インセンティブ）の低下をもたらす不利益な取扱

いであると主張する。

　しかし、Xは、電話営業リストによる営業に加えてアカウントセールス等による営業でカードを獲得することも可能であったのであり、それでも目標を達成することが困難であったとはいえず、Xの主張は、その前提を欠き失当であり、採用することができない。

10　上司らの言動について

　Xは、上司であるB及びAが、Xが本件措置2について説明を求めた際、「育休明けを考慮して」、「休みが多い」などと繰り返し述べたとし、このようなB及びAの言動は、労働者に対して育児休業等の取得を抑制させるもので、均等法9条3項、育介法10条に反し、ひいては職場環境配慮義務に違反する債務不履行又は不法行為を構成する旨主張する。しかしながら、そもそも、B及びAがXに対して上記各発言をした事実を認めることができない。

11　均等法及び育介法所定の防止措置義務等違反について

　Xが援用する均等法11条の2及び育介法25条所定のいわゆるマタニティハラスメント（以下「マタハラ」）防止措置義務は、相談や対応体制の整備などを中心とする内容のもので、国が事業者に対して課した公法上の義務にすぎず、労働者と使用者との法律関係を直接規律するものではないから、これら規定をもって直ちにその内容に対応する私法上の義務がYとXとの間に生じるとはいえない。上記各規定の存在は私法上の注意義務発生の根拠として考慮すべき一つの要素とはなろうが、私法上の注意義務を措定するについては、当該具体的事案に照らして、発生した権利ないし法益侵害の内容や程度、使用者の結果に対する予見可能性を前提とした上での結果回避可能性などを総合的に勘案して検討すべきである。ところが、Xの主張は、要するに均等法11条の2及び育介法25条所定のいわゆるマタハラ防止措置義務がそのままの内容で当然に私法上の義務がYX間に生じるとの趣旨であると解され、その点でそもそも失当であるといわざるを得ない。また、本件においては、X主張に係る均等法9条3項又は育介法10条等に反する違法な行為の存在自体が認められないから、それらが存在することを前提として、その発生を防止すべき注意義務の違反を観念することができない。したがって、同注意義務違反を根拠とする債務不履行又は不法行為責任をYが負うこともないというべきである。

事案の概要

　Ｙ社は、外国語のコーチングスクールの運営を行う株式会社である。Ｘは、平成20年７月にＹ社に入社し、スクールコーチとして就労していた。

　Ｘは、平成25年３月２日、子を出産し、その後、育児休業を開始したが、子を入れる保育園が決まらないこともあり、育児休業は６か月延長された。

　育児休業終了日である平成26年９月１日、Ｙ社との間で、期間１年、１週間３日勤務の契約社員となる有期労働契約を内容とする雇用契約書を取り交わした（以下「本件合意」）。育児休業中の同年２月22日のＸとの面談において、Ｙ社代表者から交付された、Ｙ社における育児休業終了後の復職時の就業形態が記載された書面（以下「本件書面」）には、補足説明として、「契約社員は、本人が希望する場合は正社員への契約再変更が前提です」、「時短勤務又は契約社員が正社員に復帰する時は、正社員時に期待されていた役割に戻すことを前提とします」と記載されていた。

　Ｘは、同年９月２日、１週間３日勤務の条件でＹ社に復職したが、同月９日、子を入れる保育園が見つかったとして、Ｙ社に対し、正社員に戻すよう求め、その後も繰り返し求めたが、Ｙ社は、これに応じなかった。

　Ｙ社は、平成27年９月１日付でＸを雇止めとし（以下「本件雇止め」）、Ｘに対し、Ｙ社に対する労働契約上の権利を有する地位にないことの確認を求めて提訴した。

　一方、Ｘは、Ｙ社に対し、本件合意によっても、Ｙ社との間で平成20年７月９日付で締結した期間の定めのない労働契約（以下「正社員契約」）は解約されていない、仮に、本件合意が正社員契約を解約する合意であったとしても、無効であり、正社員契約はなお存続すると主張して、社員としての労働契約上の権利を有する地位にあることの確認を求めるとともに、未払賃金の支払

を求めて提訴した。また、Xは、仮に、本件合意によって正社員契約が解約されたとしても、XとY社は、本件合意において、Xが希望すればその希望する労働条件の正社員に戻ることができるとの停止条件付無期労働契約を締結したと主張した。さらに、仮に、XのY社に対する正社員としての地位が認められないとしても、本件雇止めは、客観的に合理的な理由を欠き、社会通念上相当であると認められないと主張して、本件合意に基づき、労働契約上の権利を有する地位にあることの確認及び賃金支払を求めるとともに、不法行為に基づき、慰謝料等合計330万円等の支払を求める裁判を提訴した。

　Y社が、Xからの訴えに対する反訴として、Xに対し、Xが平成27年10月22日に訴訟提起について行った記者会見の席において、内容虚偽の発言をし、これによりY社の信用等が毀損されたと主張して、不法行為に基づき、慰謝料等合計330万円等の支払を求めた。

　一審判決（東京地判平30.9.11労判1195号28頁）は、会社からの訴えは不適法であると却下した上で、Xの訴えについては、本件合意によって正社員契約は解除されたものの、本件雇止めは、客観的に合理的な理由を欠き、社会通念上相当であると認められないとして、本件合意に基づき、労働契約上の権利を有する地位にあることの確認請求を認容するとともに、未払賃金の支払と契約準備段階における信義則上の義務違反を理由とする慰謝料100万円及び弁護士費用10万円の支払を認めた。

　双方控訴。

結　果

Xの訴え：控訴棄却。

Y社の訴え：原判決変更、一部認容。

Y社はXに対し、慰謝料５万円、弁護士費用5000円。

XはY社に対し、損害賠償50万円、弁護士費用５万円。

コメント

　本件は、育児休業明けに子供が通える保育園が見つかっていなかったことにより、退職を回避するために週3日勤務の契約社員を選択したことが、Xの自由な意思に基づく合意であると認められたことに特徴がある。自由な意思による合意が否定されたフーズシステムほか事件（本書389頁）と対照的である。

判　旨

1　争点（1）（本件合意の解釈及びその有効性）について
　(1)　本件合意は正社員契約を解約する合意を含むものであるか。

　　　Y社においては、雇用形態として、「正社員」と「契約社員」が明確に区分されており、さらに「正社員」は時短勤務の有無で「正社員」と「正社員（時短勤務）」に細分化され、「契約社員（1年更新）」は「週4日勤務」と「週3日勤務」に細分化され、その中から選択するものとされていたところ、XとY社が取り交わした「雇用契約書」には、「契約期間」欄に「期間の定めなし」と「期間の定めあり」が区別されている中で、「期間の定めあり」に○が付され、期間が「平成26年9月2日〜平成27年9月1日」と明記され、「雇用形態」欄には「契約社員」との記載が明示されているのであるから、XとY社との間で、上記の雇用形態のうち、「正社員」でなく「契約社員（1年更新）」が選択され、新たに「契約社員」として期間1年とする有期労働契約が締結されたものと認められる。

　　　そして、正社員と契約社員とでは、契約期間の有無、勤務日数、所定労働時間、賃金の構成のいずれもが相違する上、所定労働時間に係る就業規則の適用関係が異なり、また、業務内容について、正社員はコーチ業務として最低限担当するべきコマ数が定められており、各種プロジェクトにおいてリーダーの役割を担うとされているのに対し、契約社員は上記コマ数の定めがなく、上記リーダーの役割を担わないとの違いがあり、その担う業務にも相当の違いがあるから、単に一時的に労働条件の一部を変更するものとはいえない。

416

そうすると、Xは、雇用形態として選択の対象とされていた中から正社員ではなく契約社員を選択し、Y社との間で本件合意書面を取り交わし、契約社員として期間を1年更新とする有期労働契約を締結し、これにより、正社員契約を解約したものと認めるのが相当である。

(2) 本件合意は男女雇用機会均等法（以下「均等法」）や育児・介護休業法（以下「育介法」）に違反するか。

　ア　Xが育児休業を取得する以前の正社員契約と本件合意の労働条件を単純に比較すると、前者は固定残業分が含まれており月額48万円であるのに対し、後者は時間の単価は変わらないものの、固定残業分がないため10万6000円であり、前者は雇用の期間が定められていないのに対し、後者は更新があるものの期間は1年であって、雇用の安定において差があり、退職金の算定に当たっても契約社員の期間は通算されないことなどの面において不利益があることは否定できない。

　　しかしながら、実際は、Xは、本件合意の時点においては、子を預ける保育園が見つからず、家族のサポートも十分に得られないため、週5日勤務が困難であり週3日4時間の就労しかできなかったのであるから、子を預ける保育園が確保できる見込みがないまま、週5日勤務の正社員のコーチとして復職すれば、時間短縮措置を講じたとしても、コーチとしてクラスを担当すること自体が困難になったり、クラスを担当してもその運営に大きな支障が生じたりし、あるいは欠勤を繰り返すなどして自己都合による退職を余儀なくされるか、勤務成績が不良で就業に適さないとして解雇されるか、さらには出勤常ならず改善の見込みがないものとして懲戒解雇されるおそれがあるなどの状況にあったものである。

　イ　Y社においては、育児休業明けの従業員らに対し、子の養育状況等の就労環境に応じて多様な雇用形態を設定し、「正社員（週5日勤務）」、「正社員（週5日の時短勤務）」、「契約社員（週4日又は3日勤務）」の中から選択することができるように就業規則等を見直し、契約社員制度を導入したものであるが、この制度改正については、育児休業中のXに対しても個別に説明がされ、Xも、このようなY社の取組みに謝意を述べていたところであって、Xには、育児休業終了までの約6か月の間、子を預ける保育園の確保や家族にサポートを相談する

などして、復職する際の自己に適合する雇用形態を十分に検討する機会が与えられていたものである。そして、Xは、時間短縮措置を講じても正社員として週5日勤務することが困難な状況にあったため、一時は転職や退職を考えたものの、育児休業終了の6日前になって、正社員ではなく週3日4時間勤務の契約社員として復職したい旨を伝え、育児休業終了の前日に、契約書の記載内容、契約社員としての働き方や賃金の算定方法等について説明を受け、これを確認して、本件合意を締結したものである。

　このような経過によれば、本件合意には、Xの自由な意思に基づいてしたものと認めるに足りる合理的な理由が客観的に存在するものといえる。

　したがって、本件合意は、均等法9条3項や育介法10条の「不利益な取扱い」には当たらない。

ウ　これに対し、Xは、Xが育児休業終了時に、本件合意をせずとも、有給休暇、看護休暇を取得し、Y社が休業を命じれば、週5日勤務が可能であり正社員としての地位を維持することができたものであって、Y社が、育児休業終了後に復職できない場合には自主退職となる旨説明して、契約社員契約に誘導したことは、契約社員契約を「強要」したものといえ、いわゆる「マミートラック」の典型であり、育介法の禁止する「不利益な取扱い」に当たるなどと主張する。

　Xは、平成26年9月1日から通勤経路内の保育園にも候補を広げて探したところ同年9月3日になって認証保育園に空きがあることが分かり、同月8日に同園に入園が可能になり、1週間程度の猶予をもらったものの、面談の日が同月19日になってしまった上、Y社が週5日勤務に戻さないため、キャンセルした、あるいは申込み自体を断念したと陳述している。しかしながら、Xは、同年3月4日には、保育園の候補を広げ遠方の保育園も対象にするように手続をした旨のメールをしていながら、育児休業の終了時までには、保育園は全く見つからず、復職後わずか数日で保育園が見つかるということ自体、不可解である上、Xは週5日勤務の正社員への復帰を強く求めており、そのためには子を預ける保育園を確保することが不可欠となっていたことはX自身が十分に認識していたのであるから、簡単にキャンセルし、あるいは申込み自体を差し

控えて、自ら入園の機会を放棄するとは考えられない。また、Xは、当該保育園に入園するか否かの返答を1週間猶予してもらったというが、面談日程の調整において、格別、面談日を急いでいたものともうかがわれない。実際、Xは、平成26年9月19日の面談において、正社員に戻す前提であれば保育園に入れて勤務してみてもよいとか、週5日勤務で問題が生じたらいつでもクビにしてもらってよいなどと発言しており、保育園への入園について確実な目途が立ち、週5日勤務が可能になったことを理由として、正社員契約の再締結を求めていたものではない。そして、最終的には、Xは、平成27年3月になってようやく子を預ける保育園を確保できたのであるが、これは育児休業中の平成26年2月時点における想定とは何ら変わるものではなく、この間、保育園への入園の目途が立ったような事情もなく、また状況が変化して、家族のサポートが整ったような事情もない。結局、Xは、本件合意の時点はもとより、近い将来においても、週5日の就労が困難であり週3日4時間の就労しかできない状況にあったものと認められる。

　Xは、育児介護指針により原職復帰が原則であると主張するが、本件は、継続して正社員として稼働することも選択肢に入っていたものの、自らの意思で週3日4時間勤務の契約社員を選択したものであるから、育児介護指針に何ら反するものではない。

　また、Xは、有給休暇や子の看護休暇の取得によって十分対応できるというが、Xが求めたのは、3か月にわたる休暇であって、有給休暇の取得や子の看護休暇の取得では、そもそも賄えないものである。また、Xは「休職」を認めるべきであると主張するが、休職事由である「家事の都合、その他やむを得ない事由により1か月以上欠勤したとき。」に該当しないことは明らかであるし、育介規則及び育児介護規程に基づき最長である1年6か月の育児休業を既に取得したXが、さらに3か月に及ぶ休職を求める理由は、前記のとおり、子の保育方法を限定するなどしたことによるものであるから、「特別の事情があって、会社が休職をさせることを必要と認めたとき。」（就業規則38条1項3号）に該当しないとY社が判断したことも何ら不当なものとはいえない。Xは、いわゆる待機児童問題は、Xの責任ではないというが、上記のとおり、Xは保育方法を限定するなどしている上、どの程度熱心に保育園探しをしたの

かについて疑問があるところであるし、そもそも育介法等が定める最長の育児休業を取得した労働者に対し、さらに長期の休職を認めることが、事業者に義務付けられているものではない（育介法第9章参照）。

　　Xは、Y社が、育児休業終了後に復職できなければ自主退職となる旨説明し、契約社員契約に誘導したなどというが、Xが、復職できない場合には、解雇になるのかと質問したのに対し、Y社代表者が、自己の意思で辞める場合には、解雇ではなく、自己都合による退職になる旨を回答したにすぎず、Xに対し、正社員として稼働する選択を妨げたり、退職を迫って契約社員契約の締結に誘導したような事実もない。

　　Xは、本件合意は、「マミートラック」の典型であり、育児休業明けの労働者のキャリアの形成を阻害するものであるとか、育児休業制度を空洞化するものであるなどと批判をするが、育介法等が求める時間短縮措置を講じてもなお就労が困難な労働者に対し、雇用の継続を保障するという面があることは否定できないから、上記批判は当たらない上、本件は、時間短縮措置を講じてもなお正社員のコーチとして週5日就労することが困難なXが、それを踏まえ、Y社の雇用形態においては正社員として稼働する選択もできるようになっていた中で、自らの意思でその選択肢の中から契約社員のコーチとして週3日4時間勤務することを選択した事案であるから、これを育児休業明けの労働者のキャリア形成の問題に一般化して批判することは適当ではない。

エ　なお、Xは、本件合意は、育介法23条に違反するとも主張するが、同条は、使用者に時間短縮措置を講じることを求めているところ、Y社は、正社員の時間短縮勤務を設けた上、時間短縮措置を講じてもなお就労できない者の就労を可能にするため契約社員制度を設けたのであるから、週3日4時間勤務の契約社員契約の締結が同条に反するものではないことは明らかである。

(3) 本件合意は自由な意思に基づくものか。

　　Xは、本件合意には労働者が不利益な労働条件を受け入れる側面があることから、労働者の自由な意思に基づいてされたものと認めるに足りる合理的な理由が客観的に認められることを要するとして、本件合意は真に自由な意思に基づくものではないから無効であると主張する。

　　しかしながら、Xは、Y社から育児休業後の多様な雇用形態の説明を

受け、自己が復職する際の雇用形態について約6か月の十分な検討期間が与えられていた中で、結局、子を預ける保育園が見つからず、家族のサポートも十分得られないため、時間短縮措置を講じても正社員として週5日の就労ができない状況にあったことから、Xにおいて、そのような状況に適合する週3日4時間勤務の契約社員を自らの意思で選択し、本件合意を締結したものであって、Y社が契約社員契約を強要した事実など全くないのであるから、本件合意に至る経緯、Y社による雇用形態等の説明等に照らし、本件合意は、Xの自由な意思に基づいてされたものと認めるに足りる合理的な理由が客観的に存在するものというべきである。

　　Xの上記主張は、採用できない。

(4) 本件合意は錯誤により無効か。

　　Xは、自己が希望すれば無条件で正社員に戻れるものと認識して本件合意をしたのであって、Y社との合意がなければ正社員に復帰できないのであれば本件合意を承諾することはなかったから、本件合意には錯誤がある旨主張する。

　　しかしながら、本件書面中の「契約社員は、本人が希望する場合は正社員への契約再変更が前提です」との記載は、契約社員は、将来、正社員として稼働する環境が整い、本人が希望をした場合において、本人とY社との合意によって正社員契約を締結するという趣旨であり、本人からの申出のみで正社員としての労働契約の効力が生じるというものではない。本件書面中にも、契約期間内にXからの申出により正社員としての契約に変更する旨の記載などない。このことは、本件合意の際、Xに対し、社労士から、正社員としての労働契約に変更するためには、改めてY社と合意することを要する旨が説明され、Xはその説明を受けて本件合意をしたものであるから、Xにおいても、その旨を十分認識していたものと認められる。

　　このように、契約社員から再度正社員に戻るには、Y社との合意が必要であることは、Xにおいても、十分認識していたものと認められるから、本件合意には錯誤はなく、Xの錯誤の主張は理由がない。

(5) 本件合意は停止条件付き無期労働契約の締結を含むものであるか。

　　Xは、本件合意は、Xが正社員への復帰を希望することを停止条件と

する無期労働契約の締結を含むものと主張する。

　しかしながら、上記で述べた本件書面の趣旨に加えて、正社員と契約社員の役割等に相当大きな差異があることに鑑みれば、コーチとして十分な業務ができるか否かについてのＹ社の評価や判断を抜きにして、社員の一存で正社員への変更が可能と解する余地はない。

　したがって、本件合意は、Ｘが正社員への復帰を希望することを停止条件とする無期労働契約の締結を含むものでないことは明らかである。

(6) 本件合意は正社員復帰合意を含むものか。

　Ｘは、ＸとＹ社との間で、Ｘが子を預ける保育園を確保して正社員に戻ることを希望した場合には、速やかにＸが担当するクラスのスケジュールを調整して正社員に復帰させる合意が成立したと主張する。

　しかしながら、契約社員について、将来、正社員として稼働する環境が整い、本人が希望をした場合において、本人とＹ社との合意によって正社員契約を締結するとされているとしても、それはあくまで将来における想定にすぎず、本件合意の締結時において、契約社員が正社員に戻ることを希望した場合には、速やかに正社員に復帰させる合意があったとはいえない。

2　本件合意の更新の有無

(1) 本件合意は、本件書面に記載されているように、1年という契約期間の定めのある有期労働契約である。

　しかしながら、Ｙ社における契約社員制度は、育児休業明けの社員のみを対象とするものであり、子の養育状況等によって、将来、正社員（週5日勤務）として稼働する環境が整い、本人が希望する場合には、正社員として期間の定めのない労働契約の再締結を想定しているものであるから、本件合意は、労働者において契約期間の満了時に更新されるものと期待することについて合理的な理由があるものと認められる有期労働契約（労働契約法19条2号）に当たるものというべきである。

(2) Ｘは、Ｙ社代表者の命令に反し、自己がした誓約にも反して、執務室における録音を繰り返した上、職務専念義務に反し、就業時間中に、多数回にわたり、業務用のメールアドレスを使用して、私的なメールのやり取りをし、Ｙ社を育児休業明けの労働者の権利を侵害するマタニティハラスメント企業であるとの印象を与えようとして、マスコミ等の外部

の関係者らに対し、あえて事実とは異なる情報を提供し、Y社の名誉、信用を毀損するおそれがある行為に及び、Y社との信頼関係を破壊する行為に終始しており、かつ反省の念を示しているものでもないから、雇用の継続を期待できない十分な事由があるものと認められる。

したがって、本件雇止めは、客観的に合理的な理由を有し、社会通念上相当であるというべきである。

3　Y社による不法行為の有無

Y社が、Xに付与した業務用のメールアドレスに送信されたX宛てのメールを閲読し、そのメールを送信した社外の第三者らに対し、Xが就業規則違反と情報漏洩のため自宅待機処分となった旨を記載したメールを送信したことが認められる。

Y社は、Xが録音禁止の命令や指導に従わず、誓約書も撤回すると述べたことなどから、情報漏洩の観点から、一定期間、上記メールアドレスへのアクセスを禁止したものであり、その期間に上記メールアドレスに送信されたメールをY社が閲読することについては、業務上の正当性があるが、少なくとも就業規則違反と情報漏洩のため自宅待機処分となった事実は、一般的には他人に知られたくない情報であって、これを社外の者らに伝える必要性はないから、たとえ、相手方がXが就業時間内に上記メールアドレスを使用してやり取りをしていた関係者らであったとしても、その情報を伝えることは、Xのプライバシーを侵害する行為であることに変わりがない。

しかしながら、この点を除くと、Xが主張するY社の行為が違法なものとは認められない。

Y社の違法行為によりXが被った精神的苦痛を慰謝するための慰謝料は5万円が相当であり、弁護士費用のうち5000円を損害と認める。

4　Xによる不法行為の有無

記者会見におけるXの発言は、Y社の社会的評価を低下させるものであるところ、その重要な部分について真実又は真実と信ずるについて相当の理由があるとはいえず、違法である。これに基づく報道がされたことにより、Y社が被った名誉又は信用を毀損されたことによる無形の損害は50万円、相当因果関係のある弁護士費用は5万円と認めるのが相当である。

アニマルホールド事件

名古屋地判令 2・2・28
（労判1231号157頁）

事案の概要

　Y1会社は、平成26年4月、動物病院の経営等を業務目的として設立され、平成22年7月に開設された動物病院（以下「Y2医院」）を運営している株式会社である。Y1会社代表者代表取締役Y3（以下「Y3院長」）は、Y1会社の代表取締役社長であり、Y2医院の院長である。

　Xは、平成4年生まれの女性であり、平成28年2月に、Y1会社に入社し、Y2医院にてトリマーとして勤務していた。

　Xは、平成30年1月上旬頃、妊娠が発覚し、出産予定日が同年9月3日と知らされた。Xは、1月中に、Y3院長に対し、妊娠したこと及び出産予定日を知らせた。

　同年5月11日、Y2医院において、同日現金で診療費等の支払がされた顧客（A1氏）の診療費明細書（控）と現金が紛失するという出来事があった。

　同年6月1日、Y3院長は、Xが現金と診療費明細書を窃取したとして、Xに対し、同年7月1日付普通解雇の意思表示をした。

　本件は、Xが、Y1会社に対し、窃取事実はなく解雇は無効であると主張して労働契約上の地位確認及び賃金支払、損害賠償の支払を求めた事案である。一方、Y1会社は、Xが平成29年9月23日から平成30年5月11日の間の計40日間・41回にわたり、Y1会社の運営する動物病院の診療費明細書（控）を破棄・隠匿すると同時にレジスターから計26万3966円の診療費を窃取したとして、損害賠償を求めた。

結　果

　　Xの訴え：一部認容（労働契約上の地位確認、賃金支払、損害賠償102万
　　　　　　7967円）。
　　Y1会社の訴え：請求棄却。

コメント

　　男女雇用機会均等法9条4項は、妊娠中の女性労働者に対してなされた解
雇は原則として無効であり、事業主が、当該解雇が妊娠等を理由とする解雇で
ないことを証明しなければならないとする。本判決は、解雇の有効性に関して
は男女雇用機会均等法9条4項には触れず、解雇後の賃金請求権の存否の判断
において触れるにとどまっている。
　　もっとも、労働契約上の地位確認と賃金支払に加えて慰謝料を認容したの
は、妊娠中の解雇であったことを重視しているものと思われる。

判　旨

1　Xによる窃取の事実の有無について
（1）平成30年5月11日のXのアリバイ

　　　確かに、Y1会社が主張するように、同日に顧客（A1氏）の診療費明細
　　書（控）と現金が紛失した時間帯（午後0時20分頃〜午後4時頃。以下
　　「犯行時間帯」）にトリミング作業に従事していたXにアリバイが成立せ
　　ず、これらを窃取する機会がXにあったと認められる。

　　　しかしながら、窃取する機会というならば、Xと同じく犯行時間帯に
　　トリミング作業に従事していたCのみならず、受付を担当したD・Bや
　　Eなど当日に出勤したY2医院のスタッフ全員に大なり小なり認められる
　　（後記のとおり、Y2医院の元従業員といった外部犯の犯行という可能性も
　　完全には払拭できない。）。

　　　そうすると、Xのアリバイが成立しないこと自体からの犯人性の推認

力は弱いといえる。

(2) 平成30年5月11日より前の診療費明細書（控）の紛失状況

　Y1会社は、平成29年9月23日から平成30年5月11日までの調査期間231日間において、診療明細書（控）が紛失している日は40日間あるが、Xは全て出勤していて全く欠勤がないのに対し、Y3院長及び他の従業員は5日間以上欠勤していることから繰り返し窃取できる者がX以外にいないこと、上記調査期間においてXの欠勤日には窃取がないことからすれば、Xによる窃取の事実が認められる、と主張する。

　しかしながら、Xは、第1次調査の際、診療費明細書（控）がないものがいくつか見つかったが午後6時で退社しており、調査を最後まで確認したわけではないと主張・供述しており、Y1会社が指摘する第1次調査の結果をXも確認したものであると認めるに足りない。

　また、Y1会社は、調査内容の証拠書類化について、膨大な作業、さらには顧客・ペットの秘密情報の開示を伴うためY1会社及び顧客にとっても問題があるため行っていないとしている。これでは、Xが指摘するように、平成30年5月11日を除いて、Y1会社が指摘する日における診療費明細書（控）の紛失、指摘の日以外の日の紛失がないことを客観的に裏付ける立証はされていないといわざるを得ない。

　さらに、仮に、Y1会社が主張する診療費明細書（控）の紛失状況とシフト表との照合結果が認められたとしても、Y3院長の供述によっても、診療費明細書（控）の紛失以外にそれに対応する現金の紛失と結びつくものはなく、診療費明細書（控）がレジ締めの前にそれに対応する現金と一緒に窃取されたと断定はできない。すなわち、診療費明細書（控）がレジ締め後に紛失・隠匿された可能性も否定できず、診療費明細書（控）の紛失イコール対応する現金の窃取と直ちに結びつけることは躊躇される（例えば、金庫に入る前に紛失したとか、金庫に入った後も施錠はされないというのであるから、Xによる犯行であるかのように見せかけるために隠匿されたといったことも否定できない。また、月に1回の顧問税理士の診療費明細書（控）の回収後の保管状況も不明であり、上記顧問税理士の回収後、顧問税理士の事務所又は返還後にY2医院において紛失・隠匿されたという可能性も否定できない。）。

　したがって、Y1会社の不法行為に基づく損害賠償請求は理由がないか

ら全部棄却する。また、本件解雇は、客観的合理性・社会的相当性を欠き権利濫用として無効であり、Xの労働契約上の権利を有する地位にあることの確認請求は理由があるから認容する。

2 本件解雇後の賃金の支払請求

(1) 民法536条2項における使用者の責に帰すべき事由

　　Y1会社は、①XによるY2医院の売上金窃取をY3院長のみならずX以外の従業員全員が認識しており、Xの職場復帰がY1会社の職場環境を著しく破壊するものであるから、解雇無効の主張及び解雇後の賃金請求は権利の濫用として認められないとか、②第1次調査～第3次調査と調査を尽くしているのであり、民法536条2項における使用者の責に帰すべき事由がなく（再抗弁としてXがY1会社に帰責事由があることを主張立証すべきである。）、解雇後の賃金を支払う義務がないなどと主張する。

　　しかしながら、①については、Xによる窃取の事実が前示のとおり認定できない以上採用できない。②については、Xが本件解雇が妊娠中にされた解雇であり男女雇用機会均等法9条4項本文に反して無効であると主張しているとおり、証明責任が転換されていることからしても、Xによる窃取の事実をY1会社が証明できない以上、民法536条2項における使用者の責に帰すべき事由があるとされるのは当然のことである。

(2) よって、通勤手当を除く賃金22万9000円について、Xの賃金支払請求に理由がある。

3 Xの不法行為に基づく損害賠償請求

(1) 本件解雇は、客観的合理性・社会的相当性を欠いており、権利濫用と評価され、平成30年5月11日以降の経過や本件訴訟での主張立証状況に鑑みても性急かつ軽率な判断といわざるを得ず、少なくともY1会社に過失が認められることは明らかであるから、Xの雇用を保持する利益や名誉を侵害するものとして、不法行為を構成するというべきである。

(2) 損害額

ア　出産手当相当額

　　Xは、本件解雇により、健康保険の被保険者資格を失い、出産手当金を受給できなかったことから、受給できるはずであった出産手当金52万7967円が損害と認められる。

イ　慰謝料

　　解雇により被る不利益は、主として、本来得られたはずの賃金という財産的利益に関するものであり、未払賃金等の経済的損害のてん補が認められる場合には、これによっても償えない特段の精神的苦痛が生じたといえることが必要と解するのが相当である。

　　Xは、Y1会社から確たる証拠もなく窃取を理由に産前休業の直前に解雇されたものであること、本件解雇の通告後、その影響と思われる身体・精神症状を呈して通院していることに照らすと、未払賃金の経済的損害のてん補によっても償えない特段の精神的苦痛が生じたと認めるのが相当である。

　　これまで述べた認定説示その他本件に顕れた一切の事情を総合考慮すれば、Xの精神的苦痛に対する慰謝料額としては50万円が相当である。

社会福祉法人緑友会事件

東京地判令2・3・4
（労判1225号5頁）

事案の概要

　X（原告）は、平成24年5月、社会福祉法人であるY（被告）が経営するA保育園にパート保育士として入職した。Xは、同年12月1日から常勤補助職員となり、平成25年春には、正規登用試験に合格して正規職員に登用された。

　Xは、妊娠が判明したことから、平成29年3月末まで勤務し、同年4月1日以降産休に入り、同年5月10日に第1子を出産した。

　Xは、平成30年3月9日、Yの総務課職員に対して、同年5月1日を復職日としたいと伝え、復職後は時短勤務を希望した。ところが、Y理事長は、同年3月23日に行われた面談で、Xに対して、Xを復職させることはできないと伝えた。その際、Y理事長は、実際問題とすると言葉で言えば解雇なんだけど、B園長が無理だって言ってるものを戻せとはいえない、こういうことになってしまって大変申し訳なく思うなどと述べた。Xは、退職を前提に特別休暇を3か月付与する旨の提案を受けたが、これを断り、解雇理由証明書の交付を求めた。

　Yは、同月26日付で解雇日を同年5月9日とする解雇理由証明書を交付した。同証明書には、解雇理由について「A保育園施設長と保育観が一致しないことにより同園への復帰要望を叶えることができず、当法人都合による解雇に至った。」と記載されていた。

　Xは、YがXに対してした平成30年5月9日付解雇（以下「本件解雇」）が客観的合理的理由及び社会通念上相当性があるとは認められず、権利の濫用に当たり、また、男女雇用機会均等法9条4項に違反することから無効であると主張して、Yに対し、①労働契約上の権利を有する地位にあることの確認、②労働契約に基づく賃金支払、③労働契約に基づく賞与支払、④本件解雇が不法行為に当たると主張して、a本件解雇により受給することができなかった産

休・育休の社会保険給付相当額の損害賠償金、b 慰謝料等220万円を求めた。

結　果

一部認容。

労働契約上の地位確認、解雇から判決確定日までの賃金及び賞与の支払、産休・育休中の社会保険給付相当額の賠償金、慰謝料30万円、弁護士費用３万円。

コメント

男女雇用機会均等法９条４項は、妊娠中の女性労働者及び出産後１年を経過しない女性労働者に対する解雇を無効としつつ、事業主が、当該解雇が妊娠等を理由とする解雇でないことを証明したときは、この限りでない、と規定している。本判決は、同条の趣旨を明らかにした上で、妊娠等を理由とする解雇でないことを証明したといえるためには、「妊娠・出産等以外の客観的に合理的な解雇理由があることを主張立証する必要がある」と判示したことに特徴がある。

判　旨

1　退職合意の成否について

(1)　Yは、平成30年３月23日のXとY理事長との面談において、退職合意が成立した旨主張するので、検討する。

この点、労働者が退職に合意する旨の意思表示は、労働者にとって生活の原資となる賃金の源である職を失うという重大な効果をもたらす重要な意思表示であるから、退職の意思を確定的に表明する意思表示があったと認められるか否かについては、慎重に検討する必要がある。

本件についてみると、Xは、平成30年３月23日、Y理事長との面談に

おいて、Y理事長から、B園長が無理だと言っていることから復職をさせることはできない旨を伝えられ、退職を条件に3か月の特別休暇の提案を受けたのに対し、これを断り、解雇理由証明書の発行を求めていたことが認められるところ、このようなXの言動は、Xが退職に納得していないことを示すものと解される。そして、Xが、Y理事長の説明に対し、「はい。」などと述べていることは認められるものの、会話の流れを全体としてみれば、単に相槌を打っているに過ぎないと解され、Y理事長からの復職は認められない旨の発言に対し、このようなXの発言をもって、承諾をしたと評価することはできない。

そうすると、XがY理事長から復職させることはできない旨を伝えられたのに対し、それを承諾する旨の意思表示をしたと認めることはできない。

一方、Y理事長は、実際には解雇である旨述べた上、B園長が無理だと言う以上戻すことはできないとして、復職はできないことを明言していること、当該面談の後に、Xの求めに応じて解雇理由証明書を発行していることからすれば、Y理事長のXに対する当該面談における復職させることはできない旨の通告は、実質的には、Xに対する解雇の意思表示であったと認めるのが相当である。

(2) Yは、Xが平成30年3月末の本件保育園の退職者の一覧に自分の氏名を加筆させたことは、Xが退職に同意していたことを示す事情である旨主張するが、解雇に不満があったとしても、保護者や園児に対して復職できないことを伝えるために退職者一覧に自己の氏名を載せるように求めることは不自然とはいえないから、Xの当該行為によって承諾の意思表示があったと推認することはできず、当該事情は前記認定を左右するものとはいえない。

また、Yが解雇理由証明書の内容について、Xの希望どおりに記載しようとしていたことは認められるものの、このようなY側の行為をもって、Xが解雇を受け入れていたと評価することはできない。

(3) したがって、平成30年3月23日の面談において、XとYとの間に退職合意が成立した旨のYの主張は理由がない。

2 本件解雇の有効性について

(1) 客観的合理的理由及び社会通念上相当性の有無について

ア　Yは、仮にYがXに対する解雇の意思表示をしたと評価される場合、Xの解雇理由について、XのB園長等に対する反抗的、批判的言動が、単に職場の人間関係を損なう域を超えて、職場環境を著しく悪化させ、Yの業務に支障を及ぼす行為であった旨主張する。

しかし、Xが本件保育園の施設長であるB園長の保育方針や決定に対して質問や意見を述べたり、前年度の行事のやり方とは異なるやり方を提案することがあったことは認められるものの、B園長の指示、提案に従わず、ことあるごとに批判的言動を繰り返し、最終的に決まった保育方針、保育課程に従う姿勢を示さなかったとは認められない。Xの言動が、意見の内容、時期、態様によっては、施設長であり、上司であるB園長に対するものとして、適切ではないと評価し得る部分がないとはいえないとしても、現場からの質問や意見に対しては、上司であるB園長やC主任らが、必要に応じて回答や対応をし、不適切な言動については注意、指導をしていくことが考えられるのであって、質問や意見を出したことや、保育観が違うということをもって、解雇に相当するような問題行動であると評価することは困難である。

また、Xの言動等に対して、B園長からの細かな注意、指導を行わなくなったと認められることや、Xが本件解雇以前に懲戒処分を受けたことはないことからすると、XのB園長らに対する言動に、仮に不適切な部分があったとしても、Yが主張するようにB園長がXに対して度重なる注意、改善要求をしていたとは認められないのであって、Xには、十分な改善の機会も与えられていなかったというべきである。

そして、Yは、X以外のXグループとされる保育士らのB園長らに対する言動についても、Xの解雇理由に該当する言動として主張するが、本件証拠上、Xが他の保育士と示し合わせてB園長に対する批判的言動をしていたことや、Xが第1子の産休・育休中に、YがXグループと称する保育士らと共謀して、X以外の保育士にB園長に対するY主張の言動をさせていたことをうかがわせる事情もないことからすれば、X以外の保育士の言動について、Xの問題のある言動として評価することはできないというべきである。

そうすると、これらが就業規則24条7号の「その他前各号に準ずるや
　むを得ない事由があり、理事長が解雇を相当と認めたとき」に該当する
　とはいえないから、本件解雇は、客観的合理的理由を欠き、社会通念上
　相当であると認めることもできず、権利の濫用として、無効であると解
　される。
イ　Yは、XがB園長らに対して、反抗的、批判的言動をとっていた旨
　主張し、証人B園長もそれに沿う供述をするとともに陳述書を提出し
　ている。B園長の供述及び同人作成の陳述書は、XがXグループとさ
　れる保育士らとともにB園長やC主任に対する反抗的な態度をとり、
　D保育士やF保育士と事前にすり合わせて職員現況等調査にB園長や
　C主任に対する批判的な記載をするなどした旨供述するものである
　が、X本人、証人D保育士及び証人F保育士はこれに反する供述をす
　るとともに陳述書を提出しているところ、XがXグループとされる保
　育士らとともに、意図的にB園長らに対する反抗的、批判的態度を
　とっていたことを裏付ける証拠は認められず、質問や意見をされた側
　の主観的な受け止め方によるところも否定できないことからすると、
　証人B園長の陳述書及び供述は、前記認定事実と整合する範囲におい
　てのみ信用することができ、前記認定事実に反する部分は信用するこ
　とができない。
　　また、Yは、本件解雇の有効性の検討に当たっては、園児の最善の利
　益を踏まえて検討すべきである旨主張するが、そもそも、XのB園長ら
　に対する言動については、解雇理由に該当するようなものがあったとい
　うことはできないことからすれば、Yの主張は前記認定を左右するもの
　ではない。
(2)　男女雇用機会均等法9条4項違反について
　　男女雇用機会均等法9条4項は、妊娠中の女性労働者及び出産後1年
　を経過しない女性労働者に対する解雇を原則として禁止しているとこ
　ろ、これは、妊娠中及び出産後1年を経過しない女性労働者について
　は、妊娠、出産による様々な身体的・精神的負荷が想定されることか
　ら、妊娠中及び出産後1年を経過しない期間については、原則として解
　雇を禁止することで、安心して女性が妊娠、出産及び育児ができること
　を保障した趣旨の規定であると解される。同項但書きは、「前項（9条3

項）に規定する事由を理由とする解雇でないことを証明したときは、この限りでない。」と規定するが、前記の趣旨を踏まえると、使用者は、単に妊娠・出産等を理由とする解雇ではないことを主張立証するだけでは足りず、妊娠・出産等以外の客観的に合理的な解雇理由があることを主張立証する必要があるものと解される。

そうすると、本件解雇には、客観的合理的理由があると認められないことは前記（1）のとおりであるから、Yが、男女雇用機会均等法9条4項但書きの「前項に規定する事由を理由とする解雇でないことを証明した」とはいえず、男女雇用機会均等法9条4項に違反するといえ、この点においても、本件解雇は無効というべきである。

3　賃金請求、賞与請求について

（1）賃金請求について

本件解雇は無効であるから、Xは、復職を希望していた平成30年5月1日以降、Yの責めに帰すべき事由によって就労をすることができなかったといえ、Yに対し、労働契約に基づく賃金請求権を有する（民法536条2項）。

請求期間については、本件解雇がなかった場合、第1子の育児休業期間は、Xの希望どおり、平成30年4月30日までと合意されたであろうことが推認される。また、第2子の出産の時期に鑑みれば、第1子の出産の時と同様に、園児の進級に合わせて、産休育休期間としては、平成31年4月1日から令和2年4月末日までと合意されるであろうことが推認され、休業が見込まれる期間は就労の意思及び能力が保持されていたということはできないが、第2子の育児休業後は、就労の意思及び能力を回復することが見込まれる。

賃金額については、Xが、平成30年3月9日、復職に当たって時短勤務の申請をしていたことが認められるところ、Xが復職していた場合、Yの育児短時間勤務制度の適用によって、1日当たり2時間の時短勤務による就労をしていたと考えられる。時短勤務により基本給から減額して支給されると考えられるため、本件解雇がなかった場合の育児休業からの復帰後の月額賃金は、基本給15万2168円、調整手当4090円、住居手当1万円、資格手当3000円の合計16万9258円であると認められる。

(2) 賞与請求について

　本件解雇は無効であるから、Xは、復職を希望していた平成30年5月1日以降、Yの責めに帰すべき事由によって就労をすることができなかったといえ、Yに対し、給与規程及び運用基準の規定により、労働契約に基づく賞与請求権を有する（民法536条2項）。

ドリームスタイラー事件

事案の概要

Y社は、飲食店及び各種店舗の企画、開発、工事、運営及び経営等を目的として、平成29年3月28日に設立された株式会社である。Y社は、虎ノ門B内にあるC社の従業員専用のカフェ兼レストラン「D」やDから徒歩5分程度の場所にあるE虎ノ門内のカフェE店等を運営している。

Dの営業時間は、午前8時（実際には午前7時45分から開店していた）から午後10時までであり、C社の従業員とその関係者以外の一般客の利用はない。また、E店の営業時間は、午前9時から午後7時までである。

なお、Y社は、労働基準法36条に基づく労使協定（以下「36協定」）を締結していない。

F（以下「F店長」）は、Y社の従業員であり、Dの店長を務める者である。また、G（以下「G部長」）は、Y社の親会社である（株）AのH事業部長を務めるとともに、Y社の執行役員を務める者である。

Xは、平成29年4月1日、Y社との間で、基本給（毎月末日締め、翌月25日払い）を月額24万円（同年9月分から月額25万円となった）、従事する業務の種類を飲食店ホール、就業時間を店舗シフト表に基づくもの、休日を月間公休7日間その他Y社が定めた日、試用期間を3か月とする期間の定めのない労働契約（以下「本件労働契約」）を締結した。

Xは、本件労働契約に基づき、平成29年4月1日から、Dにおいて、主にホールスタッフとして就労し、F店長と相談しながらアルバイト従業員のシフトを調整したり、ホール全体が回るようにアルバイト従業員に指示したりしていた。

Xは、当初、遅番を担当することが多く、午前11時前後に出勤し、午後11時頃に退勤することが多かったが、自身の希望により、平成29年8月下旬か

ら、朝番（シフト上の始業時間は午前７時）の担当となり、朝のカフェ営業と
ランチ営業の責任者として、開店業務を担当するようになった。

　Ｘは、平成30年３月上旬に妊娠２か月であることが判明し、同月９日にＦ
店長に妊娠の事実を伝えた。

　Ｘは、平成30年４月末日にＹ社を退職したが、Ｙ社は、時短勤務を希望し
ていたＸに対し、月220時間の勤務時間を守ることができないのであれば正社
員としての雇用を継続することができない旨を伝え、退職を決断せざるを得な
くさせたのであり、実質的にＸを解雇したものであるとして、男女雇用機会均
等法９条４項に基づき解雇が無効であると主張し、労働契約上の地位確認や賃
金支払等を求めて提訴した。

結　果

　一部認容。

　未払割増賃金として55万2672円、付加金42万8227円、その他の請求は棄
却。

コメント

　本件は、妊娠し時短勤務を希望したＸの退職が、実質的にＹ社による解雇
に該当するか否かが争われた事案であるが、Ｘの主張する事実が認められな
かったため、労働基準法65条３項や男女雇用機会均等法９条等に関する詳細な
解釈論は展開されておらず、「Ｙ社の対応が労働基準法65条３項等に反し、違
法であるということはできない」との結論が示されているにとどまっている。

判　旨

1　Ｘの退職が実質的にみてＹ社による解雇に該当するかについて

　　Ｘは、平成30年４月３日及び同月４日に、Ｆ店長及びＧ部長から、月220

時間の勤務時間を守ることができないのであれば正社員としての雇用を継続することができない旨を伝えられたと主張し、同月3日にF店長から開口一番上記のとおりの話をされ、同月4日にG部長からも同様の話をされたなどと、供述をする。

　しかし、F店長は、同年3月9日にXの妊娠が判明した後、Xの体調を気遣い、Xの通院や体調不良による遅刻、早退及び欠勤を全て承認し、シフト作成を担当していたJ氏と相談の上、同月20日以降、Xに対し、勤務場所をE店に変更し、勤務時間を午前12時から午後7時30分まで（うち休憩時間を1時間とし、Xの体調次第では、人員が足りている午後3時までは連絡をすれば出勤しなくてもよい）という勤務を提案した（以下「本件提案」）。また、同年4月2日に開催されたY社の定例会議においても、Xに対し本件提案内容のとおりの勤務を再提案することが決定され、実際にY社においてその内容通りのシフトが組まれていたことが認められる。

　このように、Y社は、同年4月3日及び同月4日の時点で、Xに対し、そもそも、月220時間の勤務を求めていなかったのであるから、F店長やG部長において、Xに対し、月220時間の勤務時間を守ることができないのであれば正社員としての雇用を継続することができない旨を伝えるとは考え難い。

　Y社がXに対して月220時間の勤務時間を守ることができないのであれば正社員としての雇用を継続することができない旨を伝えていたと認めることはできず、したがって、Xにおいて、月220時間勤務を約束することができなかったため、退職を決断せざるを得なくなったという事情があったということはできない。

　また、Y社は、Xの妊娠が判明した後、Xの体調を気遣い、Xの通院や体調不良による遅刻、早退及び欠勤を全て承認するとともに、Dにおいて午前10時から午後4時又は午後5時まで勤務したいというXの希望には直ちに応じることができなかった（本件各証拠によっても、Y社において当該希望に応じることが容易であったといった事情を認めることはできない。）ものの、Xに対し、従前の勤務より業務量及び勤務時間の両面において相当に負担が軽減される本件提案内容のとおりの勤務を提案していたものであり、これらのY社の対応が労働基準法65条3項等に反し、違法であるということはできない。

さらに、上記のとおりの本件提案内容を提案するに至った経緯や、本件提案内容においても、Ｘの体調次第では人員が足りている午後３時までは連絡すれば出勤しなくてもよいとの柔軟な対応がされていたことからすると、本件提案内容自体、今後の状況の変化に関わらず一切の変更の余地のない最終的かつ確定的なものではなく、Ｙ社は、平成30年４月３日及び同月４日の時点においても、今後のＸの勤務について、Ｘの体調やＹ社の人員体制等を踏まえた調整を続けていく意向を有していたことがうかがわれる（Ｘは、Ｙ社において高い評価を受けており、ＸとＦ店長及びＧ部長との間のLINEメールによるやり取りからも、Ｆ店長やＧ部長から厚い信頼を得ていたことがうかがわれ、Ｙ社において、Ｘが退職せざるを得ない方向で話が進んでいくことを望んでいたと認めることもできない。）。

　なお、Ｆ店長は、同月３日、Ｘに対し、自分の好きな場所で好きな時間帯に働きたいというのであれば、アルバイト従業員の働き方と同じであり、Ｘの希望次第では契約社員やアルバイトへの雇用形態の変更を検討することも可能である旨を伝えていたものの、上記のＹ社の対応を踏まえれば、一つの選択肢を示したに過ぎないことは明らかであり、このことをもって、雇用形態の変更を強いたということはできない。

　これらの事情によれば、Ｘの退職が実質的にみてＹ社による解雇に該当すると認めることはできない。

三菱UFJモルガン・スタンレー証券事件

東京地判令2・4・3
（労経速2426号3頁）

事案の概要

　Y社は、資本金405億円、従業員約5200名の証券会社であり、国内外に顧客を有している。Xは、平成24年7月20日、Y社との間で期間の定めのない雇用契約（以下「本件雇用契約」）を締結し、同年9月1日から機関投資家営業部の特命部長として勤務を開始した。

　Xより若年のAは、平成25年3月からY社の機関投資家営業部の特命部長として雇用され、平成26年4月からBに代わりY社の機関投資家営業部の部長となった。

　Cは機関投資家営業部の上位組織であるエクイティグループのグループ長である。

　DはY社の人事部に所属している者である。

　Xは、海外所在のパートナーが自分との間の子を妊娠したようであるとして、平成27年10月16日、Y社に対し、「出産後、子のDNA鑑定書を直ちに提出する（ハローワークに確認済）」と記した上で、同年11月24日から育児休業を取得する旨の育児休業申請書を提出した。しかし、Y社は、DNA鑑定書や病院発行の出産予定日証明書（出産者氏名、出産予定日、医療機関名が記載されたもの）の添付がなく必要資料が不足しているとして、同申請書を受理しなかった。

　出産予定日より早くXの子が海外において出生し、Xは、同年12月25日から育児休業を取得した。Xは、平成28年3月2日に育児休業から復帰したが、平成29年1月13日にうつ病であり3か月間の休養加療が必要との診断を受け、同月17日から出勤しなくなった。

　Y社は、平成29年6月、平成28年度賞与を支給しなかった（以下「本件賞与不支給」）。

Ｘが平成29年７月11日にＹ社に対して職場復帰時期についての指示を仰い
だところ、Ｙ社は、Ｘの職務を海外投資家向けリバースIRアレンジ業務（海
外投資家による日本での企業取材、政府機関等とのミーティングのアレンジを
したり、機関投資家による日本訪問のロジスティックを担当したりする業務。
以下「リバースIR業務」）、基本年俸を減額する覚書案を送付し、Ｘにリバー
スIR業務への職務変更を検討するよう促した。Ｘが上記復職条件に応じな
かったため、Ｙ社は、平成29年10月18日付で、Ｘに対し、戦略職就業規程に基
づき休職命令（以下「本件休職命令」）を発した。

　Ｙ社は、平成30年２月９日、Ｘに対し、本件休職命令を解除するとともに
戦略職就業規程に基づき休暇を命じ、平成30年３月９日、Ｘに対し、同年４月
８日付で解雇する旨の解雇予告通知書を送付し、同日の満了をもってＸを普通
解雇した。

　Ｘは、Ｙ社から育児休業取得の妨害、育児休業取得を理由とする不利益取
扱いをされたとして、損害賠償を求めるとともに、休職命令及び解雇の無効を
主張して訴訟提起した。

結　果

　請求棄却。

コメント

　男性がパタニティハラスメントを訴えた事件として注目されたが、育児休
業の妨害や育児休業を理由とする不利益取扱いの事実は認められないと判断さ
れた。また、ＸがＹ社のハラスメントを広く社会に訴えたことが事実に反する
名誉棄損行為であるとして解雇が有効とされた。

判　旨

1　Y社がした育児休業申請不受理はXの育児休業取得妨害か否か

　　Y社人事部が、平成27年10月16日に提出された「出産後、子のDNA鑑定書を直ちに提出する（ハローワークに確認済）」と記載のあるXの育児休業申請書を、Xが母子手帳を所持していないことを理由に受理しなかったことをもって、Xの育児休業取得妨害とみることができるか否かを検討する。

　　Xが海外にいる婚姻していないパートナーとの間でできた出生前の子を対象として育児休業申請書を提出したのに対し、Y社は、前例のない申出であったことから部内で検討した上で、Xの申出事項だけではXと子との間の法律上の親子関係があることは確認できないとして出産予定日証明書の提出を求め、Xからはパートナーの個人情報であるとの理由で出産予定日証明書の提出を拒否された。しかし、Y社は、その後も、平成27年10月16日付育児休業申請書に記載の育児休業開始予定日（同年11月24日）よりも早い同月16日から有給休暇を取って現地に行くこと、子の出生後にDNA鑑定書を提出して育児休業を取りたい旨のXの電子メールを受け、DNA鑑定書を提出して育児休業申出をする場合の取扱いについて、有給休暇がなくなれば欠勤扱い、子の出生後にDNA鑑定書を添えて育児休業申出をされた場合にその1か月後から育児休業開始とするとした上で、平成27年10月16日付育児休業申請書については不受理とした。また、出産予定日より早く子が生まれたため有給休暇の取得予定日より3週間程早い同月27日、休暇に入りたい旨のXからの申出に対し、同月29日からの休暇取得を認め、同日から同年11月17日までの間は有給休暇扱いとし、同月18日から育児休業開始日（同年12月25日）の前日までの期間は、「育児のために会社が認めた特別欠勤」扱いを講じた上、DNA鑑定書の提出後は速やかにXに育児休業を認めている。

　　以上のようなY社の対応は、前例のない申出であり、しかも、当時育児・介護休業法の育児休業取得の要件であったXと子との間の法律上の親子関係が確認できない中で、可能な限りでXの意向に沿うように対応したものということができ、しかも、Y社の対応は時機を失しているともいえず、かつ、「育児のために会社が認めた特別欠勤」扱いの内容も育児・介護

休業法に基づく育児休業制度に照らして不相当なものではない。結局、以上のＹ社の一連の対応には、Ｘの育児休業取得妨害を基礎付けるような意図（故意）や過失を認めることができずＸの育児休業取得妨害とみることはできない。したがって、そのうちの一部である、平成27年10月16日付Ｘの育児休業申請書を結果として不受理とした行為もまたＸの育児休業取得妨害ということはできない。

2　Ｙ社がＸの育児休業取得を理由とする不利益取扱いをしたか否か

（1）Ｙ社が育児休業取得を理由として従前の業務からＸを外したか否かについて

　ア　証券グローバル会議について

　　　Ｘは証券グローバル会議の出席者とされておらず、開催日時を知らされていないことについては当事者間に争いがない。

　　　しかしながら、そもそも、証券グローバル会議は平成28年10月４日が第１回目であり、Ｘの育児休業前に証券グローバル会議が開催されていたと認めるに足りる証拠はない。かえって、特命部長であるＸは証券グローバル会議の招集対象者ではなく、主催する部門に所属しないＣやＡがＸを証券グローバル会議の出席者から外すといった措置を講じることは考えにくい。

　　　したがって、Ｙ社が育児休業取得を契機として証券グローバル会議に係る職務からＸを外した事実があったとは認められない。

　イ　エクイティマネジメント会議について

　　　エクイティマネジメント会議の出席者としてＸ名が明記されている。また、Ｘが育児休業後の同会議において発表や報告等の役割が与えられなかったことは当事者間に争いがないが、同会議の発表者は、毎年、テーマに合わせて決められるものでありＸが毎年エクイティマネジメント会議の発表をすると決まっていたものではない。

　　　したがって、Ｙ社が育児休業取得を契機としてエクイティマネジメント会議に係る職務からＸを外した事実があったとは認められない。

　ウ　課長会について

　　　Ａは、Ｘに対して課長会に参加することが厳しいようであれば欠席してもらっても構わない、参加はあくまでもＸの判断に任せる旨の電子メールを送信している。加えて、Ｘは、育児休業復帰日から午前７時15

分より前に出社し、育児休業復帰直後から午前7時15分開始の課長会に出席していたことが認められる。

　　　したがって、Y社が育児休業取得を契機として課長会に係る職務からXを外した事実があったとは認められない。

　エ　TV会議について

　　　そもそも、TV会議の運営等について、CはTV会議の運営は自らが行っていた旨証言しており、育児休業前にはXがTV会議の運営等を担っていたことを認める証拠はない。また、Aが平成28年3月3日にXに対し送信した電子メールには、CはXには「…今後3か月間は担当顧客に集中してもらいたい…」、「…これから3か月間はできるだけ赤ちゃんの面倒を見てあげるべきだ…」、「…毎週の海外とのTV会議には3か月後に戻ってきてもらいたいとのことでした。…」などの記載はあるものの、これらをもってTV会議の参加を禁止したものであるとはいえない。さらに、Aは、平成28年3月2日朝、Xに対し、夕方遅い時間に実施されるTV会議への出席についてはXの任意とする旨述べた旨証言し、同月11日、Xの家族のためにTV会議に参加しなくて良いと言っていたが、それもX次第である旨の電子メールを送信しており、これらは相互に整合的で信用することができる。加えて、Xは、TV会議についても育児休業復帰後間もなく参加していたことが認められる。

　　　したがって、Y社が育児休業取得を契機としてTV会議に係る職務からXを外した事実があったとは認められない。

　オ　リサーチ定例ミーティングについて

　　　Aはリサーチ定例ミーティングについて平成26年5月で取止めとなり、その後一度も開催されていない旨証言しており、育児休業取得時付近でリサーチ定例ミーティングが開催されていたと認めるに足りる証拠はない。

　　　したがって、Y社が育児休業取得を契機としてリサーチ定例ミーティングに係る職務からXを外した事実があったとは認められない。

　カ　リサーチマネジメントミーティングについて

　　　Xが育児休業前リサーチマネジメントミーティングに参加しており、育児休業後、同会議に招集されていないこと自体は当事者間に争いがない。

しかしながら、C、E（機関投資家営業部の副部長）は、リサーチマ
ネジメントミーティングは、Xが育児休業から復帰した平成28年3月時
点では既に開催されておらず、同月以降も一度も開催されていない旨証
言するところ、リサーチマネジメントミーティングがXの育児休業後に
開催されていたと認めるに足りる証拠はない。

　　したがって、Y社が育児休業取得を契機としてリサーチマネジメント
ミーティングに係る職務からXを外した事実があったとは認められな
い。

キ　顧客向け特別企画の打合せ会議について

　　Xは、育児休業後は顧客向け特別企画の打合せ会議の開催日時は一切
知らされていないところ、育児休業前には、顧客向けイベント企画会議
に出席した旨主張する。

　　しかしながら、Xは育児休業の前後にかかわらず顧客向けの特別企画
の企画立案を担当する責任者であり、育児休業後も同イベント及びそれ
に向けた会議には参加していたことが認められる。よって、育児休業後
は顧客向け特別企画の打合せ会議の開催日時は一切知らされていないと
はいえない。

　　以上からすれば、Y社が育児休業取得を契機として顧客向け特別企画
の打合せ会議に係る職務からXを外した事実があったとは認められな
い。

ク　海外出張について

　　育児休業前の海外出張がCの指示に基づくものであることを裏付ける
証拠はなく、また、Xは、育児休業後の平成28年3月以降、海外出張に
ついての申請を一度も行わなかったことが認められる。

　　したがって、Y社が育児休業取得を契機として海外出張に係る職務か
らXを外した事実があったとは認められない。

ケ　アカウントレビューミーティングについて

　　Xは育児休業後、少なくとも10回のアカウントレビューミーティング
に参加していたことが認められる。

　　したがって、Y社が育児休業取得を契機としてアカウントレビュー
ミーティングに係る職務からXを外した事実があったとは認められな
い。

コ　来日顧客対応について

　　Xは、育児休業後も来日顧客対応をしていたことが認められる。ま
た、Xが外されたと主張する来日顧客対応のうちT社とのミーティング
については、Xは元々出席予定であったところ、他のミーティングが長
引いたことにより参加できなくなったことが認められるところであり、
Xが提出した証拠の記載内容はその信用性に疑いがあるといわざるを得
ない。そして、Xが提出するそのほかの証拠は、いずれも育児休業前後
の一部の期間に係る断片的なものにすぎず、それ自体、Xの育児休業前
後の業務の取上げを比較するのに的確なものとはいえない。

　　したがって、Y社が育児休業取得を契機として来日顧客対応に係る職
務からXを外した事実があったとは認められない。

サ　人事採用プロセスの関与について

　　そもそも、職務権限の観点からして、海外拠点所属のセールスの採用
責任者は各拠点のデスクヘッドであり、機関投資家営業部における人事
採用の責任者は育児休業前後にかかわらずAであるし、また、事実上の
役割としても、Xは、育児休業復帰後の平成28年3月から平成29年1月
までの間に3度の採用面談に出席していたことが認められる。

　　したがって、Y社が育児休業取得を契機として人事採用に係る職務か
らXを外した事実があったとは認められない。

3　賞与不支給はY社の裁量権を逸脱濫用したものか否か

(1) Xは、本件雇用契約においては、Y社による賞与査定は平成24年度基
準賞与によって制約されるというべきであり、Xは、量的にみて年間を
通じて賞与を受けるに値する成果を上げていたとして、本件賞与不支給
は、根拠を欠き、Y社の裁量権を逸脱濫用し、Xの期待権を侵害したも
のである旨主張する。

　　しかしながら、本件雇用契約においては、賞与は具体的な支給額やそ
の算定方法は定められておらず、もとより自由な裁量といっても恣意的
な運用は許されないが、そうでない限り支給の有無についてもY社の広
範な裁量権に委ねられていると解される。

　　そうすると、Xには、そもそも、定量的に基準賞与相当額ないし前年
度と同額程度の賞与支給を受けるという内容の法律上保護されるべき期
待を認めることはできない。しかも、Xは、基準賞与の額を超える賞与

の支給を受けたことがないばかりかその額は年々逓減していたことが認められることからすると、Xに基準賞与相当額ないし前年度と同様の賞与支給を受ける具体的期待権が生じていたということはできない。

(2) また、Y社の年間評価に関してみても、Y社は、Xについて、育児休業から復帰して以降の業務に対する意欲など職務への取組みに関し特命部長としての期待値に対して大きく下回ったと評価し、しかも、Y社における戦略職のように専門的スキルを有しプロフェッショナルとして相応しい高い職務実績を期待される職種の業績評価においては、当該職務に通暁し、しかも被評価者の身近でその職務遂行状況を把握することができる評価者の広い裁量権を認めるのが相当であるところ、かような観点からみれば、Y社の評価にその逸脱濫用があるとみるべき事情は認められない。

(3) Xは、本件賞与不支給がXの育児休業の取得と時期的に近接しそれを契機としてされた一連のものであるから、育児休業取得を契機とした不利益取扱いといえる旨主張する。

しかしながら、Xは、育児休業取得期間を含む平成27年度の年間評価に基づき、育児休業後の平成28年6月に賞与の支給を受けている。そして、Y社は平成28年度（平成28年4月1日から平成29年3月31日までの間）の年間評価に基づき平成29年6月支給のXに対する賞与を不支給としたが、Xが育児休業を取得したのは平成28年3月1日までの間であるから、平成29年6月支給の賞与の前提となる年間評価の対象期間にそもそもXの育児休業の取得期間は含まれていない。

したがって、X主張のように本件賞与不支給がXの育児休業の取得を理由とする一連の取扱いであるとはいえないし、また、そのような一連の取扱いであると基礎づける事情を認めるに足りる証拠もない。

4　本件休職命令には合理的理由があるか否か

戦略職就業規程には、勤続3年以上5年未満の者の業務外の傷病による欠勤が6か月を超えた場合には休職を命ずることがある旨規定されており、本件休職命令は、上記要件を充足している。

しかし他方で、Xは平成29年7月11日Y社に対し復職を申し出たが、Y社はXの申出を承認しなかった。Xは、その時点で債務の本旨に従った履行の提供ができたにもかかわらず、Y社は正当な理由なくXの復職の承認

をしないとして、本件休職命令には合理的理由はない旨主張する。

　そこで検討するに、本件雇用契約において、Xの職務は機関投資家営業部の特命部長として限定されて雇用されていたといえる。そして、労働者が労働契約に基づき債務の本旨に従った履行の提供をすることができるか否かの判断をするに当たっては、その職種や業務内容を限定されて雇用された者であるときは、原則として従前の職務を通常の程度に行える健康状態にあるか否かを判断することとなる。このような観点から検討すると、産業医も主治医も職場環境調整なしにXが従前の機関投資家営業部の特命部長としての職務を通常の程度に行える健康状態に回復しているとまではいえないと判断している。

　他方、本件では、Y社において、Xのような戦略職について職種や業務内容を超えた広い異動が実際に行われていたことは認められず、X自身が従前の業務に復帰することに固執しているなど本件における事情の下では、Y社は、原則として、従前の職務を通常の程度に行える健康状態にあるか否かを判断すれば足り、それ以上に広く他の職種や業務内容に従事できるか否かなどを検討する義務まで負うとはいえない。そうであるにもかかわらず、Y社は、Xによる労務の提供を単に拒絶するだけではなく、リバースIR業務に職務内容を変更するという復職条件を提示するなどの配慮を示し、これに対してXはY社の申出を拒否して機関投資家営業部の特命部長での復職に拘ったという経緯があることも併せ考慮すれば、Y社がXの復職の申出を承認しなかったことには合理的理由があるといわざるを得ない。

　また、本件休職命令がXの育児休業の取得と時期的に近接しそれを契機としてされた一連のものであるから、育児休業取得を契機とした不利益取扱いといえる旨主張する。

　しかし、本件休職命令は育児休業取得終了後1年半以上を経過した時点でのものであり、しかも、Xが育児休業取得を契機として職務を外されていたとは認められないことからすれば、本件休職命令がXの育児休業の取得を理由とした一連のものであるとはいえないし、また、そのような一連のものであるとの評価を基礎づける事実を認めるに足りる証拠はない。そうすると、Xの上記主張は失当であり採用することができない。

5　本件解雇は客観的に合理的な理由を欠き、社会通念上相当であると認められないものか否か

　　Xは、記者会見やSNS等での発信を通じてY社の育児休業を巡る対応について客観的事実とは異なる事実を広く不特定多数人に伝え、Y社は労働者に子ができるとハラスメントをする企業であるとの客観的事実とは異なる印象を与えようとしたものといえる。

　　これらは、Y社の信用を傷つけ又はY社の利益を損なうような行為に当たり、その違反の程度も軽いものではないといわざるを得ない。

　　また、Xは戦略職として不適格であるといえる。

　　本件解雇は、客観的に合理的な理由があり、社会通念上相当であると認められる。

S社（性同一性障害者解雇）事件

東京地決平14・6・20
（労判830号13頁）

事案の概要

　Xは、身体は男性、性自認が女性で性同一性障害の診断を受けており、平成13年7月に戸籍上の名も変更している。

　Xは、平成14年1月21日、Y社製作部製作課への配置転換を内示された。Xは翌22日、「自分を女性として認めてほしい、具体的には、①女性の服装で勤務したい、②女性トイレを使用したい、③女性更衣室を使いたい」旨を申し出た（以下「本件申出」）。

　同年2月14日、Y社は、Xに対し、2月16日付をもって製作部製作課勤務を命ずとの辞令（以下「本件配転命令」）及び本件申出を承認しない旨の通知を行った。しかし、Xは辞令と通知書を破ってY社に返送した。

　同年3月4日、Xは、女性の服装、化粧等（以下「女性の容姿」）をして出社し、配転先である製作部製作課において在席したが、しばらくしてY社から自宅待機を命じられた。

　3月5日から8日までの各日、Y社は、女性の容姿をして出社してきたXに対し、女性風の服装又はアクセサリーを身につけたり、又は女性風の化粧をしたりしないこと、明日は、服装を正し、始業時間前に出社することを命じ（以下「本件服務命令」）、今後も命令に従わない場合には、厳重な処分を行うと通告し、自宅待機を命じた。

　3月12日、Xは、本件服務命令違反を理由とした懲戒処分の差止め等を求める仮処分を裁判所に申し立てた。

　その後も、Xは、4月17日までの各勤務日において、女性の容姿をして出社したが、その都度、Y社から本件服務命令違反を理由に自宅待機を命じられた。

　そして、4月17日、Y社は配転命令拒否や業務命令違反でXを懲戒解雇し

た。懲戒事由は、①本件配転命令に従わなかったこと、②本件配転命令の辞令を破棄して返送したこと、③業務の引継ぎを怠ったこと、④業務時間中にＹ社のパソコンを使用して私的なホームページに書き込みを繰り返し（ⅰ）、同ホームページ上に誹謗中傷する記事や業務上の秘密を漏洩する記事を書き込んだこと（ⅱ）、⑤女装で出勤しない等の業務命令に全く従わなかったこと、であった。

結　果

一部認容。
一部却下（賃金仮払）。

コメント

性同一性障害の労働関係上の問題について初めて司法判断が示された重要な事件である。性同一性障害者である従業員に対する企業側の職場環境配慮義務を明示的に認めた初めての事例といえる。

決定要旨

1　解雇事由①について

本件配転命令は、Ｙ社における業務上の必要に基づき、合理的な人選を経て行われたものであり、相当なものと認められる。

Ｘは、２月12日、Ｙ社が本件申出を承認しなければ配置転換を拒否する旨を回答し、翌13日から３月１日まで出社せず、２月18日、Ｙ社に対し、Ｙ社から送付された本件配転命令の辞令及び通知書を破棄して返送した。

また、Ｘは、ホームページにおいて、Ｙ社の人事異動に関する実施方針を批判する旨の記載をし、出社しなかった２月13日から３月１日までの間、配転前に在籍していた調査部及び配転先である製作部製作課におい

て、引継業務に従事しなかった。

　これらの事実によれば、Ｘは、本件申出が受け入れられなかったことを主な理由として、本件配転命令を拒否したものというべきである。

　そして、Ｙ社において、就業規則により社員に配置転換に従う義務を課しており、他方、Ｘにおいて、本件配転命令に一旦応じた上で、Ｙ社に対し本件申出を受け入れるように働きかけることも可能であったといえることを併せ考えると、Ｘによる本件配転命令の拒否は、正当な理由が認められない。

　したがって、Ｘは、懲戒解雇事由である就業規則88条11号の「正当な理由なく配転を拒否したとき」に当たる。

　しかし、ＸはＹ社に対し、２月20日、本件配転命令の辞令を破棄して送り返した行為につき謝罪し、同命令に従うことを誓約する旨を記載した謝罪文を送付しており、また、Ｙ社は、Ｘの申出を受けて、３月１日までの数日間につき有給休暇を認めており、Ｘが同日まで出社しなかったこと自体は、懲戒解雇事由である就業規則88条１号の「正当な理由なく、欠勤14日に及んだとき」に当たらないといえる上、Ｘは、３月４日から本件懲戒解雇を受けた４月17日までの各出勤日において、Ｙ社に出社し、配転先である製作部製作課において在席している。

　のみならず、Ｙ社がＸに対し、本件申出について何らかの対応をしたこと、承認しない旨の回答をした際にその具体的な理由を説明したことを認めるに足りる疎明はなく、Ｘの性同一性障害に関する事情に照らすと、Ｘが、Ｙ社のこのような対応について強い不満を持ち、本件配転命令を拒否するに至ったのもそれなりの理由があるといえる。

　以上を総合すると、Ｘによる本件配転命令の拒否が、懲戒解雇に相当するほど重大かつ悪質な企業秩序違反であるということはできない。

　したがって、解雇事由①は懲戒解雇の相当性を認めさせるものではない。

2　解雇事由②、③について

　ＸがＹ社に対し、送付された本件配転命令の辞令等を破棄して返送した行為は、就業規則により配転命令に従う義務を負う従業員として著しく不適切な行為であり、かつ常識を欠いたものといえる。

　また、Ｘが本件配転命令の辞令を受けてから３月１日までの間、配転前

後の各部署において引継業務に従事しなかったことは、就業規則59条の事務引継の義務に違反し、かつ、各部署における業務遂行に支障を来したものと認められる。

そうすると、これらの行為は、就業規則87条4号の「勤務怠慢、素行不良又は規則に違反し、会社の規律、風紀秩序を乱したとき」に当たり得るものではある。

しかし、これらの行為は、いずれも本件配転命令の拒否に伴うものといえるところ、懲戒解雇事由である就業規則88条2号の「前条に該当しながら情状重いとき、又は改悛の情のないとき」に当たるとはいえず、同条13号の「前各号に準ずる行為があったとき」に当たるともいえず、仮に同号の「その他就業規則に定めたことに故意に違反し」に当たるとしても、懲戒解雇にするまでの相当性は認められない。

したがって、解雇事由②、③は、懲戒解雇事由に当たらないか、又は懲戒解雇の相当性を認めさせるものでもない。

3　解雇事由④について

(1)　ホームページへの記載（ⅰ）について

　　X は、計13回にわたり、就業時間中に Y 社から業務用として貸与されたパソコンを用い、私的に開設したホームページに業務と関係のない私的事項を記載したものであり、就業規則56条の職務を誠実に遂行すべき義務、58条9号の会社物品を私用で使わない義務、社内ネットワーク管理規程10条のイントラネットを私用で使わない義務にそれぞれ違反し、就業規則87条4号の「勤務怠慢、素行不良又は規則に違反し、会社の規律、風紀秩序を乱したとき」に当たり得るものではある。

　　しかし、この行為は、懲戒解雇事由である就業規則88条2号の「前条に該当しながら情状重いとき、又は改悛の情のないとき」に当たるとはいえず、同条13号の「前各号に準ずる行為があったとき」に当たるともいえず、仮に同号の「その他就業規則に定めたことに故意に違反し」に当たるとしても、懲戒解雇にするまでの相当性は認められない。

　　したがって、懲戒解雇事由に当たらないか、又は懲戒解雇の相当性を認めさせるものでもない。

(2)　ホームページへの記載（ⅱ）について

　　X が掲載した記事は、いずれも不特定多数人が見ることができるホー

ムページにおいて、Ｙ社社員の職務行為について非難するものであり、Ｙ社の名誉・信用を毀損するおそれのあるものとはいえる。

　しかし、上記ホームページは、Ｘが私的な事項を記載するために開設したものであり、その内容に照らして、多数の一般人がこれを直接見たり、その内容を何らかの方法で認識したりするものとは認められない。

　そして、記載内容は、事実や人名等を具体的に摘示するものでなく、多数の一般人が事実関係を具体的に認識し得るものでもない。また、一般人がこの記載により直ちにＹ社における出来事と認識し得るものではない上、Ｘが本件申出へのＹ社の対応に強い不満を抱くことにもそれなりの理由が認められることは、前記のとおりである。

　これらを総合すると、懲戒解雇事由である就業規則88条７号の「故意又は重大な過失により、会社に重大な損失を与え、又は著しく会社の名誉及び信用を傷つけたとき」に当たるものとは認められない。

　また、Ｙ社が企画段階にあり、公にしていない商品についての事実経過の記載については、従業員として守るべき業務に関する守秘義務に反し、懲戒解雇事由である就業規則88条５号の「業務上の秘密を会社外に漏らしたとき」に当たるとはいえる。

　しかし、同記載が、商品の内容について具体的内容を明らかにするものではないこと、同記載によりＹ社が財産上の損害を被ったことを認めるに足りる疎明がないことを併せ考えると、懲戒解雇に相当するものとはいえない。

4　解雇事由⑤について

　Ｙ社は、男性であるＸが女性の容姿をしてＹ社に就労すれば、Ｙ社社員がＸに対し、強い違和感や嫌悪感を抱き、職場の風紀秩序が著しく乱れる上、Ｙ社の取引先や顧客が、Ｘを見て違和感や嫌悪感を抱き、Ｙ社の名誉・信用が低下し、Ｙ社との取引を差し控えることになるのであり、女性の容姿をしたＸを相当な待遇により雇用し続けることはできないから、女性の容姿をして就労することを禁止した本件服務命令は正当であり、これに全く従わなかったＸに対する本件解雇は理由がある旨主張する。

　たしかに、Ｘは、従前は男性として、男性の容姿をしてＹ社に就労していたが、１月22日、Ｙ社に対し、初めて女性の容姿をして就労すること等を認めるように求める本件申出をし、３月４日、本件申出がＹ社から承認

されなかった後に最初に出社した日、突然、女性の容姿をして出社し、配転先である製作部製作課に現れたのであり、Ｙ社社員がＸのこのような行動を全く予期していなかったであろうことを考えると、Ｙ社社員（特に人事担当者や配転先である製作部製作課の社員）は、女性の容姿をしたＸを見聞きして、ショックを受け、強い違和感を抱いたものと認められる。

そして、Ｙ社社員の多くが、当時、Ｘがこのような行動をするに至った理由をほとんど認識していなかったであろうことに加え、一般に、身体上の性と異なる性の容姿をする者に対し、その当否はさておき、興味本位で見たり、嫌悪感を抱いたりする者が相当数存すること、性同一性障害者の存在、同障害の症例及び対処方法について、医学的見地から専門的に検討され、これに関する情報が一般に提供されるようになったのが、最近になってからであることに照らすと、Ｙ社社員のうち相当数が、女性の容姿をして就労しようとするＸに対し、嫌悪感を抱いたものと認められる。

また、Ｙ社の取引先や顧客のうち相当数が、女性の容姿をしたＸを見て違和感を抱き、Ｘが従前に男性として就労していたことを知り、Ｘに対し嫌悪感を抱くおそれがあることは認められる。

さらに、一般に、労働者が使用者に対し、従前と異なる性の容姿をすることを認めてほしいと申し出ることが極めて稀であること、本件申出が、専らＸ側の事情に基づくものである上、Ｙ社及びその社員に配慮を求めるものであることを考えると、Ｙ社が、Ｘの行動による社内外への影響を憂慮し、当面の混乱を避けるために、Ｘに対して女性の容姿をして就労しないよう求めること自体は、一応理由があるといえる。

しかし、Ｘは、性同一性障害（性転換症）との診断を受け、精神療法等の治療を受けており、妻とは調停離婚が成立し、Ｘが受診した医師が作成した診断書においては、Ｘについて、女性としての性自認が確立しており、今後変化することもないと思われる、職場以外において女性装による生活状態に入っている旨記載されており、Ｘは、平成13年7月2日、家庭裁判所の許可を受けて、戸籍上の名を通常、男性名から、女性名とも読める名に変更している。

そして、性同一性障害（性転換症）は、生物学的には自分の身体がどちらの性に属しているかを認識しながら、人格的には別の性に属していると確信し、日常生活においても別の性の役割を果たし、別の性になろうとい

う状態をいい、医学的にも承認されつつある概念であることが認められ、また、Xが、幼少のころから男性として生活し、成長することに強い違和感を覚え、次第に女性としての自己を自覚するようになったこと、Xは、性同一性障害として精神科で医師の診療を受け、ホルモン療法を受けたことから、精神的、肉体的に女性化が進み、平成13年12月ころには、男性の容姿をしてY社で就労することが精神、肉体の両面において次第に困難になっていたことが認められる。

これらによれば、Xは、本件申出をした当時には、性同一性障害（性転換症）として、精神的、肉体的に女性として行動することを強く求めており、他者から男性としての行動を要求され又は女性としての行動を抑制されると、多大な精神的苦痛を被る状態にあったということができる。

そして、このことに照らすと、XがY社に対し、女性の容姿をして就労することを認め、これに伴う配慮をしてほしいと求めることは、相応の理由があるものといえる。

このようなXの事情を踏まえて、Y社の前記主張について検討すると、Y社社員がXに抱いた違和感及び嫌悪感は、Xにおける上記事情を認識し、理解するよう図ることにより、時間の経過も相まって緩和する余地が十分あるものといえる。また、Y社の取引先や顧客がXに抱き又は抱くおそれのある違和感及び嫌悪感については、Y社の業務遂行上著しい支障を来すおそれがあるとまで認めるに足りる的確な疎明はない。

のみならず、Y社は、Xに対し、本件申出を受けた1月22日からこれを承認しないと回答した2月14日までの間に、本件申出について何らかの対応をし、また、この回答をした際にその具体的理由を説明しようとしたとは認められない上、その後の経緯に照らすと、Xの性同一性障害に関する事情を理解し、本件申出に関するXの意向を反映しようとする姿勢を有していたとも認められない。

そして、Y社において、Xの業務内容、就労環境等について、本件申出に基づき、Y社、X双方の事情を踏まえた適切な配慮をした場合においても、なお、女性の容姿をしたXを就労させることが、Y社における企業秩序又は業務遂行において、著しい支障を来すと認めるに足りる疎明はない。

以上によれば、Xによる本件服務命令違反行為は、懲戒解雇事由である

就業規則88条9号の「会社の指示・命令に背き改悛せず」に当たり、また、57条の服務義務に違反するものとして、懲戒解雇事由である88条13号の「その他就業規則に定めたことに故意に違反し」には当たり得るが、懲戒解雇に相当するまで重大かつ悪質な企業秩序違反であると認めることはできない。

　よって、解雇事由⑤は、懲戒解雇の相当性を認めさせるものではない。

5　まとめ

　よって、本件解雇は権利の濫用に当たり無効である。

国・人事院（経産省職員）事件（第一審）

東京地判令元・12・12
（労判1223号52頁）

事案の概要

　Xは、身体的性別は男性、自認している性別が女性のトランスジェンダーである。Xは、幼い頃から自分が男性であることに強い違和感を抱えており、大学卒業後、男性として経済産業省（以下「経産省」）に入省したものの、平成10年頃から女性ホルモンの投与を受けるようになり、性同一性障害と診断された。平成20年頃には、私的な時間の全てを女性として過ごすようになっていた。

　そこで、Xは、平成21年に経産省に対して、自らが性同一性障害であることを伝えるとともに、女性の服装での勤務や女子休憩室、女性用トイレの使用などを求めた。検討の結果、Xの申入れに係る主たる担当者となるC調査官から服装や女子休憩室の利用については認められたものの、トイレについては、「他の職員への配慮の観点」から限定して使用するようにと言われ、Xが勤務しているフロアと上下1階ずつの女性用トイレの使用が認められず、職場から離れたフロアのトイレを使うことを命じられた（以下「本件トイレに係る処遇」）。また、Xが所属するJ室の職員に対してXが性同一性障害であることや本件トイレに係る処遇について説明し理解を得るための説明会（以下「本件説明会」）を実施した。

　本件説明会が開催された翌週から、Xは女性の身なりで出勤し、女子休憩室や女性用トイレを使用、戸籍上の名を変更して女性の名前で働くようになったが、経産省の担当者は、Xの戸籍上の性別にこだわり、性別適合手術を受けて戸籍上の性別を変更する意思はあるのか、なぜしないのか、と何度も問うたり、「なかなか手術を受けないんだったら、もう男に戻ってはどうか」と述べたりした。Xは、抑うつ状態となり、約1年半の病気休職を余儀なくされ、平成26年4月7日に復職した。

Xは、本件トイレに係る処遇に関して、平成25年12月27日付で、人事院に対し戸籍上の性別及び性別適合手術を受けたかどうかにかかわらず、他の一般的な女性職員との公平処遇を求める行政措置要求をしたところ、平成27年5月29日付で、いずれも認められない旨の判定を受けた。本件は、Xが国（Y）に対し、同判定にかかる処分の取消しを求め、また、Xがトイレ使用にかかる制限等を受けていることは、経産省の職員らがその職務上尽くすべき注意義務を怠ったもので、これにより精神的損害を受けたとして国家賠償請求を行った事案である。

結　果

　一部認容。
　Xが女性用トイレを使用するためには性同一性障害者である旨を女性職員に告知して理解を求める必要があるとの経産省による条件を撤廃し、Xに職場の女性用トイレを自由に使用させることとの行政措置要求を認めないとした部分を取り消す。
　慰謝料120万円、弁護士費用12万円。

コメント

　本件は、トランスジェンダーのXが、自認する性別のトイレ（女性用トイレ）の使用を制限されたことの違法性が問題となった。トランスジェンダーの男女別トイレの利用に関しては、当該トイレを利用している他の者への配慮、調整が課題となる。判決は、女性用トイレを利用している女性職員に対する相応の配慮も必要であるとしつつ、その具体的な必要性や方法は、個々の具体的な事情や社会的な状況の変化等に応じて変わり得るとした。そして、本件では、Xが女性に性的危害を加える可能性は低い状態であったこと、離れたフロアの女性用トイレは使用できているのに勤務フロアと上下1階ずつの女性用トイレを使用するときにのみ具体的トラブルが起こるとは考えられないこと、Xは女性の身なりで勤務しており男性用トイレを利用することが逆に困難である

こと等の事情を重視して、経産省が行った処遇は違法であると判断した。この判断については、控訴審判決（02-2 469頁参照）で異なる結論に変更されているものの、トランスジェンダーのトイレ利用についての世界や日本国内の状況も詳細に認定した上で、上記のような判断を導いた本判決の考え方は重要である。

　また、本判決では、上司による「もう男に戻ってはどうか」との発言が違法とされた。一方、上司が君付けで呼んでいたこと（争点1-⑭ 466頁一覧表参照）は人格権侵害には当たらないとの結論となっている。この点については、本件と同様に身体的性別は男性、性自認が女性の会社員に対して、会社が敬称を「さん」とするよう従業員に周知していたにもかかわらず、「くん」の敬称を繰り返し使っていたことがSOGIハラスメントであるとして労災認定されたケースもある。

判　旨

1　争点1-①　本件トイレに係る処遇が違法なものとして認められるかどうか

　トイレを設置し、管理する者に対して当該トイレを使用する者をしてその身体的性別又は戸籍上の性別と同じ性別のトイレを使用させることを義務付けたり、トイレを使用する者がその身体的性別又は戸籍上の性別と異なる性別のトイレを使用することを直接的に規制する法令等の規定は、見当たらない。そうすると、本件トイレに係る処遇については、専ら経産省（経済産業大臣）が有するその庁舎管理権の行使としてその判断の下に行われているものと解することができる。

　性別は、社会生活や人間関係における個人の属性の一つとして取り扱われており、個人の人格的な生存と密接かつ不可分のものということができるのであって、個人がその真に自認する性別に即した社会生活を送ることができることは、重要な法的利益として、国家賠償法上も保護されるものというべきである。このことは、性同一性障害者特例法が、心理的な性別と法的な性別の不一致によって性同一性障害者が被る社会的な不利益の解消を目的の一つとして制定されたことなどからも見て取ることができる。

そして、トイレが人の生理的作用に伴って日常的に必ず使用しなければならない施設であって、現代においては人が通常の衛生的な社会生活を送るに当たって不可欠のものであることに鑑みると、個人が社会生活を送る上で、男女別のトイレを設置し、管理する者から、その真に自認する性別に対応するトイレを使用することを制限されることは、当該個人が有する上記の重要な法的利益の制約に当たると考えられる。そうすると、Xが専門医から性同一性障害との診断を受けている者であり、その自認する性別が女性なのであるから、本件トイレに係る処遇は、Xがその真に自認する性別に即した社会生活を送ることができることという重要な法的利益を制約するものであるということになる。

　加えて、Yは、本件トイレに係る処遇を行っている理由について、Xの身体的性別又は戸籍上の性別が男性であることに伴って女性職員との間で生ずるおそれがあるトラブルを避けるためである旨を主張しているところ、当該主張を前提とすると、Xが経産省の庁舎内において女性用トイレを制限なく使用するためには、その意思にかかわらず、性別適合手術を受けるほかないこととなり、そのことがXの意思に反して身体への侵襲を受けない自由を制約することになるという一面も有していることは否定することができない。

　これに対し、Yは、そのようなトラブルを避けるために本件トイレに係る処遇を行うことが、庁舎管理の責任者である経産省において果たすべき責務を遂行した合理的な判断である旨を主張している。

　確かに、これまで社会において長年にわたって生物学的な性別に基づき男女の区別がされてきたことを考慮すれば、身体的性別及び戸籍上の性別が男性で、性自認が女性の性同一性障害である職員に対して女性用トイレの使用を認めるかどうかを検討するに当たっては、そのような区別を前提として女性用トイレを使用している女性職員に対する相応の配慮も必要であると考えられる。そして、Yは、我が国においては、性同一性障害の者が自認する性別に応じた男女別施設を利用することについて、必ずしも国民一般においてこれを無限定に受容する土壌が形成されているとまでは言い難い状況にあるというほかない旨を指摘するところ、我が国や諸外国において、法律上の性別変更をしていないトランスジェンダーによるトイレ等の男女別施設の利用については、多目的トイレや男性と女性の双方が使

用することのできるトイレの使用等を提案し、推奨する考え方も存在するところであって、必ずしも自認する性別のトイレ等の利用が画一的に認められているとまでは言い難い状況にあるということができる。

しかしながら、生物学的な区別を前提として男女別施設を利用している職員に対して求められる具体的な配慮の必要性や方法も、一定又は不変のものと考えるのは相当ではなく、性同一性障害である職員に係る個々の具体的な事情や社会的な状況の変化等に応じて、変わり得るものである。したがって、Yの指摘に係る上記のような状況を前提としても、そのことから直ちに上記のような性同一性障害である職員に対して自認する性別のトイレの使用を制限することが許容されるものということはできず、さらに、当該性同一性障害である職員に係る個々の具体的な事情や社会的な状況の変化等を踏まえて、その当否の判断を行うことが必要である。

本件についてみると、Ｘは、性同一性障害の専門家である医師が適切な手順を経て性同一性障害と診断した者であって、経産省においても、女性ホルモンの投与によってＸが遅くとも平成22年３月頃までには女性に対して性的な危害を加える可能性が客観的にも低い状態に至っていたことを把握していたものということができる。また、経産省の庁舎内の女性用トイレの構造に照らせば、当該女性用トイレにおいては、利用者が他の利用者に見えるような態様で性器等を露出するような事態が生ずるとは考えにくいところである。さらに、Ｘについては、私的な時間や職場において社会生活を送るに当たって、行動様式や振る舞い、外見の点を含め、女性として認識される度合いが高いものであったということができる。加えて、2000年代前半までに、Ｘと同様に、身体的性別及び戸籍上の性別が男性で、性自認が女性であるトランスジェンダーの従業員に対して、特に制限なく女性用トイレの使用を認めたと評することができる民間企業の例が本件証拠に現れた範囲だけでも少なくとも６件存在し、経産省においても平成21年10月頃にはこれらを把握することができたということができる。そして、立法の動きや施策等、日本学術会議による提言、日本経済団体連合会が実施したアンケートの調査結果や公表した提言を踏まえると、我が国において、平成15年に性同一性障害者特例法が制定されてから現在に至るまでの間に、トランスジェンダーが職場等におけるトイレ等の男女別施設の利用について大きな困難を抱えていることを踏まえて、より働きやすい

職場環境を整えることの重要性がますます強く意識されるようになってきており、トランスジェンダーによる性自認に応じたトイレ等の男女別施設の利用を巡る国民の意識や社会の受け止め方には、相応の変化が生じているものということができるし、このような変化の方向性ないし内容は、諸外国の状況から見て取れる傾向とも軌を一にするものということができる。これらの事情に照らせば、Ｘが病気休職から復職した平成26年４月７日の時点において、Ｙの主張に係るトラブルが生ずる可能性は、せいぜい抽象的なものにとどまるものであり、経産省においてもこのことを認識することができたというべきである。

　この点に関し、Ｙは、本件説明会でＸが女性用トイレを使用することに関して抵抗感等を述べる声が現に存在していた旨を主張している。確かに、調査官らは、本件説明会に出席した女性職員が女性用トイレをＸが使用することに違和感を抱いているように見えたことから、その後の女性職員とのやり取りを踏まえて、Ｘに２階以上離れた階の女性用トイレの使用を認めることとした。しかしながら、Ｘが近い階の女性用トイレを使用した場合に限ってトラブルが生ずる可能性が高いものであったこと等をうかがわせる事情を認めるに足りる証拠はないし、Ｃ調査官らが見えたとする違和感が当該トラブルを具体的にもたらすほどのものであったと考えることもできない。そして、仮に、上記のＹの主張に係るトラブルが生ずる抽象的な可能性が何らかの要因によって具体化・現実化することを措定したとしても、回復することのできない事態が発生することを事後的な対応によって回避することができないものとは解し難い。

　加えて、Ｘが平成22年７月以降は一貫して経産省が使用を認めた女性用トイレを使用しており、男性用トイレを使用していないことや、過去には男性用トイレにいたＸを見た男性が驚き、同所から出ていくということが度々あったことなどに照らすと、女性の身なりで勤務するようになったＸが経産省の庁舎内において男性用トイレを使用することは、むしろ現実的なトラブルの発生の原因ともなるものであり、困難といわざるを得ない。また、多目的トイレについては、高齢者、障害者等の移動等の円滑化の促進に関する法律及び同法施行令が建築主等にその設置を義務付けているところ、性同一性障害の者は、そのことのみで直ちに同法に規定する高齢者、障害者等に該当するものとは解されず、少なくとも同法において多目

的トイレの利用者として本来的に想定されているものとは解されないし、Xにその利用を推奨することは、場合によりその特有の設備を利用しなければならない者による利用の妨げとなる可能性をも生じさせるものであることを否定することができない。

したがって、経産省（経済産業大臣）による庁舎管理権の行使に一定の裁量が認められることを考慮しても、経産省が平成26年4月7日以降も本件トイレに係る処遇を継続したことは、庁舎管理権の行使に当たって尽くすべき注意義務を怠ったものとして、国家賠償法上、違法の評価を免れない。

2　争点1−②　女性職員と同じ時間帯に健康診断を受けることを認めない処遇について

経産省はXに対し、女性職員が健康診断を受ける時間帯のうち、受診者が比較的少ない時間帯を案内していたし、早めの時間に来ても受診できた事実に鑑みれば、そのような処遇が行われた事実は認められない。

3　争点1−③　性別適合手術を受けて戸籍上の性別を変更するまで異動させない処遇について

調査官らが他の部署に対してXの異動を打診したものの、打診先の部署が求める人材とXの適性が合致せず、結果的にXの異動が実現しなかったこと、打診にあたり性同一性障害については伝えていないこと、10年以上在籍している職員が複数存在することに鑑みれば、Xが14年執務していることをもって、当該処遇が行われていたとはいえない。

4　争点1−④　戸籍上の性別を変更しない限り、異動先の女性職員に性同一性障害であることをカミングアウトしなければ女性用トイレの使用を認めない処遇について

H調査官がそのような説明をしたことは事実であるが、異動は具体化しておらず、異動先でのトイレ使用についても検討を行うような段階には至っていなかったし、検討の結果異動が制限されたとも認められない。よって、Xの法的利益に対する具体的な制約を伴うものとしてされたものとはいまだ認め難い。

5　争点1−⑤　人事面談の機会を与えず、人事異動のリストに名前を掲載しない処遇について

人事面談は、職員全員を対象としておらず、必要に応じて行われている

もので、Xは希望したことがない。人事異動のリストには、職員の実質的な業務の変更がある場合等に当該職員の名前等を掲載することとされており、Xにそのような変更がないために掲載されなかったにすぎない。

6　争点1 －⑥～⑭

以下の一覧表のとおり。

国・人事院（経産省職員）事件の争点1 －⑥～⑭に関する判断一覧表

争点	原告が主張した事実	事実認定	違法性	判旨
1-⑥	平成21年10月23日面談で経産省の労働保健統括医が「経産省で女性として働くのではなく、タイに行って、とっとと、闇の病院で性転換手術を受ければいいじゃないか」と発言した。	△	無	医師が、タイであれば実生活経験を経なくても性別適合手術を受けられるのではないかと考え、提案した事実はあるが、経産省としては女性として勤務したいXの希望を認める方向で検討しており、希望を軽んじるような提案とは評価し難い。
1-⑦	平成23年6月23日面談でJ1室長が「見た目も名前も女性だけど、戸籍が男のままだと困るんだよね。早くやってくれない？」と発言した。	△	無	J1室長が、性別適合手術を受けていない理由や進捗状況を尋ねた事実はあり、手術を要求されているようにXが受け取る可能性も否定できず、相当性を欠く面があったことは否定し難い。しかし、上司としてXの意向や状況等を把握する必要性も否定できないので、直ちに違法ではない。
1-⑧	平成23年6月29日面談でH調査官が(1)「戸籍が男性のままでは女性トイレを使用できない」、(2)「異動する前に手術して性別変更したほうが良い」、(3)「変えずに異動するのであれば、再度説明会を開き同僚女性の同意を得る」と発言した。	○	無	(1)(3)の発言は、異動がほとんど具体化しておらず、異動先で検討を行う段階ではなく、異動が現実に制限された事実もないこと、(2)の発言は、Xができるだけ早く手術を受けたい意向を示していたことを受けての発言であることから、人格権侵害には該当しない。

争点	原告が主張した事実	事実認定	違法性	判旨
1-⑨	平成24年9月6日面談でH調査官が(1)「性同一性障害であっても女性用トイレを使用するのはセクハラになり得る」、(2)「事前にカミングアウトしないといけない。それなら使用してよい」、(3)「法律上の男性が女性用トイレを使用するのは法律違反であるが、事前に女性に説明し了解を得られれば問題ない。それをやっていない民間会社は法律違反をやっている。事前に言わなくて使用すればセクハラに当たるが、女性に周知していればセクハラにならない」と発言した。	△	無	(2)の発言は認められるが、将来的にXがJ室から仮に転出し、異動する場合におけるものであり、1-⑧と同じ理由で違法性なし。 (1)(3)について、H調査官が、セクハラが成立する可能性や、民間企業も女性従業員の理解を得るプロセスを踏んでいるとの見解を伝えたことは事実であり、性同一性障害に対する知識や理解に欠ける不相当な発言である。しかし、あくまで一般論として言及したにとどまるから、人格権侵害には該当しない。
1-⑩	平成24年11月8日面談でH調査官が「社会通念上Xが女性用トイレを使用することは認められず、セクハラは女性がどう思うか?ということであり、女性の一人が訴えたらそうだ」「事前にカミングアウトすればセクハラという訴えが出てもそれはセクハラとは認めない。カミングアウトしなければ訴えられればそれはセクハラになる」「性同一性障害の人の権利よりも女性の権利が優先される」と発言した。	△	無	H調査官が、一般論として、戸籍上の性別が男性の者が女性職員の了解なく女性用トイレを使用した場合に、女性職員からの訴えがあればセクハラに当たる可能性があることを伝えつつ、経産省としては、Xの権利と共に女性職員の気持ちの双方を尊重する必要があると考えていることを伝えたことは認められる。上記1-⑨と同じく不相当と言わざるを得ないが、あくまで一般論であり人格権侵害やセクハラには当たらない。
1-⑪	平成25年1月17日面談でJ1室長が「なかなか手術を受けないんだったら、もう男に戻ってはどうか」と発言した。	○	有	言葉の客観的な内容に照らして、Xの性自認を正面から否定するものであるといわざるを得ない。Yは服装を男のものに戻したらどうか述べたにすぎないと主張するが、性別に即した衣服を着用するということ自体が、性自認に即した社会生活を送る上で基本的な事柄であり、性自認と密接不可分なものである。たとえXの服装に関するものであったとしても、客観的にXの性自認を否定する内容のものであったというべきである。 Xに対する業務上の指導等を行うに当たって尽くすべき注意義務を怠ったものとして、国家賠償法上違法である。

争点	原告が主張した事実	事実認定	違法性	判旨
1-⑫	平成25年5月28日面談でJ1室長が「いつになったら（手術を）実施するのか明示してほしい」、「もうそろそろ、どう生きていくんだ！という方向性を言ってくれないと、どう対応していいか分からない」と発言した。	○	無	手術は本人の意思に委ねられるべき事柄であるところ、手術時期を明示するよう求めることは、Xが手術を要求されているように受け取る可能性があり、相当性を欠く面があったことは否定し難い。しかし、客観的に手術を要求したとはいえないし、Xも手術を受けることを想定していると述べていたこと、上司としてXの状況を把握する必要性も否定できないので、人格権侵害やセクハラと断ずることはできない。
1-⑬	平成26年1月31日面談で秘書課（経産省全体の人事等を担当）のI課長が、(1)「異動に当たってもう一回説明会をしなければならない」、(2)「異動先においてもカミングアウトが必要」、(3)「男女共用の障がい者トイレを使うのであれば、異動に当たってのカミングアウトも不要」、(4)「周知していかないと、と思っている」、(5)「私が女性トイレに入ったら警察来て、捕まえていきますよ。痴漢と同じ条例で捕まる」、(6)「私が女装をして女性用トイレに入ると多分これはセクハラになる」と発言した。	○	無	(1)(2)(4)の発言は、異動が具体化しておらず、異動先での検討もしておらず、異動が現実に制限されていないため、人格権侵害には該当しない。(3)の発言は、性同一性障害の説明を行わなくても済む方法として多目的トイレを提案したにとどまるため、人格権侵害には該当しない。(5)(6)は不相当な発言と言わざるを得ないが、あくまで一般論として言及したにとどまるため、人格権侵害には該当しない。
1-⑭	J2室長が他の女性職員をさん付けで呼んでいるにもかかわらず、Xのみ君付けで呼び続けていた。	○	無	「君」という呼び方は、一般的に、同輩や目下の人の姓名につけて親しみや軽い敬語を表す語であり、女性にも使い得る。また、J2室長はXの名前変更前からXを君付けで呼んでいたことに照らすと、直ちにJ2室長がXの性自認を否定する趣旨で敬称を用いたとは認められず、不当な差別的取扱いであったということはできない。

国・人事院（経産省職員）事件（控訴審）

東京高判令3・5・27
（労判1254号5頁）

事案の概要

02-1第一審判決参照（459頁参照）。

X、Yがそれぞれ控訴した。

結　果

Xの控訴棄却。Yの控訴一部認容。

原判決を変更し、Xの措置要求に関する請求をすべて棄却、慰謝料10万円、弁護士費用1万円。

コメント

一審判決と異なり、本判決は、Xの女性用トイレの利用に関する制限について、違法ではないとの結論となった。本判決も、自らの性自認に基づいた性別で社会生活を送ること自体は、法律上保護された利益であることは認めている。しかし、Xの女性用トイレの利用を制限する処遇に関しては、経済産業省（以下「経産省」）が事業主の判断で先進的な取組がしやすい民間企業とは異なること、規範や適切な先例が存在しない中で経産省が積極的に対応策を検討してきたこと、Xや主治医を含む多くの関係者の対話と調整を通じて決められたものであること、Xもこの処遇を納得して受け入れていたこと等を理由に、経産省が、Xとの関係において、公務員が職務上通常尽くすべき注意義務を尽くすことなく漫然と当該行為をしたと認め得るような事情があるとは認め難い、

と結論付けた。

「もう男に戻ってはどうか」との上司の発言については、一審判決と同様に違法性を認定したが、女性用トイレの利用制限についての違法性を否定したことから、慰謝料は10万円に減額された。

最高裁第三小法廷は、2023年7月11日、経産省の女性用トイレの利用制限は著しく妥当性を欠くとの判決を言い渡し、Xの逆転勝訴が確定した。

判　旨

1　Xが主張の基礎とする自らの性自認に基づいた性別で社会生活を送ることは国家賠償法上保護される法的利益といえるか

性別は、社会生活や人間関係における個人の属性の一つとして取り扱われており、個人の人格的存在と密接不可分のものということができる。他方、性同一性障害者は、生物学的には性別が明らかであるにもかかわらず、心理的にはそれとは別の性別であるとの持続的な確信を持ち、かつ、自己を身体的及び社会的に他の性別に適合させようとする意思を有する者であって、そのことについて医学的知見に基づく医師の診断を受けていることから、自己の身体の性的徴表と性自認との矛盾・相克に悩むとともに、社会生活上様々な問題を抱えている状況にあり、かつては、性同一性障害者が治療等を受けることで上記心理的な相克を解消したとしても、戸籍上の性別に関する記載の訂正の許可の申立てが一般的に認められていなかったことから、入学や就職等の場面で、性同一性障害者であることが露見することで、いたずらに好奇の目にさらされたり、差別を受けるなどの問題が生じていた。そこで、性同一性障害者特例法は、一定の要件が満たされることを前提に、性同一性障害者につき性別の取扱いの変更の審判を認めることによって、上記のような性同一性障害者の社会的な不利益を解消するために、制定されたものと解される。

このような、性同一性障害者特例法の立法趣旨及びそもそも性別が個人の人格的生存と密接不可分なものであることに鑑みれば、Xが主張の基礎とする自らの性自認に基づいた性別で社会生活を送ることは、法律上保護された利益であるというべきである。

Yは、自らの性自認に基づいた性別で社会生活を送ることの外延が不明確である旨主張するが、上記のとおり、個人の人格的存在と密接不可分である性別は、様々な場面が想定される社会生活や人間関係における個人の属性の一つであり、社会生活や人間関係における個々の局面において、様々な問題に直面するという特性を有していると解されることからすれば、その権利としての内容についても、個々の局面において具体化する個別の内容が吟味されるべきであるというべきであり、一義的に明確な外延を有しているわけではない。そして、遅くとも性同一性障害者特例法が成立した平成15年7月時点では、性別が生物学的基準によって一律に決められるものではないことが明らかとなっていたことからすると、性同一性障害者にとっても、性別適合手術を受け、性同一性障害者特例法によって戸籍上の性別を訂正して社会生活を送るか、性別適合手術は受けずに既存の性別のまま社会生活を送るかということについての選択の問題が生じていたというべきであり、かかる選択の問題は、性別が個人の属性として意味を持つ個々の局面において生じ得る問題と同一のものであることは明らかである。そうしてみると、自らの性自認に基づいた性別で社会生活を送る際において、その権利としての内容が一義的に明確な外延を有しているわけではないことは、法律上保護された利益であることを否定する根拠たり得ないというべきである。

2　争点1－①　本件トイレに係る処遇が違法なものとして認められるかどうかについて

（1）Xは、本件トイレに係る処遇によって、自らの性自認に基づいた性別で社会生活を送るという人格権ないし法律上保護された利益が侵害された旨主張するところ、Xの性自認に従うと、本件トイレに係る処遇は、Xが勤務する経産省の地下1階から地上11階の北側、中央及び南側の3か所に設置されている女性用トイレのうち、勤務階とその上下階の女性用トイレの使用を認めなかったのであり、自らの性自認に基づいた性別で社会生活を送るという法律上保護された利益が侵害されているということになる。

　　しかし、経産省は、Xが、平成21年10月23日には、Xから近い将来に性別適合手術を受けることを希望しており、そのためには職場での女性への性別移行も必要であるとの説明を受けて、Xの希望やXの主治医の

意見も勘案した上で、対応方針案を策定し本件トイレに係る処遇を実施したのち、Ｘが性別適合手術を受けていない理由を確認しつつ、Ｘが戸籍上の性別変更をしないまま異動した場合の異動先における女性用トイレの使用等に関する経産省としての考え方を説明していたのであって、Ｘが経産省に復職した平成26年４月７日以降現在まで、本件トイレに係る処遇を維持していることについて、経産省において、Ｘとの関係において、公務員が職務上通常尽くすべき注意義務を尽くすことなく漫然と当該行為をしたと認め得るような事情があるとは認め難く、本件トイレに係る処遇につき、国家賠償法１条１項の違法性があるとのＸの主張を採用することはできない。

　　Ｘは、経産省において、Ｘがその性自認に基づく女性用トイレを使用することについて違和感を持つ職員がいるとすれば、経産省自身がそれら職員に対して、性自認に基づいた性別で社会生活を送ることが憲法13条等によって保障された人格権に基づく権利であることを説明し、Ｘの権利を保護すべきである旨主張するところ、そのような取組みが重要であることは論を待たないが、他方、経産省としては、他の職員が有する性的羞恥心や性的不安などの性的利益も併せて考慮し、Ｘを含む全職員にとっての適切な職場環境を構築する責任を負っていることも否定し難いのであり、経産省において本件トイレに係る処遇を実施し、平成26年４月７日の時点においても維持していたことは、上記の責任を果たすための対応であったというべきである。

(2) 本件トイレに係る処遇は、事業主の判断で先進的な取組みがしやすい民間企業とは事情が異なる経産省において、性同一性障害者特例法３条１項に規定する性別の取扱いの変更の審判を受けていないトランスジェンダーによる性自認について指針となる規範や適切な先例が存在しない中で獲得できた資料をもとに、経産省が積極的に対応策を検討した結果、関係者の対話と調整を通じて決められたものであって、Ｘもこの処遇を納得して受け入れていたことが認められる。

　　次に、本件トイレ利用に関する処遇開始後の事情の変化についてみるに、①Ｘは諸事情から性別適合手術を受けておらず、②これまで性同一性障害者特例法３条１項に規定する性別の取扱いの変更の審判を受けていないトランスジェンダーによる性自認への対応について、積極的差別

472

是正措置のための新たな規範や取扱指針（ポジティブアクション）が定められたり、Yの他の行政機関等での実例が報告されたり、これに関する裁判例が公表されたという事実はなく、③Xが復職した平成26年4月7日以降、経産省内におけるXの労働環境が特段変化した事実は認められない。こうした中で本件紛争が続いているのである。

　以上によれば、Xにも十分配慮して決定した本件トイレに係る処遇は著しく不合理であるとはいえず、同処置の基礎となった事情に鑑み、現時点において所定の制限を撤廃することを相当とする客観的な事情の変化が生じているとは認めることができず、他にこれを認めるに足りる証拠はない。職場での生活は人生で大きな割合を占めているところ、職場においても性自認に基づいて行動したいという気持ちは、性同一性障害者特例法3条1項に規定する性別の取扱いの変更の審判を受けていないトランスジェンダーであるXの真意及び真情に基づくものであると理解できるが、職場においても幸福でありたいとする気持ちはそこに属する誰しもが有するものである。長年の時間の経過はあるにしても、上記処遇の内容及び程度に鑑みれば、Xの主張は採用することができない。

3　争点1-②　Xに対して他の女性職員と同じ時間帯に健康診断を受けることを認めない旨のXの主張に係る処遇が違法なものとして認められるかどうかについて

　一般健康診断において他の女性職員と同じ時間帯に健康診断を受けることを認めない処遇が国家賠償法1条1項の違法性があるというためには、Xとの関係において、公務員が職務上通常尽くすべき注意義務を尽くすことなく漫然と当該行為をしたと認め得るような事情が存在する必要があるところ、Xの主張する健康診断における処遇は、Xを含む全職員にとっての適切な職場環境を構築する責任を負っている経産省において、Xの性自認に基づく利益に加え、他の職員が有する性的羞恥心や性的不安などの性的利益も併せて考慮し、検討した結果策定された対応方針案によるものであることからすれば、公務員が職務上通常尽くすべき注意義務を尽くすことなく漫然と当該行為をしたと認め得るような事情が存在するとは言い難い。

4　争点1−③　性別適合手術を受けて戸籍上の性別変更をするまでXを異動
させない旨のXの主張に係る処遇が違法なものとして認められるかどうか
について

　　Xの異動は、Xの人事評価に基づいて決定されるところ、経産省の任命
権者が、国家公務員法の規定に違反して、Xの異動を妨げていると認める
ことはできない。また、経産省の対応は、Xを含む全職員にとっての適切
な職場環境を構築する責任を負っている経産省において、Xの性自認に基
づく利益に加え、他の職員が有する性的羞恥心や性的不安などの性的利益
も併せて考慮し、検討した結果策定された対応方針案によるものであるこ
とからすれば、公務員が職務上通常尽くすべき注意義務を尽くすことなく
漫然と当該行為をしたと認め得るような事情が存在するとは言い難い。

5　争点1−④　戸籍上の性別変更をしない限り、異動先の女性職員に性同一
性障害者であることをカミングアウトしなければ、異動先で女性用トイレ
の使用を認めない旨のXの主張に係る処遇が違法なものとして認められる
かどうかについて

　　経産省が行った処遇は、Xを含む全職員にとっての適切な職場環境を構
築する責任を負っている経産省において、Xの性自認に基づく利益に加
え、他の職員が有する性的羞恥心や性的不安などの性的利益も併せて考慮
し、検討した結果策定された対応方針案に基づくものであることからすれ
ば、経産省のXに対する処遇が公務員が職務上通常尽くすべき注意義務を
尽くすことなく漫然と実施されたと認め得るような事情が存在するとは言
い難い。

6　争点1−⑤　人事面談の機会を与えず、人事異動のリストに名前を掲載し
ない旨のXの主張に係る処遇が違法なものとして認められるかどうかにつ
いて

　　Xの異動については、Xの人事評価に基づいて決定されることが明らか
であり、経産省がXを性別適合手術を受けて戸籍上の性別変更をしない限
り異動させないとの方針を有しているなどとはいえない。

7　争点1−⑥〜⑭について

　　一審判決をほぼ引用して同様の結論を導いているため、一審判決（466〜
468頁一覧表）を参照。

淀川交通（仮処分）事件

大阪地決令 2・7・20
（労判1236号79頁、労経速2431号9頁）

事案の概要

　Y社は、B市内を主要営業区域とした一般乗用旅客自動車運送事業を営む
タクシー会社である。

　Xは、平成30年11月12日、Y社との間で、期間の定めのない労働契約を締
結し、タクシー乗務員として勤務してきた。Xは、昭和35年生まれの男性であ
るところ、医師により性同一性障害との診断を受けており、生物学的性別は男
性であるものの、性別に対する自己意識（以下「性自認」）は女性である。そ
のため、Xは、ホルモン療法の施行を受けつつ、眉を描き、口紅を塗るなどの
化粧を施し、女性的な衣類を着用するなどして、社会生活全般を女性として過
ごしており、タクシー乗務員として勤務中も、顔に化粧を施していた。

　Y社は、令和2年2月7日の4時頃、男性の乗客からXに男性器をなめら
れそうになったとの苦情（以下「本件苦情」）を受けた。そこで、同日、Y社
を含むグループ会社の渉外担当者であるCは、Y社を含むグループ会社の顧問
であるD及びY社の営業所長であるEとともにXと面談を行った（以下「本件
面談」）。

　Cらは、Xに対し、本件面談において、①本件苦情が寄せられたこと、②
乗客から、Xが、乗車拒否をしたり、運賃について過大な額を説明したなどの
苦情が寄せられているとの指摘を行ったが、Xは、本件苦情の内容は事実では
ないと否定した。

　Cらは、Xに対し、本件苦情のような内容の苦情を乗客から受けることは
なく、火のないところに煙は立たないため、苦情の内容は事実であると考える
こともできる、いずれにしろ、上記苦情の内容が真実であるか否かは問題では
なく、Xが上記内容の苦情を受けることが問題であると伝えた。加えて、Y社
は、Xが以前にも自分の膨らんだ胸を触らせたという内容の苦情を受け、その

際には丸く収めたものの、その後に本件苦情を受け、性的な趣旨の苦情が二度目のものとなる以上は、Xを「乗せるわけにはいかない」と考えている旨を伝えた。

　また、Cらは、Xが男性である以上、身だしなみを整える意味で化粧をすることはできないと告げた。Cらは、Xに対し、Xが業務の終了後に化粧をすることについては特に構わないものの、Xの化粧に違和感のある乗客が不快感を覚える結果、Y社に対して苦情が寄せられることとなる以上、Xが化粧をして乗務に従事しようとする限り、Xを乗務させることができないのは当たり前の話であると説明した。そして、Xが「性同一性障害の病気」であり、化粧をせずに、「普通にタクシー乗務員として仕事」をすることができるのであればよいが、Xが「病気」であり、治らない以上は、Xに辞職を求めるわけではないものの、Xを乗務させることはできないと述べた。

　そこで、Xは、Y社に対しY社の責めに帰すべき事由により就労拒否をしたとして、賃金の仮払いを求める仮処分を申し立てた。

結　果

　一部認容。
　一部却下（本案の第一審判決言い渡しまでの賃金仮払いを認容）。

コメント

　本決定は、性同一性障害であるXが、生物学的な性別が男性、性自認が女性という人格であり、その人格にとっては、外見を可能な限り性自認上の性別である女性に近づけ、女性として社会生活を送ることが自然かつ当然の欲求であることを認め、女性乗務員と同等の化粧を施すことを認める必要性があるとした。

決定要旨

1　Y社がXの就労を拒否したか否かについて

　Cらは、本件面談において、Xに対し、Xを「乗せるわけにはいかない」と告げたり、Xが化粧を止めるか否かにかかわらず乗務させることはできない旨を告げたり、あるいは、他社でタクシーに乗務することも方法の一つであるなどとしながら、今後の行動についてはX自身で考えるよう述べて、退職を示唆するなどしている。このようにCらが、タクシー乗務員であるXの唯一の労務提供方法であるタクシー乗務について、本件面接以後のXの行動いかんにかかわらず、行わせることはできないと告げ、退職すら示唆していることからすると、Y社がXの就労を拒否したことは明らかである。

2　Xに対する就労拒否についてのY社の帰責性の有無について

（1）本件苦情について

　　ア　本件苦情の内容が真実であることを理由とする点について

　　　Y社は、仮にY社がXの就労を拒否したと評価されるとしても、本件苦情の内容が真実であり、Xが男性乗客の下半身をなめようとする行為又はそれと疑われる行為を行った以上は、就労拒否の正当な理由がある旨の主張をする。

　　　しかしながら、Cらは、Xに対し、本件苦情の内容が真実であるか否かを問題としているのではないと述べており、苦情内容の真実性は、Xに対する就労拒否の理由であるとされてはいない。

　　　仮にこの点を措くとしても、Xは、本件苦情の内容が真実であると認めていない上、Y社が本件苦情の内容の真実性について調査を行った形跡もみられない。Y社の主張の唯一の根拠となっているのは、朝4時頃に、いたずらで本件苦情のような内容を通告する者がいるはずはないという点にあるものの、こうした点を考慮しても、本件苦情の存在をもって、直ちに本件苦情の内容が真実であると認めることはできない（なお、仮に本件苦情の内容が事実であるとすると、Y社は、懲戒処分としての出勤停止命令等の手段によって、Xの就労を拒否することが考えられるものの、Y社は、上記の手段を講じるなどしておらず、就労拒否の法的な根拠が明らかにされていない。）。

以上によれば、本件苦情の内容が真実であることを理由として、Ｘに対しその就労を拒否することは、正当な理由に基づくものとはいえない。

　イ　本件苦情の存在について

　　Ｃらのに対する説明内容によれば、Ｙ社は、本件苦情の存在自体をもって、Ｘの就労を正当に拒否することができるとの見解を前提にしているものと考えられるところ、かかる見解を言い換えれば、Ｙ社は、仮に本件苦情の内容が虚偽であるなど、非違行為の存在が明らかでないとしても、本件苦情を受けたこと自体をもって、正当にＸの就労を拒むことができることとなる。しかしながら、非違行為の存在が明らかでない以上は、本件苦情の存在をもって、Ｘに対する就労拒否を正当化することはできない。

　ウ　まとめ

　　以上を総合すると、Ｙ社が、本件苦情の真実性又は存在自体を理由として、Ｘの就労を拒否することは、正当な理由に基づくものとはいえない。

(2)　Ｘの化粧が濃いとの点について

　ア　身だしなみ規定について

　　「身だしなみについては、常に清潔に保つことを基本とし、接客業の従業員として旅客その他の人に不快感や違和感を与えるものとしないこと」と定めるＹ社の身だしなみ規定は、サービス業であるタクシー業を営むＹ社が、その従業員に対し、乗客に不快感を与えないよう求めるものであると解され、その規定目的自体は正当性を是認することができる。それゆえ、従業員が、Ｙ社から身だしなみ規定に従うよう業務上の指示命令を受けたにもかかわらず、当該従業員がこれに従わない場合などには、就業規則54条１項２号等の懲戒事由に該当する可能性があり、この場合、Ｙ社は、従業員に対し、懲戒処分を行うことができる（なお、本件で、Ｙ社は、Ｘに対し、濃い化粧をして乗務に従事したことをもって、懲戒処分としての出勤停止処分を行ってはいない。）。

　　しかしながら、身だしなみ規定に基づく、業務中の従業員の身だしなみに対する制約は、無制限に許容されるものではなく、業務上の必要性に基づく、合理的な内容の限度に止めなければならない。

イ　乗務員の化粧について

　身だしなみ規定は、化粧の取扱いについて、明示的に触れていないものの、男性乗務員が化粧をして乗務したことをもって、身だしなみ規定に違反したものと取り扱うことは、Y社が、女性乗務員に対して化粧を施した上で乗務することを許容している以上、乗務員の性別に基づいて異なる取扱いをするものであるから、その必要性や合理性は慎重に検討する必要がある。他方、男性乗務員の化粧が濃いことをもって、身だしなみ規定に違反したものと取り扱うことは、女性乗務員に対しても男性乗務員と同一の取扱いを行うものである限り、性別に基づいて異なる取扱いをするものと評価することはできない。

ウ　Y社における乗務員の化粧に対する取扱い

　Cらは、本件面談において、Xの化粧の濃さに言及しているものの、化粧が濃いと判断した根拠について、Cは化粧が「分かる」こと、Eは「眉毛バッチリ描いて」いることという、化粧として突飛なものとは思われない点を指摘している。また、Cは、Xが男性である以上、化粧をすることはできない旨を述べ、さらに、Cらは、ファンデーションの濃さ、口紅の光沢、アイライナーの濃さなどといった許容される化粧の限度に言及し、改善を求めたことはなく、むしろ、Xが今後化粧をしなければよいという問題ではないなどと述べている。

　以上の事実によれば、Cらは、本件面談において、Xが乗務中に化粧をすることができることを前提としつつ、その濃さが、身だしなみ規定に違反するものと捉えていたのではなく、Xが化粧をしているのが外見上判別できること、すなわち、Xが化粧をして乗務すること自体を、身だしなみ規定に違反するものと捉えており、そのことをもって、Xに対する就労拒否の理由としていたと認めることができる。Xの化粧が極めて濃いことを就労拒否の理由とした旨のY社の主張は採用することができない。

　そうすると、Xに対する化粧を施した上での乗務の禁止及び禁止に対する違反を理由とする就労拒否については、それらの必要性や合理性が慎重に検討されなければならない。

エ　Xに対する化粧の禁止及び禁止違反を理由とする就労拒否の必要性
　及び合理性

　　社会の現状として、眉を描き、口紅を塗るなどといった化粧を施すの
は、大多数が女性であるのに対し、こうした化粧を施す男性は少数にと
どまっているものと考えられ、その背景には、化粧は、主に女性が行う
行為であるとの観念が存在しているということができる。そのため、一
般論として、サービス業において、客に不快感を与えないとの観点か
ら、男性のみに対し、業務中に化粧を禁止すること自体、直ちに必要性
や合理性が否定されるものとはいえない。

　　しかしながら、Xは、医師から性同一性障害であるとの診断を受け、
生物学的な性別は男性であるが、性自認が女性という人格であるとこ
ろ、そうした人格にとっては、性同一性障害を抱える者の臨床的特徴に
表れているように、外見を可能な限り性自認上の性別である女性に近づ
け、女性として社会生活を送ることは、自然かつ当然の欲求であるとい
うべきである。このことは、生物学的性別も性自認も女性である人格
が、化粧を施すことが認められていること、あるいは、生物学的性別が
男性である人格が、性自認も男性であるにもかかわらず、業務上、その
意に反して女性的な外見を強いられるものではないこととの対比から
も、明らかである。外見を性自認上の性別に一致させようとすること
は、その結果として、Cが「気持ち悪い」などと述べたように、一部の
者をして、当該外見に対する違和感や嫌悪感を覚えさせる可能性を否定
することはできないものの、そうであるからといって、上記のとおり、
自然かつ当然の欲求であることが否定されるものではなく、個性や価値
観を過度に押し通そうとするものであると評価すべきものではない。そ
うすると、性同一性障害者であるXに対しても、女性乗務員と同等に化
粧を施すことを認める必要性があるといえる。

　　加えて、Y社が、Xに対し性同一性障害を理由に化粧することを認め
た場合、上記のとおり、今日の社会において、乗客の多くが、性同一性
障害を抱える者に対して不寛容であるとは限らず、Y社が性の多様性を
尊重しようとする姿勢を取った場合に、その結果として、乗客から苦情
が多く寄せられ、乗客が減少し、経済的損失などの不利益を被るとも限
らない。

以上によれば、Y社が、Xに対し、化粧の程度が女性乗務員と同等程度であるか否かといった点を問題とすることなく、化粧を施した上での乗務を禁止したこと及び禁止に対する違反を理由として就労を拒否したことについては、必要性も合理性も認めることはできない。

　オ　したがって、Y社は、Xの化粧を理由として、正当にXの就労を拒否することができるとの主張を採用することはできない。

(3)　まとめ

　　以上を総合すると、Xに対する就労拒否は、正当な理由を有するものではないから、Y社の責めに帰すべき事由によるものであるということができる。

面談強要行為等差止等請求事件

大阪地判平28・6・15
（判時2324号84頁）

事案の概要

　X市の住民であるYは、平成21年頃、X市において不適正資金問題が発覚したことをきっかけに、X市長に対する情報公開請求を行うようになった。

　Yは、平成24年3月30日から同年12月10日までの間に、合計53件の情報公開請求を行った。

　Yは、Yに対する対応の仕方が悪いと感じた特定の職員等について、その採用から現在までの経歴・略歴、出退勤状況が分かる文書、採用時に署名した宣誓書の写し、市内出張交通費等に係る書類等についての情報公開請求を行った上、当該職員に対して、上記情報公開請求で取得した経歴に関する情報に基づき、「あなたも略歴聞いたわ。もう大体わかったから、あんたの大体人間性が」、「高校出の人は大きな間違いをするからおれかちっとくんねや」、「高卒のな、おまえ、俺は高卒大嫌いやねん、ほんまに」、「高卒女のな、浅知恵や言うねや」などといった発言をするなどした。

　X市が閲覧の方法で情報公開請求に対する公文書の開示を行う際に立ち会った職員に対し、Yは、「お前には能力がないから辞めてしまえ」、「バカ」などと暴言を吐いたり、公開された公文書について、独自の見解に基づく意見等を延々と繰り返し述べるなどすることから、その対応には、1回当たり1時間以上を要するのが通常であった。

　また、Yは、Yの情報公開請求に応じて公開され、交付された文書に誤記等が存在した場合には、当該誤記等が内容に影響がないような些細なものであっても、X市の職員に頻繁に電話をかけ、誤記等を指摘した上で、職員に謝罪を要求したり、罵声を浴びせるなどした。

　さらに、Yは、X市A区役所に対して質問文書を送付したり、電話をかけたりするなどして、Yの質問に対する回答を求めた。Yの質問の中には、情報

公開請求によって公開された情報に関する質問や、公開された文書に関する誤記の指摘などがある他、防犯パトロール中の職員がガムを噛んでいたことについて、当該職員の氏名の報告を求めるもの、特定の職員の昼食の弁当の中身になぜニンニクが入っていたのかや、特定の職員がいつも長袖の服を着ている理由に関する回答を求めるもの、X市A区役所の市民協働課のゴム印の一部について、職員が手書きで修正していることについて、Yが新しいゴム印を作ってあげるように申し入れたにもかかわらずこれを無視した理由についての回答を求めるもの、Yからの電話に対して、X市の職員が折り返し電話をする約束をしたところ、約束の時間よりも早く電話をかけてきた理由についての回答を求めるもの、特定の職員について退職や更迭を要求するもの、区長が使用したキャッチフレーズについて「パクリ」ではないかなどと指摘しこれに対する回答を求めるものなどもあった。

　Yは、X市に対し、平成24年4月3日から同年8月30日までの間に、平均して週に2～3回程度、多い時には1日に連続して5～6回の電話をかけるなどし、上記期間中の電話の回数は合計95回、その所要時間は合計約23時間に上った。その内容は、Yが行った情報公開請求や質問文書に対する回答に関連して、さらなる質問や要請を行ってこれに対する回答を求めたり、X市A区役所の活動に関する苦情等を述べたりするものが大半を占めていたが、この際、Yは、特定の職員に対応させるよう執拗に要求したり、応対中の職員に対して、学歴を理由に能力が低いなどとして罵倒したり、容姿等を理由に侮蔑的な発言をしたり、大声で暴言を吐いたり、脅迫的な発言をしたりすることを繰り返した。

　X市は、Yの行為はX市の平穏に業務を遂行する権利を侵害しており、今後も繰り返されるおそれがあるとして、Yに対し、面談強要行為等の差止めを求めるとともに、不法行為に基づく損害賠償を請求する訴訟を提起した。

▌結　果

　一部認容。
　面談強要行為等の差止め、損害賠償80万円。

コメント

　本判決は、Yの行為は市民としての権利行使の側面を有することを認めつつ、正当な権利行使として認められる限度を超えるものであると認め、損害賠償に加えて、電話での対応や面談の要求、大声や罵声の差止めを認めた。

　受忍限度を超える顧客からのカスタマーハラスメントは違法となり、差止請求も可能であることを示した裁判例といえる。

判　旨

1　法人の業務が、当該法人の財産権やその業務に従事する者の人格権をも包含する総体としてとらえられることに鑑みると、法人に対して行われた当該法人の業務を妨害する行為が、当該行為を行う者による権利行使として相当と認められる限度を超えており、当該法人の資産の本来予定された利用を著しく害し、かつ、その業務に従事する者に受忍限度を超える困惑・不快を与えるなど、業務に及ぼす支障の程度が著しく、事後的な損害賠償を認めるのみでは当該法人に回復の困難な重大な損害が発生すると認められるような場合には、当該法人は、妨害行為が、法人において平穏に業務を遂行する権利に対する違法な侵害に当たるものとして、妨害行為を行う者に対して、不法行為に基づく損害賠償を請求することができるのみならず、平穏に業務を遂行する権利に基づいて、上記妨害行為の差止めを請求することができるものと解するのが相当である。

2　本件において、X市が主張する、YによるX市の業務に対する妨害行為は、Yが、X市に対して、条例によって権利として認められた情報公開請求を行ったり、X市が広聴活動の一環として行っている「市民の声」制度等を利用して質問等を行ったりしたことに関するもの、及びこれらに関連してYがX市A区役所に対して電話をかけて回答を求めるなどしたことに関するものであり、Yのこれらの行為は、いずれもその権利行使としての側面を有するものということができる。

　　しかしながら、①Yが行った情報公開請求の中には、Yに対する対応の仕方が悪いと感じた特定の職員に対する、その採用から現在までの経歴・

略歴、出退勤状況の分かる文書、採用時に署名した宣誓書の写し等に関するものが含まれており、Yは、これによって得た情報を基に、Yと対応した職員に対し、侮蔑するような発言をすることがあったこと、②X市が閲覧の方法で公文書の開示を行った際、Yは、対応したX市の職員に対し、暴言を吐いたり、独自の見解に基づく意見を延々と繰り返し述べるなどして、1回当たり1時間以上の時間を要するのが通常であったこと、③開示された公文書に誤記があった場合には、内容に影響がないような些細なものであっても、X市の職員に頻繁に電話をかけ、謝罪を要求したり、罵声を浴びせるなどしたこと、④Yは、Yが行った情報公開請求及び質問文書に対する回答に関連して、さらなる質問や要請を行ってこれに対する回答を求めたり、X市A区役所の活動に対する苦情等を述べる目的で、X市A区役所に平成24年4月から同年8月までの間に、合計95回にわたって電話をかけているところ、その所要時間は合計約23時間に上ったのみならず、その際、特定の職員に対応させるよう執拗に要求したり、対応に当たった職員に対し、その学歴を理由に罵倒したり、容姿等を理由に侮蔑的な発言をしたり、大声で暴言を吐いたり、脅迫的な発言をすることを繰り返していたこと等の事実を指摘することができる。そして、Yの上記のような行為によって、X市の業務は遅滞や中断を余儀なくされ、X市の職員の中には、複数回にわたって1日当たり1〜4時間程度の超過勤務を行わざるを得なくなったり、Yによって繰り返し行われる侮蔑的な発言や暴言等によって、精神的な苦痛を覚え体調不良を訴える者もいたというのであるから、Yの上記行為は、X市の業務に著しい支障を来す態様のものであったということができる。さらに、Yは、平成24年12月28日に、裁判所から面談強要等を禁止する仮処分決定を受けたにもかかわらず、その後も、X市A区役所を始めとするX市の担当部署に対して電話をかけて、特定の職員に対応させるよう強要したり、対応した職員に暴言を吐いたりしているというのである。

　以上によると、Yの上記の各行為は、そのほとんどが情報公開請求や、その権利行使に付随して行われているものとはいえ、その頻度や態様等に照らすと、正当な権利行使として認められる限度を超えるものであって、X市の資産の本来予定された利用を著しく害し、かつ、その業務に従事する者に受忍限度を超える困惑・不快を与え、その業務に及ぼす支障の程度

が著しいもので、今後も、このような行為が繰り返される蓋然性が高いということができる。そうすると、Yに対して事後的な損害賠償責任を認めるのみでは、X市に回復の困難な重大な損害が発生するおそれがあるというべきである。

したがって、X市は、平穏にその業務を遂行する権利に基づいて、Yに対し、Yが、X市の職員に対し、電話での対応や面談を要求してYの質問に対する回答を強要したり、大声を出したり、罵声を浴びせたりする行為の差止めを請求することができると解するのが相当である。

損害賠償80万円と面談等の差止めを認容。

precedent **05**	# 甲府市・山梨県（市立小学校教諭）事件 甲府地判平30・11・13 （労判1202号95頁）

事案の概要

　Xは、Y市が設置する市立小学校で6年生のクラス担任を務める教員である。Cは、Xが勤務する小学校の校長である。

　Xは、平成24年8月26日、自身が担任する学級に所属する女子児童の自宅を訪問した際、児童宅の庭で飼育している甲斐犬に足を咬まれ、右膝部犬咬創及び右下腿部犬咬創の全治2週間の傷害を負った。

　翌日、Xは受診したクリニックの医師から、犬を飼っている家では犬が他人に危害を加えた場合に適用される傷害保険などに加入していることが多いので、児童の親に保険加入の有無を聞いてみたらどうかと助言を受けた。そこで、Xは、児童の母親に電話で、「賠償保険に入っていたら、使わせていただきたい」と話した。児童の母親が確認したところ、保険には入っていなかった。Xは、保険に入っていないのであれば仕方がないと思ったが、児童の母親に対して、今後同じような事故が起きた場合の備えとして、旅行会社を経営していて保険に詳しい児童の祖父に、そういった保険に加入することを相談してみてはどうかと話した。

　同月28日、児童の父母は、X宅を訪れ、犬咬み事故について謝罪するとともに、治療費を支払わせてほしいと申し出たが、Xは、気持ちだけで十分であると伝えて辞退した。帰り際、Xの妻が、「主人は学校教員でもありますし、けがをしたからといって普通の人のように怒ったり何とかというようなことじゃなくて、教育的なことの中で、言いたいことも言えないんですけども、そういうことはご理解いただきたい」と言い添えた。

　8月29日の午後、C校長は、児童の父親から電話を受けた。父親曰く、前夜にXとの間で犬咬み事故の補償は不要ということで話が収まったが、Xがまだ補償を求めている、Xの児童の母親に対する電話での話が脅迫めいている、

とのことであった。そして、父親は、C校長を交えてのXと話がしたいと述べた。

　同日夕方、児童の父親と祖父が来校し、校長室でC校長とXと面談した。二人は、C校長とXに対し、前夜にX宅を訪問した帰り際に、妻から「そうは言っても補償はありますよね」と言われた、その口調や態度等から脅迫されていると感じ、児童の母親は怖くて外に出られず床に伏せている、と述べた。祖父は、C校長から見せられた経緯報告書に「賠償」という言葉が記載されていることについて、「地域の人に教師が損害賠償を求めるとは何事か」などと言って、Xを非難した。そして、二人は、Xに対し、「強い言葉を児童の母親に言ったことを謝ってほしい」などと謝罪を求めた。C校長は、Xに対して、児童の母に対する発言に行き過ぎた言葉があったのだから二人に謝罪するよう求め、Xは、ソファから腰を降ろし、床にひざまづき、頭を下げて、謝罪した。

　さらにC校長は、児童の父と祖父が帰った後、Xに対し、「会ってもらえなくとも、明日、朝行って謝ってこい」と児童の母にも謝罪するよう指示した。

　翌朝、Xは出勤できず、うつ病と診断され、その後7か月にわたって休職した。

　本件は、XがC校長からのパワハラによってうつ病に罹患し、休業したとして、Y市とY県に対して損害賠償を求めた事件である。

結　果

　一部認容。
　治療・交通費39万1346円、休業損害129万7905円、慰謝料100万円、弁護士費用27万円。

コメント

　本判決では、児童の親による理不尽な謝罪要求に対し、C校長がXに謝罪を強いたことがパワハラと認定されている。これは、顧客等の第三者からのカ

スタマーハラスメントに対して、上司が理由のない謝罪をさせるなどの不適切な対応を行った場合、それ自体がパワハラとなることを意味する。カスタマーハラスメントに対する事業主や上司の適切な対応の必要性を示唆した重要な判決である。

判　旨

1　8月29日のC校長の言動について

　Xは、犬咬み事故に関しては、全くの被害者であり、被害に遭ったことについてXに何らかの過失があったともいえない。そして、動物の占有者は、動物の種類及び性質に従い相当の注意をもってその管理をしていたものでない限り、その動物が他人に加えた損害を賠償する責任を負うものであるところ（民法718条1項）、本件犬の占有者・管理者とみられる児童の保護者が本件犬の種類及び性質に従い相当の注意をもってその管理をしていたことをうかがわせる事情もないから、Xが本件犬の占有者・管理者としての児童の保護者に対して犬咬み事故による損害の賠償を求めたとしても、権利の行使として何ら非難されるべきことではない。

　しかも、Xは、児童の母に対し、電話で、賠償責任保険に加入していたら、その保険を使用してほしいという趣旨の話をしただけであり、児童の祖父が経営する会社の名前を出して、「相談なさってみてはいかがでしょうか」などと言ったのは、今後同様の事故が起きたときに備えて保険への加入を勧める趣旨であって、そのことも何ら非難されるべきものではない。

　それにもかかわらず、C校長は、Xを一方的に非難したものであって、この行為は、Xに対し、職務上の優位性を背景に、職務上の指導等として社会通念上許容される範囲を逸脱し、多大な精神的苦痛を与えたものといわざるを得ない。

　C校長は、児童の父及び祖父と面談した際、児童の父と祖父の言動やXに対する謝罪の要求が理不尽なものであったにもかかわらず、Xに対し、その場で謝罪するよう求め、Xの意に沿わず、何ら理由のない謝罪を強いた上、さらに、翌朝にX一人で児童宅を訪問して児童の母に謝罪するよう指示したものである。C校長は、県教委に提出した書面において、「X先生

にしてみれば、被害者の自分が「詫びる」事に納得していていなかったかもしれません（おそらくこの反感が私の今までの指導・助言に向いたのではと思います。）。しかし、客観的に見た場合、話を収めるには、この方法が良いと判断しました。」と述べている。しかし、<u>客観的にみれば、Xは犬咬み事故の被害者であるにもかかわらず、加害者側である児童の父と祖父がXに怒りを向けて謝罪を求めているのであり、Xには謝罪すべき理由がないのであるから、Xが謝罪することに納得できないことは当然であり、C校長は、児童の父と祖父の理不尽な要求に対し、事実関係を冷静に判断して的確に対応することなく、その勢いに押され、専らその場を穏便に収めるために安易に行動したというほかない。そして、この行為は、Xに対し、職務上の優越性を背景とし、職務上の指導等として社会通念上許容される範囲を明らかに逸脱したものであり、Xの自尊心を傷つけ、多大な精神的苦痛を与えたものといわざるを得ない。</u>

　したがって、上記のC校長の言動は、<u>Xに対するパワハラであり、不法行為をも構成するというべきである。</u>

2　休業中のXに対するC校長の対応について

　C校長は、うつ病を罹患した者に対する一般的な対応として、Xの病状や時期を見つつ、Xの了承を得た上で、主治医や家族と連携する必要があることはもちろんのこととして、Xのうつ病発症に関係しているC校長自身が、Xに直接対応することを回避し、R教頭等の他の教員を交えて組織的に対応する必要があったというべきである。

　にもかかわらず、C校長は、X宅に電話をかけた上、Xの了解を取ることなく、Xの主治医であるP医師に電話をかけ、P医師が守秘義務を理由に説明を断ったにもかかわらず、P医師の下を訪れて、Xの症状について聞き出そうとしたものであり、これを知ったXに対して、多大な精神的負担を与えたといえる。

　上記のC校長の言動は、業務の適正な範囲を超え、自己の言動に関連してうつ病に罹患して休業中のXに対する対応として社会通念上許容されるものではないから、不法行為を構成する。

3　Xの公務災害認定請求に際してのC校長の対応について

　C校長は、Xが原案を作成し、R教頭が修正したうつ病罹患に関する災害状況報告書を受け取ったが、12月27日頃には、Xに対して、自分で案を

作って見せるなどと言いながら、結局これを作成しなかったものである。C校長は、自ら作成して県教委に提出した書面には、このことについて、「ひたすら、本人の快気を待つつもりでいました。」と記載しているが、うつ病罹患に関する災害状況報告書を作成・提出しないこととXの快気を待つことがどのようにつながるのかを理解することはできず、C校長は、Xのうつ病罹患に自らの行為が関与していることを認識していたために、その提出を躊躇したと考えるほかない。そして、C校長のこのような行為は、本来であれば、Xの公務災害認定請求に協力すべき立場にあるにもかかわらず、正当な理由なく、Xがその請求をするのに必要な災害状況報告書を作成しなかったものであるから、Xの公務災害認定請求をする権利を侵害するものと評価することができる。

　そして、C校長の上記行為が、うつ病罹患に関する公務災害認定請求をしようとしていたXに対して精神的苦痛を与えたことは容易に推認できる。

4　Xの公務災害認定請求をした後のC校長の行為について

　C校長は、基金支部長宛に平成25年12月20日付の「申立書」と題する書面を提出した。この書面には、「次のとおり示談を締結したので申し立てします。」として、児童の父がXに謝罪し、Xがこれを受け入れ、治療に要した費用等の支払請求権を放棄する旨の示談が成立し、C校長も立会者として、三者間で示談内容を口頭で確認した旨が記載されている。

　しかし、Xと児童の父が、口頭で上記のような内容の示談をしたといえるかどうかは明確ではなく、少なくとも、Xの了解を得ることなくこのような書面を作成したことは不適切である。

　地方公務員災害補償法は、基金は、補償の原因である災害が第三者の行為によって生じた場合に補償を行ったときは、その価額の限度において、補償を受けた者が第三者に対して有する損害賠償の請求権を取得すると定めている。そこで、補償の原因である災害が第三者の行為によって生じた場合に、公務災害認定請求をしようとする者が、その第三者と示談をして損害賠償請求権を放棄してしまうと、基金が補償を行ったときにその第三者に対して損害賠償請求権を取得することができなくなるという事態が生じる。したがって、C校長が作成した前記申立書により、Xが児童の父と示談をして損害賠償請求権を放棄したものと扱われると、Xの公務災害認

定請求に対する審査において、もはや補償を受けられないものとして不利益を受けるおそれがある。

　　C校長がそうしたことを認識していなかったとしても、Xと児童の父が口頭でXが損害賠償請求権を放棄する旨の示談をしたといえるかが明確ではないにもかかわらず、Xの了承を得ることなく、上記書面を作成して基金支部長宛に提出した行為は、過失によって、Xが補償を受ける権利を侵害するものというべきである。

5　C校長のパワハラとXのうつ病罹患との因果関係について

　　Xにはうつ病に親和的な性格があり、平成24年４月以降、担任している６年生のクラスへの対応に追われたことなどから、７月30日に、軽度のうつ状態によりＯクリニックを受診したが、その後の８月24日までの通院中、症状は徐々に軽快し、研修や学校行事にも参加していたものであって、２学期以降通常どおり勤務することが見込まれていたところ、８月29日のC校長の不法行為によって急激に症状が増悪してうつ病を発症し、その後のC校長の不法行為も影響して症状が悪化したものと認められるから、C校長の不法行為と８月30日以降のXのうつ病罹患との間には相当因果関係があるものというべきである。

6　Y市及びY県の責任について

　　以上によれば、Y市が設置する小学校の校長であるC校長が、その職務を行うについて故意又は過失によって違法にXに損害を加えたと認められるから、Y市はXに対して国家賠償法１条に基づく損害賠償責任を負い、C校長はY県が給与を負担している県費負担教職員であるから、Y県は、同法３条１項に基づき、Y市とともに損害賠償責任を負う。

ヤマダコーポレーション事件

東京地判令元・9・18
（労経速2405号3頁）

事案の概要

　Y社は、圧縮空気を動力源としたポンプを開発・製造するメーカーであり、自動車整備工場や車輌メーカー向けの製品開発・販売・メンテナンスを業とする昭和14年設立の株式会社である。

　Xは、平成29年9月16日にY社へ入社し、Y社の経営企画室において、経営企画室IT管理者（係長）として業務に従事していたが、同年11月30日、Y社から、同日付で試用期間満了により解雇された（以下「本件解雇」）。

　本件は、Xが、Y社による解雇は無効であるとして、Y社に対する雇用契約上の地位確認及び解雇時からの未払賃金の支払ともに、不当解雇等による不法行為ないし債務不履行に基づく損害の賠償を求める事案である。

　Y社は、解雇理由として、Xが、①部下であるA主任に対し、必要以上に威迫した行動をとる等のパワーハラスメント（以下「パワハラ」）行為を行い、②Y社の取引先であるB株式会社（以下「B社」）の担当者であるCに対し、パワハラを行って、B社との間で関係修復が困難な状況を発現させたと主張した。

結　果

　請求棄却。

コメント

　本判決は、Xの取引先であるB社の担当者Cに対する言動について、パワハラといえるほどの違法性が認められる事情とまでは一概に評価できないとしつつ、Xには協調性に欠ける点や配慮を欠いた言動等があり、それによりY社の社内関係者及び取引先等を困惑させ、軋轢を生じさせたことが問題であるとして、試用期間満了による解雇を認めた。

判　旨

1　試用期間中の解雇について

　　試用期間中の解約権留保は、採用決定の当初には当該労働者の資質・性格、能力などの適格性の有無に関連する事項につき資料を十分に収集することができないため、後日における調査や観察に基づく最終的決定を留保する趣旨でされるものであり、このような留保解約権に基づく解雇は通常の解雇よりも広い範囲において解雇の自由が認められてしかるべきであるところ、留保解約権の行使も、解約権留保の趣旨・目的に照らして、客観的に合理的な理由が存し、社会通念上相当として是認され得る場合にのみ許される。

　　そして、そのような留保解約権の行使は、企業者が、採用決定後における調査の結果により、又は試用中の勤務状態等により、当初知ることができず、また知ることが期待できないような事実を知るに至った場合において、そのような事実に照らし当該労働者を引き続き当該企業に雇用しておくのが適当でないと判断することが、上記解約権留保の趣旨、目的に徴して、客観的に相当であると認められる場合において認められるものである。

2　解雇事由についての検討

（1）Xの立場について

　　本件においては、Xが、その経歴や職歴等に照らし、ITに関する高い専門性を前提として、Y社の経営企画室係長（社内情報システム管理者）としてY社に中途採用されたこと、Y社は、Xの実務能力、管理能

力に問題がなければ、IT部門を担う課長職として活用する計画であり、Xは、D課長の命を受け、部下である主任2名に対し適切な監督及び業務指導を行い、業務を円滑に遂行すべき立場にあったことが認められる。

(2) 解雇事由①について

　Xが、A主任の上司としてY社の経営企画室において勤務を開始し、約1か月半が経過した平成29年10月末頃から、A主任に、めまいや動悸、難聴やふらつき、手の震え等の症状が頻繁に現れるようになり、Xの退職後である同年12月4日に適応障害を発症したと診断されたこと、これによりA主任は投薬治療を要する状態となったこと、A主任としては、これらがXの行為に起因するものであるとの認識を強く持っていること、A主任の状態は、Xの退職後、いったんは軽快したことなどの事実が認められる。

　しかしながら、Y社が主張するXのA主任に対する「必要以上に威迫した行動」の存否については、Xが全面的に争い、これに沿う供述等をしていることからも、その全てについて、客観的かつ十分な裏付けがなされたということはできず、仮に、これらの事実が認められるとしても、上記疾病の発症が、Xの行為に起因するものであることを裏付ける客観的かつ的確な証拠があるとはいえない。

　そうすると、この点に関するY社の主張について、全面的には採用し難いところであるものの、Xが、少なくとも、同年10月31日、「これはあなたの仕事なの」と詰問調で述べたり、社外での打合せに際し、A主任に十分な情報共有をしていなかったことに加え、A主任が、経営企画室においてXとの勤務を継続することが困難であることをD課長に相談し、相模原工場に異動となったことなどからすれば、XとA主任の関係においては、業務遂行に当たり相当程度の軋轢ないし業務上の支障が客観的に生じていたといえること、その背景には、A主任に対して適切な監督及び業務指導を行い、業務を円滑に遂行すべき係長の立場にあったXの対応にも一因があることがうかがわれ、その限度において、Y社が主張するXの協調性のなさ及び上司や部下に対する勤務態度の問題が存在し、管理職たる適格性に疑問を生じさせる一事情として評価することができる。

（3）　解雇事由②について

　ア　本件トラブルについて

　　　同年10月19日、27日及び30日に、Y社の購買EDIシステムにおいてY社からB社への発注データの一部が送信できないというトラブル（以下「本件トラブル」）が生じた。Xは、B社の担当者であったCに対し、本件トラブルについて連絡し、対応を求めた。Cは、調査の結果、本件トラブルはY社の中継FTPサーバの停止によるものと思われ、B社側からアクセスや制御ができないなどと回答した。

　　　これに対して、Xは、他の要因の可能性を疑い、再度Cに連絡し、費用をかけたシステムの改修等を必要とするB社では直ちに対応が不可能な提案を行った。そして、Cからの直ちに対応できない旨の回答に対し、Xは、「メールと重複しますが、以下の点、再度回答願います。（10月）19日、30日貴社にデータが到達しなかった理由はなんですか？弊社は、貴社のプログラムが動作しなかったことが要因ではないかと推測しております。Data Transfer　Host File Keeper　Host File Watcherの異常終了なのか、ハングなのかはっきりしてください。（中略）弊社は貴社のWAOの仕組みを信頼して利用しております。送信したデータは必ず貴社側に届き、届かないものについてはなんらかのアラート（エラーメール）が返ってくると思っております。貴社の回答は、『貴社側に到達していないので、エラーを返しておりません。』なのですが、中継として動作するプログラムの異常についても責任を持ったシステム構築をしていただきたいです。」という内容の質問をした。Xはその後も、Cに対して、メールや電話で何度も質問や要求を繰り返した。

　　　B社は、CとXとのやりとりが平行線をたどり膠着状態となっており、担当であるCのストレス管理、他業務を含めた業務遂行を潤滑に行うため、B社の管理部へ担当変えを行った。そして管理部のGは、Xに対し、Xの主張は推測に基づくもので、何度説明しても同じ内容のメールがXから送られてきていること、数学でいう「不存在証明」を求められているのと同一の問題であり、全く無理な要求であること、B社側としてこれ以上の対応をすることはできないことなどを伝えるとともに、Xの一連の対応について、Y社に対する抗議の意味が込められた内容のメールを送信した。

イ　解雇の相当性について

　　ＸのＣとの本件トラブルに関するやりとりについては、これが、Ｙ社の就業規則（11条6項）やパワハラの防止に関する規程（2条、3条）において定められている「職場において、職権などの立場を利用して業務上の適切な範囲を超えて、個々の従業員の人格を無視した言動や強要を行い、従業員の労働条件に不利益を与えたり、従業員の健康や職場環境を悪化させる行為」といえるほどの違法性が認められる事情とまでは一概に評価できないものの、他方において、Ｂ社の担当者からは、Ｘとの一連のやりとりについて、会社として明示的な抗議を受けていること、その後、Ｄ課長を含むＹ社関係者が、Ｘの対応について、Ｂ社に謝罪に出向いていることからすれば、少なくとも、<u>Ｘの行為は、Ｙ社とＢ社との間での軋轢ないし関係修復が困難な状況を発現させたものと評価するのが相当である。</u>

　　また、本件トラブルの解決に際し、Ｂ社としては、Ｘに対して、本来的には、Ｙ社の社内中継サーバ内のログの有無を確認しなければ、送信エラーの有無が判別できず、対象となるデータもターゲットフォルダに到達していないために、送信の事実を確認しようがないと回答し続け、中継サーバ内のログをＹ社において確認する必要があることを繰り返し説明した。ところが、Ｘは、Ｙ社社内にはデータが残存していないため、送信されたものと考え、データを1日程度残す方法、異常時に再起動する方法など現状ではできないことを質問したり、Ｂ社のＷＡＯシステムの異常である等と主張したために、事態が前進しない状況となり、Ｂ社側の担当者交代及びＹ社に対する抗議という事態を招いたものであって、このような事態に陥ったのは、結果的にはＸの対応が原因であったと認められる。

　　この点について、Ｘは、技術的な面を含め、Ｂ社の担当者のミスであるなどとして、自己の対応の正当性を縷々主張するものの、Ｙ社が解雇理由として主張するところは、Ｘの対応の不適切さにより、結果として、取引先との間に軋轢を生じさせ、あるいはその関係を悪化させた点にあるのであって、Ｘの上記主張は採用し難いものである。

　　また、Ｘは、これ以外にも、勤務態度等の問題から、所属する経営企画室のみならず、生産部購買課や営業部等の他部署との関係において

も、軋轢を生じさせたことが認められ、これらは、同様に、Xの協調性や管理職としての適格性に疑問を生じさせる事情であるということができる。

　よって、Xには協調性に欠ける点や、配慮を欠いた言動等により、Y社の社内関係者及び取引先等を困惑させ、軋轢を生じさせたことなどの問題点があり、Y社の指導を要する状態であったと認められる。そして、試用期間中の解雇は、本採用後の解雇より広汎に許容されることに加え、試用期間が3か月間と設定され、時間的制約があることにも鑑みれば、比較的短期間に複数回の指導を繰り返すことを求めるのは、使用者にとって必ずしも現実的とは言い難いところ、現に、Xの上司であるL室長やD課長が、入社から2か月目面談の実施まで、Xの上記問題点を改めるべく、機会を捉えてXに対する相応の指導をするも、それに対するXの反応や態度等を踏まえると、上記問題点に対するXの認識が不十分であるか、Xが指導に従う姿勢に欠ける等の理由で、改善の見込みが乏しい状況であったことが認められる。

　さらに、XのITの専門家としての経歴及びY社における採用条件や職務内容、Xと他部署との関係等を考慮すると、Y社において、Xについて配置転換等の措置をとるのは困難である。かつ、前述したXの問題点は、配置転換をすることにより改善が見込まれる性質のものでもないこと、Y社が主張する解雇事由は、結局のところ、Xの勤務に臨む姿勢や態度といった根本的で重大な問題を含むものであって、係長としての管理職の資質に関するものであると解されること、Xは当時試用期間中であり、Y社への入社までに既に3社に勤務しており、システムエンジニアとして約27年間の社会人経験を経ているのであって、上司からの指導を受けるなど、改善の必要性について十分認識し得たのであるから、改めて解雇の可能性を告げて警告することが必要であったともいえないことなどの事情に加え、Y社の取引先との関係悪化等の上記事実関係からすると、深刻又は重大な結果が生じなかったとしても、Xの雇用を継続することにより、今後、Y社側の経営に与える影響等も懸念せざるを得ないことなどを総合的に考慮すると、Y社が、試用期間中である同年11月30日の時点において、試用期間の満了までの残り2週間の指導によっても、Xの勤務態度等について容易に改善が見込めないものである

と判断し、試用期間満了時までＸに対する指導を継続せず、Ｘには管理職としての資質がなく、従業員として不適当である（就業規則39条１項）として、Ｘの本採用拒否を決定したことをもって、相当性を欠くとまではいえない。

　　そうすると、本件解雇は、解約権留保の趣旨・目的に照らして、客観的に合理的な理由があり、社会通念上も相当というべきであるから、ＸとＹ社との間の雇用契約は本件解雇により終了したものと認められる。

3　本件解雇等が不法行為ないし債務不履行に当たるかについて

　　本件解雇は、客観的に合理的な理由が認められ、社会通念上相当として是認でき、有効であるから、本件解雇がＸに対する不法行為を構成するとはいえない。また、本訴訟に現れたＹ社の一切の訴訟活動及び本件の全証拠に照らしても、Ｙ社ないしＹ社関係者のモラルハラスメント行為や、安全配慮義務違反を基礎付ける事実等は認められないから、債務不履行に当たるともいえない。Ｘの主張は採用できない。

　　したがって、本件解雇等を理由とするＸの損害賠償請求は、理由がない。

本書は、新村響子弁護士が執筆しています。

【新村響子（にいむら きょうこ）プロフィール】

現職　旬報法律事務所　弁護士（2005年弁護士登録）
　　　日本アンガーマネジメント協会公認アンガーマネジメントファシリテーター

経歴　日本労働弁護団本部事務局次長、東京都労働相談情報センター民間労働相談員、東京都ウィメンズプラザ法律相談員
　　　労働者側で労働事件を数多く取り扱っている。
　　　東和システム名ばかり管理職残業代事件、アリさんマークの引越社残業代請求事件、シュプリンガー・ジャパン事件などを担当。

主要著書　『わかりやすいパワーハラスメント　新・裁判例集』（公財）21世紀職業財団・共著
　　　　　『わかりやすいセクシュアルハラスメント　妊娠・出産、育児休業等に関するハラスメント　新・裁判例集』（公財）21世紀職業財団・共著
　　　　　『ブラック企業・セクハラ・パワハラ対策』旬報社・共著
　　　　　『ケーススタディ　労働審判』法律情報出版・共著

2023年9月　初版第1刷発行　　価格3,300円（本体3,000円＋税10％）

わかりやすい
職場のハラスメント 新・裁判例集 ＜令和版＞

発　行　公益財団法人21世紀職業財団
所在地　〒113-0033　東京都文京区本郷1丁目33番13号
電　話　03-5844-1660（代表）
ＵＲＬ　https://www.jiwe.or.jp/

ISBN978-4-910641-01-0　C2032　¥3000E